案例 example

3.2 案例——护肤品互动游戏式广告

视频位置：视频 \ 第 3 章 \3.2 案例——护肤品互动游戏式广告 .mp4

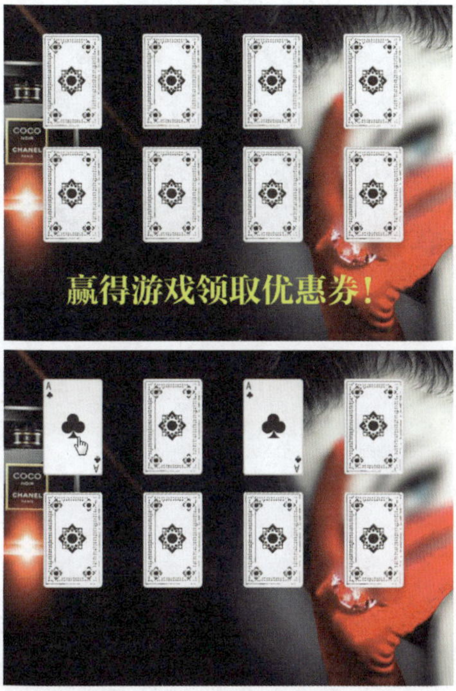

4.4 案例 1——房地产移动网络广告

视频位置：视频 \ 第 4 章 \4.4 案例 1——房地产移动网络广告 .mp4

4.5 案例 2——运动饮料手机全屏广告

视频位置：视频 \ 第 4 章 \4.5 案例 2——运动饮料手机全屏广告 .mp4

4.6 案例 3——安卓系统广告

视频位置：视频 \ 第 4 章 \4.6 案例 3——安卓系统广告 .mp4

4.7 案例 4——4G 网络广告

视频位置：视频 \ 第 4 章 \4.7 案例 4——4G 网络广告 .mp4

5.3 案例 1——淘宝商城横幅式广告

视频位置：视频 \ 第 5 章 \5.3 案例 1——淘宝商城横幅式广告 .mp4

5.4 案例 2——钻石企业横幅式广告

视频位置：视频 \ 第 5 章 \5.4 案例 2——钻石企业横幅式广告 .mp4

6.3 案例 1——游戏网站按钮式广告

视频位置：视频 \ 第 6 章 \6.3 案例 1——游戏网站按钮式广告 .mp4

6.4 案例 2——婚庆公司按钮式广告

视频位置：视频 \ 第 6 章 \6.4 案例 2——婚庆公司按钮式广告 .mp4

7.3 案例 1——服装通栏广告

视频位置：视频 \ 第 7 章 \7.3 案例 1——服装通栏广告 .mp4

7.4 案例 2——通讯公司通栏广告

视频位置：视频 \ 第 7 章 \7.4 案例 2——通讯公司通栏广告 .mp4

8.3 案例 1——电器公司标识式广告

视频位置：视频 \ 第 8 章 \8. 3 案例 1——电器公司标识式广告 .mp4

8.4 案例 2——设计公司标识式广告

视频位置：视频 \ 第 8 章 \8.4 案例 2——设计公司标识式广告 .mp4

9.2 案例 1——春季牛仔背投式广告

视频位置：视频 \ 第 9 章 \9.2 案例 1——春季牛仔背投式广告 .mp4

9.3 案例 2——淘衣屋网站背投式广告

视频位置：视频 \ 第 9 章 \9.3 案例 2——淘衣屋网站背投式广告 .mp4

10.2 案例 1——购物网站新年广告

视频位置：视频 \ 第 10 章 \10.2 案例 1——购物网站新年广告 .mp4

10.3 案例 2——汽车上市全屏广告

视频位置：视频 \ 第 10.3 章 \10.3 案例 2——汽车上市全屏广告 .mp4

11.2 案例 1——啤酒节促销浮动式广告

视频位置：视频 \ 第 11 章 \11.2 案例 1——啤酒节促销浮动式广告 .mp4

11.3 案例 2——医院网浮动式广告

视频位置：视频 \ 第 11 章 \11.3 案例 2——医院网浮动式广告 .mp4

Animate
动画广告创意直播

张静 编著

机械工业出版社
CHINA MACHINE PRESS

随着互联网时代的发展，互联网上的广告也逐渐发展起来，网络广告课程随之成为各大高校广告等相关专业的必修课程。本书是一本使用Animate制作网络动画广告的教程，全书共11章。本书介绍了网络广告基础、Animate CC软件入门、互动游戏式广告、移动网络广告、横幅式广告、按钮式广告、通栏广告、标识式广告、背投式广告、弹出式广告以及浮动式广告等内容。本书以案例为主，结合丰富的理论，全面细致地讲解了网络广告从构思到设计，再到制作的流程和技术。

本书提供扫码下载素材和源文件等随书配套资源，素材中不仅包括了书中所有案例的素材及源文件，还免费赠送所有案例的高清语音教学视频，从而提高读者的学习兴趣和效率。

本书内容全面、知识丰富，可作为网络广告设计爱好者的案头手册，也可作为培训班及各大、中专院校相关专业师生的培训教材。

图书在版编目(CIP)数据

网旋风Animate动画广告创意直播/张静编著.—北京：机械工业出版社，2018.11

ISBN 978-7-111-61274-2

Ⅰ.①网… Ⅱ.①张… Ⅲ.①桥梁工程-普及读物 Ⅳ.①U44-49

中国版本图书馆CIP数据核字（2018）第247463号

机械工业出版社（北京市百万庄大街22号 邮政编码100037）
策划编辑：丁 伦 责任编辑：丁 伦
责任校对：张艳霞 责任印制：李 昂
北京瑞禾彩色印刷有限公司印刷
2019年3月第1版第1次印刷
185mm×260mm · 18印张 · 435千字
0001—3000册
标准书号：ISBN 978-7-111-61274-2
定价：79.90元（附赠海量资源）

凡购本书，如有缺页、倒页、脱页，由本社发行部调换

电话服务	网络服务
服务咨询热线：010-88361066	机 工 官 网：www.cmpbook.com
读者购书热线：010-68326294	机 工 官 博：weibo.com/cmp1952
010-88379203	金 书 网：www.golden-book.com
封面无防伪标均为盗版	教育服务网：www.cmpedu.com

前言
preface

本书出版背景

社会的发展使广告成为产品宣传的必需手段，广告表现形式的多样化使得广告在设计时的创意变得尤为关键。网络动画广告以其简洁、明快、趣味和幽默等创意特点，在如今的广告市场中得到越来越广泛的使用。

本书内容

本书是一本使用 Animate 制作网络动画广告的教程。以案例为主，通过丰富的理论，全面细致地讲解了网络广告从构思到设计，再到制作的流程和技术。采用深入浅出的方法，通过理论与案例相结合的形式，对网络广告制作的技术及流程进行了全面、细致的讲解。

全书共 11 章，具体内容安排如下。

章节安排	知识内容
第 1 章　网络广告基础	主要介绍网络广告的概念与形式，以及设计原则与规范
第 2 章　Animate CC 软件入门	主要介绍了 Animate CC 的软件基础
第 3 章　互动游戏式广告	主要介绍了互动游戏式广告，以及相关案例的制作
第 4 章　移动网络广告	主要介绍了手机端移动广告，以及相关案例的制作
第 5 章　横幅式广告	主要介绍了横幅式广告，以及相关案例的制作
第 6 章　按钮式广告	主要介绍了按钮式广告，以及相关案例的制作
第 7 章　通栏广告	主要介绍了通栏广告，以及相关案例的制作
第 8 章　标识式广告	主要介绍了标识式广告，以及相关案例的制作
第 9 章　背投式广告	主要介绍了背投式广告，以及相关案例的制作
第 10 章　弹出式广告	主要介绍了弹出式广告，以及相关案例的制作
第 11 章　浮动式广告	主要介绍了浮动式广告，以及相关案例的制作

本书特色

为了使读者可以轻松学习并深入了解如何使用 Animate CC 软件制作网络动画广告，本书在版面结构的设计上尽量做到布局开阔、样式多变、久看不累，从而增强读者的阅读体验，如下图所示。

本书配套资源

本书附赠以下海量资源，扫描封底二维码即可获得下载方式。

配套教学视频：配套高清语音教学视频。读者可以通过教学视频学习本书内容，然后对照书中的案例加以实践和练习，从而提高学习效率。

本书案例的源文件和完成素材：书中所有案例均提供了源文件和素材，读者可以直接使用 Animate CC 打开或在实际工作中进行二次开发。

作者寄语

本书由淄博职业学院张静负责全书的编写，共约 43.5 万字。在此，对写作过程中诸多从事动画设计、策划、制作等工作的相关朋友给予的帮助一并表示感谢。由于水平有限，书中错误、疏漏之处在所难免。在感谢您选择本书的同时，也希望您能够对本书提出宝贵的意见和建议。

目录
contents

第1章 网络广告基础

21世纪是互联网信息时代，互联网的日益普及让越来越多的厂商开始把广告投入从传统媒体转移到互联网上来。而网络广告以其自身的优势快速发展起来。在信息全球化的今天，人们对于信息传播速度的要求越来越高，网络广告作为新生的广告形式，正好符合了时代发展的需求。

1.1 认识网络广告

随着移动互联网的兴起与发展，网络广告的内涵也在不断延伸。网络广告不仅在个人计算机端风生水起，在移动互联网领域也发展出各式各样的广告形式。广义上讲，一切借助网络技术，展现在数字终端的付费商业信息都是网络广告。

1.1.1 网络广告的概念

网络广告，可理解为在互联网平台上投放的广告，是利用网站上的广告横幅、文本链接、多媒体等载体，刊登或发布广告，通过互联网进行传播的一种广告运作方式，如图1-1所示。

图1-1　网络广告横幅

1.1.2 网络广告的特点

与传统的媒体广告相比，网络广告有着如下得天独厚的优势，是实施现代营销战略的重要组成部分。

1. **覆盖面广**

网络广告的传播范围广泛，通过互联网可以把广告信息全天候地传播到世界各地，不受地域和时间的限制。

2. **自主性强**

传统的户外广告等都具有一定的强迫性，总是千方百计吸引目标消费者的注意。而网络广告则属于按需广告，具有报纸中分类广告的性质却又不需要消费者彻底浏览，可让消费者自由查询，大大节省了消费者的时间，避免无效的、被动的网页浏览。

3. **统计准确性高**

利用传统媒体做广告，需要准确地统计有多少人可以收到广告信息，这个难度很高，而且数据不够准确。而网络广告则不同，无论是广告在消费者眼前曝光的次数，还是消费者发生兴趣后进一步点击广告，这些消费者查阅广告的时间分布和地域分布，都可以实现精确统计，有助于客户正确评估广告效果，进而调整广告投放策略。

4. **实时性强**

在传统媒体上做广告发布后修改很麻烦，即使可改动也必须付出一定的资金和时间。而在互联网上投放的广告能按照需要及时变更广告内容，因而广告策略可以及时调整和实施。

5. **交互性和感官体验强**

网络广告的载体基本上是多媒体、超文本格式文件。只要消费者对某产品感兴趣，仅需单击鼠标就能进一步了解更为详细生动的信息。从而使消费者能亲身“体验”产品、服务或品牌。如将虚拟现实等新技术应用到网络广告中后，可以让消费者如身临其境般感受商品或服务，并能在网上预订、交易与结算，将大大增强网络广告的效果。

1.1.3 网络广告的风格

网络广告的风格各不相同。产品的定位决定了广告的表现风格，下面介绍几种常见的网络广告表现风格。

1. 功能型

这类广告就是介绍产品的功能，广告内容以产品为主体物，由主体物展开动画，逐一介绍其功能，如图1-2所示。

2. 人物型

这类广告通常以模特为宣传形象，或以名人代言，通过人物的形象魅力，强化品牌形象，如图1-3所示。

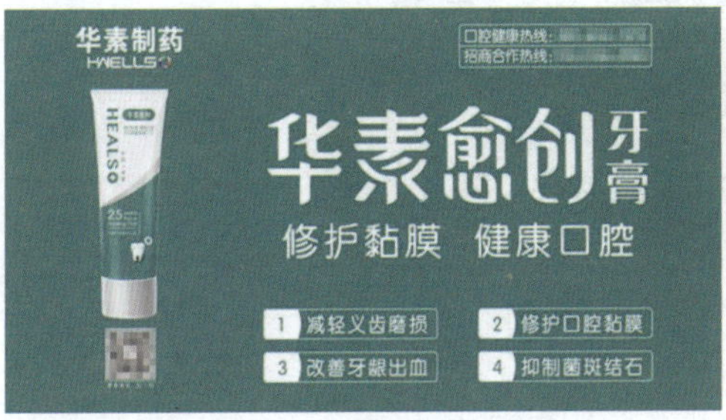

图1-2　功能型广告

图1-3　人物型广告

3. 文字型

文字广告是以文字形式向公众介绍商品、宣传服务、告知文体活动等的一种传播方式。文字广告可以是单独的，也可以是与音像广告、招牌广告、橱窗广告、模型广告等物像广告并用的，如图1-4所示。

4. 动画型

动画与广告的结合，已成为一种大众喜爱的文化传播形式。动画广告与传统的广告相比，有其自身的规律和适用对象，其形式新颖，有较大的发展空间。作为动画制作者不仅应具备动画广告的设计能力，还应具有出色的创意表现思维，如图1-5所示。

图1-4　文字型广告

图1-5　动画型广告

1.2 网络广告的形式

网络广告类型丰富，按其表现形式的不同可分为互动游戏式广告、移动网络广告、横幅式广告、按钮式广告、通栏广告、标识式广告、背投式广告、弹出式广告和浮动式广告。

1.2.1 互动游戏式广告

互动游戏式广告是为了广告宣传作用而专门设计开发的互动游戏产品，也是一个新的广告载体。互动游戏式广告通常以Flash游戏、Shockwave游戏等形式存在，如图1-6所示。

图1-6　互动游戏式广告

互动游戏式广告利用人们对游戏的天生爱好心理，和游戏本身独具的互动性、新鲜感和可玩性来吸引消费者，通过把广告内容巧妙地隐藏在游戏中，让消费者在体验精彩游戏过程的同时，接收到广告商所希望传达的信息，从而达到做广告的核心目的。

1.2.2 移动网络广告

手机用户的主要广告形式，一般使用GIF格式的图像文件，可以使用静态的图像，也可以使用动态的图像，如图1-7所示。

图1-7　移动网络广告

1.2.3 横幅式广告

横幅式广告是最早出现的网络广告形式之一，也是当前最常见的形式之一。横幅式广告又称为旗帜广告，它是横跨于网页上的矩形公告牌，当用户点击这些横幅时，通常可以链接到广告主的网页，如图1-8所示。

图1-8　横幅式广告

1.2.4 按钮式广告

按钮式广告又称图标广告，主要定位在网页中，尺寸偏小，表现手法较简单，也是网络广告中最早和常见的广告形式之一，如图1-9所示。

图1-9　按钮式广告

1.2.5 通栏广告

通栏广告以横贯页面的形式出现，该广告形式尺寸较大，视觉冲击力强，能给消费者留下深刻印象，如图 1-10 所示。

图1-10　通栏广告

1.2.6 标识式广告

标识式广告是指在网页上出现的企业和产品的标识，并且是以广告的形式展现的，电视上的标识式广告、互联网上的标识式广告，以及印有企业商标的纪念品、包装物等，都属于标识式广告，如图1-11所示。

1.2.7 背投式广告

背投式广告是打开网站页面时在当前页面的背后弹出来的一个窗口广告，尺寸大于传统弹出式广告，如图1-12所示。

图1-11　标识式广告

图1-12　背投式广告

1.2.8 弹出式广告

在消费者打开当前网页时强制插入一个广告页面或弹出广告窗口，它们有点类似电视广告，都是打断正常节目的播放，强迫观看，如图1-13所示。

1.2.9 浮动式广告

随着网页而移动的图标广告形式，如图1-14所示。

图1-13　弹出式广告

图1-14　浮动式广告

1.3 设计原则与规范

为了深入了解网络广告，需要清楚网络广告的设计原则和规范，从而为在后面的实际操作打好概念基础。

1.3.1 网络广告的设计原则

网络广告作为当前常见的广告形式，其设计必须遵从的原则如下：

1. **有针对性**

广告的内容必须与广告主所追求的目的相关。举例来说，广告主的目的要是在于推广新产品或改进原有产品，则广告的内容必须针对加深消费者对产品的印象为设计理念；若广告主的目的只是在于在已有的市场上扩大销售，则应将广告内容的设计重点放在消费者的购买行为上面。

2. **有创意，形式多变**

广告条和内容必须同时具备清晰简明又有号召力的特点，不仅向消费者提供产品或服务介绍外，同时也向他们提供其他有价值的信息。

3. **有可评估性**

- 色彩的设计应清晰、明快。
- 广告条和内容要清晰简明且具号召力。
- 建立反馈平台，跟踪信息反馈。
- 将不同的卖点集中于不同的路径。
- 页面和路径设计要容易、方便、快捷。
- 运用人类共同的符号语言、色彩语言，避免不同文化差异而忌讳的图形符号。
- 讲究时效性、趣味性等。

1.3.2 网络广告的设计规范

互联网是一个相对开放自由的世界，为了保证互联网安全，维护消费者权益，网络广告作为大众商品信息传递载体，应遵守诚信和隐私两方面的规范。

1. **诚信规范**

广告主是指为推销商品或者提供服务，自行或者委托他人设计、制作、发布广告的法人、其他经济组织或者个人。广告经营者主要是指广告公司，广告发布者是指为广告主或者广告主委托的广告经营者发布广告的法人或者其他经济组织。这三者的分工形成了广告市场的制约格局，尤其在广告经营者与广告发布者之间的“分割”有利于保证广告的真实性，从而实现在市场行为中杜绝虚假广告的目的。网络广告与一般的媒体广告一样，内容要求真实，刊登不实广告信息不仅是广告主将负法律责任，若广告经营者和广告发布者在知晓实情的情况下，仍将不实广告刊登出来，也要负连带责任。对于一些特殊商品，需根据相关规定严格规范。

2. **隐私保护**

为了广告形式多样，有些广告商品的销售过程可能需要购买者填写本人信息，广告商有责任对消费者的信息进行保密。如果将信息外漏或转为其他用途，影响这些消费者的权益，广告主将负法律责任。

3. **法律规范**

广告不得有下列情形：

- 使用中华人民共和国国旗、国徽、国歌。
- 使用国家机关和国家机关工作人员的名义。

- 使用国家级、最高级、最佳等用语。
- 妨碍社会安定和危害人身、财产安全，损害社会公共利益。
- 妨碍社会公共秩序和违背社会善良习惯。
- 含有淫秽、迷信、恐怖、暴力、丑恶的内容。
- 含有民族、种族、宗教、性别歧视的内容。
- 妨碍环境和自然资源保护。
- 法律、行政法规规定禁止的其他情形。

1.4 专业指引——网络广告术语

作为在互联网这个新领域传播的主要形式，网络广告有很多相关的网络术语。

- CPA（Cost-per-Action）：每次行动的费用，即根据每个访问者对网络广告所采取的行动收费的定价模式。对于用户行动有特别的定义，包括形成一次交易、获得一个注册用户，或者对网络广告的一次点击等。
- CPC（Cost-per-Click）：每次点击的费用。根据广告被点击的次数收费。如关键词广告一般采用这种定价模式。
- CPM（Cost-per-Thousand-Impressions）：每千次印象费用。广告条每显示1000次（印象）的费用。CPM是最常用的网络广告定价模式之一。
- CPO（Cost-per-Order）：也称为Cost-per-Transaction，即根据每个订单/每次交易来收费的方式。
- PPC（Pay-per-Click）：是根据点击广告或者电子邮件信息的用户数量来付费的一种网络广告定价模式。
- PPL（Pay-per-Lead）：根据每次通过网络广告产生的引导付费的定价模式。例如，广告客户为访问者点击广告完成了在线表单而向广告服务商付费。这种模式常用于网络会员制营销模式中为联盟网站制定的佣金模式。
- PPS（Pay-per-Sale）：根据网络广告所产生的直接销售数量而付费的一种定价模式。
- CPTM（Cost-per-Targeted-Thousand-Impressions）：经过定位的用户（如根据人口统计信息定位）的千次印象费用。
- SP（Sales-Promotion）：超市的销售促销包括各种属于短期性的刺激工具，用以刺激顾客较迅速或大量的在商店购买商品。如果广告促销提供了在该商店购买商品的理由，那么销售促销则提供了购买的刺激。
- POP（Point-of-Purchase-Advertising）：意为店面广告、售点广告，是指在商品购买场所、零售商店的周围、入口、内部以及有商品的地方设置的广告。
- DM（Direct-Mail）：是一种散发给顾客的快讯商品广告单，通常由8开或16开广告纸正反面彩色印刷而成，是超市的一种重要促销方式。通过有效的DM可以介绍新品，吸引及增加新顾客，提高客流量，扩大营业额，提高毛利率。
- CPS（Cot-per-Sales）：以实际销售产品数量来换算广告刊登金额。

第2章

Animate CC 软件入门

Animate CC 由原 Adobe Flash Professional CC 更名得来，Adobe 将 Flash Professional 更名为 Animate CC，在支持 Flash SWF 文件的基础上，加入了对 HTMLS 的支持。Animate CC 版本的推出使软件本身的功能更加人性化，操作更加便利。新版本中针对软件的一些功能进行了改进和增强，使得 Animate CC 在动画制作等方面有了更广泛的用途。使用 Animate CC，可以轻松制作动画广告内容。

2.1 Animate CC 工作界面

Animate CC 的操作界面与之前版本相比改进很多，文档切换更加快捷，工具的使用更加方便，图像处理界面也更加开阔，如图 2-1 所示。

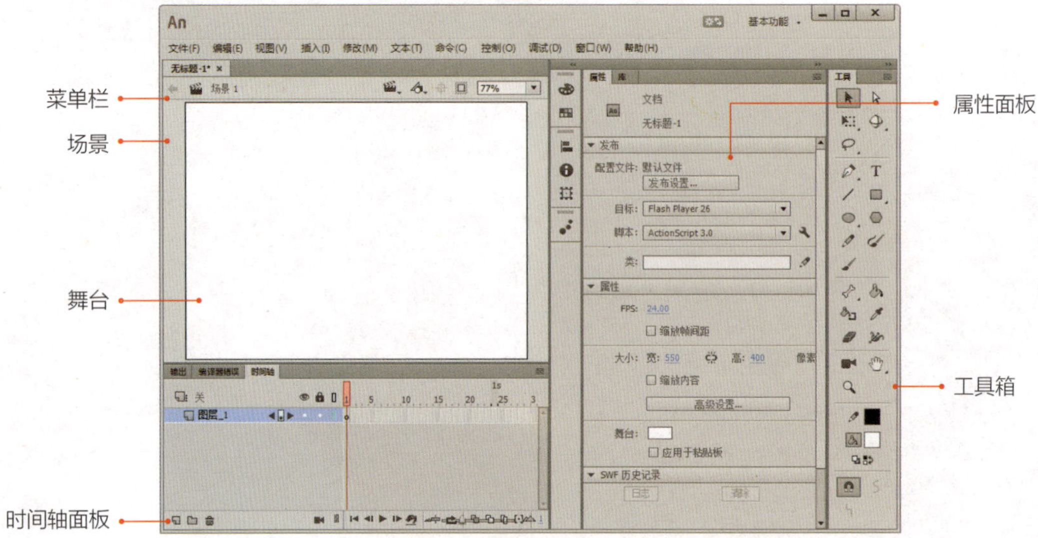

图2-1　Animate CC操作界面

2.1.1 菜单栏

菜单栏是 Animate 提供命令的集合，几乎所有的可执行命令都可在这里直接或间接地找到。菜单栏包括了“文件”“编辑”“视图”“插入”“修改”“文本”“命令”“控制”“调试”“窗口”“帮助”等 11 个菜单，如图 2-2 所示。单击各主菜单都会弹出相应的菜单列表，有些菜单列表中还包含了下一级的子菜单。

图2-2　Animate菜单栏

2.1.2 工具箱

工具箱在制作动画的过程中是最常用的。工具箱内包含了很多工具，能实现不同效果，所以熟悉各个工具的功能特性是学习 Animate CC 的重点。

在 Animate CC 中，工具箱包含了绘制和编辑矢量图形的各种工具，主要由工具、查看、颜色和选项 4 个选区构成，用于进行矢量图形绘制和编辑的各种操作，如图 2-3 所示。

1. 工具区域

工具区域包含了绘图、上色和选择工具，用户在制作动画的过程中，可以根据需要选择相应的工具制作动画。

- 选择工具：选择和移动舞台中对象，以改变对象的大小、位置或形状。

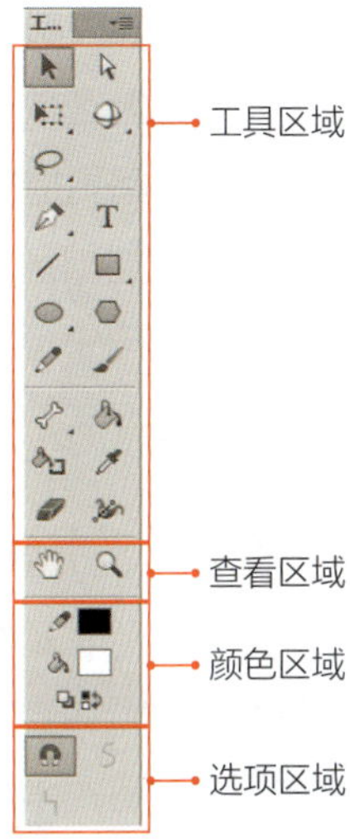

图2-3　工具箱

- 部分选取工具：对选择的对象进行移动、拖动和变形等处理。
- 任意变形工具：对图形进行缩放、扭曲和旋转变形等操作。
- 3D 旋转工具：对选择的影片剪辑进行 3D 旋转或变形。
- 套索工具：在舞台中选择不规则区域或多边形状。
- 钢笔工具：用来绘制更加精确、光滑的曲线，调整曲线的曲率等操作。
- 文本工具：在舞台中绘制文本框，输入文本。
- 线条工具：用来绘制各种长度和角度的直线段。
- 矩形工具：用来绘制矩形，同组的多角星形工具可以绘制多边形或星形。
- 铅笔工具：用来绘制比较柔和的曲线。
- 画笔工具：用来绘制任意形状的色块矢量图形。
- 骨骼工具：用来创建与人体骨骼原理相同的骨骼。
- 颜料桶工具：用来将绘制好的图形上色。
- 吸管工具：用来吸取颜色。
- 橡皮擦工具：用来擦除舞台中所创建的图像。

2.　查看区域

查看区域包含了在应用程序窗口内进行缩放和平移操作的工具，当用户需要移动或者缩放窗口时，可以选取查看区域中的工具进行操作。查看区域包含了“手形工具”和“缩放工具”。

3.　颜色区域

颜色区域用于设置工具的笔触颜色和填充颜色，在颜色区域中，各工具的作用如下：

- 笔触颜色工具：用来设置图形的轮廓和线条的颜色。
- 填充颜色工具：用来设置所绘制的闭合图形的填充颜色。
- 黑白工具：用来设置笔触颜色和填充颜色的默认颜色。
- 交换颜色工具：用来交换笔触颜色和填充颜色的颜色。

4.　选项区域

选项区域包含当前所选工具的功能设置按钮，选择的工具不同，选项区中相应的按钮也不同。选项区域的按钮主要影响工具的颜色和编辑操作。

2.1.3　“时间轴”面板

在 Animate CC 中，“时间轴”面板是编辑动画的基础，用来创建不同类型的动画效果和控制动画的播放，也是处理帧和图层的工具，帧和图层是动画的组成部分。按照功能的不同，可将“时间轴”分为图层控制区和时间轴控制区两部分，如图 2-4 所示。

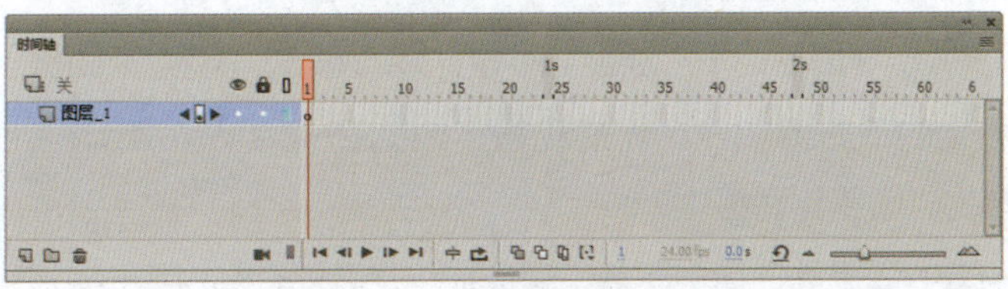

图2-4　“时间轴”面板

1. 图层控制区

图层控制区位于“时间轴”面板的左侧，是进行图层操作的主要区域。

2. 时间轴控制区

时间轴控制区主要位于“时间轴”面板的右侧，它由若干帧序列、信息栏以及一些工具按钮组成，主要用于设置动画的运动效果。在“时间轴”面板底部的信息栏中显示当前帧、帧速率以及预计播放时间。

2.1.4 “属性”面板

“属性”面板是动态面板，也叫“属性检查器”。新建一个 ActionScript3.0 文档，执行“窗口”→“属性”命令，打开“属性”面板，如图 2-5 所示。它的内容根据所选择对象的不同而改变的，比如选择工具箱中的“矩形工具”或“颜料桶工具”时，“属性”面板会显示相应工具的属性，如图 2-6 和图 2-7 所示。

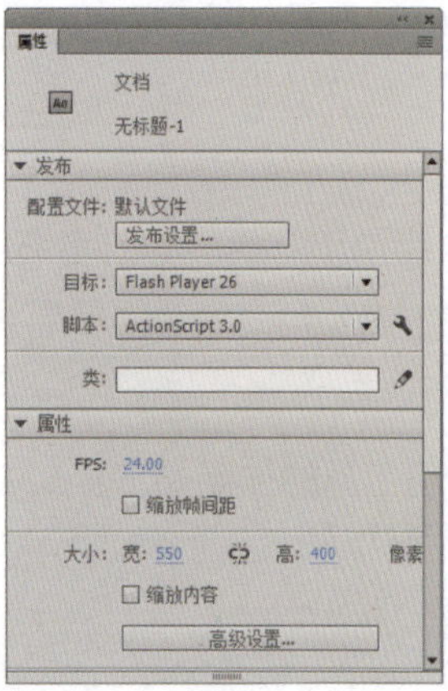

图2-5 默认状态下“属性”面板

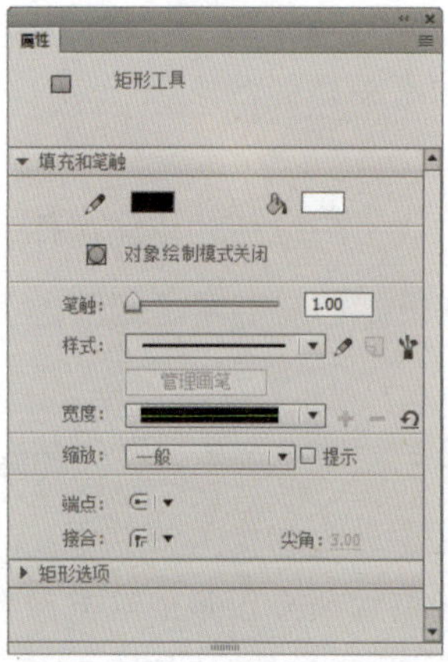

图2-6 “矩形工具”状态下的“属性”面板

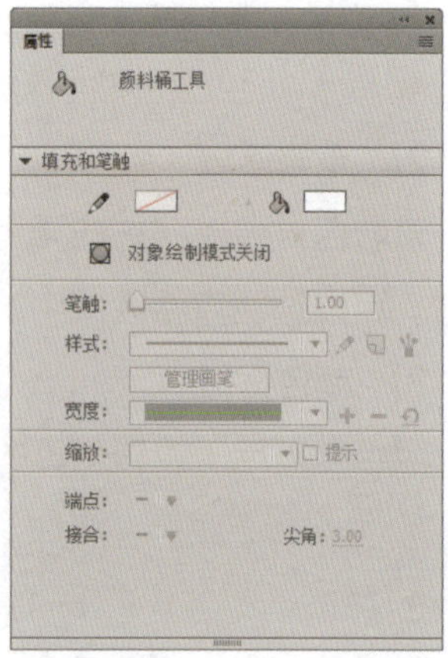

图2-7 “颜料桶工具”状态下的“属性”面板

2.1.5 场景与舞台

在 Animate CC 中，场景中包括了舞台，而舞台只是当前打开的一块画布。

场景是在创建 Animate CC 文档时放置图形内容的矩形区域，这些图形内容包括矢量插图、文本框、按钮、导入的位图图形或视频剪辑等。

在 Animate CC 中制作动画时，如果制作的动画比较大而且复杂，在制作时可以考虑添加多个场景，将复杂的动画分场景制作。执行“窗口”→“场景”命令，或者按 <Shift+F2> 组合键，打开“场景”面板，如图 2-8 所示。

若要插入场景，执行“插入”→“场景”命令，或者单击“场景”面板下方“添加场景”按钮，即可在当前场景的下方添加一个新的场景，如图 2-9 所示。Animate CC 中的所有场景按照一定的顺序放置在“场景”面板中。

舞台就是工作界面中背景为白色的区域，即动画显示的区域，用于编辑和修改动画。最终作品只有在舞台上出现的部分才能看到。舞台相当于 Photoshop 中的画布，Animate CC 中大部分的绘图、动画创建等工作都在此二维区域内进行。在输出影片时，只有白色区域内的对象被显示。因此，无论是动画或是静态的图形，都必须在舞台上创建，如图 2-10 所示。

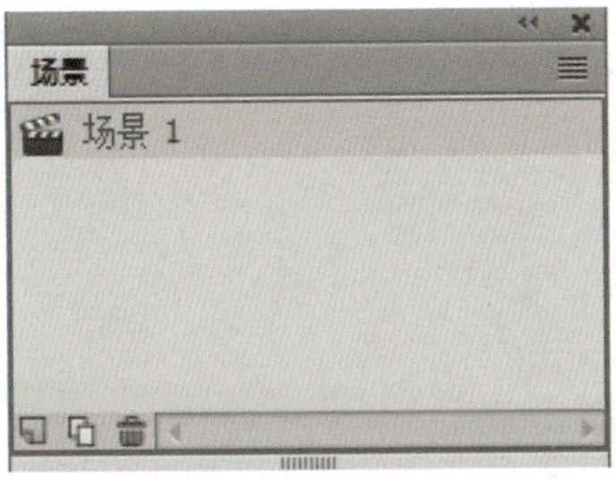

图2-8　“场景”面板

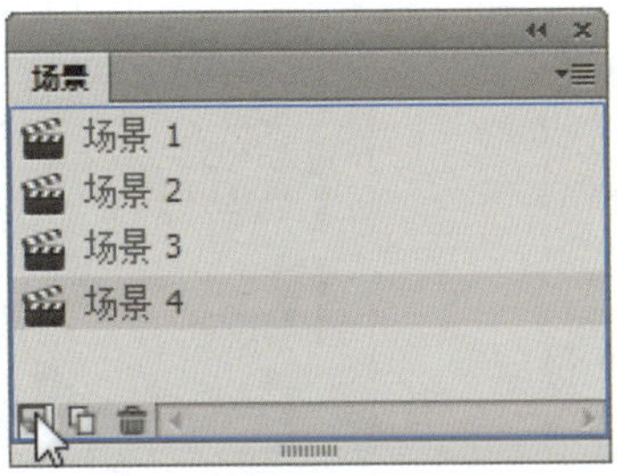

图2-9　添加场景

图2-10　舞台

2.1.6 面板组

在 Animate CC 中包含了 20 多个面板，这些不同功能的面板统称为面板组。面板是用来设置工具参数以及执行编辑命令的，它们默认被显示在窗口的右侧，在制作动画的过程中，用户可以根据需要将相应的面板打开、移动或关闭。

在默认情况下只显示下列几种面板，如“库”面板、“颜色”面板、“样本”面板等，通过面板的显示、隐藏、组合、摆放，可以自定义工作界面。如图 2-11 和图 2-12 所示，为浮动的“库”面板和“样本”面板。

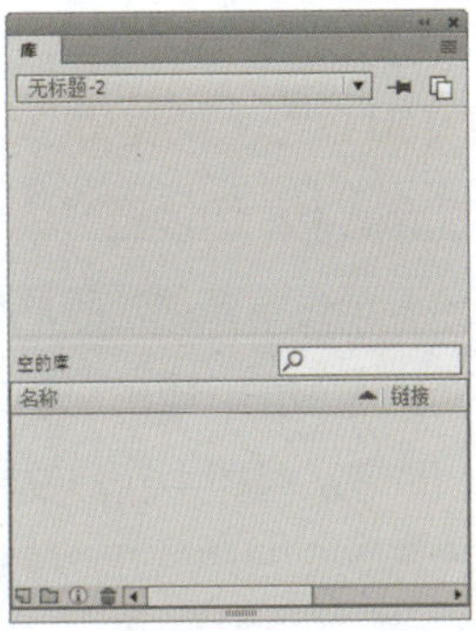

图2-11　“库”面板

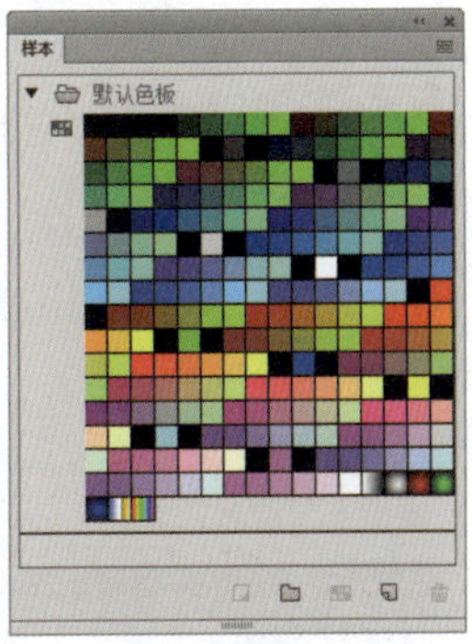

图2-12　“样本”面板

提示　执行“窗口”→“隐藏 / 显示面板”命令，可以隐藏或显示所有面板。

2.2 Animate CC 的基本操作

在使用 Animate CC 绘制图形和制作动画之前，需要掌握一些基本的操作，例如对文件进行保存或打开原有的文件对其进行编辑。本节将针对这方面的内容进行详细讲解，让读者逐步认识和了解 Animate 动画的制作思路和流程。

2.2.1 创建 Animate CC 动画文档

单击“文件”→“新建”命令，如图 2-13 所示。执行操作后，弹出“新建文档”对话框，如图 2-14 所示。

在“新建文档”对话框中，可以设置文件的尺寸大小以及帧率，一般以像素为单位来设置场景的宽度和高度，常用的动画尺寸为 550×400。其中在“标尺单位”下拉列表框中可以设置标尺的单位，包括英寸、厘米、毫米、像素等。帧频用来设置每秒钟显示的帧的个数。默认值为 24fps，即每秒钟显示 24 帧。背景颜色可以用来设置影片的背景颜色。

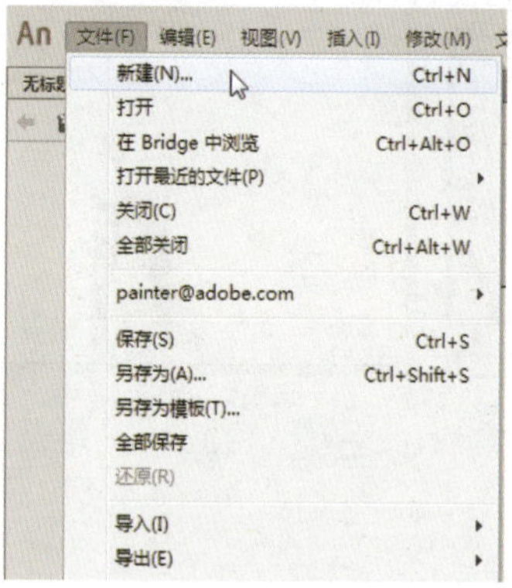

图2-13 “新建”命令

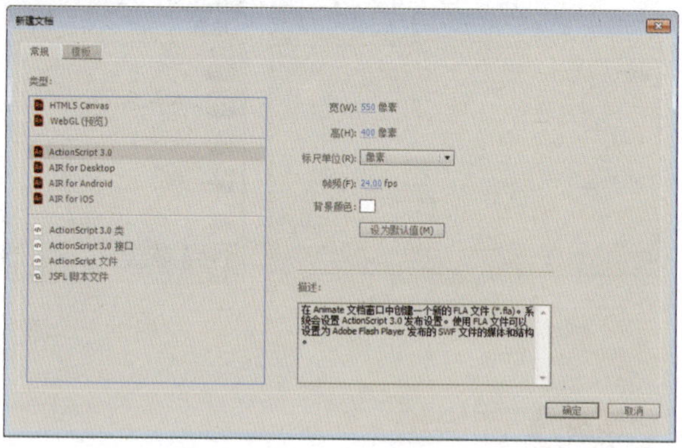

图2-14 “新建文档”对话框

2.2.2 创建 Animate CC 模板文档

在“从模板新建”对话框中，切换至“模板”选项卡，选择相应的选项，如图 2-15 所示。用此界面，用户可以基于不同的模板创建不同的文档。“预览”和“描述”窗口可以预览此选项的效果，以及可以看到对该选项的解释和说明。

单击“确定”按钮，即可从模板中新建文档。如图 2-16 所示。

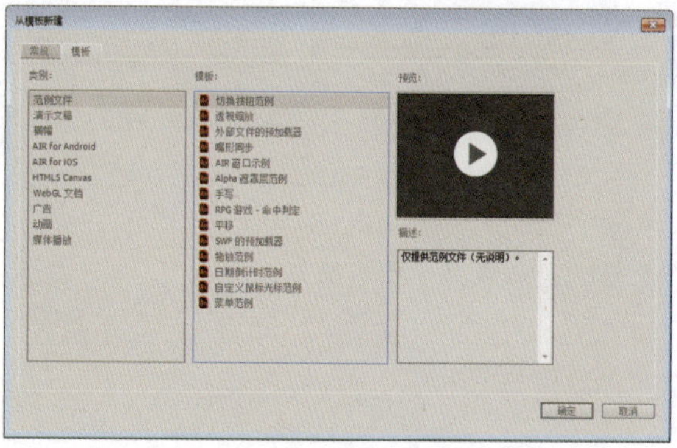

图2-15 “模板”选项卡

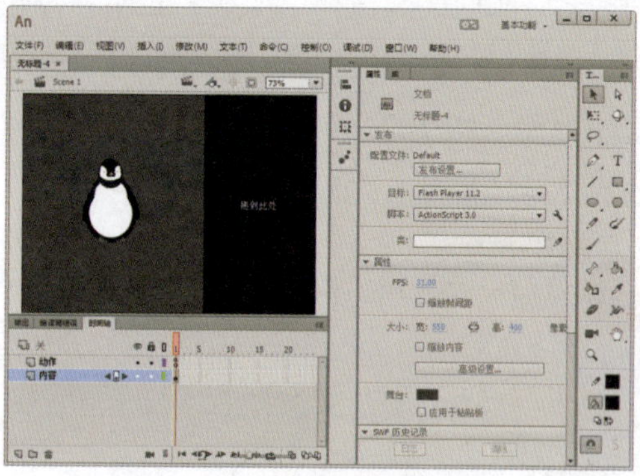

图2-16 新建文档

提示 除了通过“新建文档”或“模板”选项卡创建动画外，还可以在打开 Animate CC 后的欢迎界面中创建动画文档。

2.2.3 打开与关闭文档

打开与关闭文档的操作很简单，如下所述。

1. 打开文档

在编辑动画文件之前，必须先打开 Animate CC 动画文档。

单击“文件”→“打开”命令，如图 2-17 所示。弹出“打开”对话框，选择文件，如图 2-18 所示，单击“打开”按钮。

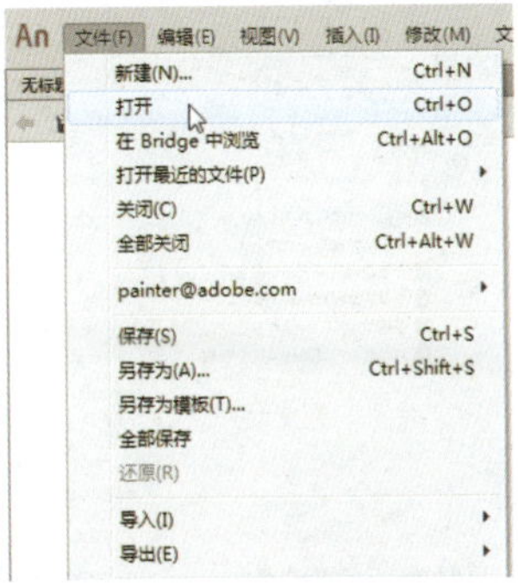

图2-17　“打开”命令

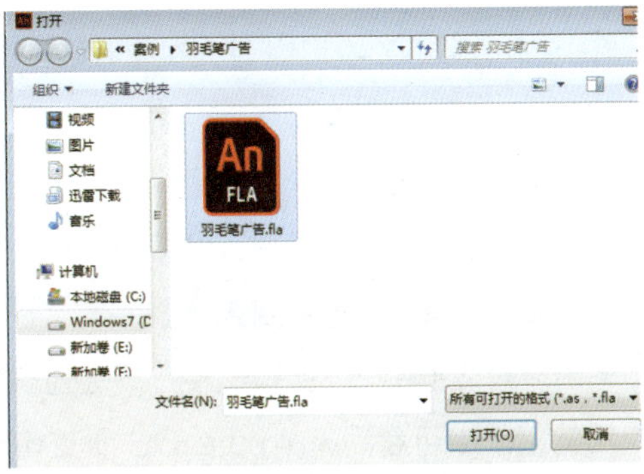

图2-18　“打开”对话框

执行操作后，即可打开选择的文件，如图 2-19 所示。

图2-19 打开选择的文件

> 提示：在未启动 Animate CC 软件的情况下，可以直接找到要重新编辑的文件，用鼠标双击打开，在打开文件的同时启动 Animate CC。

2. 关闭文档

关闭当前文档，可执行“文件”→“关闭”命令，如图 2-20 所示，或按 <Ctrl+W> 组合键。还可以单击文档窗口上“关闭”按钮，如图 2-21 所示。

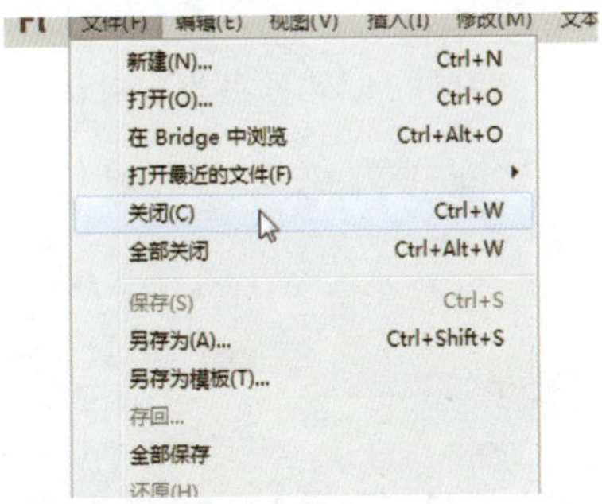

图2-20　“关闭”命令

图2-21　单击“关闭”按钮

> 提示：单击 Animate CC 软件窗口右上角的“关闭”按钮，可以同时关闭软件和所有打开的文档。单击“关闭”按钮后，根据系统提示还可以对文档进行保存。

2.2.4 导入与保存文档

在Animate CC中可以导入外部文件，也可以将制作好的动画存储为系统默认的源文件格式，或模板形式以方便多次使用。

1. 导入文档

在 Animate CC 中可以导入外部图像、音频以及视频文件。执行“文件”→“导入”→“导入到舞台”命令，弹出“导入”对话框，如图 2-22 所示。在该对话框中选择要导入的素材文件，单击“打开”按钮即可将其导入到舞台。

单击该对话框中的“所有文件”下拉列表框，在弹出的菜单中可看到 Animate CC 所支持导入的文件格式，如图 2-23 所示。

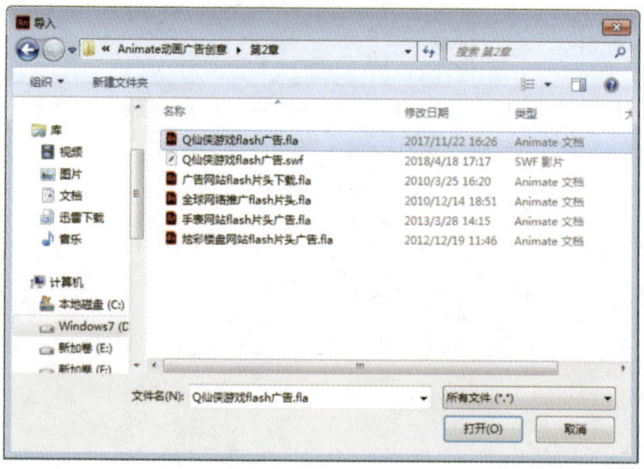

图2-22 导入文档

2. 保存文档

在 Animate CC 中制作动画或对动画文档进行编辑时，为了避免意外关闭文档而导致的信息丢失，因此需要对文档进行保存操作。

执行“文件”→“保存”命令，弹出“另存为”对话框，如图 2-24 所示。在该对话框中可以设置文件名、文件保存格式及保存路径。

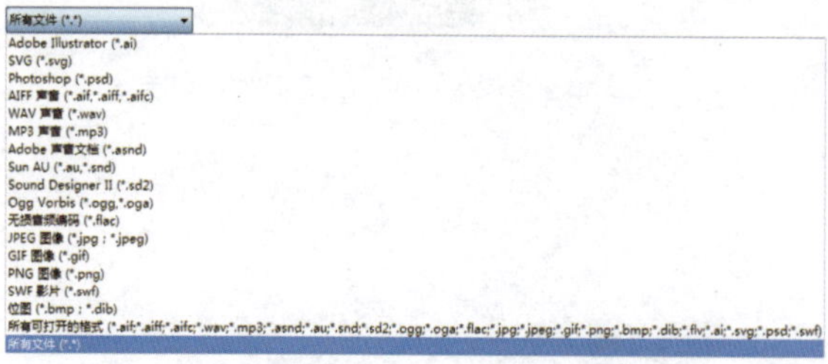

图2-23 导入文件格式

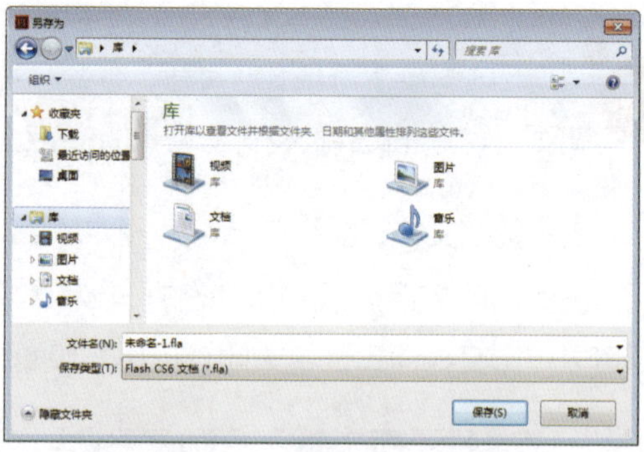

图2-24 “另存为”对话框

单击“保存”按钮，即可以设置的形式保存文件。如果文件已经被保存过一次，执行该命令则会直接保存文件，不再弹出“另存为”对话框。

提示 按 <Ctrl+S> 或 <Ctrl+Shift+S> 组合键，可以快速保存当前文档。

2.3 文档的属性操作

创建文档后，在制作动画的过程中，会发现文档的一些属性不符合动画制作的要求，需要对其进行更改。下面将介绍文档属性的设置，包括文档尺寸大小、背景颜色、帧频率的设置。

2.3.1 设置文档尺寸大小

单击“文件”→“新建”命令，弹出“新建”窗口，根据实际情况在“尺寸”文本框中输入相应的数值来设置舞台的大小，如图 2-25 所示。

2.3.2 设置背景颜色

在“打开”窗口中单击“背景颜色”按钮，弹出颜色列表框，选择自己需要的背景颜色即可，如图 2-26 所示。

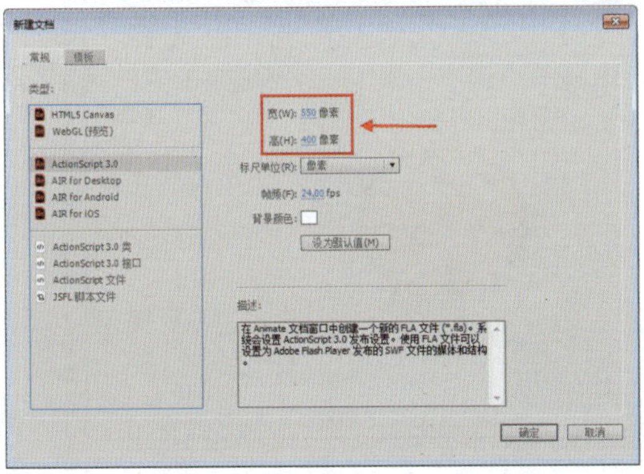

图2-25　文档尺寸大小设置

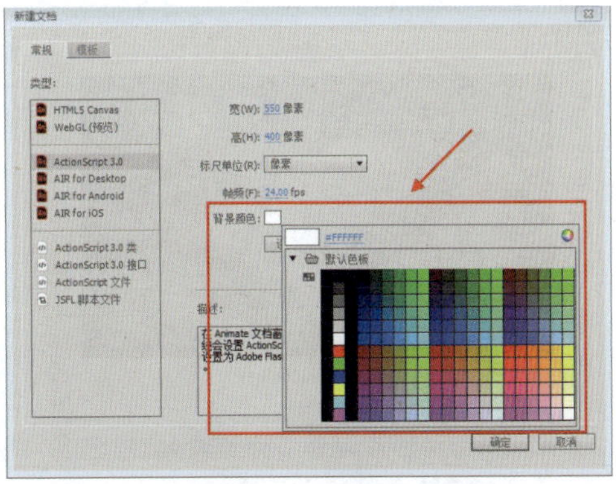

图2-26　背景颜色设置

2.3.3 设置帧频率

根据制作要求在“帧频”文本框中输入每秒要显示的动画帧数，注意帧数越大，每秒内动画运动越快，帧数越小，每秒内动画运动越慢，如图 2-27 所示。

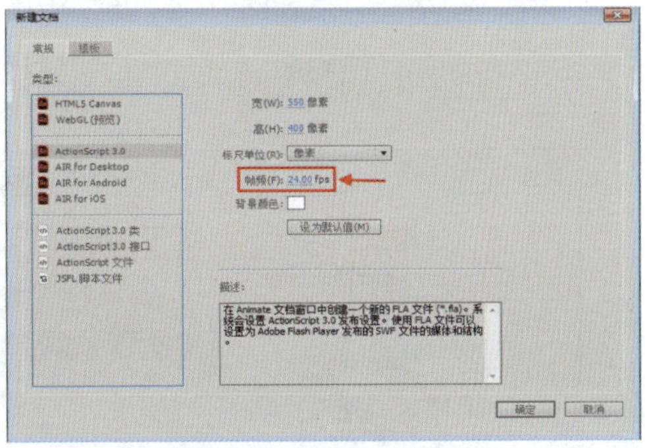

图2-27　动画帧数设置

提示：按 <Ctrl+J> 组合键或在舞台中单击鼠标右键，在弹出的快捷菜单中选择“文档属性”选项，就可以打开“文档设置”对话框。

2.4 辅助工具的使用

辅助工具能在操作过程中更细致准确的绘制和布局元件，常用的辅助工具有标尺、网格和辅助线。

2.4.1 标尺

标尺通常显示在Animate CC界面的上方和左侧，如图2-28所示。通过单击“视图”→“标尺”命令，或按<Ctrl+Alt+Shift+R>组合键，可将其隐藏。标尺可对图形、元件等元素进行精确定位。

2.4.2 网格

单击“视图”→“网格”→“显示网格”命令，网格在舞台中显示，如图2-29所示。

图2-28　显示标尺

图2-29　显示网格

单击“视图”→“网格”→“编辑网格”命令，可对网格的属性进行调整，如图2-30所示。网格可以帮助用户调整绘制对象的位置等作用，如图2-31所示。

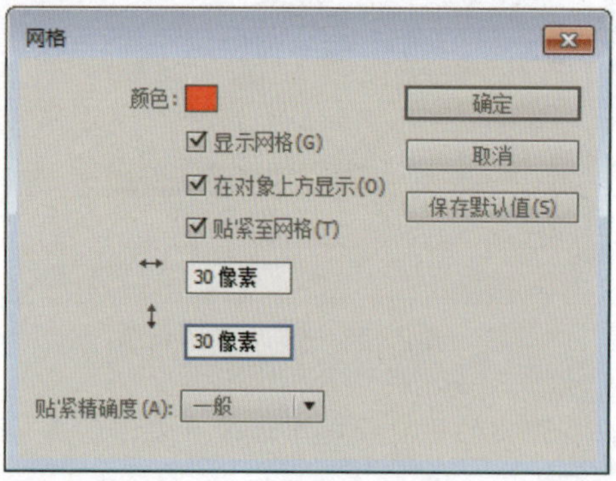

图2-30　编辑网格

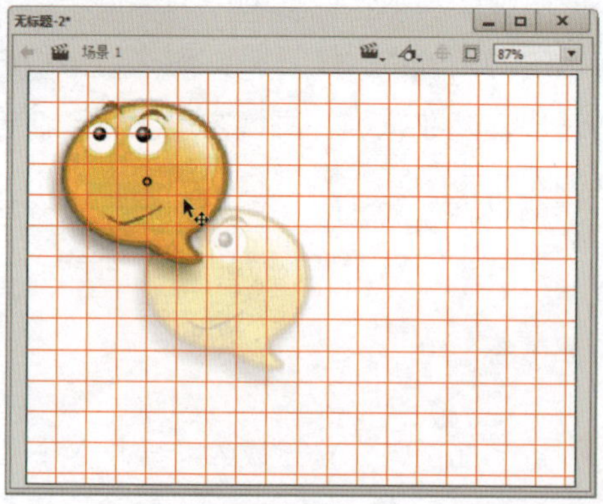

图2-31　网格效果

2.4.3 辅助线

单击“视图”→“辅助线”命令，可将辅助线显示，如图2-32所示。

单击“视图”→“辅助线”→“编辑辅助线”命令，可对辅助线的属性进行编辑，如图2-33所示。辅助线有助于绘制对象的排列。

提示　可执行“视图”→“辅助线”→“锁定辅助线”命令，将其锁定在舞台。

图2-32　显示辅助线

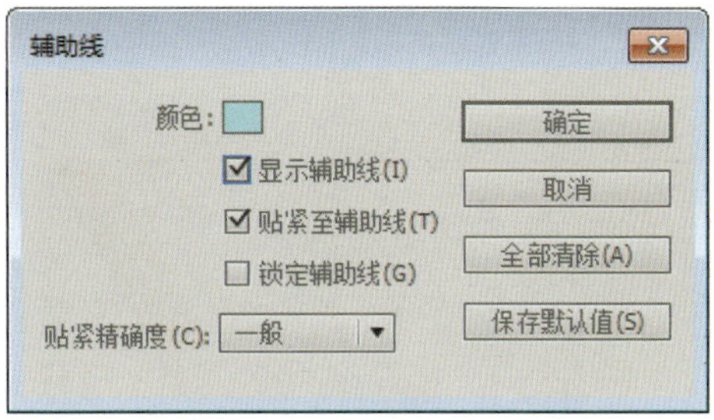

图2-33　“辅助线”对话框

2.5 Animate CC 中的绘图工具

在 Animate CC 中用户通过使用不同的绘图工具，配合多种编辑命令或编辑工具，可制作出精美的矢量图形。本节主要介绍基本绘图工具的操作方法。

2.5.1 线条工具与钢笔工具

“线条工具”和“钢笔工具”主要用来绘制精确的图形和线段。

1. 线条工具

“线条工具”的使用方法很简单，单击工具栏中的“线条”工具，将光标移到舞台后按住鼠标左键进行拖动一段距离后松开鼠标，如此即可绘制出一条直线，如图 2-34 所示。打开“属性”面板还可对直线的属性进行调整，如图 2-35 所示。

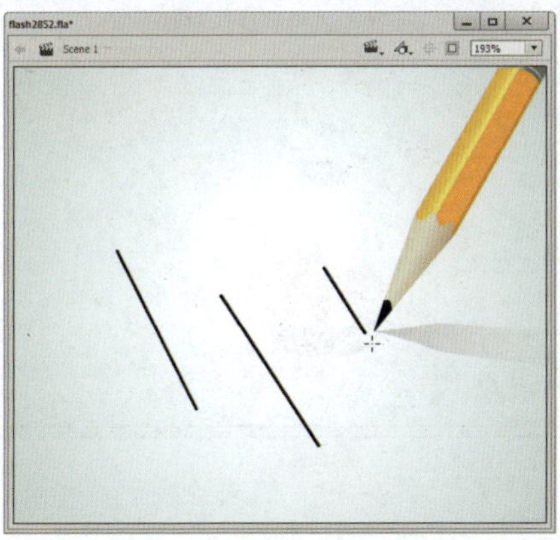

图2-34　绘制直线

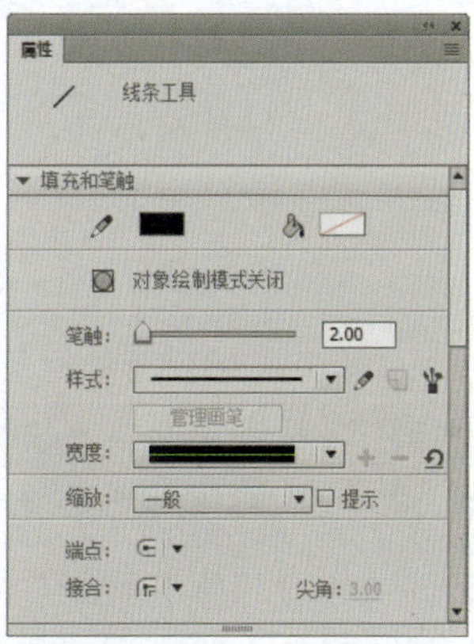

图2-35　直线“属性”

“线条工具”绘制出的直线可进行弯曲变形，单击工具栏中的“选择”工具，将光标放在直线处，按住鼠标左键进行拖动，即可改变直线曲度，如图 2-36 所示。

2. 钢笔工具

使用“钢笔工具”可绘制出精确的图形，单击工具箱上的“钢笔”工具，通过鼠标的单击和拖动可绘制出线段上的点，通过这些点就可以实现曲线和直线的调整，来绘制出精确的图形，如图 2-37 所示。

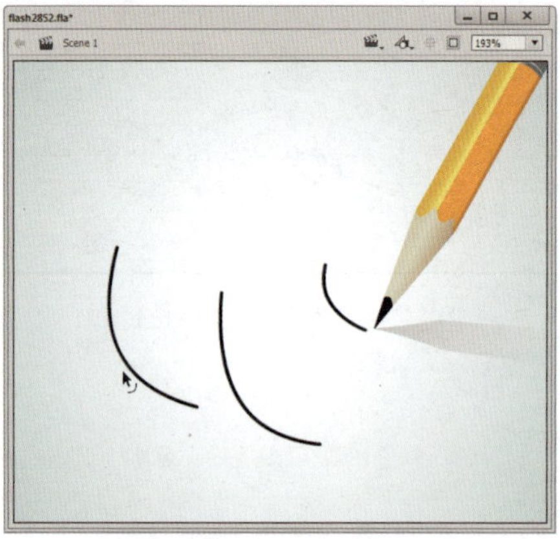

图2-36　直线变曲线

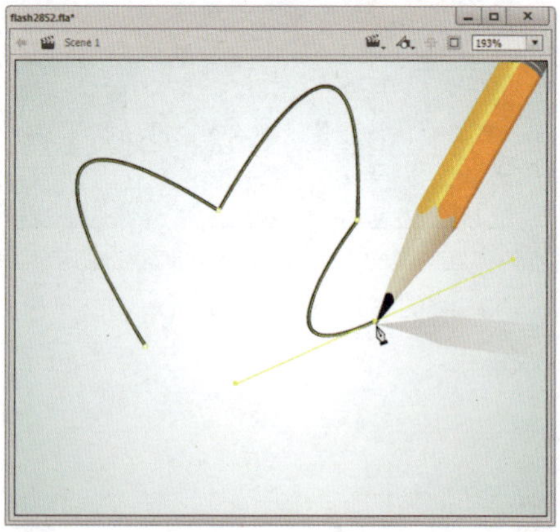

图2-37　钢笔绘制

提示　使用“部分选取工具”选择钢笔工具绘制的路径，显示其锚点，可调整路径。

2.5.2 椭圆工具与基本椭圆工具

单击工具箱“椭圆”工具的右下角，即弹出“椭圆工具”和“基本椭圆工具”选项，选择“基本椭圆工具”，如图 2-38 所示。与“椭圆工具”相比“基本椭圆工具”提供了几个节点，可供鼠标点选拖拽，从而改变形状，而且这些改变是规则的。也可通过 <Ctrl+B> 组合键打散，使“基本椭圆工具”转变为“椭圆工具”，如图 2-39 所示。

图2-38　选择“基本椭圆工具”

图2-39　钢笔绘制

提示　使用“椭圆工具”按住 <Shift> 键，在舞台中单击并拖拽光标，可绘制正圆；按住 <Alt> 键，在舞台中单击并拖拽光标，可以单击点为中心向四周扩散绘制椭圆；同时按住 <Shift> 键和 <Alt> 键，在舞台中单击并拖拽光标，可以单击点为中心向四周扩散绘制正圆。

2.5.3 矩形工具与基本矩形工具

“矩形工具”是几何形状绘制工具，用于创建矩形和正方形。“矩形工具”分为“矩形工具”和“基本矩形工具”。

1. 矩形工具

“矩形工具”可直接绘制出各种大小的长方形、正方形，如图 2-40 所示。

2. 基本矩形工具

“基本矩形工具”与使用“矩形工具”绘制矩形的区别在于，使用“基本矩形工具”绘制图形，可以在“属性”面板中对相应的属性进行直接修改，无须重新绘制但“矩形工具”绘制的图形就无此功能，如图 2-41 所示。

图2-40　使用“矩形工具”

图2-41　使用“基本矩形工具”

2.5.4 铅笔工具与刷子工具

“铅笔工具”与“刷子工具”的用法非常相似，唯一的区别在于，“铅笔工具”绘制的是笔触，而“刷子工具”绘制的是填充属性。

1. 铅笔工具

单击工具箱中的“铅笔工具”，在舞台中单击并拖动鼠标便可绘制出线条，如图 2-42 所示。需要注意的是，“铅笔工具”非常灵活，不好把握，对于鼠标操作不太熟练的用户，建议改用“线条”或“钢笔工具”来绘制图形。

图2-42　使用“铅笔工具”

> 提示　使用“铅笔工具”绘制线条时，按住 <Shift> 键，可将线条控制在水平或垂直方向。

2. 刷子工具

单击工具箱中的“刷子工具”，在舞台中单击并拖动鼠标即可绘制形状。在工具箱的“选项”区域会相应地出现此工具的各附加选项。单击“刷子模式”按钮，在弹出的选项列表框中，可以选择其中的一种模式进行绘制。

- 标准绘画：可以对同一层的线条和填充区域涂色。
- 颜料填充：对填充区域和空白区域涂色，不影响线条。
- 后面绘画：在舞台上同一层的空白区域涂色，不影响线条和填充。
- 颜料选择：只能在选定区域内绘制图形。
- 内部绘画：对开始时“刷子笔触”所在的填充进行涂色，但不对线条涂色，也不允许在线条外面涂色。如果在空白区域中开始涂色，该填充不会影响任何现有的填充区域。

不同选项的绘制效果，如图 2-43 所示。

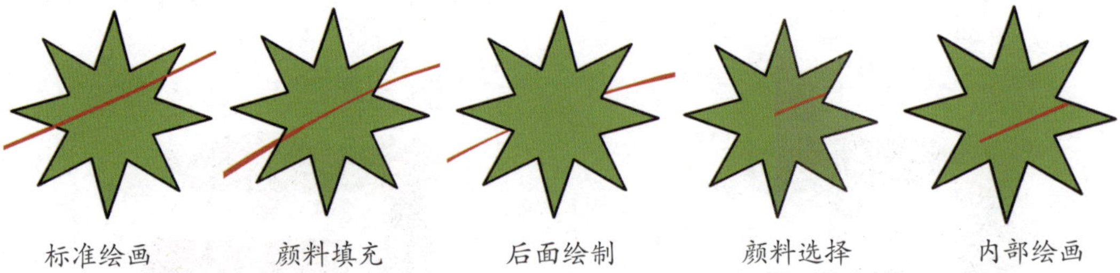

图2-43 不同选项的绘制效果

2.5.5 多角星形工具

“多角星形工具”用于绘制多边形和星形的多角星形。使用该工具，用户可以根据需要，绘制出不同边数和不同大小的多边形和星形。在默认情况下，绘制出的图形是正五边形。

单击“属性”面板中的“选项”按钮，如图 2-44 所示。弹出“工具设置”对话框，在该对话框中可以设置多边形的边数及所绘图形的样式，如图 2-45 所示。

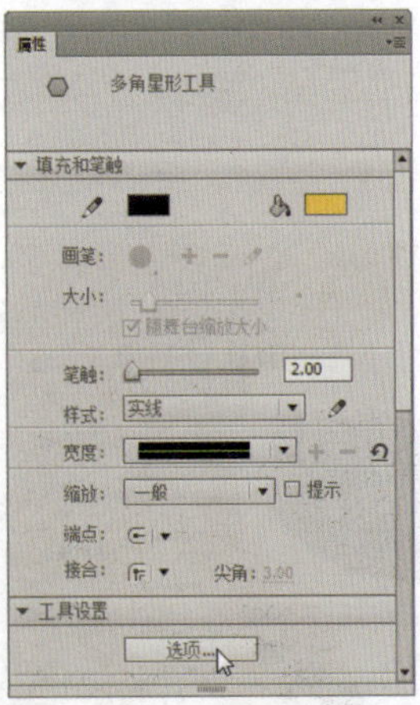

图2-44 “属性”面板

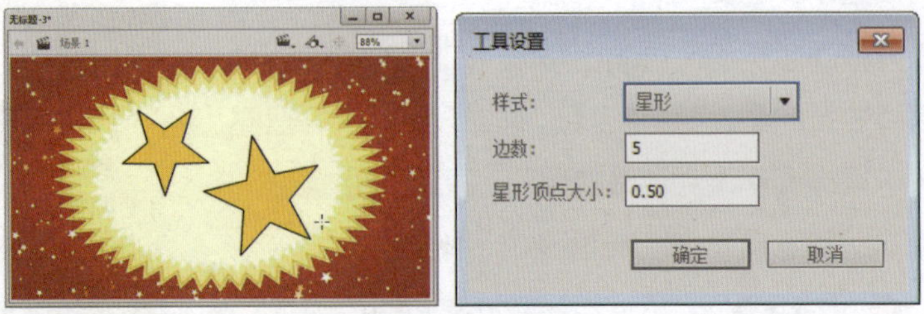

图2-45 绘制星形

2.6 图形颜色填充

在图形绘制完成后，为了让图形变得丰富饱满，需要对图形进行颜色的填充。

2.6.1 填充工具填充

在 Animate CC 软件中的颜色填充工具有“颜料桶工具”“墨水瓶工具”和“滴管工具”。

“颜料桶工具”  主要用于图形颜色的大面积填充，如图 2-46 所示。

图2-46 “颜料桶工具”填充

“墨水瓶工具”  用来更改线条的样式、粗细和颜色。其本身不具备绘画功能，却可以为矢量图形添加描边线，如图 2-47 所示。

“滴管工具”  可以吸取线条的笔触颜色、笔触大小、笔触样式等所有属性，并在其他图形的笔触上完美再现，如图 2-48 所示。

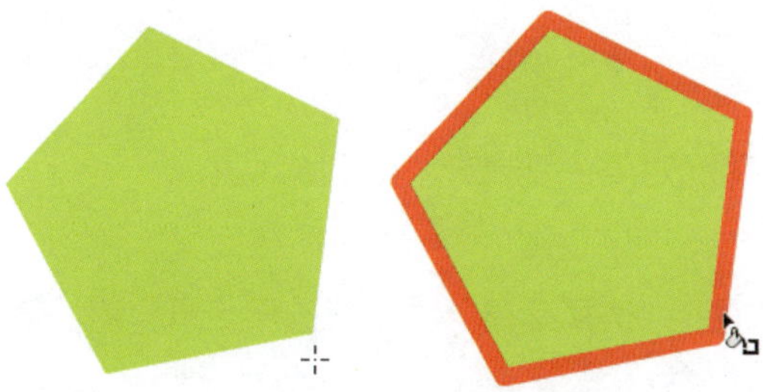

图2-47 用“墨水瓶工具”添加边线

吸取线条　　填充线条

图2-48 “滴管工具”填充线条效果

2.6.2 颜色面板填充

“颜色”面板主要用来调整填充类型和颜色。执行“窗口”→“颜色”命令，即可打开“颜色”面板，如图 2-49 所示。“颜色”面板总共有 4 种模式供其选择：纯色填充、线性渐变填充、径向渐变填充和位图填充，如图 2-50 所示。4 种填充模式各不相同。

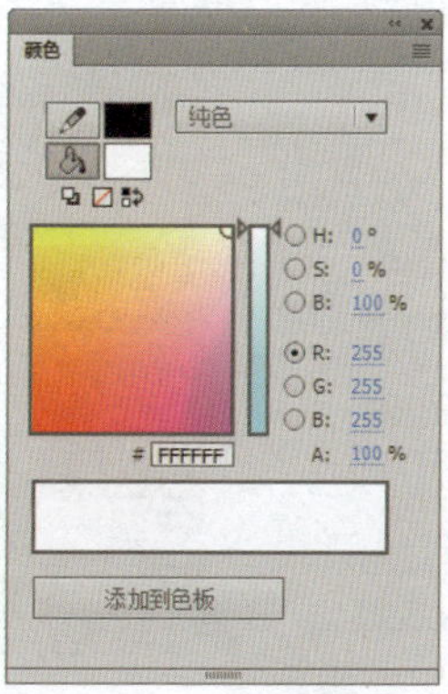

图2-49 “颜色”面板

图2-50 填充模式

2.6.3 样本面板填充

“样本”面板有很多关于色彩的设置，在“样本”面板上选择颜色后可以方便“颜料桶工具”填充颜色。执行“窗口”→“样本”命令，即可打开“样本”面板，如图 2-51 所示。单击“样本”面板右上角的按钮可弹出扩展菜单，如图 2-52 所示。

图2-51　“样本”面板

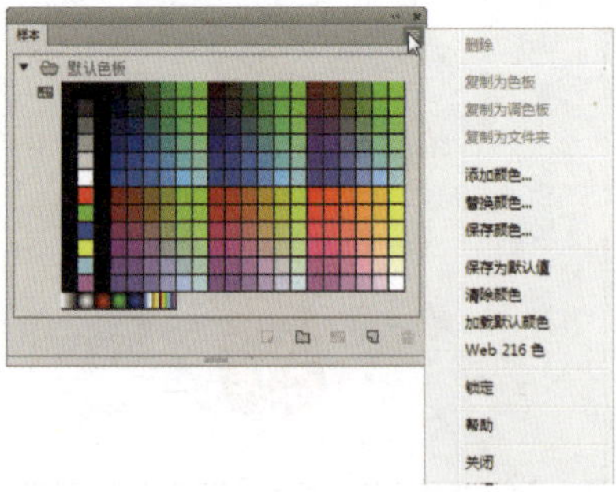

图2-52　“样本”面板扩展菜单

2.7 对象的操作

使用 Animate CC 绘制对象的过程中，需要对图形对象进行各种编辑，包括选取对象、移动对象、复制对象和删除对象等操作，为达到最终的制作效果。

2.7.1 对象的基本操作

Animate CC 中对象的基本操作有选取对象、移动对象、复制对象和删除对象。

1. 选取对象

选取对象是进行编辑对象行为的第一步，可以通过“选择工具”“部分选择工具”和“套索工具”进行对象的选择，如图 2-53 所示。

2. 移动对象

制作过程中我们需要改变图形的位置，就是移动对象。利用鼠标、方向键可直接移动对象，“属性”面板和“信息”面板则通过数值的改变来实现图形的移动，如图 2-54 和图 2-55 所示。

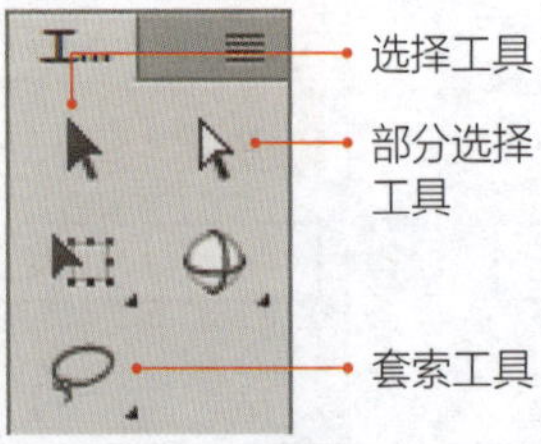

图2-53　选取对象工具

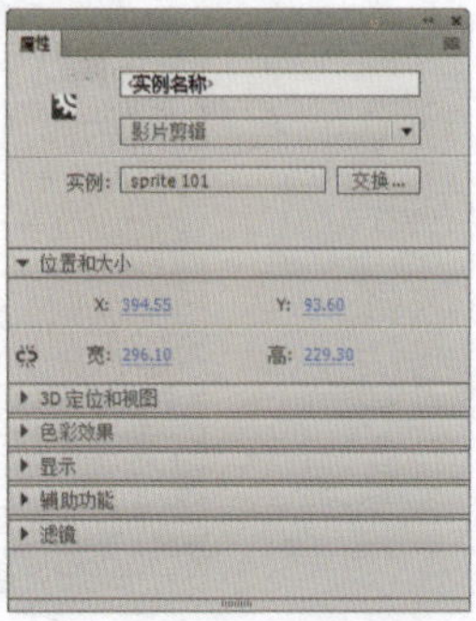

图2-54　“属性”面板

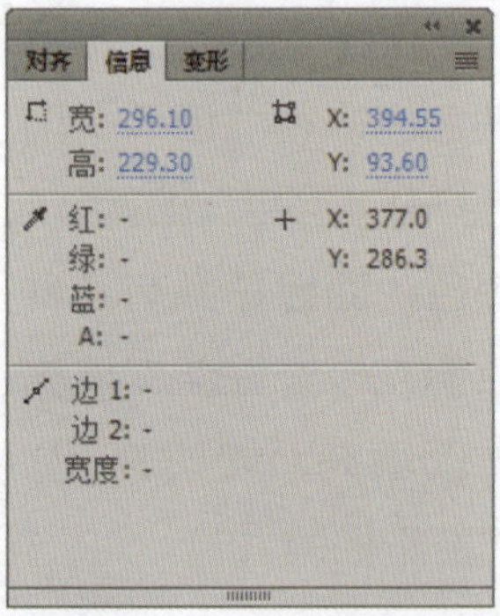

图2-55　“信息”面板

3. 复制对象

当需要两个相同的绘制对象时，就需要使用复制对象操作，复制对象的实现由复制和粘贴两部分组成。

选中需复制的对象，选择“编辑”→“复制”命令，或按<Ctrl+C>组合键进行复制；再选择“编辑”→“粘贴”命令，或者按<Ctrl+V>组合键，进行对象粘贴，如图 2-56 所示。

图2-56　复制对象

> 提示　按住<Alt>键单击并拖动图形对象，可快速复制该对象，也可以执行“编辑”→“直接复制”命令复制对象。

4. 删除对象

删除对象的方法有很多，选择“编辑”→“剪切”命令，或者选择“编辑”→“清除”命令，直接选中需删除的对象，按<Delete>键也可删除对象。

2.7.2 对象的变形

对象的变形包括旋转、缩放、倾斜和扭曲等多种方式，选择“窗口”→“变形”命令，弹出“变形”面板，如图 2-57 所示。通过数值的调节来实现对象的变形。

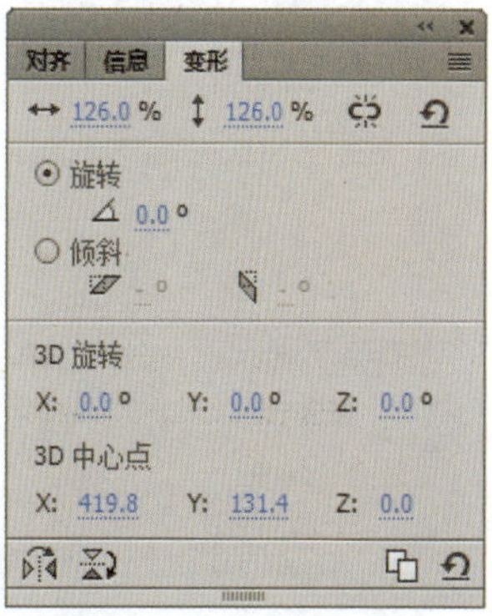

图2-57　“变形”面板

2.8 时间轴、图层和帧

通过使用时间轴上的关键帧，Animate CC 就会自动生成运动中的动画帧，这就是动画的制作原理，所以时间轴在动画制作中起着关键作用。

新建的 Animate CC 文档中只包含一个图层，为了方便制作和控制动画效果，根据不同的要素分类将不同的元素分到不同的图层。每个图层编辑对象时，就不会影响到其他图层里的内容。多个图层的组合形成复杂的动画效果。

帧是组成动画的最基本的元素，通过帧的设定，连续播放即形成 Animate 动画效果。根据帧的特点可分为普通帧、关键帧和空白关键帧等多种类型。

2.8.1 “时间轴”面板

“时间轴”面板位于 Animate CC 界面的左下方，由“控制区”“图层区”和“时间轴”3 部分组成。“时间轴”面板是 Animate CC 制作动画的核心部分，如图 2-58 所示。

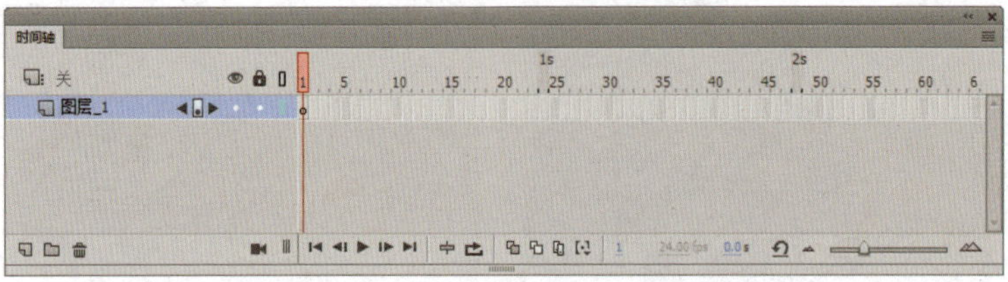

图2-58 “时间轴”面板

2.8.2 图层的基本操作

在 Animate 动画中，图层犹如一张张堆叠在舞台上的透明纸，每一张纸上面绘制不同的对象，将这些对象按照一定的需要重叠在一起形成了一幅幅复杂的画面。图层可分为普通图层、遮罩层和引导层 3 种类型。

1. 插入和删除图层

选择“插入”→“时间轴”→“图层”命令，插入图层，如图 2-59 所示。

将光标移到时间轴现有图层上面，单击鼠标右键，在弹出的菜单中选择“插入图层”，如图2-60所示。

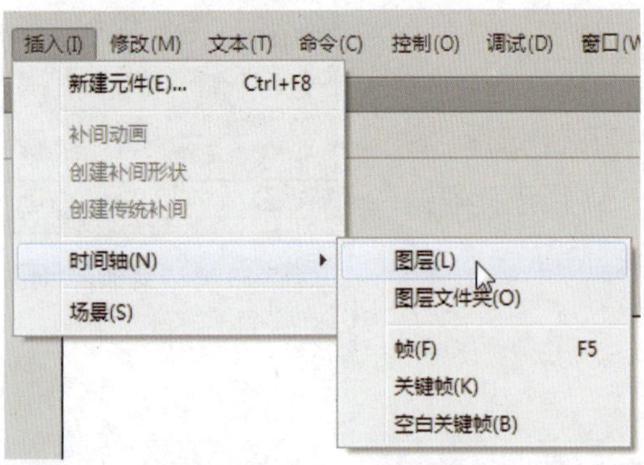

图2-59 插入图层

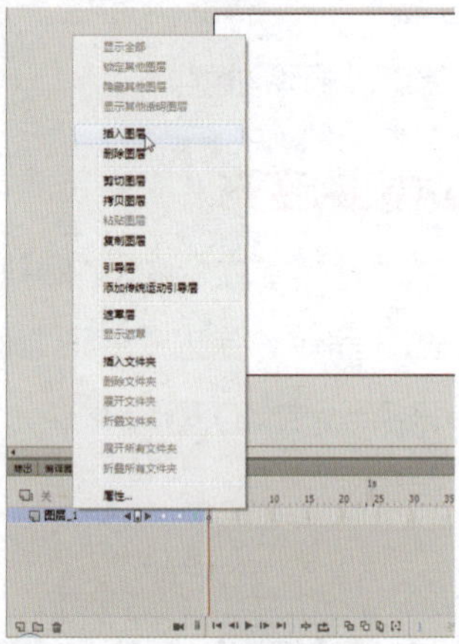

图2-60 插入图层

选中要删除的图层，单击“时间轴”面板控制区左下角的“删除图层”按钮，如图 2-61 所示。

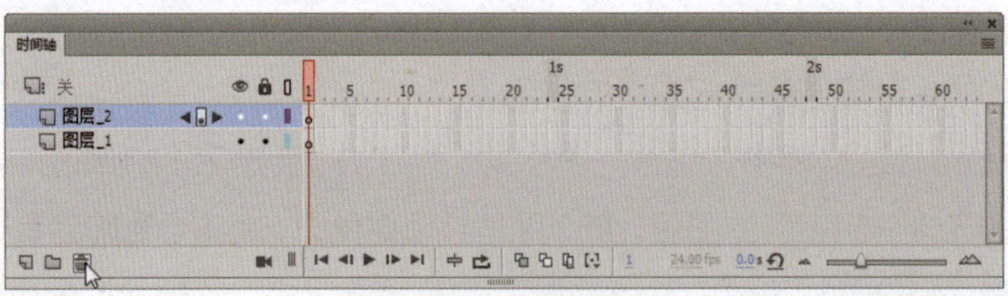

图2-61 删除图层

选中要删除的图层，单击鼠标右键，在弹出的菜单中选择“删除图层”，如图 2-62 所示。

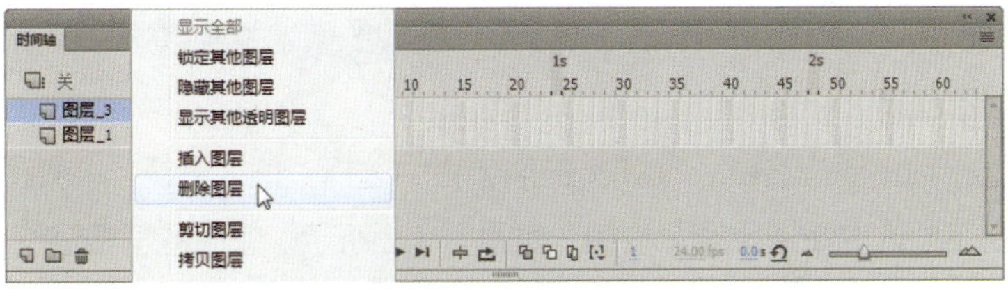

图2-62　删除图层

2. 重命名图层

鼠标双击需要重命名的图层，然后输入新的名称即可，如图 2-63 所示。

选中需重命名的图层，单击鼠标右键，在弹出的菜单栏中选择“属性”，弹出“图层属性”对话框，在“名称”中输入新的名称，如图 2-64 所示。单击“确定”，即可完成重命名操作。

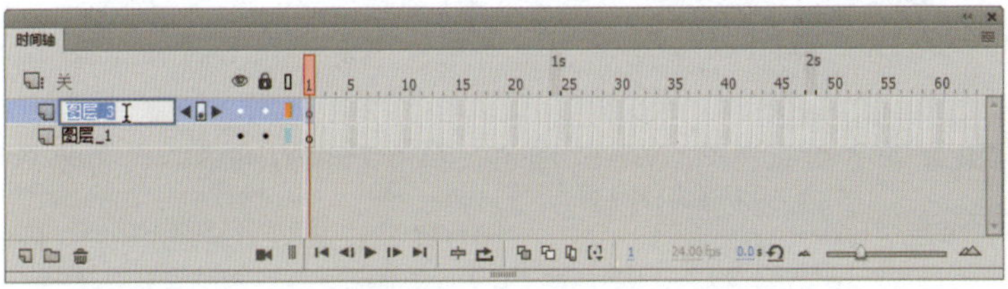

图2-63　重命名

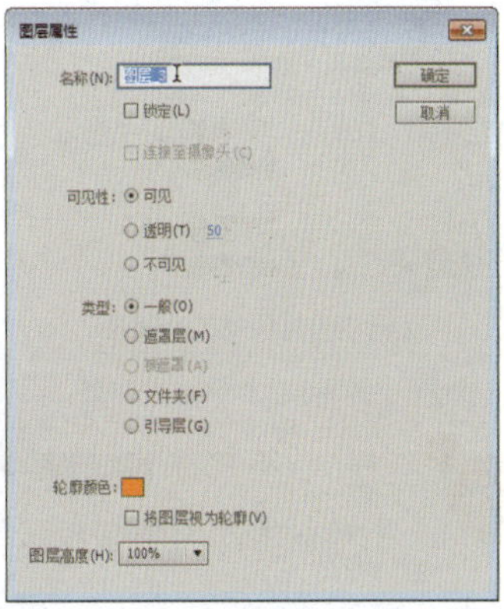

图2-64　“图层属性”对话框

3. 调整图层顺序

选中图层，按住鼠标左键拖动，将图层拖到相应位置以后，释放鼠标，此时图层的位置发生改变，如图 2-65 所示。

4. 设置图层属性

选中“修改”→“时间轴”→“图层属性”命令，弹出“图层属性”面板。或者将光标移到图层面板处，单击鼠标右键，在弹出的菜单中选择“属性”，弹出属性面板，如图 2-66 所示。

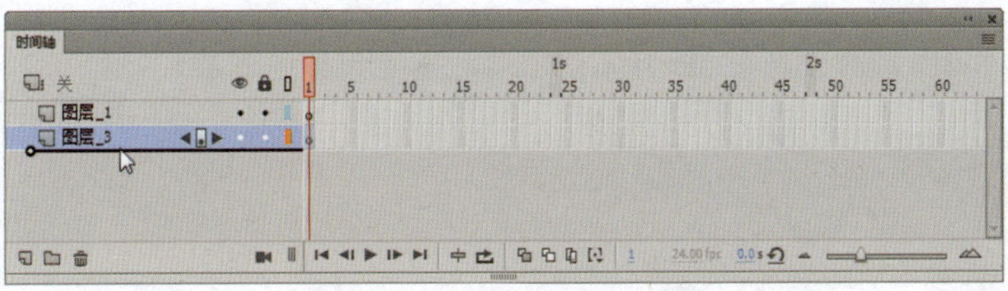

图2-65　调整图层顺序

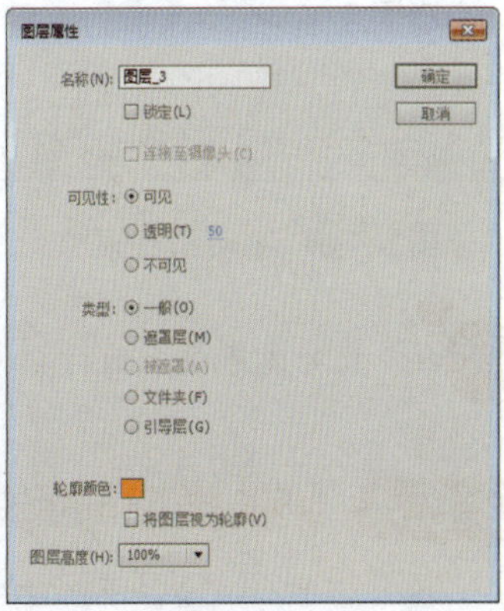

图2-66　“图层属性”面板

2.8.3 图层的编辑

图层分为普通图层、遮罩层和引导层 3 种类型，图层的编辑主要以这 3 种图层的运用来实现。

1. 普通图层的创建

选择已有图层，单击鼠标右键，在弹出的菜单栏中选择“插入图层”，如图 2-67 所示。或直接单击控制区左下角的“新建图层”按钮，如图 2-68 所示。普通图层相当于一张张透明的纸，通过在上面绘制的对象，实现动画的制作。

2. 引导层的创建

引导层分为普通引导层和运动引导层，普通引导层可以辅助静态对象定位，如图 2-69 所示。运动引导层通过在引导层上创建特殊路径，使选定对象沿着这一路径运动，如图 2-70 所示。

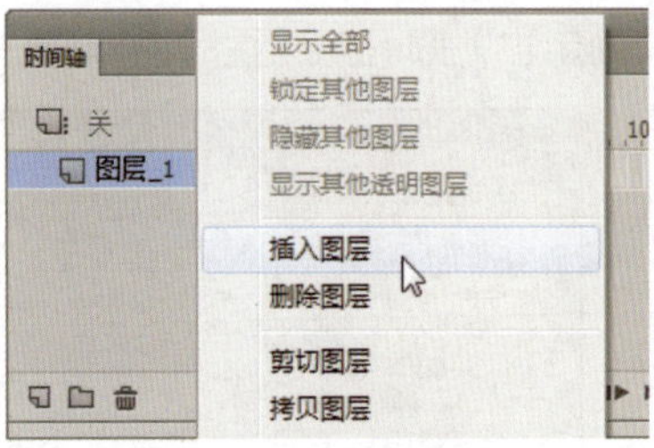

图2-67　插入图层

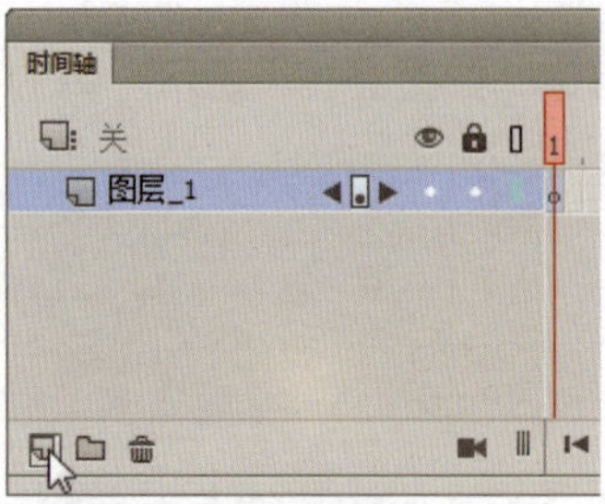

图2-68　插入图层

图2-69　普通引导层

提示　引导层不能导出，因此，不会显示在发布的 SWF 文件中，引导层中的路径只是用来引导对象运动的辅助线。

3. 遮罩层的创建

放置在遮罩层上的遮罩物可对其他图层的图形进行遮罩，当设置一个图层为遮罩层时，该图层的下一图层便被默认为被遮罩层，如图 2-71 所示。遮罩层的运动，还可以创造出各种各样的动态效果动画。

图2-70　运动引导层

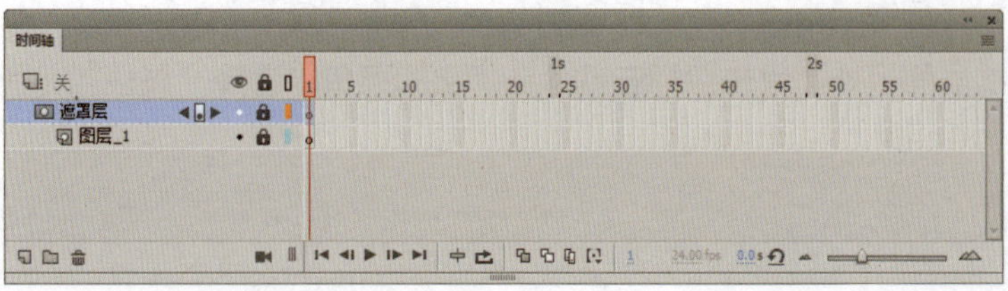

图2-71　遮罩层

提示　不能对遮罩层上的对象使用 3D 工具，包含 3D 对象的图层也不能用作遮罩层。

2.8.4 帧的类型与编辑

通过对不同类型帧的运用和编辑，来实现动画效果。

1. 帧的类型

根据帧的不同功能和含义，可将帧分为普通帧、关键帧、空白关键帧。

在“时间轴”面板中，有实心原点或空白原点的是“关键帧”，其中的空白原点也称为“空白关键帧”，普通帧则以空白方格为代表，如图 2-72 所示。

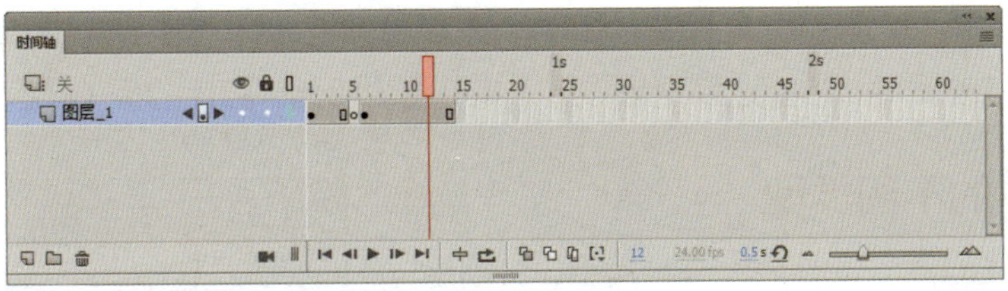

图2-72　帧的类型

2. 帧的编辑

选中需复制的帧，单击鼠标右键，在弹出的菜单中选择“复制帧”选项，如图 2-73 所示。或者选中需复制的帧，选择“编辑”→“时间轴”→“复制帧”命令。

然后在目标位置单击鼠标右键，在弹出的菜单中选择“粘贴帧”命令，完成帧的复制，如图 2-74 所示。

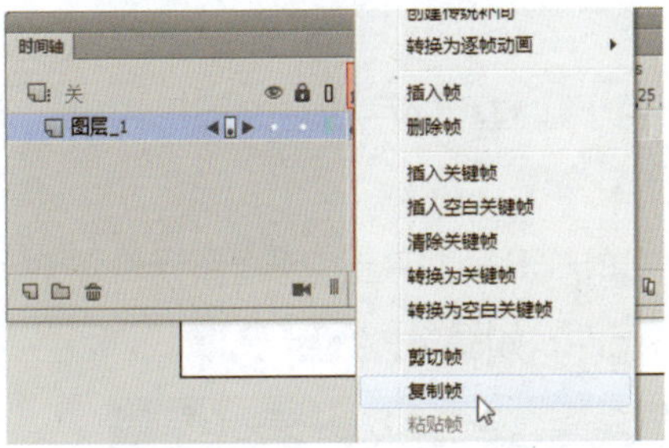

图2-73　选择“复制帧”

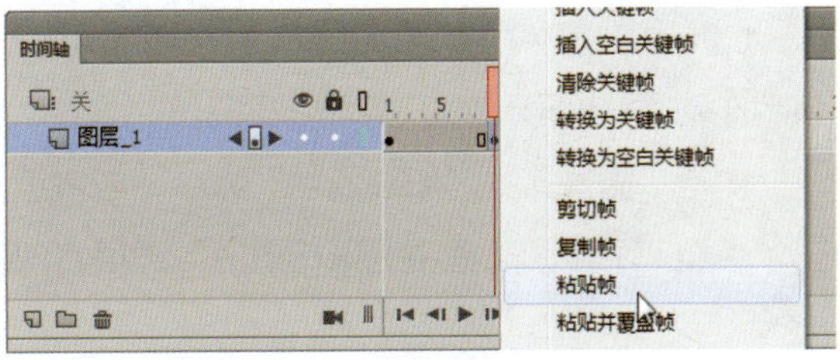

图2-74　选择“粘贴帧”

选中要移动的帧，单击鼠标右键，在弹出的菜单中选择“剪切帧”命令，然后同样在目标位置单击鼠标右键，在弹出的菜单中选择“粘贴帧”命令，完成帧的移动，如图 2-75 所示。

选中要删除的帧，单击鼠标右键，在弹出的菜单中选择“删除帧”命令，如图 2-76 所示。或在选中需删除的帧后直接单击 <Delete> 键即可删除。

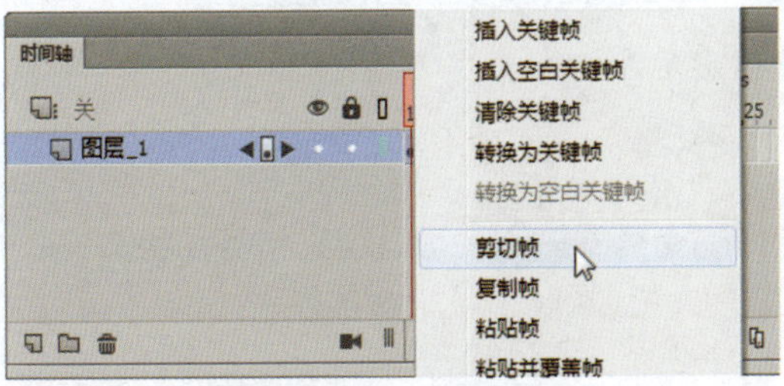

图2-75　选择“剪切帧”

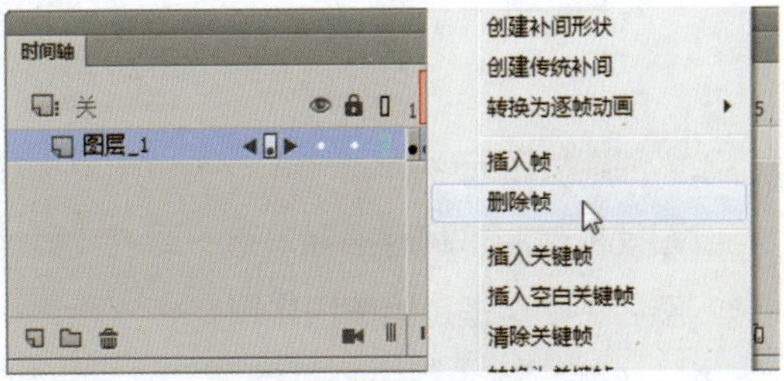

图2-76　选择“删除帧”

提示　可以执行“编辑”→“全选 / 取消全选”命令来选中时间轴中的所有帧，或取消选中所有帧。

2.9 元件和库

很多矢量图形可以直接创建动画，但其动画效果是有限的。要想制作复杂的动画，还得借助元件。无论创作出来的元件是什么类型，都统一存放在“库”面板中，灵活管理“库”面板，合理地选择及使用这些资源，才能达到理想效果。本节将讲解元件和库的相关知识。

2.9.1 元件的不同类型

在 Animate CC 中，元件分为 3 种类型，分别是影片剪辑元件、按钮元件和图形元件，如图 2-77 所示。

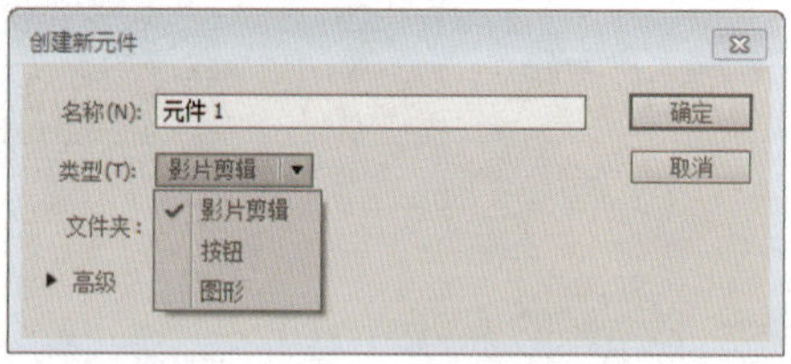

图2-77 “元件”对话框

2.9.2 元件的编辑

元件是一些可以重复利用的图形、按钮和影片剪辑资源，在 Animate CC 制作过程中可重复使用元件。

1. 创建图形元件

图形元件是 Animate 动画中最常见的元件，主要用于建立和储存独立的图形内容，可以用来制作动画。图形元件不能添加滤镜。

执行“插入”→“新建元件”命令，或按组合键 <Ctrl+F8>，弹出“创建新元件”对话框，在“类型”下拉列表框中选择“图形”选项，创建图形元件，如图 2-78 所示。

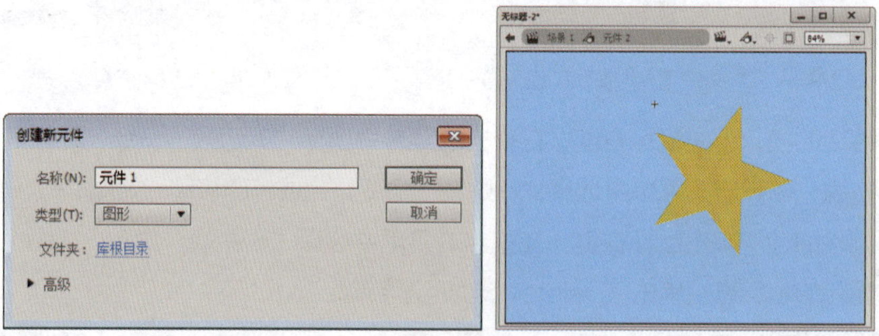

图2-78 创建图形元件

2. 创建按钮元件

按钮元件是用来响应鼠标单击、滑过或其他动作的交互式按钮。可以定义与各种状态关联的图形，然后将动作指定给按钮实例。

执行“插入”→“新建元件”命令，或按组合键 <Ctrl+F8>，弹出“创建新元件”对话框，在“类型”下拉列表框中选择“按钮”选项，创建按钮元件，如图 2-79 所示。

4 个状态帧在时间轴中分别为“弹起”“指针经过”“按下”和“点击”。当然，每个状态帧的功能是不一样的。

- 弹起：该帧表示指针没有经过按钮时该按钮在舞台中的状态。
- 指针经过：表示当指针滑过按钮时，按钮在舞台中的状态。
- 按下：表示单击按钮时，按钮在舞台中的外观。
- 点击：用于定义向右鼠标单击的区域。此区域在 SWF 文件中是不可见到的。

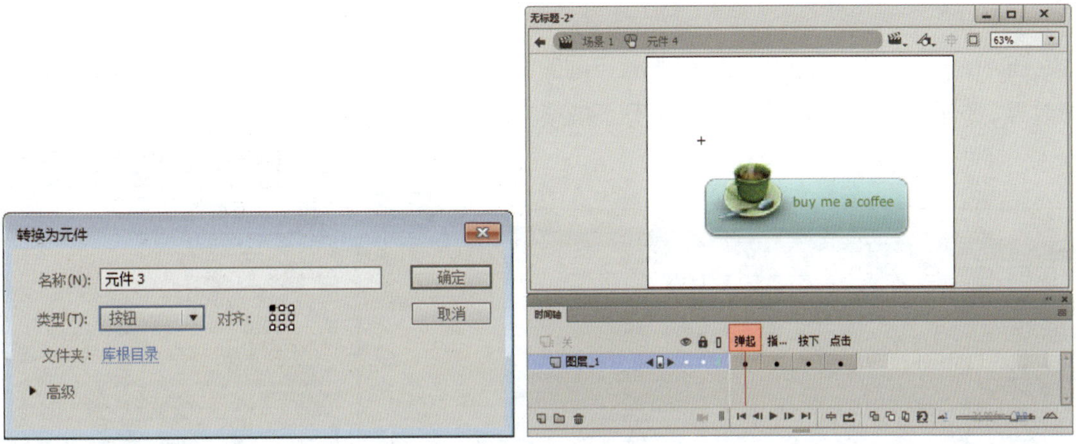

图2-79　创建按钮元件

3. 创建影片剪辑元件

影片剪辑元件用来创建动画片段，可以重复使用。影片剪辑在自己内部拥有多帧时间轴，这些时间轴与主时间轴是相互独立的。

执行“插入”→“新建元件”命令，或按组合键 <Ctrl+F8>，弹出“创建新元件”对话框，在“类型”下拉列表框中选择“影片剪辑”选项，创建影片剪辑元件，如图 2-80 所示。

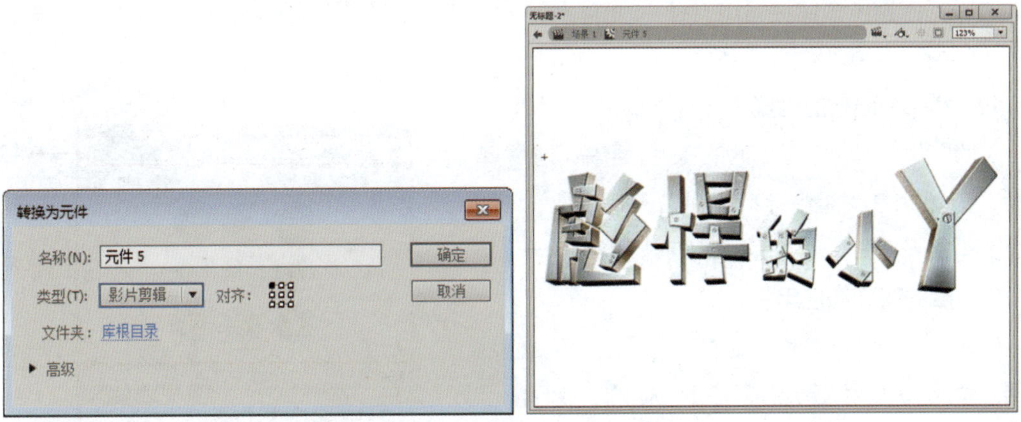

图2-80　创建影片剪辑元件

2.9.3 滤镜与色彩效果

利用滤镜可以制作出很多绚丽的图片。滤镜的功能非常强大，所绘制的效果多种多样，这里主要介绍滤镜的调整颜色功能。

选择需添加滤镜的对象，选择“属性”面板中的“滤镜”部分，单击“滤镜”面板左上角的

"添加滤镜"按钮，在弹出的菜单中选择需要的滤镜，如"投影"滤镜，根据需要调整投影参数，如图 2-81 和图 2-82 所示。

> 提示　单击"模糊 X"和"模糊 Y"选项后的两个"链接 X 和 Y 属性值"按钮，X 轴和 Y 轴可以同比例地增加或减少数值。

在 Animate CC 中，可以为元件设置不同的色彩效果。选择实例，进入"属性"面板，在"色彩效果"选项栏单击"样式"按钮，打开下拉菜单，如图 2-83 所示。

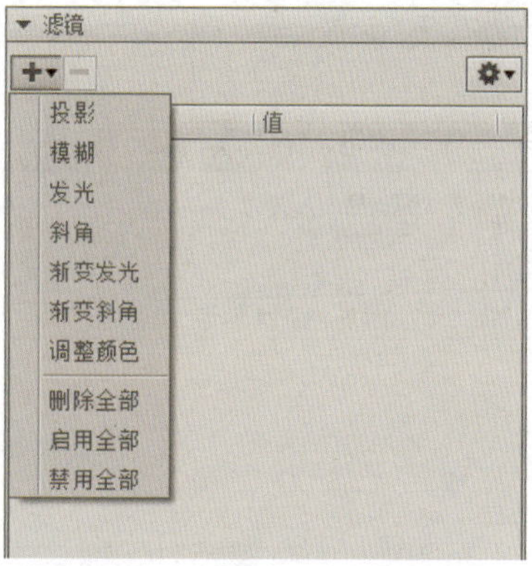

图2-81　添加滤镜

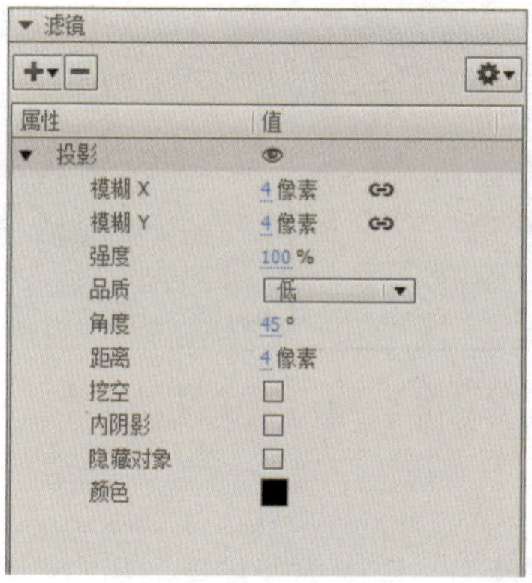

图2-82　"投影"滤镜

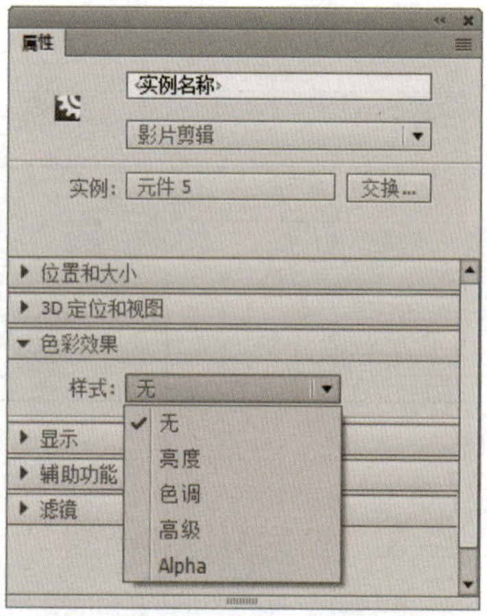

图2-83　"样式"下拉列表

2.9.4 库

"库"作为一个储存区域，在 Animate 动画制作中主要用来储存元件和导入的图片等文件资源，库中的资源可重复使用。

1. "库"面板的组成

"库"面板默认在工作区的右侧，若关闭了"库"面板，按<Ctrl+L>组合键，或者执行"窗口"→"库"命令即可重新打开"库"面板，如图 2-84 所示。

2. 库的管理和使用

执行"窗口"→"库"命令，打开"库"面板。选择"插入"→"新建元件"命令，如图 2-85 所示，或单击"库"面板中的按钮，选择"新建元件"按钮，都可在库中添加元件，如图 2-86 所示。

选中需删除的元件，单击鼠标右键在弹出的菜单中选择"删除"命令，即可删除不要的元件，如图 2-87 所示。

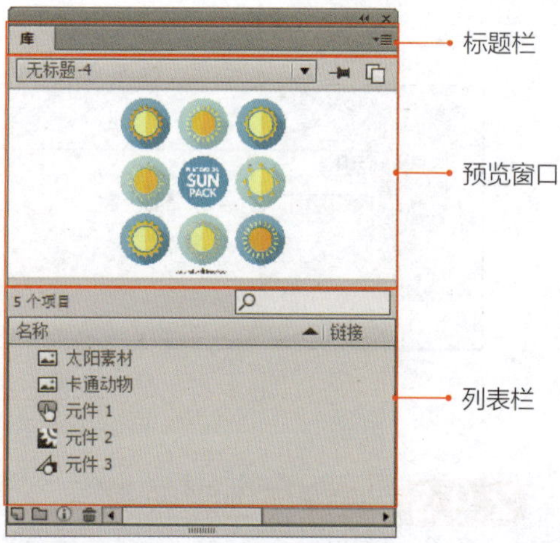

图2-84　"库"面板

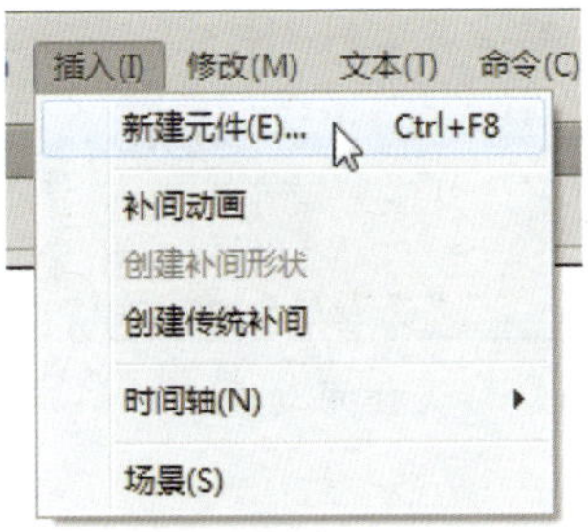

图2-85　“新建元件”命令

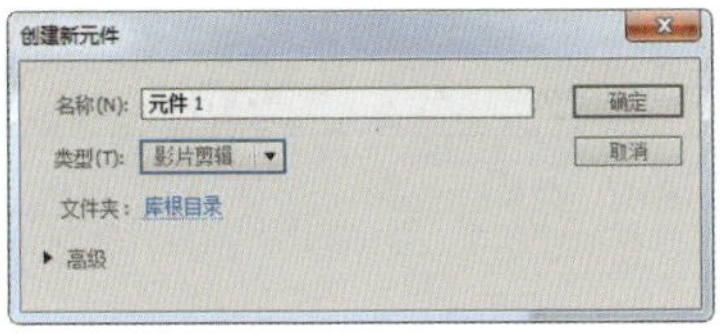

图2-86　新建元件

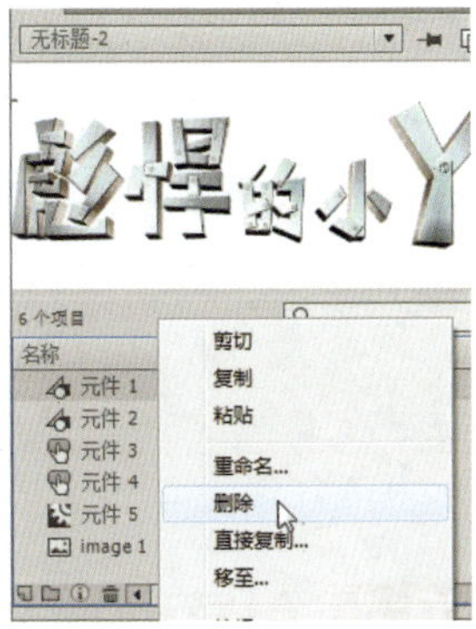

图2-87　选择“删除”命令

2.10 Animate CC 中的动画创建

本节进入动画制作的具体操作中，将对动画制作过程中帧的运用，动画的基本类型等内容进行介绍。

2.10.1 逐帧动画

逐帧动画是一种传统的动画形式，制作起来比较烦琐，它是通过在连续的每一帧上绘制分解动画动作，最后连续播放来形成动画的形式，如图 2-88 所示。逐帧动画的制作要求创作者具有较强的运动规律知识和绘画功底。

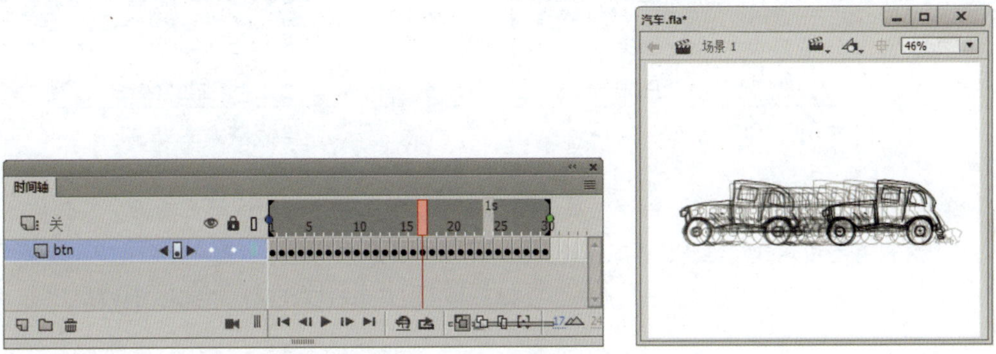

图2-88　逐帧动画

2.10.2 传统补间动画

相对于逐帧动画，运动补间动画更适用于一些有规律、相对简单的动画。绘制出起始位置和结束位置的动画动作，然后在两帧之间创建传统补间，即可生成连续性的动画动作。传统补间动画的时间轴显示为如图 2-89 所示的形式。

2.10.3 形状补间动画

形状补间动画也称为形变动画，作用对象只限于图形。制作形状补间动画只要给出第一帧和最后一帧的图形形状，中间的动画由系统自动生成。可完成对图形的移动、缩放、形状渐变和色彩渐变的动画。形状补间动画的时间轴显示为如图 2-90 所示的形式。

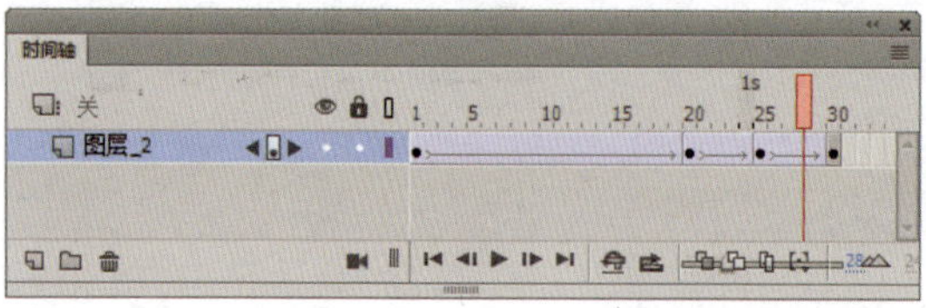

图2-89　传统补间动画

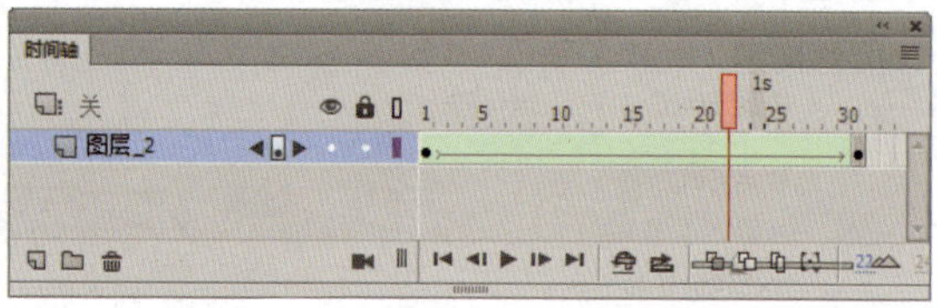

图2-90　形状补间动画

2.10.4 引导动画

建立引导层，在引导层上绘制运动路径，使物体沿着绘制的运动路径来进行位移，形成动画效果。引导动画的时间轴显示为如图 2-91 所示的形式。

提示　位于运动起始位置对象如果与线条的距离很近，其中心通常会自动连接到引导层，但结束位置的对象必须通过手动方式连接到引导线。

2.10.5 遮罩动画

在 Animate 动画制作过程中，若要求显示部分动画内容，可通过以下方式来实现。

首先在图层中绘制图形，将图层设置为遮罩层，遮罩层中的图形以透明的方式显示，被遮罩层中的图形透过遮罩层中的物体显示出来，遮罩层图像的运动会形成遮罩动画效果。遮罩动画的时间轴效果如图 2-92 所示。

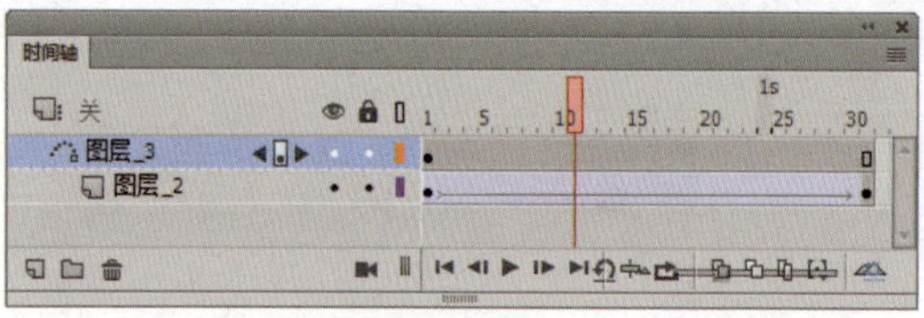

图2-91　引导动画

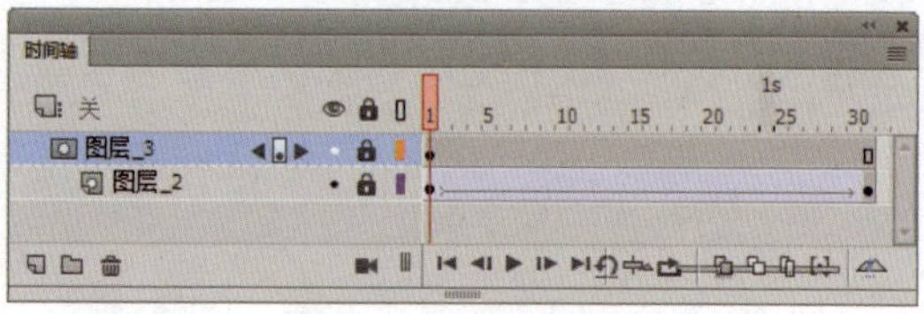

图2-92　遮罩动画

提示　遮罩层动画中可以包含多个被遮罩层。可以通过以下几种方法向遮罩层动画中添加被遮罩层：将现有的图层直接拖到遮罩层下面；在遮罩层下面的任何地方创建一个新图层；执行“修改”→“时间轴”→“图层属性”命令，在弹出的“图层属性”对话框中选择“被遮罩”选项。

2.10.6 动画预设

建立一个元件，将元件拖放到舞台上，选中这个元件，执行“窗口”→“动画预设”命令，打开“动画预设”面板，单击需要的预设效果，单击“应用”即可，如图 2-93 所示。

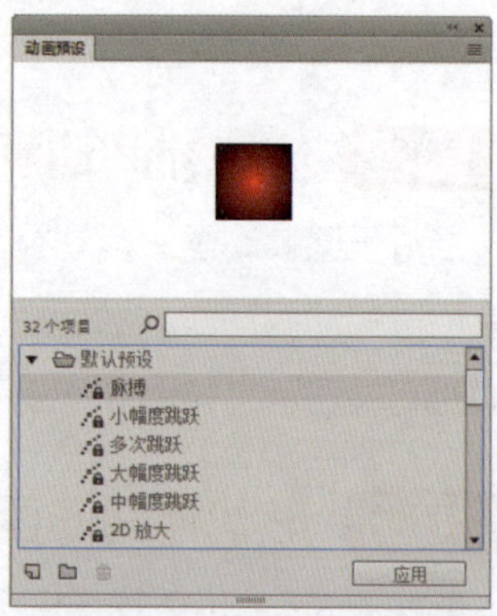

图2-93　“动画预设”面板

2.11 脚本与“动作”面板

本节将深入探究 Animate CC，介绍 ActionScript 脚本编程的强大功能。

2.11.1 ActionScript 脚本的概述

ActionScript 是一种专用的 Animate 程序语言，通过 ActionScript 脚本编程，可以实现根据运行时间和加载数据等事件来控制 Animate 文档的播放效果。使用动作脚本时必须将其附加在按钮、影片剪辑或者帧上，从而使单击按钮和按下键盘键之类的事件时，触发这些脚本，以便实现所需的交互性。

2.11.2 “动作”面板的使用

选择“窗口”→“动作”命令，或使用 <F9> 快捷键直接打开“动作”面板，“动作”面板由动作工具栏、程序添加对象和动作编辑区组成，如图 2-94 所示。

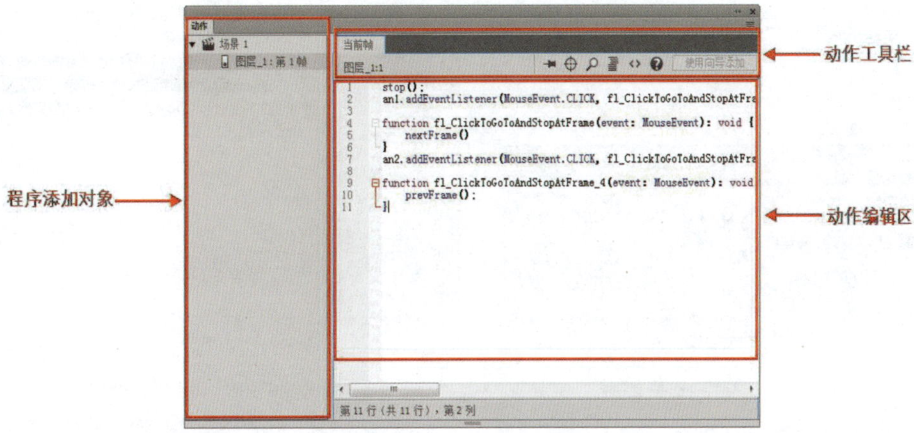

图2-94　“动作”面板

左侧是一个脚本导航器。里面列出了 FLA 文件中具有关联动作脚本的帧位置和对象，如图 2-95 所示。 单击脚本导航器中的某一项，与该项相关联的脚本则会出现在脚本窗口中，并且场景上的播放头也将移到时间轴上的对应位置上。双击脚本导航器中的某一项，则该脚本会被固定。

右侧部分是脚本编辑窗口，这是添加代码的区域，如图 2-96 所示。可以直接在脚本窗口中编辑动作、输入动作参数或删除动作。也可以双击动作工具箱中的某一项或脚本编辑窗口上方的“添加脚本”工具，向脚本窗口添加动作。

在脚本编辑窗口的上面，有一排工具图标，在编辑脚本的时候，可以方便适时的使用它们的功能。

提示　用户可以执行“文件”→“ActionScript 设置”命令，对 ActionScript3.0 进行相应的设置和管理。

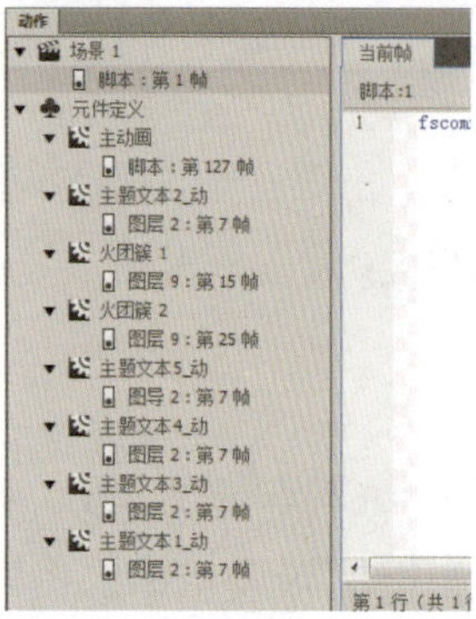

图2-95 脚本导航器

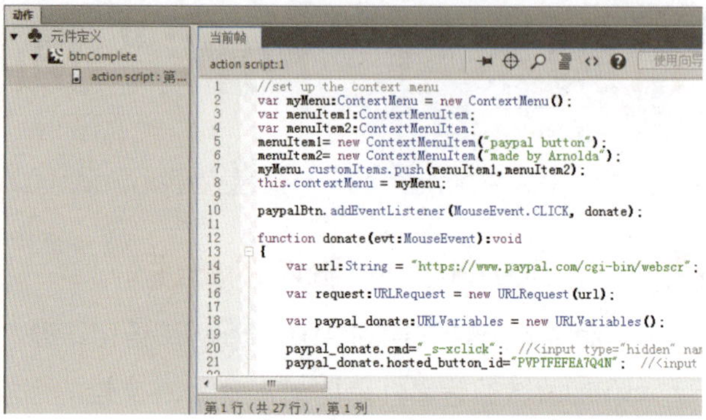

图2-96 脚本编辑窗口

2.11.3 脚本的编写

ActionScript 可编写的对象有帧、按钮以及影片剪辑。

1. 为帧编写脚本

点击帧的位置，按 <F7> 键插入一个空白关键帧，如图 2-97 所示。打开“动作”面板，编写脚本即可，如图 2-98 所示。

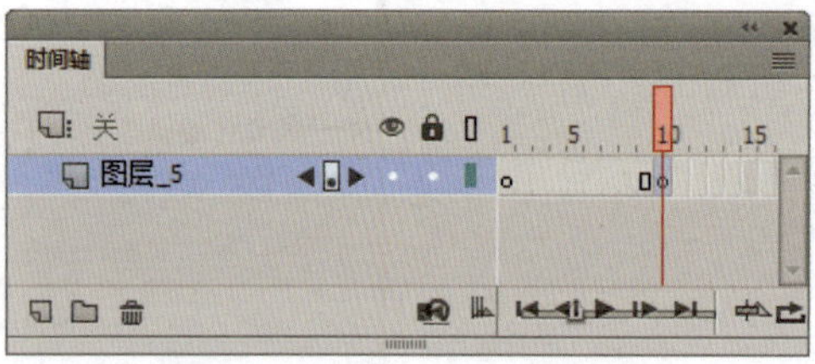

图2-97 插入空白关键帧

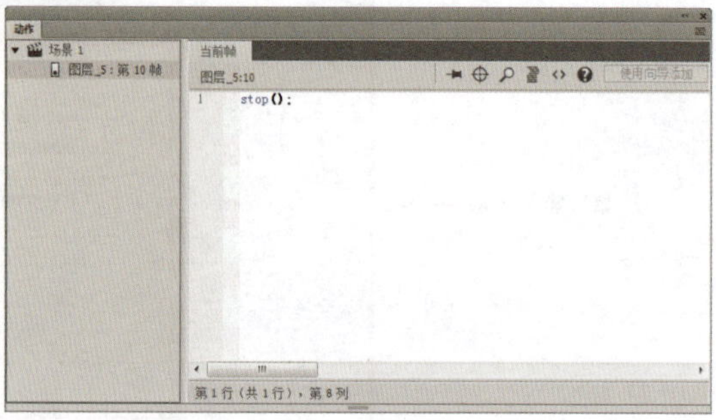

图2-98 帧编写脚本

2. 为按钮编写脚本

选中需编写脚本的按钮，打开“动作”面板，编写脚本即可，如图 2-99 所示。

3. 为影片剪辑编写脚本

选中需编写脚本的影片剪辑元件，打开“动作”面板。在“动作”编辑区中编写脚本即可，如图 2-100 所示。

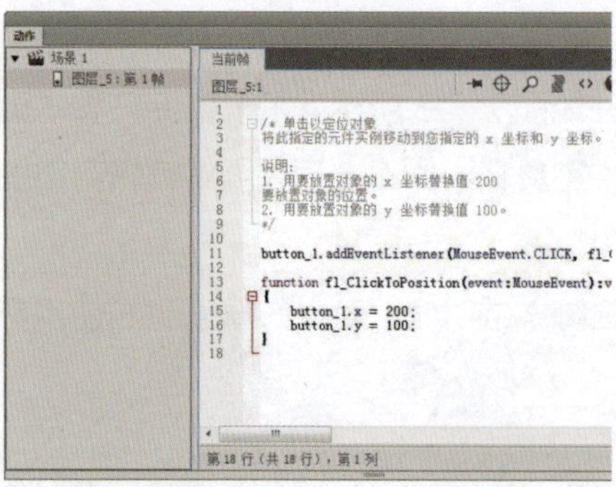

图2-99 按钮编写脚本

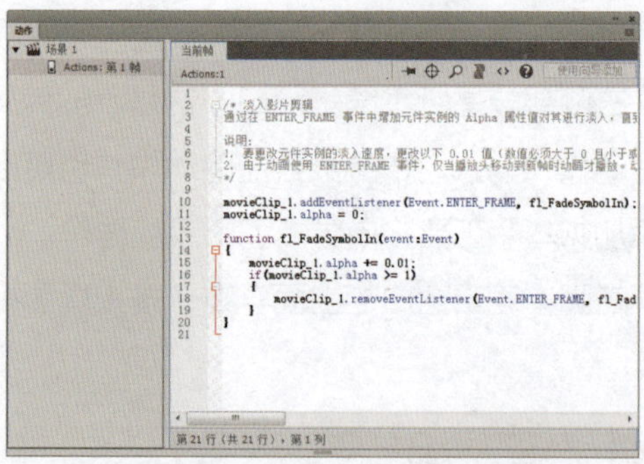

图2-100 影片剪辑编写脚本

2.12 声音和视频

为了让制作出来的动画更完整，更活泼生动，很多时候我们需要在制作中添加音频文件。

2.12.1 添加声音

新建一个声音图层，执行“文件”→“导入”→“导入到舞台”命令，在“导入”对话框中找到需要的声音文件，单击“打开”按钮，如图 2-101 所示，即可将声音添加到动画中，如图 2-102 所示。添加声音可分为按钮添加声音和影片添加声音。

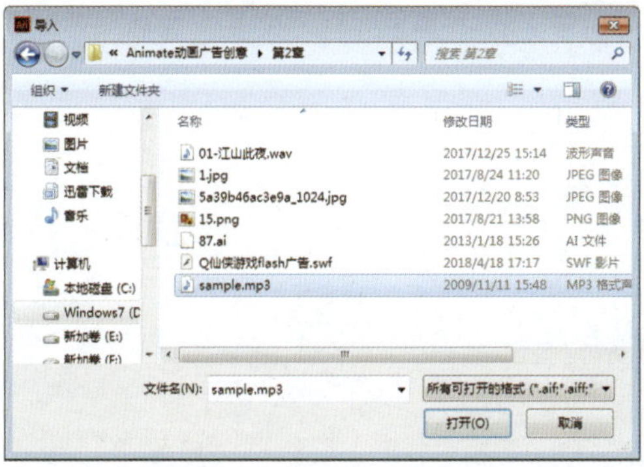

图2-101　选择声音文件

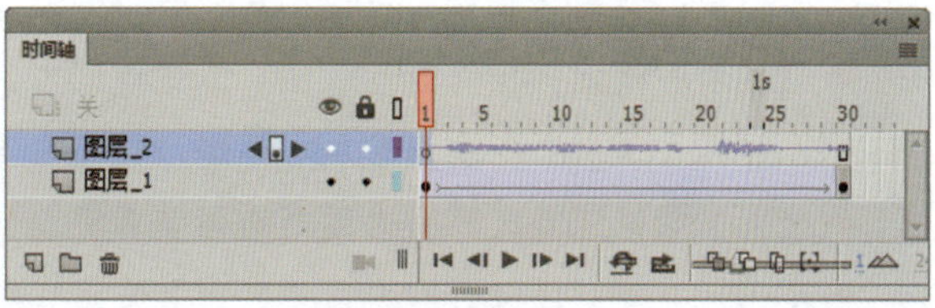

图2-102　添加声音

2.12.2 编辑音频

直接添加到动画里的声音文件容易出现一些问题，为了保证声音能与动画完美结合，需要对声音文件进行编辑。

1. 设置声音的重复播放

打开“声音”属性面板，单击“同步”的“重复”下拉列表框，选择“循环”选项，如图 2-103 所示。

- 重复：系统默认是 1 次，可根据需要自行输入播放次数。
- 循环：声音可一直不断地循环播放。

2. 设置声音的同步方式

指声音与画面的同步方式，打开“声音”属性面板，单击“同步”下拉列表框，即可选择同步方式，如图 2-104 所示。

- 事件：播放动画要在声音全部下载完成以后才能进行。
- 开始：如果选择的声音实例已经在时间轴上的其他地方播放过了，Animate 将不再播放这个实例。
- 停止：可以使正在播放的声音文件停止。
- 数据流：是动画与声音同步，是将声音完全附加到动画上。

3. 声音播放效果

打开“声音”属性面板，单击“效果”下拉列表框，如图 2-105 所示。

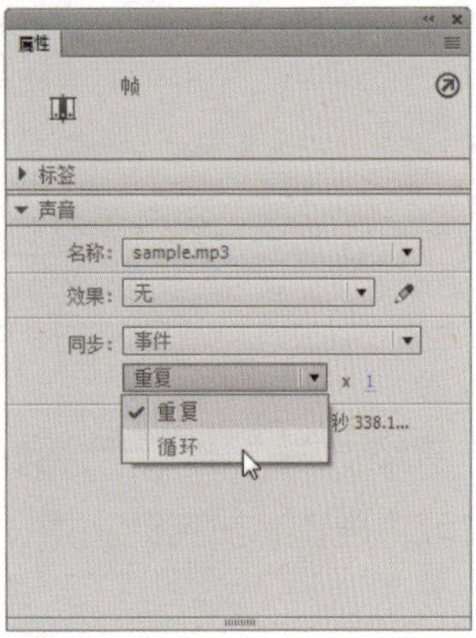

图2-103　设置声音的重复播放

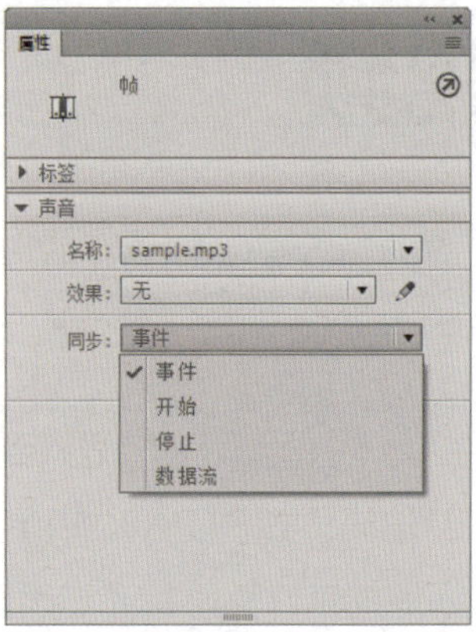

图2-104　设置声音的同步方式

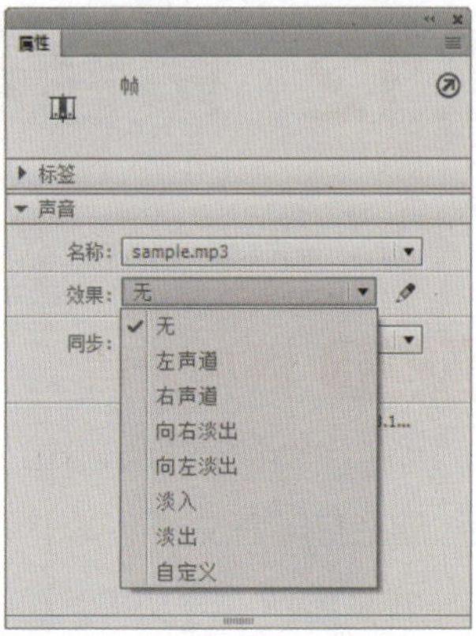

图2-105　设置声音的播放效果

- 无：不设置任何声音效果。
- 左声道：控制声音在左声道播放。
- 右声道：控制声音在右声道播放。
- 从左到右淡出：控制声音从左声道过渡到右声道播放。
- 从右到左淡出：控制声音从右声道过渡到左声道播放。
- 淡入：在声音播放时间内逐渐增强其音量。
- 淡出：在声音播放时间内逐渐减弱其音量。
- 自定义：通过从“编辑封套”中编辑自己想要的声音效果。

2.12.3 添加视频

在 Animate CC 中允许用户添加视频文件，根据添加视频文件的格式不同添加方法也不同，用户可以将包含视频的影片发布为 SWF 格式的影片或 MOV 格式的 QuickTime。本节主要介绍添加视频文件的方法。

执行“文件”→“导入”→“导入视频”命令，弹出“导入视频”对话框，如图 2-106 所示。单击“浏览”按钮，弹出“打开”对话框，在对话框中选中要导入的视频文件，如图 2-107 所示。

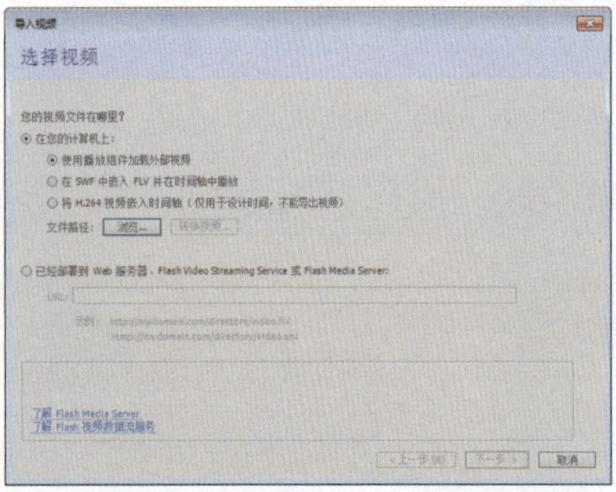

图2-106　“导入视频”对话框

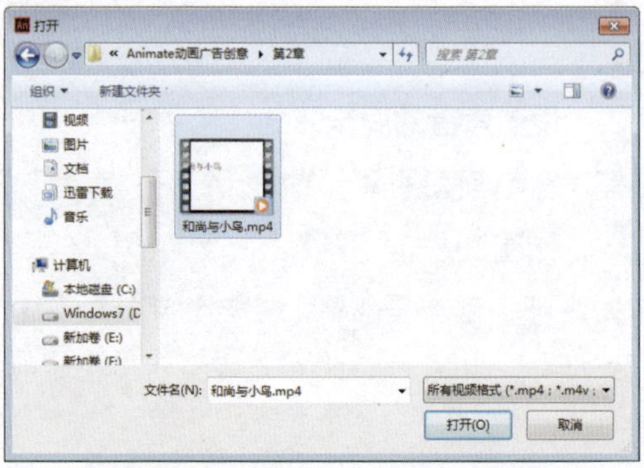

图2-107　“打开”对话框

提示　让视频文件参与到 Animate 常规动画制作中，可以使得动画效果更加丰富，有时还可以达到让人匪夷所思的效果，不过加入视频后的文件一般容量都会有所增大，读者要慎重使用。

2.13 动画的后期处理

在 Animate CC 中，动画制作完成后，需要进行动画的后期处理，其中包括测试动画、优化动画、导出动画和发布影片。

2.13.1 测试动画

测试动画是动画制作完成后，动画导出之前必须进行的步骤，其目的在于测试动画能否正常播放。

执行“控制”→“测试”命令（组合键 <Ctrl+Enter>），如图 2-108 所示，即可打开测试影片窗口，如图 2-109 所示。

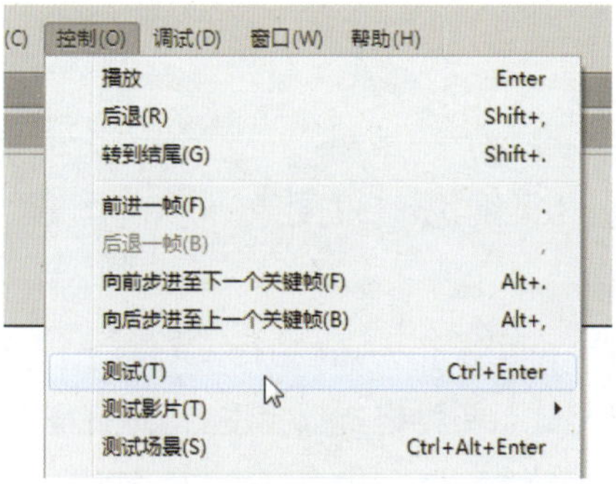

图2-108 “测试”命令

图2-109 测试影片

2.13.2 优化动画

为了防止制作完成的动画文件过大，不利于下载的情况出现，需要对动画文件进行优化。优化动画的方法有很多种，包括对文件大小的优化、文本字体的优化、颜色的优化、元素和线条的优化、动作脚本的优化等。

1. 文件大小的优化

制作影片可以用下面这些方法减小动画的容量：

- 尽量使用补间动画，减少使用逐帧动画。关键帧越多，文件越大。
- 将多次出现的动画元素和对象转换为元件。
- 避免使用位图制作动画，位图多用于制作背景和静态元素。
- 尽可能地使用数据量少的音频格式，如 Mp3、Wav 等。

2. 文本的优化

优化文本可使用下列方法：

- 同一个影片中要尽量减少字体的使用，控制字号的大小。
- 尽量不要将文本打散。打散变成图形，比文本要大。
- “嵌入字体”选项中，只需选中需要的字符。

3. 颜色的优化

优化颜色可使用下列方法：

- 尽量减少 Alpha 的使用。
- 尽量减少渐变效果的使用，单位区域内使用渐变色比使用纯色多 50 个字节。
- 选择颜色时，尽量选择颜色样本给出的颜色。

4. 脚本的优化

- 不得不使用脚本的时候，尽量使用本地变量。
- 将经常使用的脚本操作定义为函数。

2.13.3 导出动画

在完成动画的优化后，就可以将其导出了。选择要导出的动画文件，选择“文件”→“导出”→“导出影片”命令，弹出“导出影片”对话框，如图 2-110 所示，在其中设置保存路径、名称以及保存类型，单击“保存”按钮，即可导出视频文件。

2.13.4 发布影片

影片的发布通常可以选择多种格式，如 Flash 影片、Html 网页、Gif 图像、Jpeg 图像、Png 图像、Windows 放映文件等。

执行“文件”→“发布”命令（组合键 <Shift+Alt+F12>），即可发布动画。执行“文件”→“发布设置”命令，在“发布设置”对话框中，选择发布的文件格式，每种格式都会建立自己的选项卡用于属性设置。指定文件发布的位置，设置各类文件对应的发布参数，单击“确定”按钮，发布影片，如图 2-111 所示。

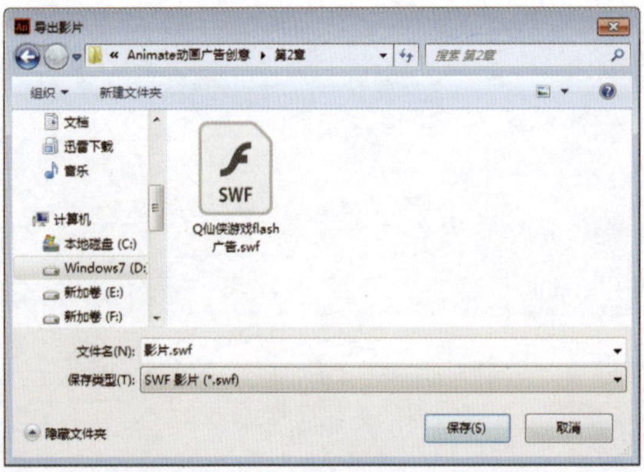

图2-110 “导出影片”对话框

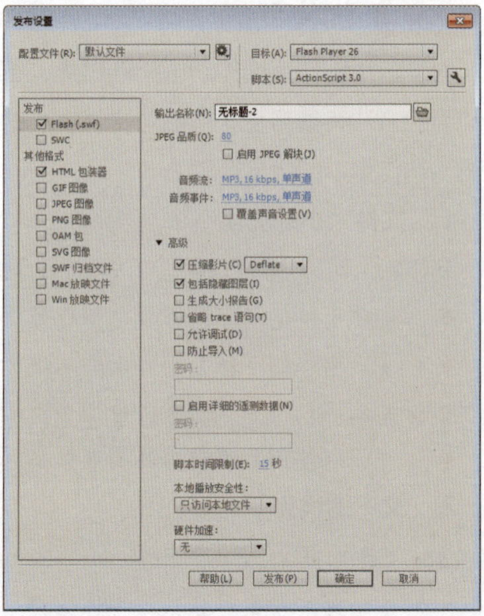

图2-111 “发布设置”对话框

2.14 专业指引——网络广告发展趋势

网络广告不同于传统的广告模式，其时效性很强。想要花最少的钱达到最好的宣传效果，就需要深入的分析网络广告的目标。网络广告的目标主要有 6 个方面：品牌推广、网站推广、促进销售、在线调研、顾客关系和信息发布。

1. 品牌推广

网络广告最主要的目标之一就表现在对企业品牌价值的提升，这也说明了为什么消费者浏览而没有点击网络广告，同样会在一定时期内产生效果。在所有的网络营销方法中，网络广告的品牌推广价值最为显著。同时网络广告丰富的表现手段，也为更好地展示产品信息和企业形象提供了必要条件，如图 2-112 所示。

图2-112　品牌推广

2. 网站推广

网站推广是网络营销的主要职能，获得尽可能多的有效访问量是网络营销取得成效的基础。网络广告的宣传对于网站的推广非常明显，通常出现在网络广告中，点击按钮就是对网站推广最好的支持。网络广告（如网页上的各种 Banner 广告、文字广告等）通常会链接到相关的产品页面或网站首页。用户对于网络广告的每次点击，都意味着为网站带来了访问量的增加。因此，常见的网络广告形式对于网站推广都具有明显的效果，尤其是关键词广告、Banner 广告、电子邮件广告等，如图 2-113 所示。

图2-113　网站推广

3. 促进销售

消费者由于受到各种形式的网络广告吸引而获取产品信息，已成为影响消费者购买行为的因素之一。尤其当网络广告与企业网站、网上商店等网络营销手段相结合时，这种产品促销活动的效果更为显著。网络广告对于销售的促进作用，不仅表现在直接的在线销售，也表现在通过互联网获取产品信息后对线下销售的促进，如图 2-114 所示。

图2-114 促进销售

4. 在线调研

网络广告对于在线调研的价值可以表现在多个方面，如对消费者行为的研究、对于在线调查问卷的推广、对于各种网络广告形式和广告效果的测试、消费者对于新产品的看法等。通过专业服务商的邮件列表开展在线调查，可以迅速获得特定消费群体的反馈信息，大大提高了市场调查的效率。

5. 顾客关系

网络广告所具有的对消费者行为的跟踪分析功能，为深入了解消费者的需求和购买特点提供了必要的信息，这种信息不仅成为网上调研内容的组成部分，也为建立和改善顾客关系提供了必要条件。网络广告对顾客关系的改善也促进了品牌忠诚度的提高。

6. 信息发布

网络广告是向消费者传递信息的一种手段。可以理解为信息发布的一种方式，通过网络广告投放不仅将信息发布在自己的网站上，也发布在消费者数量更多、定位程度更高的网站，或者直接通过电子邮件发送给目标消费者，从而获得更多的关注。

第3章

互动游戏式广告

最初的网络广告就是网页本身，随着互联网的进一步普及，新的广告形式层出不穷，当旧的广告形式不能满足要求时，能吸引消费者的互动游戏式广告在当时产生了。

3.1 认识互动游戏式广告

互动游戏式广告（Interactive Games）是指在一段网页游戏开始、中间、结束的时候，都可随时出现的广告。广告主可以根据产品要求量身定做一个属于自己产品的互动游戏广告。其广告形式多样，这类广告需要更加直接的交互，比单纯的点击包含更多的内容。

3.1.1 互动游戏式广告的特点

网络互动游戏式广告具有互动性、趣味性、虚拟性、娱乐性、新颖性、知识性。网络广告通过互动式游戏的各种奖励，鼓励消费者填写表格以收集其信息，取得了很好的广告效果。这样可以让更多的人参与，交互性强。通过让消费者玩网络游戏，让消费者与品牌、产品较长时间的深入接触，产生很深印象，而且可以收集消费者信息建立客户数据库。

互动游戏式广告的核心还是传递广告信息，因此要绞尽脑汁通过游戏有效地向消费者传递广告信息。比如，南孚电池的“足球射门”游戏中，南孚电池的品牌标志出现在球门背后和球门左右，而且在每次射门失败之后就会出现“坚持就是胜利”的广告口号，能有效地引起消费者对产品的联想，从而潜移默化地加强品牌宣传效果。

3.1.2 精彩案例欣赏

互动游戏式广告案例如图 3-1 所示。

图3-1 互动游戏式广告精彩案例

3.2 案例——护肤品互动游戏式广告

在设计操作之前，先来对本案例最后的动画效果进行赏析，了解一下制作鼠标互动游戏式广告相关技术要点。

3.2.1 效果赏析与技术要点

1. 效果赏析

动态效果如图 3-2 所示。

图3-2　护肤品互动游戏式广告

2. 技术要点

本案例制作的护肤品互动游戏式广告中主要运用的功能与技术要点如下：

- 文字工具：使用文本工具输入文字，制作文字效果，如图 3-3 所示。
- AS 链接：为元件添加 AS 链接，使用脚本调用，实现互动效果，如图 3-4 所示。

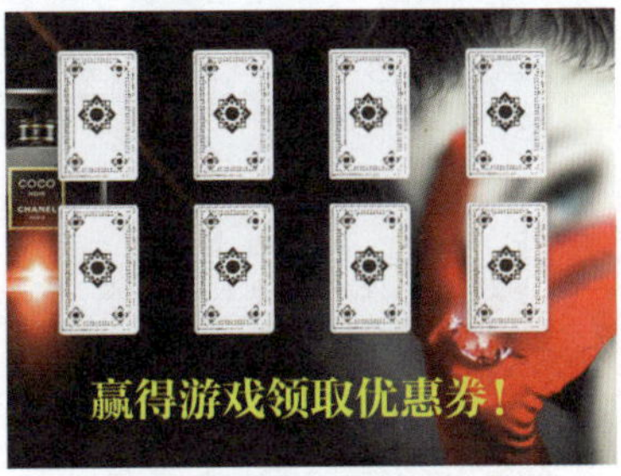

图3-3　制作文字效果

图3-4　实现互动效果

3.2.2 广告制作思路

鼠标控制是指使用鼠标控制事件的发生，本案例制作的是使用鼠标控制纸牌的翻动效果。通过在 Animate CC 中创建相应的元件，再对“库”面板中的元件设置 AS 链接。当点击纸牌时，纸牌会翻转过来，从而实现鼠标互动的效果。

3.2.3 制作动画

制作广告中的文字信息和卡牌翻动动画。

01 启动 Animate CC，新建一个舞台大小为 550×400 像素的空白文档。

02 执行“文件”→“导入到舞台”命令，将背景素材“素材\第 3 章\素材图片\广告背景.jpg”导入到舞台中，适当调整位置，如图 3-5 所示。此时“库”面板中也显示了素材图片，如图 3-6 所示。

图3-5　添加背景素材

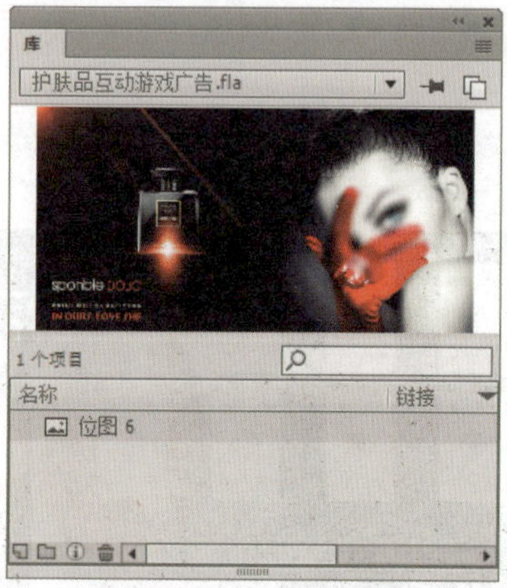

图3-6　“库”面板

03 单击“时间轴”面板左下方的“新建图层”按钮，新建一个文本图层，如图 3-7 所示。

04 单击工具箱中的“文本工具”，在“属性”面板设置字体、字体大小和字体颜色，如图 3-8 所示。

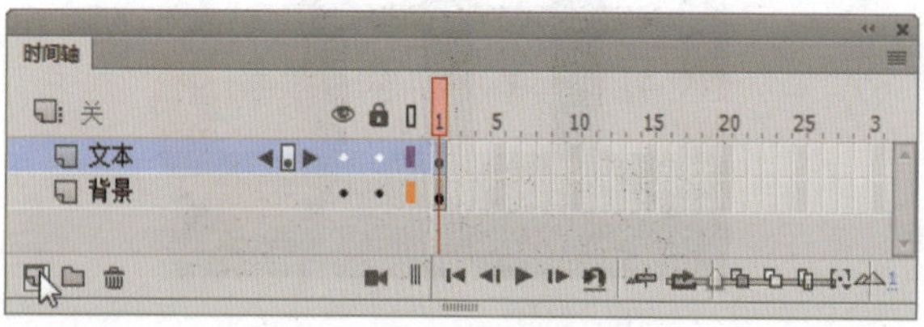

图3-7　新建图层

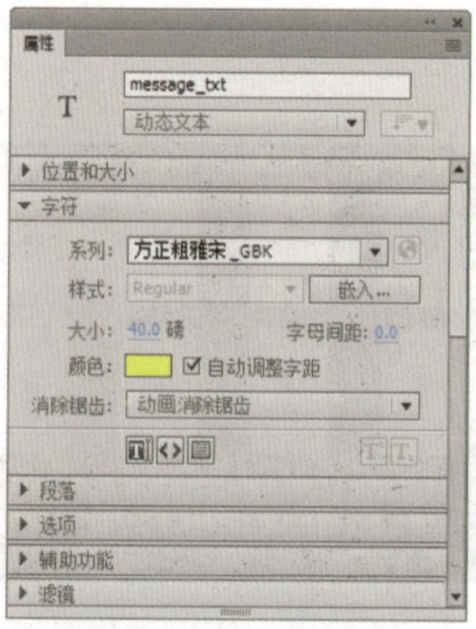

图3-8　设置字体参数

05 在舞台下方输入“赢得游戏领取优惠券！”文本，如图 3-9 所示。

06 执行“插入”→“新建元件”命令，新建一个名称为“Card”的“影片剪辑”元件，如图 3-10 所示。

图3-9　输入文本

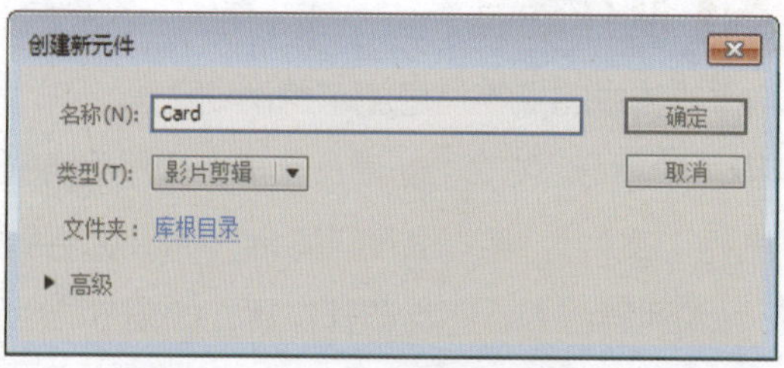

图3-10　新建“影片剪辑”元件

07 进入元件编辑模式，在舞台中导入纸牌背面素材“素材 \ 第 3 章 \ 素材图片 \Card.png”，如图 3-11 所示。

08 选中舞台中的纸牌，按 <F8> 键，将纸牌转换为元件。选中第 9 帧，按 <F6> 键，插入关键帧，如图 3-12 所示。

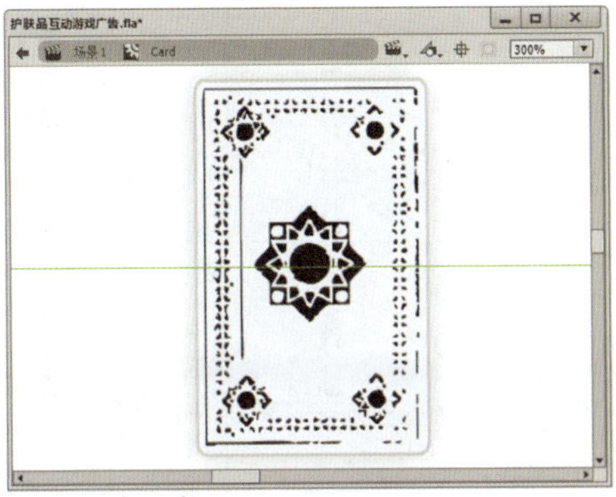

图3-11　导入纸牌背面素材

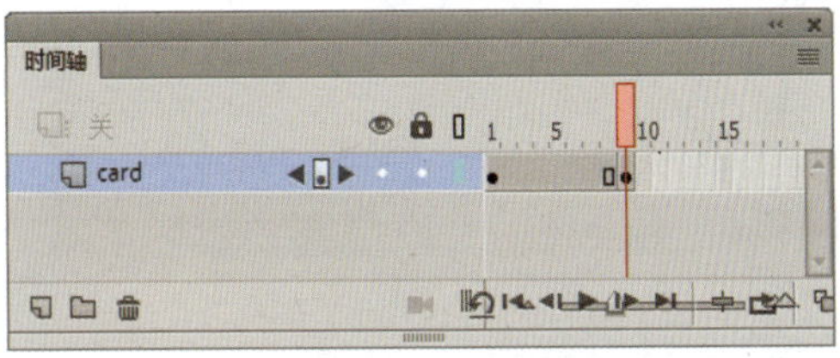

图3-12　插入关键帧

09 单击工具箱中的“任意变形工具”，调整纸牌元件的形状，如图 3-13 所示。

10 在第 1~9 帧之间创建传统补间动画，如图 3-14 所示。

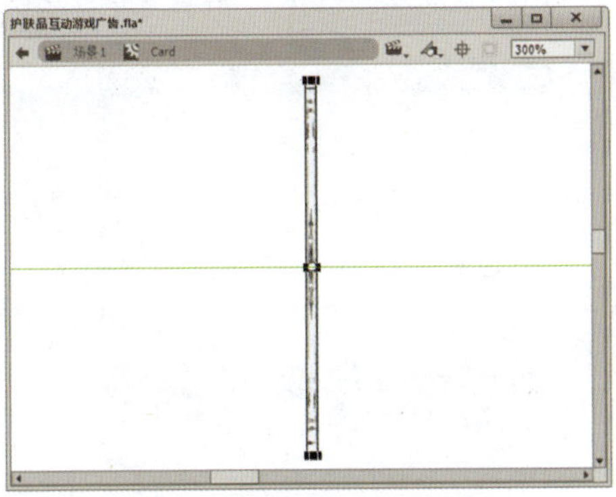

图3-13　调整形状

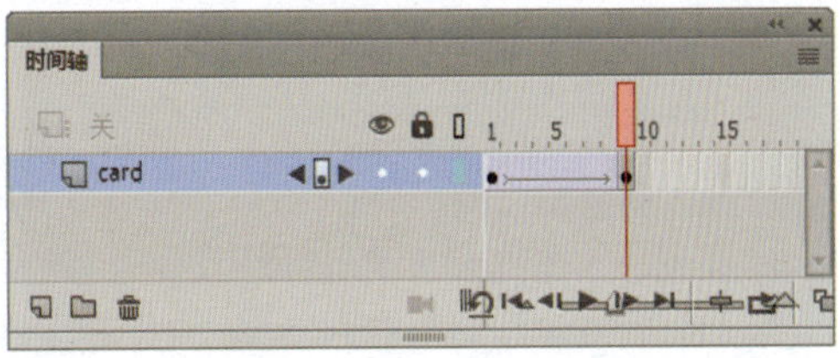

图3-14　创建传统补间动画

11 选中第 10 帧，按 <F7> 键，插入空白关键帧。选中第 24 帧，插入关键帧，并制作相反的传统补间动画，如图 3-15 所示。

12 隐藏“Card”图层，新建图层，使用“基本矩形工具”绘制一个圆角矩形，制作纸牌的边框，如图 3-16 所示。

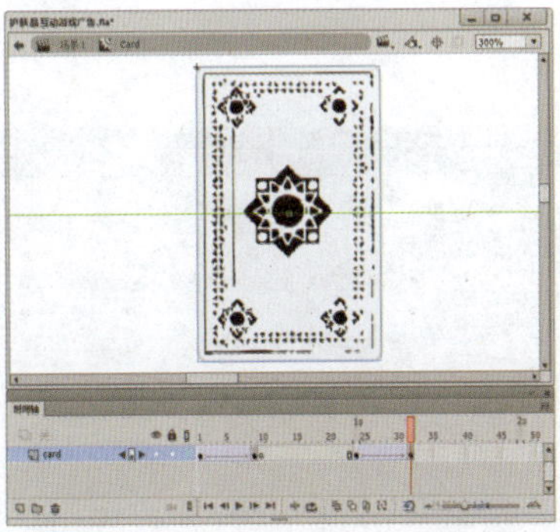

图3-15　创建传统补间动画

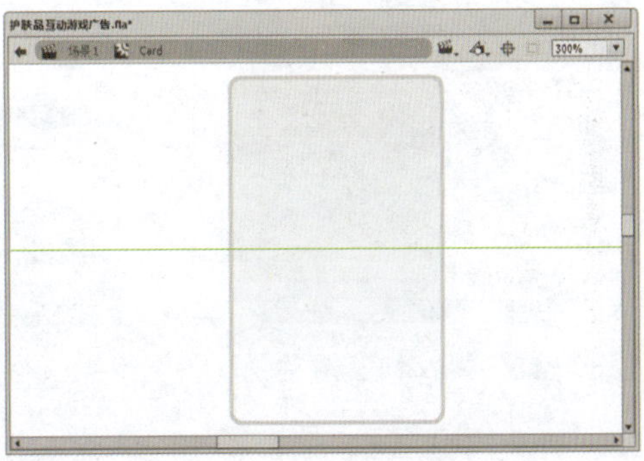

图3-16　绘制圆角矩形

13 将图形转换为元件，插入多个关键帧，选中第 1 帧中的元件，在“属性”面板设置 Alpha 值为 0，如图 3-17 所示。

14 选中第 9 帧中的元件，调整图形，如图 3-18 所示。

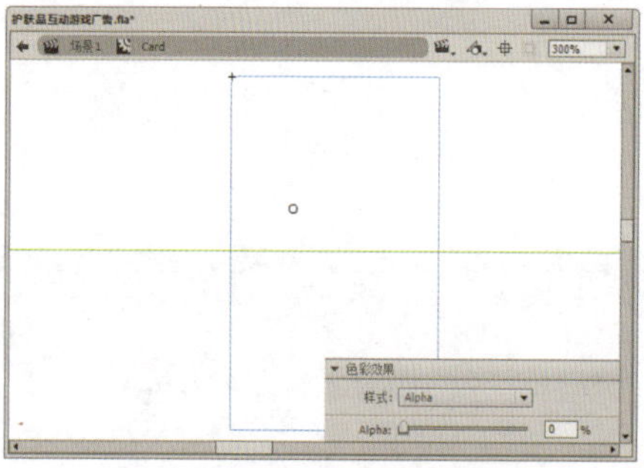

图3-17　设置Alpha值为0

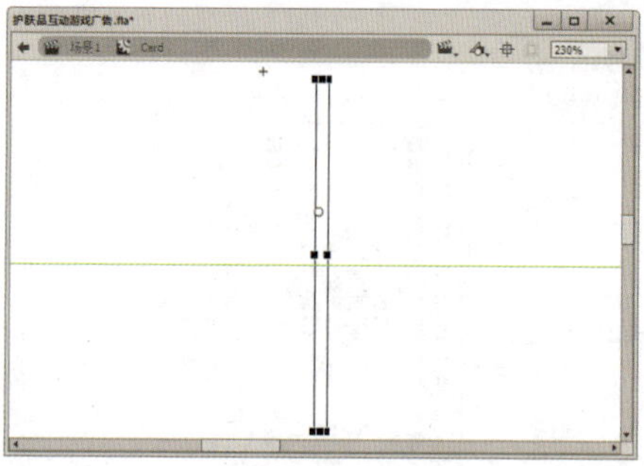

图3-18　调整图形

15 选中第 15 帧中的元件，稍微调整元件，并设置 Alpha 值为 85，如图 3-19 所示。

16 选中第 16 帧中的元件，调整为正常纸牌大小，并设置样式为“无”。

17 将第 15 帧中的元件复制到第 17 帧，将第 9 帧中的元件复制到第 23 帧中。在第 32 帧插入普通帧。

18 在第 9~15 之间和第 17~23 帧之间创建传统补间，制作图形翻转效果，如图 3-20 所示。

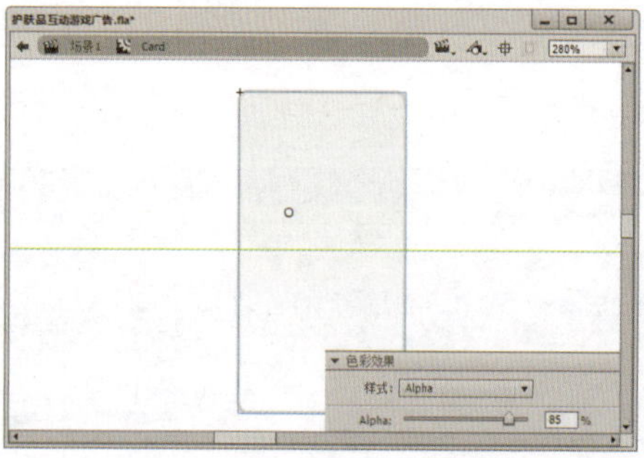

图3-19　设置Alpha值为85

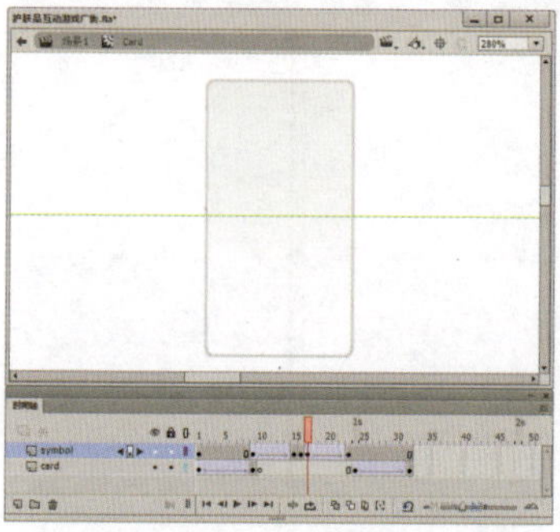

图3-20　制作图形翻转效果

19 新建图层，选中 17 帧，插入空白关键帧，在“属性”面板的“标签”选项中，输入标签名称，设置标签“类型”为“名称”，如图 3-21 所示。“时间轴”中显示标签如图 3-22 所示。

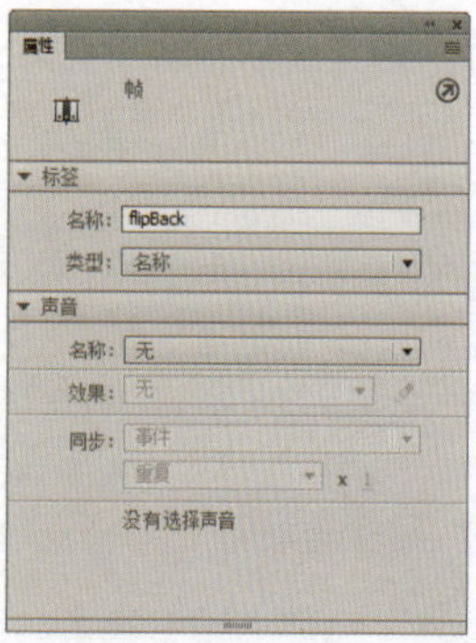

图3-21　输入标签名称

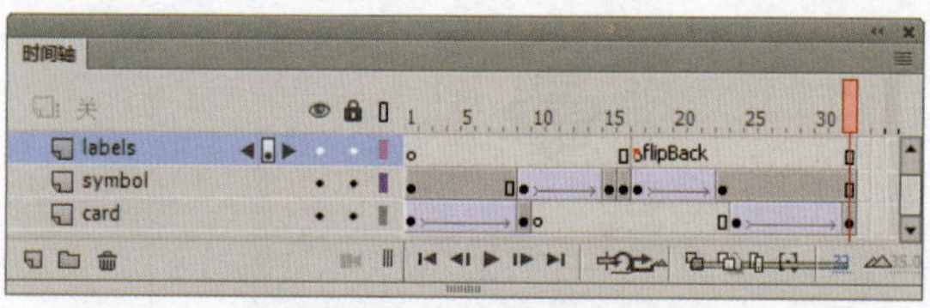

图3-22　显示标签

20 新建一个脚本代码图层，在第 16 帧插入空白关键帧。选中第 32 帧，按 <F5> 键插入普通帧。

21 执行“窗口”→“动作”命令，打开“动作”面板，分别在第 1 帧和第 16 帧，添加停止代码“stop();”，如图 3-23 所示，“时间轴”如图 3-24 所示。

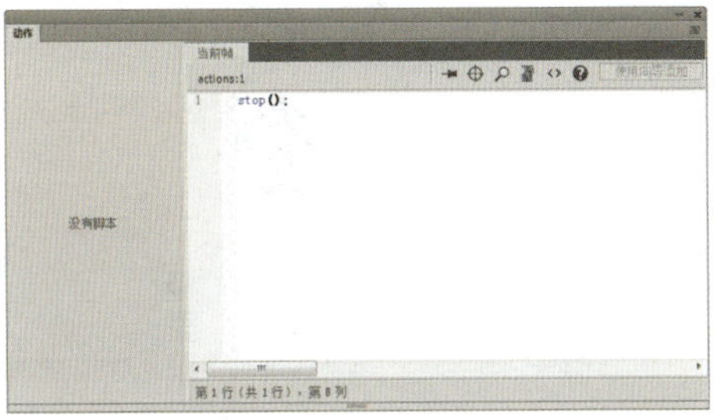

图3-23　输入代码

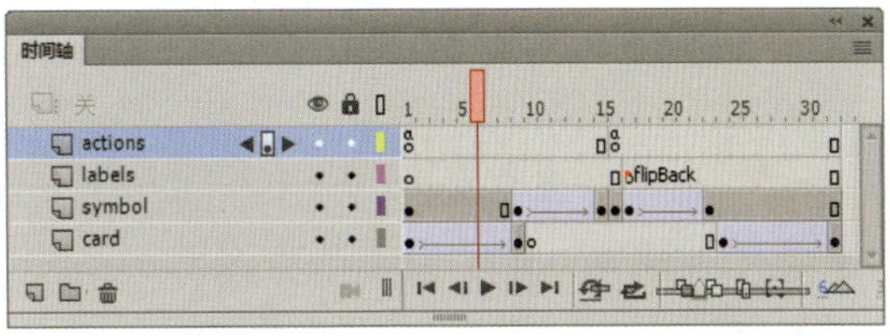

图3-24　“时间轴”代码显示

22 单击窗口左上角的“场景 1”按钮，返回“场景 1”，执行“插入”→“新建元件”命令，新建一个名称为“Snow”的“影片剪辑”元件，如图 3-25 所示。

23 单击工具箱中的“钢笔工具”，在舞台中绘制一个纸牌“梅花 A”图形，如图 3-26 所示。

图3-25　新建“影片剪辑”元件

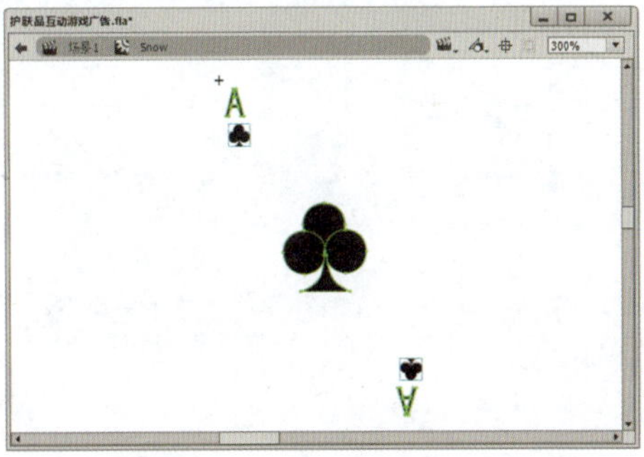

图3-26　绘制“梅花A”图形

提示　也可以直接导入“素材\第 3 章\素材图片\梅花 A.png”素材。

24 继续新建影片剪辑元件，绘制纸牌“方块 A”图形和“红桃 A”图形，如图 3-27 和图 3-28 所示。

图3-27　绘制“方块A”图形

图3-28　绘制“红桃A”图形

提示　也可以直接导入“素材\第 3 章\素材图片\方块 A.png”和“素材\第 3 章\素材图片\红桃 A.png”素材。

25 再次新建影片剪辑元件，绘制“黑桃 A”图形，如图 3-29 所示。

> 提示　也可以直接导入“素材 \ 第 3 章 \ 素材图片 \ 黑桃 A.png”素材。

图3-29　绘制“黑桃A”图形

3.2.4 实现互动

01 执行“文件”→“新建”命令，新建一个 ActionScript 文件，如图 3-30 所示。打开一个 ActionScript 空白文件，如图 3-31 所示。

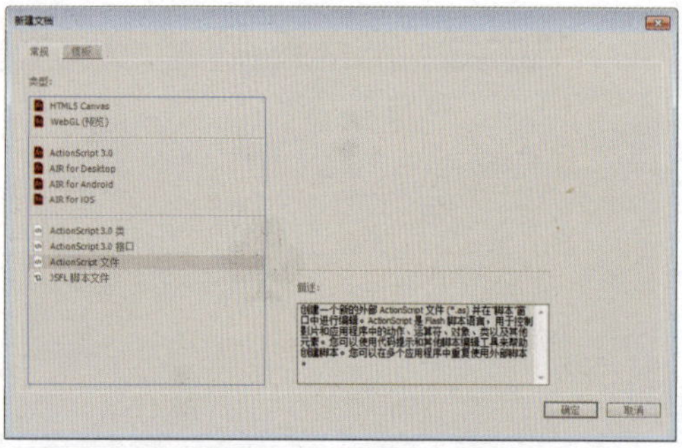

图3-30　新建ActionScript文件

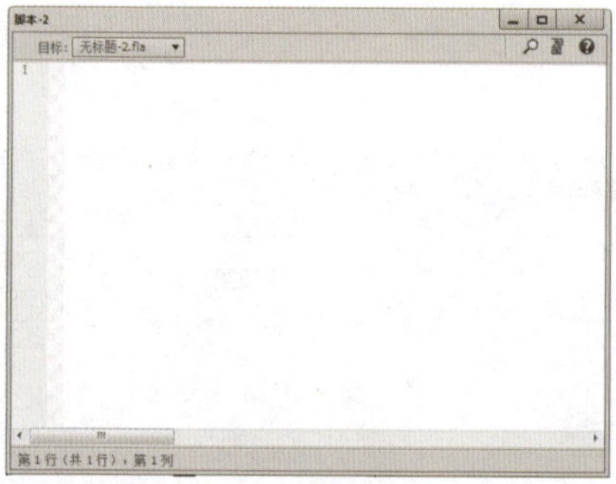

图3-31　打开ActionScript空白文件

02 在脚本代码窗口输入代码，并保存为名为“Card.as”的脚本文件，如图 3-32 所示。

03 继续新建一个脚本文件，输入游戏脚本代码，并保存名为“MemoryGame.as”的脚本文件，如图 3-33 所示。

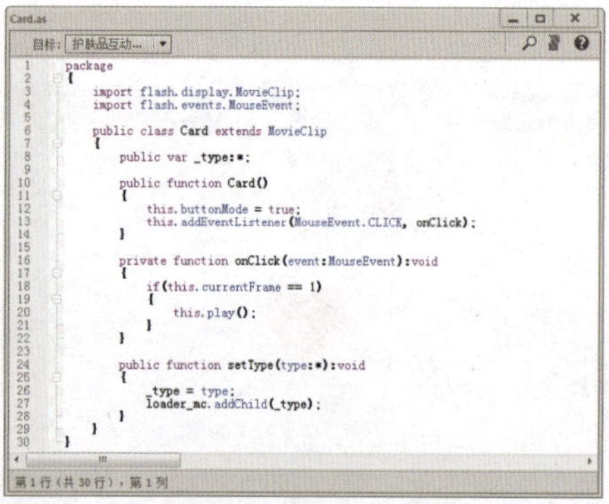

图3-32　输入代码

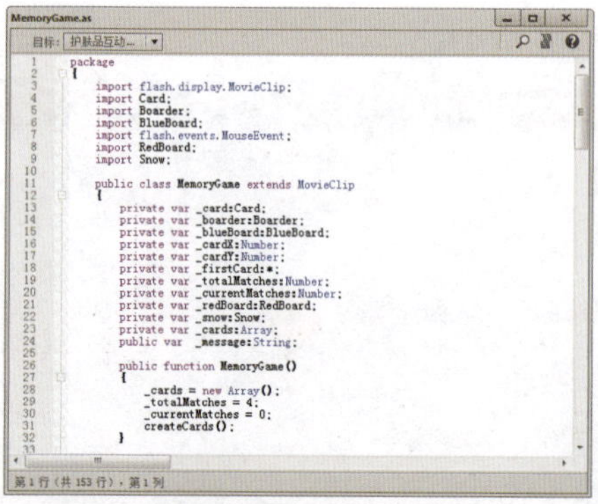

图3-33　输入代码

> 提示　可以直接输入“素材 \ 第 3 章 \ Card.as”和“素材 \ 第 3 章 \ MemoryGame.as”脚本文件里的完整代码。

04 将脚本文件与源文件放置同一文件夹，如图 3-34 所示。

05 执行“文件”→“打开”命令，弹出“打开”对话框，在对话框中打开需要的文件，在“库”面板中选择“Snow”元件，在“名称”右侧的“链接”下方双击，如图 3-35 所示。

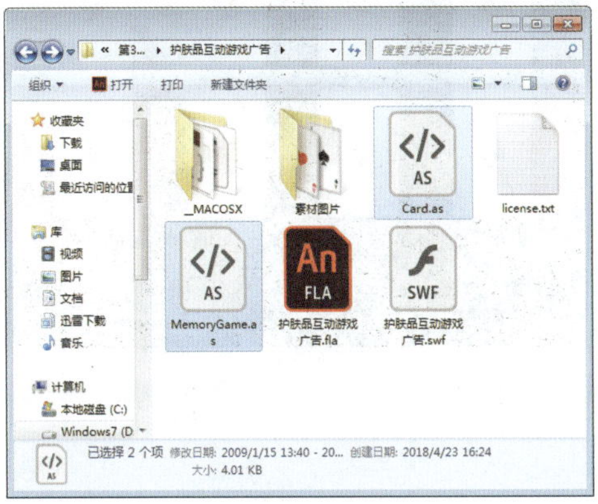

图3-34　文件夹

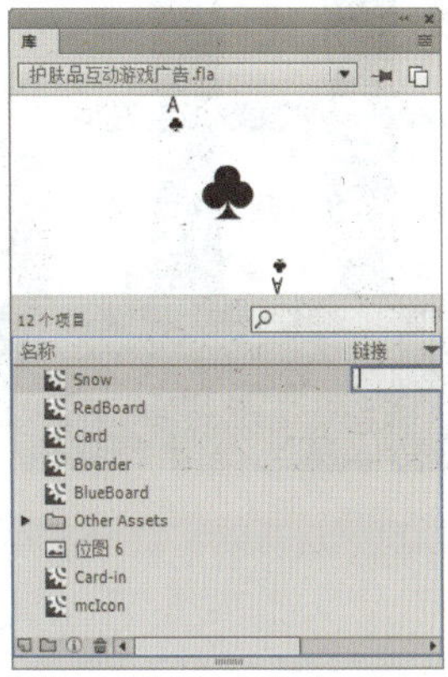

图3-35　双击“链接”下方

06 在“链接”下方输入“Snow”，如图 3-36 所示。

07 同样在“RedBoard”元件位置输入“链接”名称，如图 3-37 所示。

08 继续在其他元件位置输入“链接”名称，如图 3-38 所示。

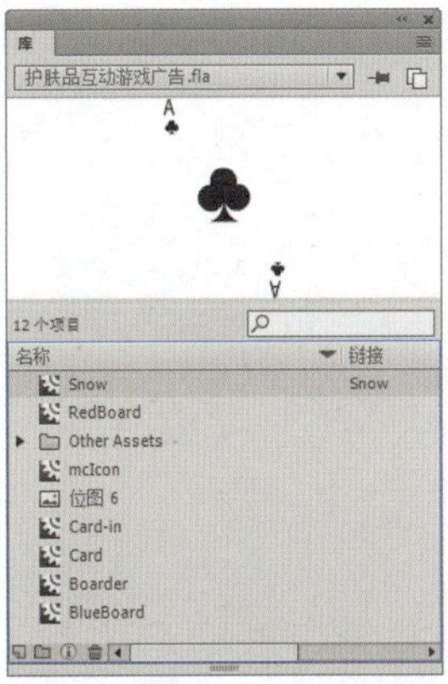

图3-36　输入“Snow”名称

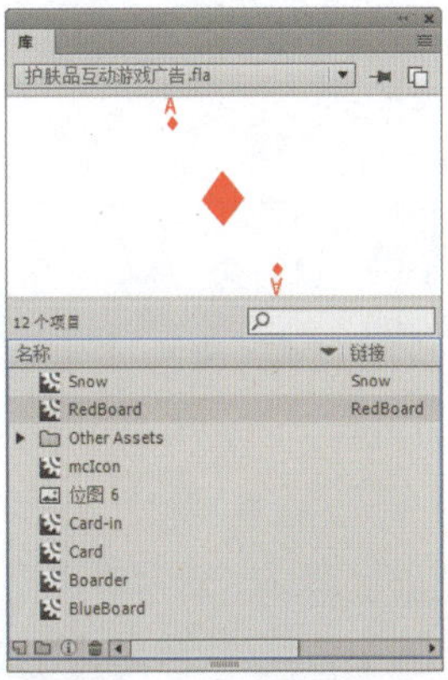

图3-37　输入“RedBoard”名称

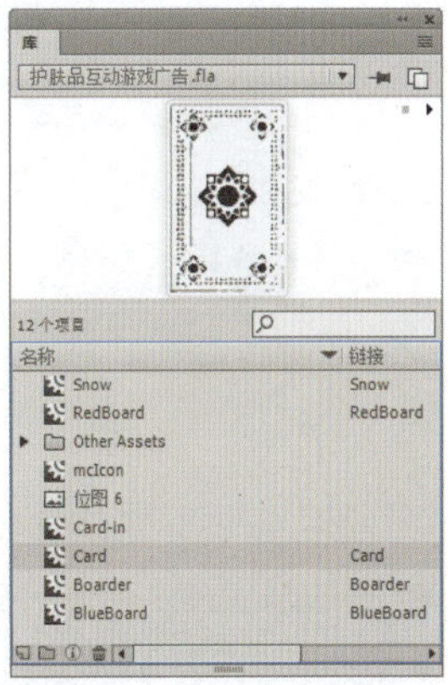

图3-38　输入其他链接名称

09 完成该广告的制作，按 <Ctrl+Enter> 组合键测试动画效果，如图 3-39 所示。

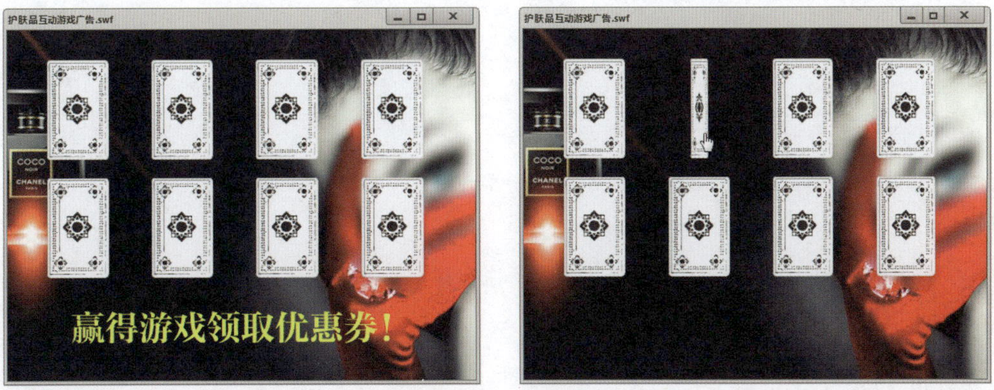

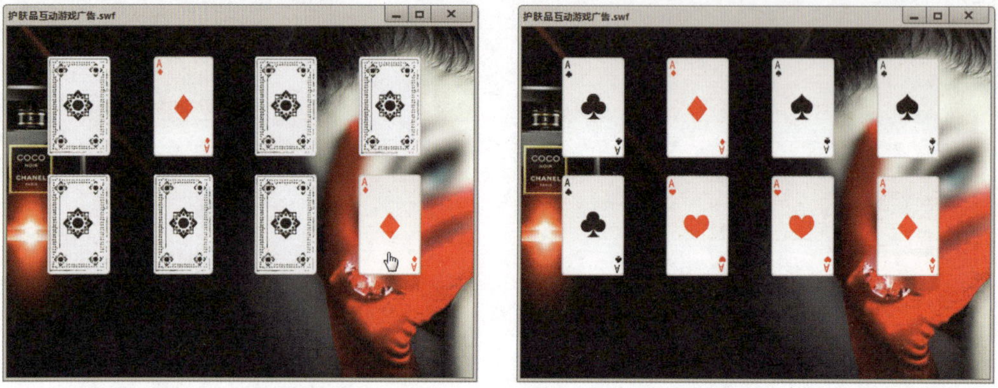

图3-39　测试动画效果

3.3 专业指引——Animate CC 常用鼠标控制运动脚本

交互动画基于用户事件，总体来说可以归结为鼠标事件和键盘事件，Animate CC 用鼠标控制运动脚本，其脚本语言最常用的如下所述：

On (press) {

指定触发动作的鼠标事件或键盘事件。

startDrag("");

}

MouseEvent 可分为以下几类：

- Press：鼠标指针在按钮上，并按下按钮。
- Release：鼠标指针在按钮上，按下后放开按钮。
- on Release Outside：当鼠标指针滑到按钮上时按下鼠标按钮，然后在释放鼠标按钮前滑出此按钮区域。
- Roll Over：鼠标指针滑过按钮。
- Roll Out：鼠标指针滑出按钮外。
- Drag Over：当鼠标指针滑到按钮上时按下鼠标按钮，然后滑出该按钮区域，接着滑回到该按钮上。
- Drag Out：当鼠标指针滑到按钮上时按下鼠标按钮，然后滑出此按钮区域。
- Key Press：按下指定的键盘按键。
- Play 语法：Play()；开始播放影片或继续往前播放。
- Stop 语法：Stop()；停止播放影片。
- StopAllSounds 语法：StopAllSounds；停止所有正在播放中的音乐文件。

第4章

移动网络广告

相对于其他广告形式，移动网络广告，借助于移动终端所特有的硬件或传感器特性，具有更强的达到率、互动性、定位能力、传播性、交易能力等广告特点。移动互联网的到来，开启了激情神奇的新世界之门，在这里产生了更多革命性的广告形式，使人们不由得感叹：原来广告可以为生活带来这样的便利，从而更加享受移动生活的精彩。

4.1 移动网络广告分类

移动网络广告通过精确定位、精准推送，给消费者提供更加适合他们的广告服务。同时，广告的展现形式也不再像传统互联网广告那样生硬。移动网络广告从硬件环境的提升，加上软件及网络环境的升级，成了更加富有创意性与交互性的新广告媒介。使消费者在得到有用信息的同时，更感受到了移动网络广告所带来的乐趣。移动网络广告有如下两种类型。

4.1.1 APP 广告

APP 广告是移动设备第三方应用程序中的内置广告，随着智能手机和平板电脑的兴起，大众注意力向移动终端迁移。该类广告因为其移动、互动、趣味三大展现优势和分众识别、个众锁定、定向推广三大执行优势而受到营销界的重视。

APP 广告以 APP 为广告载体，在 APP 启动或运行中，植入了以 iAD、AdMob 等第三方广告；APP 本身即为移动广告的营销平台，如宜家、Converse 等 APP 应用。如图 4-1 所示为某彩票 APP 广告的案例。

图4-1　彩票APP广告

APP 启动后，在 APP 上部或下部，显示有广告，点击广告进入 APP Store 或以浏览器打开进入相应的广告主网站。这种广告模式是以 APP 为基础，常以免费下载 APP 的模式出现。满足消费者需求的同时，也达到了广告传播的目的。

4.1.2 WAP 广告

WAP 广告是指无线广告，无线广告是以推广企业产品或服务为目的，通过手机发布广告，借助手机的即时性、随身性、个体性和私密性等特点，进行精确、互动、无处不在的广告营销模式。广告信息变为具有针对性的服务信息并将信息传递给消费者。分众、定向、及时和互动是无线广告核心优势所在。

在无线场景下，浏览 WAP 页面，通常会出现弹窗广告，如图 4-2 所示。从消费者体验设计的经验看，这种缺少消费者预期的广告形式，可能会打断原有的操作和认知，对体验的流畅有一定的负面影响。但从内容的推广角度来看，弹窗广告可以在短时间内将广告内容强制展现给消费者，一定程度上迫使消费者阅读和点击，以达到更强的传播效果。

图4-2　WAP广告

4.2 移动网络广告形式

移动网络广告有多种不同的形式，包括移动网络 Banner 广告、公告广告、插屏广告、全屏广告、信息流广告和原生广告等，不同形式的移动网络广告其效果也各有不同。

4.2.1 移动网络 Banner 广告

移动网络 Banner 广告是指横幅广告，如图 4-3 所示，是最普遍的移动网络广告形式之一。一般在 APP 界面的顶部或底部出现，尺寸较小，有静态图、GIF 图、文字链，也有多帧图片滚动的动画图。从形式上，移动网络 Banner 广告可以分为：静态横幅、动画横幅和互动式横幅。从内容上，移动网络 Banner 广告可以分为：纯图片、图文和纯文字。移动网络 Banner 广告展示更直观，能快速吸引消费者注意；但是影响消费者体验，对内容观看造成一定的遮挡，易造成消费者反感。

4.2.2 公告广告

公告广告通常在电商类或社区类 APP 的首页，如图 4-4 所示。通过消息广播的形式给用户传递相关信息，公告样式的广告位特别多。公告广告有时也称小喇叭，广告信息不断滚动播放。其优点是直观简洁、不占用内容页；缺点是不能直观诱导消费者点击，大多情况只能起提示作用。

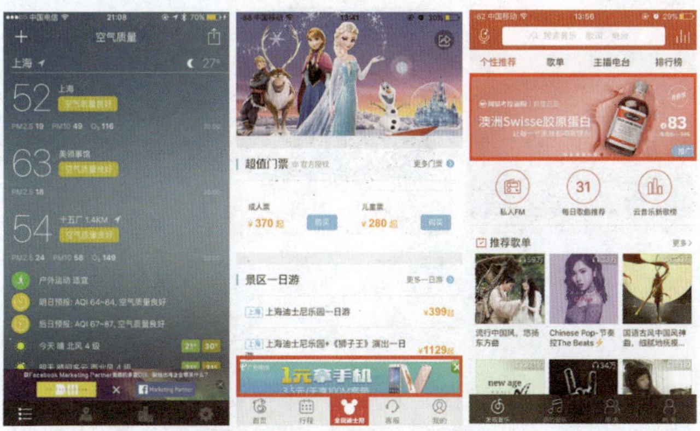

图4-3　移动网络Banner广告

图4-4　公告广告

4.2.3 插屏广告

插屏广告在游戏类或视频类 APP 较为常见，如图 4-5 所示的保卫萝卜 APP。插屏广告也分静态图和 GIF 图，一般都是精准广告推广形式，视觉冲击力更强，广告效果更好。广告效果与消费者体验一般成负相关，插屏广告比移动网络 Banner 的广告效果好、定位更精准、收益更高，但会暂时打断消费者操作行为，比较影响消费者体验。如图 4-6 所示为旅游 APP 弹出的插屏广告。

图4-5　保卫萝卜APP插屏广告

图4-6　旅游APP插屏广告

相比较移动网络 Banner 形式，插屏的广告形式会更加大气美观些，广告点击率、转化率也高于移动网络 Banner 等广告形式。插屏广告采用了自动广告适配和缓存优化技术，可支持炫酷广告特效。插屏广告是目前比较有效的精准广告推广形式之一。

4.2.4 全屏广告

全屏广告是当消费者打开 APP 或者网站页面浏览时，以全屏方式展示 3 至 5 秒的广告。可以是静态页面，也可以是动态 Flash 动画。对于广告主来说，全屏广告是效果最大化的广告形式，在广告发布页面里，它基本上可以达到独占，曝光性较高。因此，在广告进行收缩的这段过程里，基本上对消费者浏览广告没有任何干扰。全屏广告能合理利用资源，等待 APP 加载时呈现内容，当消费者刚打开启动页时，直接呈现广告内容，能够更好地刺激消费者记忆。但是部分 Flash 安装包加载缓慢，影响消费者体验。如图 4-7 所示为全屏广告的案例。

图4-7　全屏广告

4.2.5 积分墙

积分墙常见在一些游戏类 APP 中，通过给予玩家免费的游戏币，来激励玩家去下载注册别的游戏 APP，从而达到盈利或互相导流的目的，如图 4-8 所示。

除此之外，一些第三方平台为了高额的广告收入，通过积分或话费的奖励形式，来激励消费者下载推广的 APP，这种广告形式主要是通过下载注册赢取部分积分或优惠，以流量导流的方式把自身一部分流量导向目标 APP，实现流量变现。

积分墙通过积分的方式实现互利共赢，但是在品牌信誉度不强的情况下，容易让消费者怀疑目标 APP 的安全性，严重情况下会影响品牌形象。

4.2.6 信息流广告

微博、推特上的信息流广告是个人计算机上典型的信息流广告，它们和正常的消息混淆在一起，不容易被辨认，在移动端这种广告形式一样被发扬光大，如图 4-9 所示。

图4-8　积分墙

图4-9　信息流广告

4.3 移动网络广告的要求

常用的移动设备有手机和平板电脑，移动网络广告尺寸比个人计算机端的广告尺寸要小很多，通常的移动设备尺寸有 800×480、480×320、320×240、960×640 像素等，尺寸各有不同。在设计移动网络广告前需要注意，尺寸不超过普通移动设备的尺寸。

在制作移动网络广告之前，还要了解移动网络广告的设计要求，具体如下：

- 保证创意与产品的契合度：创意需要体现出产品的特点，如：UI 主题色或画面风格等与产品一致；通过创意表达出产品的情感，与消费者产生共鸣。
- 让创意更加贴近原生性：原生性的创意更符合消费者的阅读习惯，能够提升消费者体验，达到最大化的广告效果。
- 创意的视觉冲击力要强：颜色搭配符合整体画面的和谐度，人物、背景等创意元素搭配要有完整性，文案与图片搭配要无缝对接、画龙点睛。

4.4 案例 1——房地产移动网络广告

本节将以房地产移动网络广告为案例为读者讲解详细的制作步骤。该广告以文字轮播的方式，向消费者传递售房信息。文字动画十分活跃，制作过程比较复杂，读者需根据步骤，详细解读。

4.4.1 效果赏析与技术要点

首先呈现出广告的最终效果图以及制作过程中应注意的技术要点，为下面的设计操作做好前提准备。

1. 效果赏析

动态效果如图 4-10 所示。

图4-10　房地产移动网络广告效果图

2. 技术要点

本案例制作的房地产移动网络广告中主要运用的功能与技术要点如下：

- 传统补间：使用传统运动补间制作位移动画。
- 元件滤镜：为元件添加滤镜，制作模糊效果。

4.4.2 广告制作思路

广告内容主要以偏暗的深蓝色与偏亮的黄灰色为主要色调，背景与字体相对应，形成强烈的对比。内容对该住房区进行了简单的广告宣传，主题明确，整个广告内容形式简洁，操作起来比较简单。整个动画分为 3 个画面，通过文本的演变，一步步展示广告信息。

4.4.3 广告背景制作

设置文档大小，添加素材，制作广告背景。

01 启动 Animate CC，新建一个 230×300 像素的空白文档，帧频设置为 25fps，如图 4-11 所示。

02 执行“文件”→“导入”→“导入到舞台”命令，导入“背景 1.png”素材到舞台，如图 4-12 所示。

03 新建“图层 2”，执行“插入”→“新建元件”命令，新建一个名称为“房地产宣传”的“影片剪辑”空白元件，如图 4-13 所示。

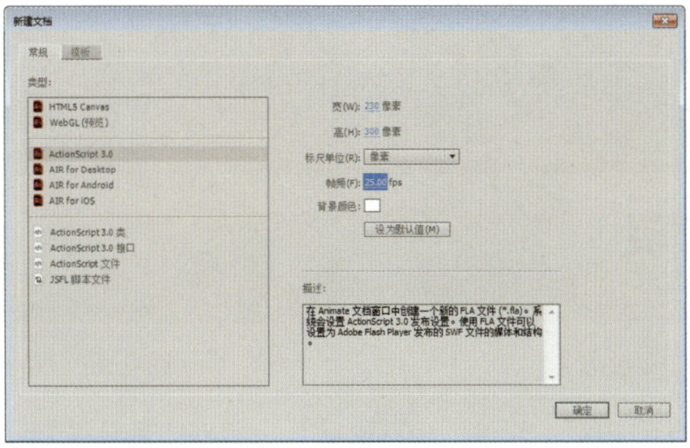

图4-11　新建空白文档

图4-12　导入“背景1.png”素材

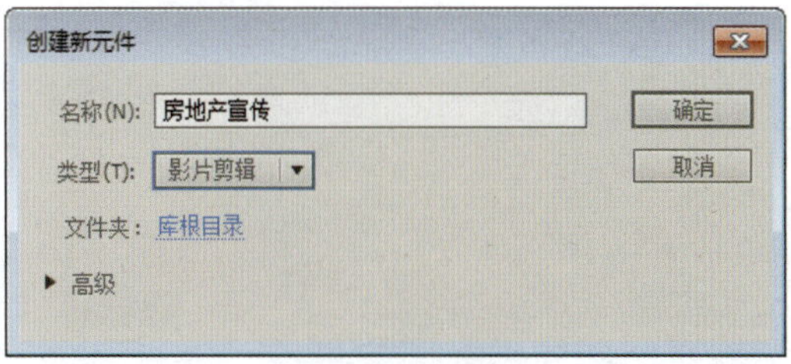

图4-13　新建元件

04 在“库”面板中将该空白元件拖入舞台中，双击该空白元件，进入元件编辑模式。

05 选中第 100 帧，按 <F6> 键，插入关键帧，导入“背景 2.png”素材到舞台，如图 4-14 所示。

06 选中第 311 帧，按 <F5> 键，插入普通帧。在元件编辑窗口中新建“图层 2”，导入“花边素材 .png”和“图标 .png”素材，移动至舞台上方位置，如图 4-15 所示。

图4-14　导入“背景2.png”素材

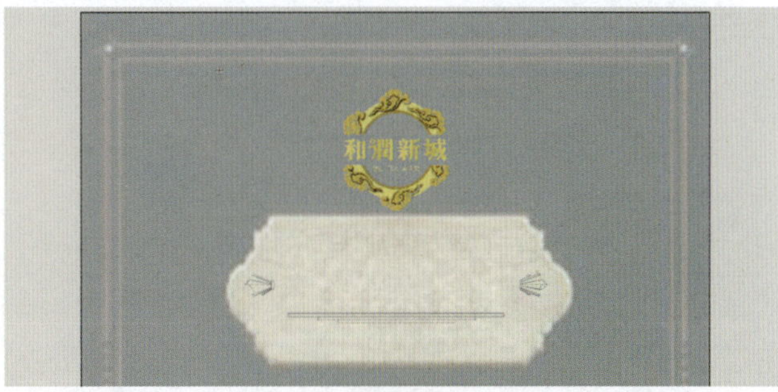

图4-15　继续导入素材

07 使用“文本工具”，在黄色牌子位置输入文本，如图 4-16 所示。将“图层 2”中的内容全部选中，按 <F8> 键，转换为元件。

08 新建“图层 3”，选中第 40 帧，插入关键帧。使用“线条工具”，在舞台下方位置绘制直线，绘制矩形边框的图形，如图 4-17 所示。

图4-16　输入文本

图4-17　绘制直线图形

09 选中绘制的直线图形，执行“修改”→“形状”→“将线条转换为填充”命令，修改填充颜色为线性渐变，如图 4-18所示。

10 将该图形转换为影片剪辑元件，双击元件，进入元件编辑模式，选中第 6、7 帧插入关键帧，选中第 35 帧插入普通帧，并在第 1~6 帧之间创建传统补间动画，如图 4-19 所示。

图4-18　修改填充颜色

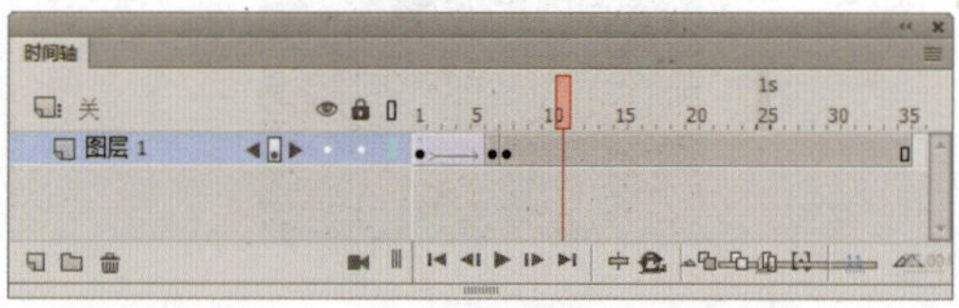

图4-19　创建传统补间动画

4.4.4 制作文字动画

使用“文本工具”，制作广告文字宣传动画。

01 新建“图层 2”，选中第 7 帧插入关键帧，使用“文字工具”在舞台底部位置输入文本，设置字体为“(FZCCHJW--GB1-0) 系统默认字体”，字体大小为 20 磅，字体颜色为(#EFDFBC)，如图 4-20 所示。

图4-20　输入文本

图4-21　扩大文字元件

02 将文本转换为元件，在 8~29 帧之间创建多个关键帧，并将文字元件逐渐扩大，如图 4-21 所示。在每个关键帧之间创建传统补间动画，如图 4-22 所示。

03 返回“房地产宣传”元件编辑窗口，选中第 100、105、106、205、210、211 帧插入关键帧，并在每个关键帧之间创建传统补间动画。选中第 311 帧，按 <F5> 键插入普通帧。

04 新建“图层 4”，在舞台中输入文字“罕”字，如图 4-23 所示。

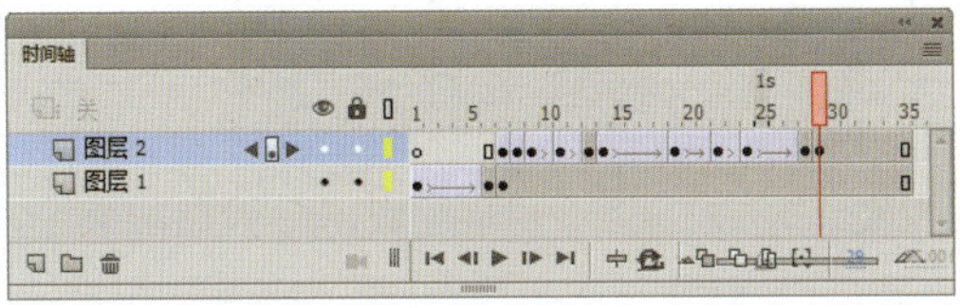

图4-22 创建传统补间动画

图4-23 输入文字

05 将该文字转换为元件，并插入多个关键帧，调整元件大小，制作文字弹跳效果的传统补间动画，如图 4-24 所示。

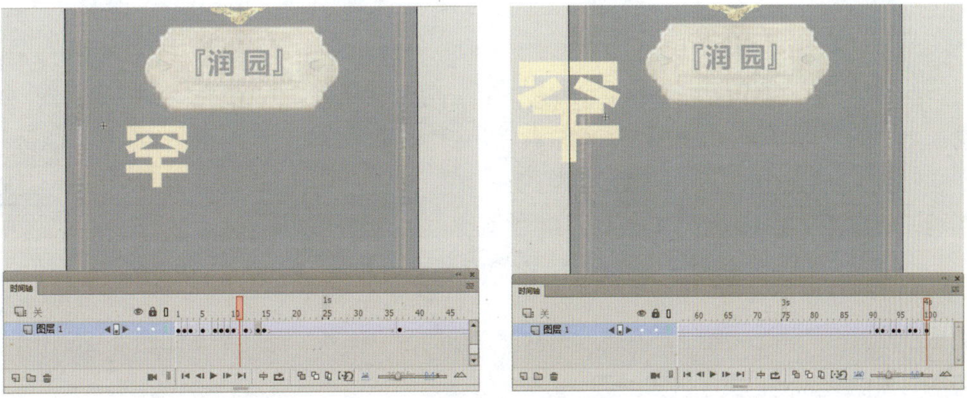

图4-24 制作传统补间动画

06 新建“图层 2”，选中第 4 帧插入关键帧，继续输入文字“有”，并制作同样的传统补间动画，如图 4-25 所示。

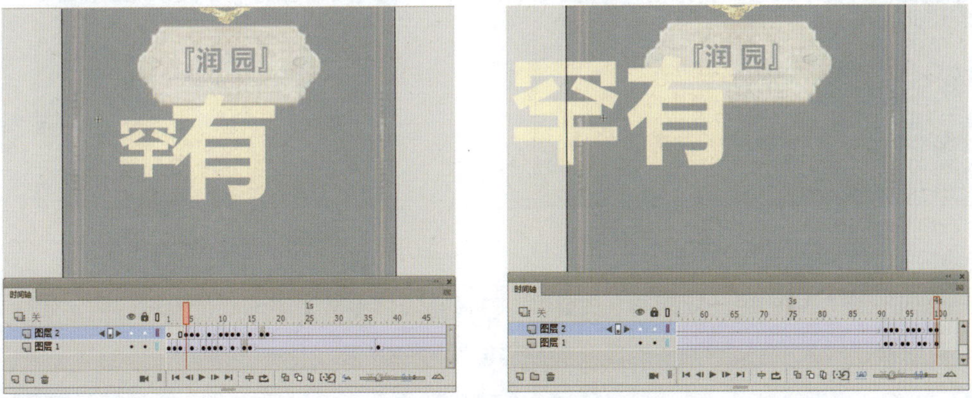

图4-25 制作传统补间动画

07 新建两个图层，分别在每个图层第 7、10 帧插入关键帧，分别输入“低”“层”文本，并将文字转换为元件，如图 4-26 所示。

图4-26　输入文本

08 继续插入关键帧，制作文字弹跳的传统补间动画，如图 4-27 所示。

图4-27　制作传统补间动画

9 新建“图层 5”，选中第 27 帧插入关键帧，在舞台中输入“低”字，如图 4-28 所示。

10 添加“模糊”滤镜，文字效果如图 4-29 所示。

图4-28　输入文本

图4-29　模糊文字

11 在第 28~37 帧中的每一帧都插入关键帧，并调整模糊参数，逐渐降低模糊效果，如图 4-30 所示。直到第 37 帧，将文字元件的模糊参数都设置为 0 像素。

12 在第 44、45、90、91 帧插入关键帧，元件参数不变。继续插入多个关键帧，慢慢扩大元件并向左移动，如图 4-31 所示。

13 新建 3 个图层，分别在“图层 6”和“图层 7”的第 24 帧都插入关键帧，并在“图层 8”的第 27 帧插入关键帧，并输入“密度”“社”和“区”文字。

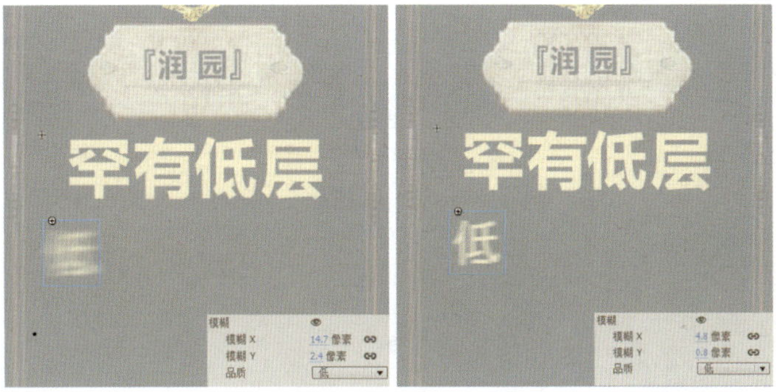

图4-30　降低模糊效果

图4-31　调整并移动元件

14 使用相同的方法，制作其他文字的传统补间动画，如图 4-32 所示。

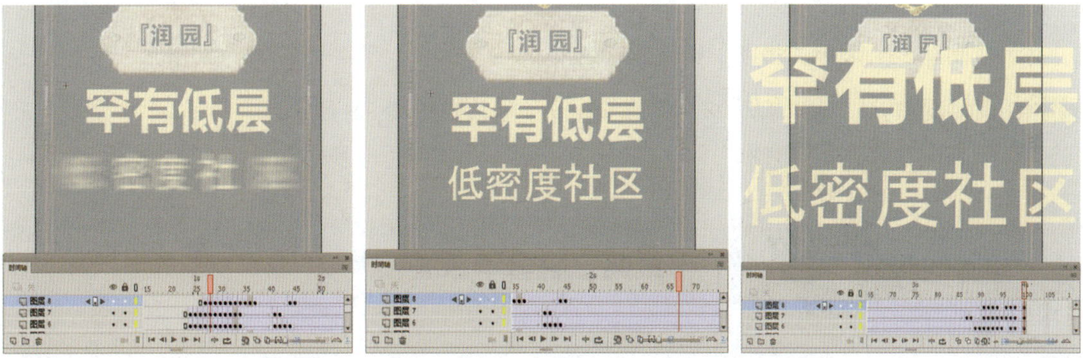

图4-32　制作传统补间动画

15 返回“房地产宣传”元件的编辑窗口，选择“图层 4”，在第 100 帧插入空白关键帧，在第 106 帧插入关键帧。

16 在舞台中输入“经典”文本，转换为元件，并使用“任意变形工具”将该元件逆时针旋转 90°，如图 4-33 所示。

17 双击元件，进入元件编辑模式，插入多个关键帧，将文字逐渐调整为与舞台平行的位置，如图 4-34 所示。

18 继续插入关键帧，并调整元件大小，稍微扩大元件，重复放大缩小的动作，如图 4-35 所示。

图4-33　旋转元件

图4-34　调整元件位置

图4-35　扩大元件

19 在第 93~101 帧之间的每个帧都插入关键帧，选中第 94 帧，选中元件，添加“模糊”滤镜，如图 4-36 所示。

20 逐渐增加模糊参数，直到第 101 帧，设置元件的模糊效果，如图 4-37 所示，为该元件创建传统补间动画。

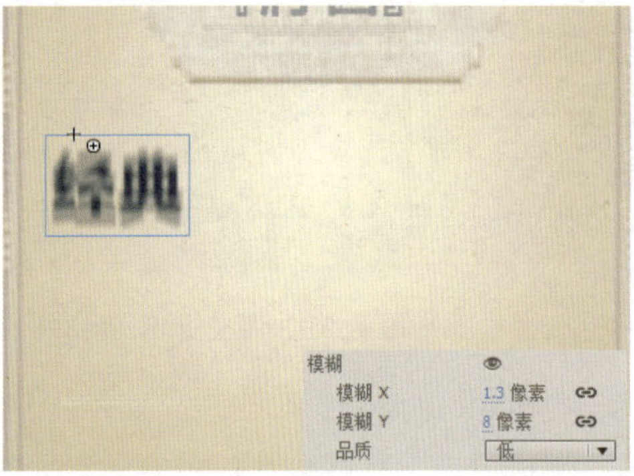

图4-36　添加“模糊”滤镜

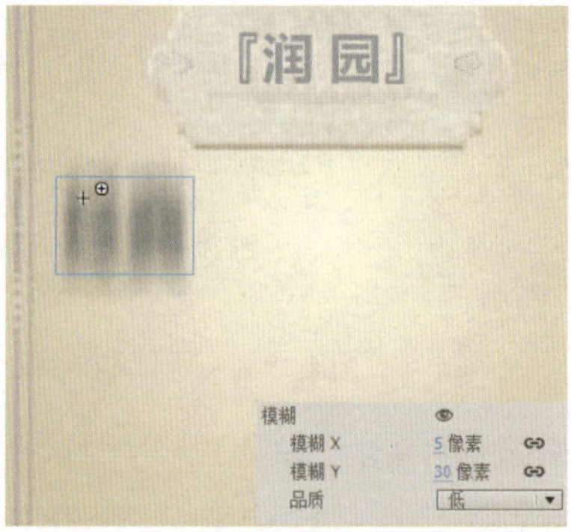

图4-37　模糊效果

21 使用同样的方法，制作其他文字的传统补间动画，如图 4-38 所示。

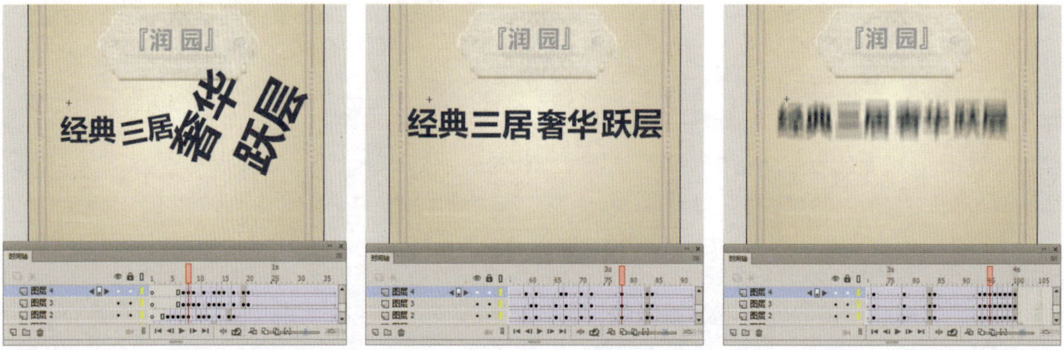

图4-38　制作传统补间动画

22 新建“图层 5”，选中第 20 帧插入关键帧，输入“2019”文本，并转换为元件，将元件缩小，移动至舞台外部右侧，如图 4-39 所示。

23 在第 21~27 帧中的每一帧都插入关键帧，调整元件，将元件逐渐移动至舞台左侧并扩大元件；直到第 27 帧中调整元件的位置和大小如图 4-40 所示。在每个关键帧之间创建传统补间动画。

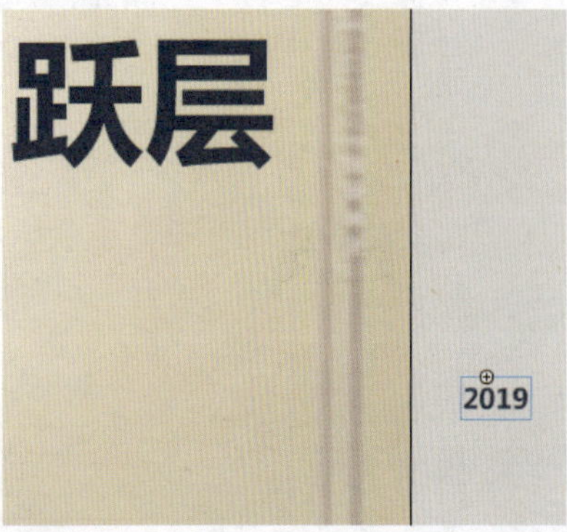

图4-39　调整元件

图4-40　调整元件

24 继续新建图层，制作其他文字的传统补间动画，如图 4-41 所示。

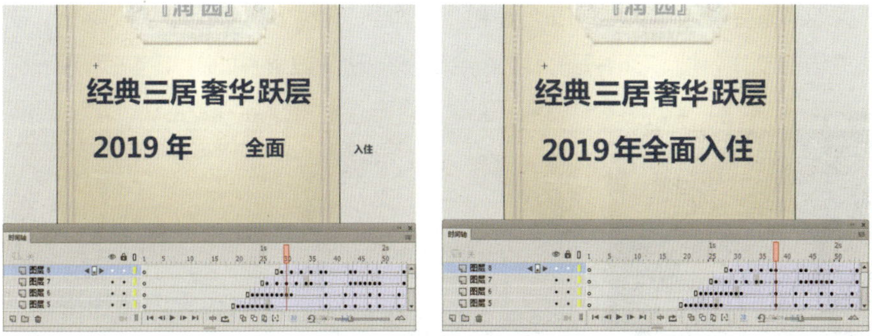

图4-41　制作传统补间动画

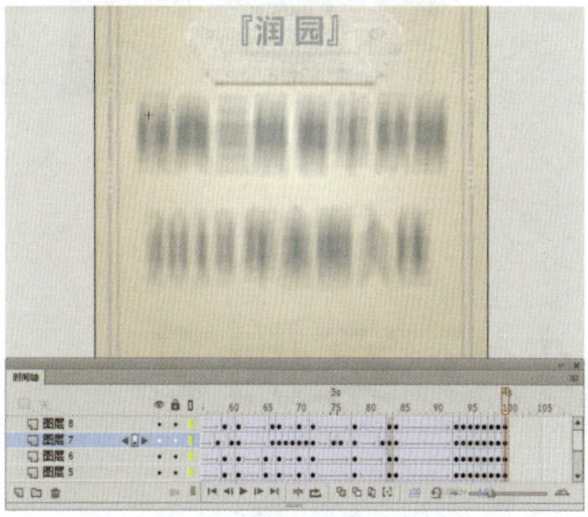

图4-42　制作传统补间动画

25 同样为文字元件添加模糊滤镜，制作相同的传统补间动画，如图 4-42 所示。

26 返回“房地产宣传”元件，选择“图层 4”的第 206 帧插入空白关键帧，第 211 帧插入关键帧，在舞台中输入文本，并转换为元件，如图 4-43 所示。

27 双击元件，进入元件编辑模式，新建“图层 2”，继续输入文本，如图 4-44 所示。

28 为文字元件添加“模糊”滤镜，模糊效果如图 4-45 所示。

29 在两个图层的第 1~10 帧中的每个帧都插入关键帧，逐渐降低模糊参数，第 10 帧中的元件模糊参数为 0 像素。

图4-43　输入文本

图4-44　输入文本

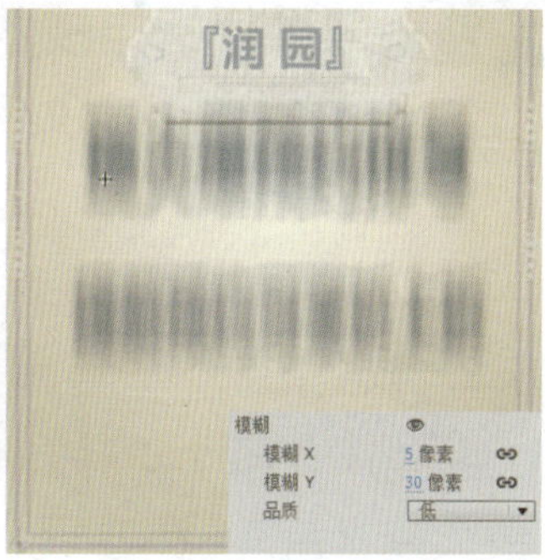

图4-45　模糊效果

30 继续插入多个关键帧，逐渐将元件扩大，并在每个关键帧之间创建传统补间动画，如图 4-46 所示。

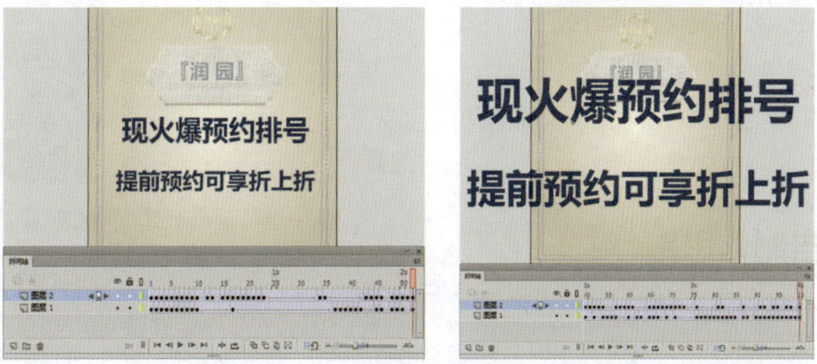

图4-46　制作传统补间动画

31 返回“房地产宣传”元件编辑窗口，选中所有图层，在第 311 帧，按 <F5> 键，插入普通帧。

32 完成该广告的制作，按 <Ctrl+Enter> 组合键测试动画效果，如图 4-47 所示。

图4-47 测试动画效果

4.5 案例 2——运动饮料手机全屏广告

本节将以运动饮料手机全屏广告为案例为读者讲解详细的制作步骤，整体以蓝色为主打色，向读者介绍一款蓝色功能饮料。

4.5.1 效果赏析与技术要点

首先通过对本案例的效果赏析和技术要点的讲解，让读者先了解一下本案例的基本信息。

1. 效果赏析

动态效果如图 4-48 所示。

2. 技术要点

本案例制作的运动饮料手机全屏广告主要运用的功能与技术要点如下：

- 传统补间：使用传统运动补间制作旋转、位移动画。
- 元件滤镜：为元件添加滤镜，制作发光效果。
- 色彩效果：为元件添加色彩效果实现不同的色调和透明度。

图4-48 运动饮料手机全屏广告效果图

4.5.2 广告制作思路

本案例的内容主要以蓝色为主要色调，蓝色调正好对应了该款运动饮料的包装设计。冷色也给人一种清凉的感觉，配以白色、浅蓝色辅助色，降低色彩的纯度和明度，平衡了蓝色疏离、陌生感。饮料图标的快速旋转，体现了运动饮料有活力、有能量的特点。扫描二维码动画的设计，为广告增添了趣味性，让营销活动和广告不再是单纯的信息传递。二维码本身可以与广告中的元素巧妙结合，当有吸引消费者扫描的亮点时，可以给消费者提供新奇有趣的用户体验。

4.5.3 导入素材

导入广告素材，制作广告背景。

01 启动 Animate CC，新建一个 417×755 像素的空白文档，帧频设置为 24fps。

02 执行“文件”→“导入”→“导入到舞台”命令，导入“脉动背景 .png”背景素材，如图 4-49 所示。将素材转换为“影片剪辑”元件，双击元件，进入元件编辑模式。

03 新建“图层 2”，继续导入素材“背景标志 .png”，移动至舞台下方绘制，如图 4-50 所示。

04 新建“图层 3”，新建一个“影片剪辑”空白元件，在“库”面板中将空白元件拖入舞台中，双击空白元件。

05 选中第 11 帧，插入关键帧，导入“脉动图标 .png”素材，移动至背景标志的中心位置，如图 4-51 所示。

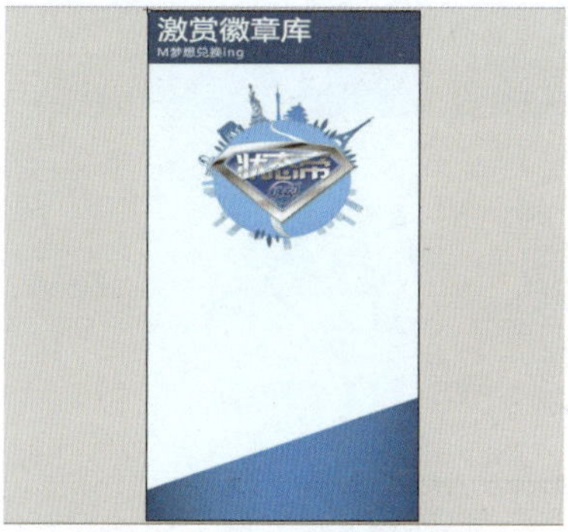

图4-49　导入“脉动背景 .png”素材

图4-50　导入“背景标志 .png”素材

图4-51　导入“脉动图标 .png”素材

4.5.4 变形元件

使用“任意变形工具”变形图标，制作图标翻转动画。

01 选中图标，按 <F8> 键，转换为“影片剪辑”元件，名称为“图标旋转”，双击该元件，进入元件编辑模式；再次将该图片转换为“影片剪辑”元件，使用“任意变形工具”，垂直压缩元件，如图 4-52 所示。

02 选中第 2、3、4、5 帧，插入关键帧，分别变形元件，如图 4-53 所示。

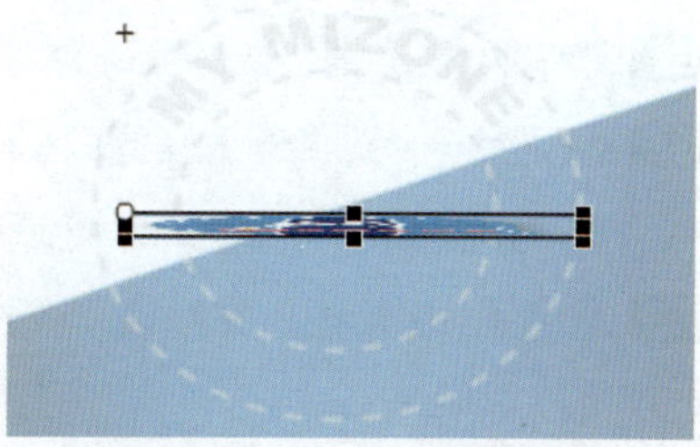

图4-52　垂直压缩元件

图4-53　变形元件

03 选中第 6、7、8、9 帧，插入关键帧，继续变形元件，将第 9 帧中的元件进行了垂直翻转，如图 4-54 所示。

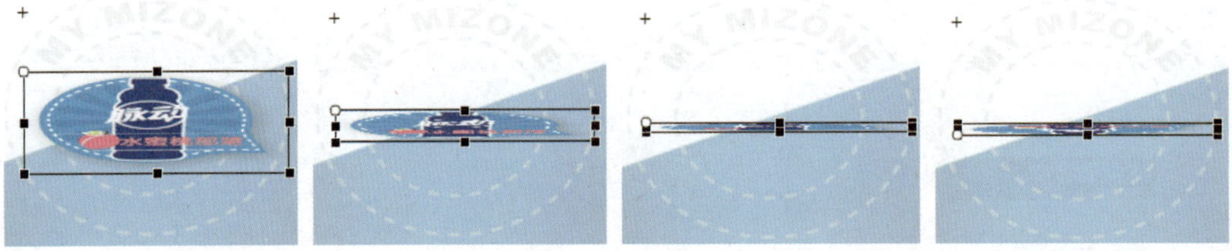

图4-54　变形元件

04 继续在 10、11、12 帧插入关键帧，分别垂直拉伸元件，如图 4-55 所示。

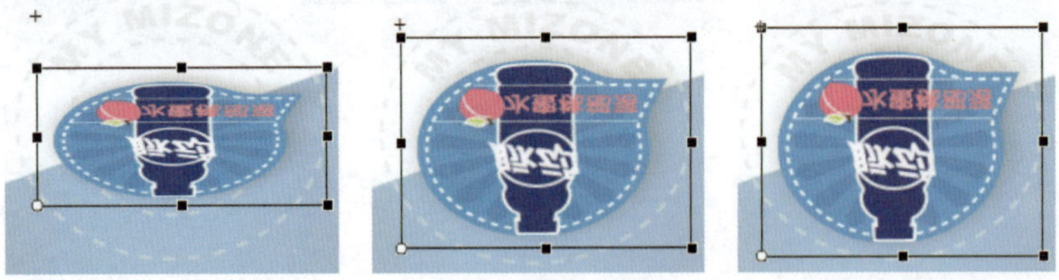

图4-55　垂直拉伸元件

05 选中第 13~20 帧，在每一帧都插入关键帧，使用相同的方法继续压缩变形元件，并对元件进行垂直翻转。并在每一帧之间都创建传统补间动画，制作图标 3D 旋转的效果，如图 4-56 所示。

06 选中第 114 帧，按 <F5> 键，插入普通帧。

07 返回上一个元件的编辑窗口，选中舞台中的图标元件，在“属性”面板设置“Alpha”值为 0，并添加“调整颜色”滤镜，设置参数，如图 4-57 所示。

08 选中第 19 帧插入关键帧，修改元件的“Alpha”值为 89，并修改“调整颜色”滤镜的参数，如图 4-58 所示。

09 在两个关键帧之间创建传统补间动画。

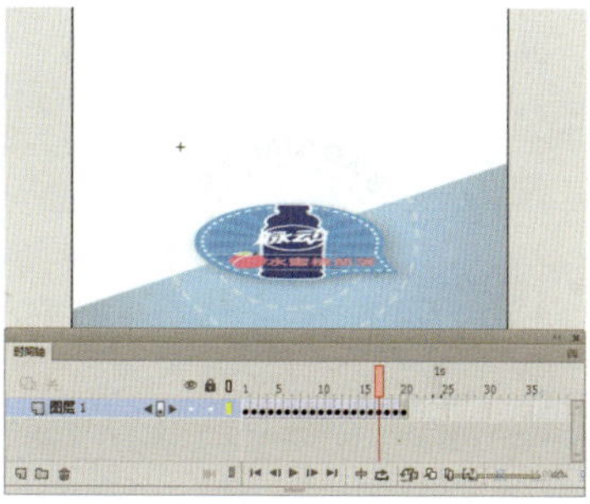

图4-56　制作传统补间动画

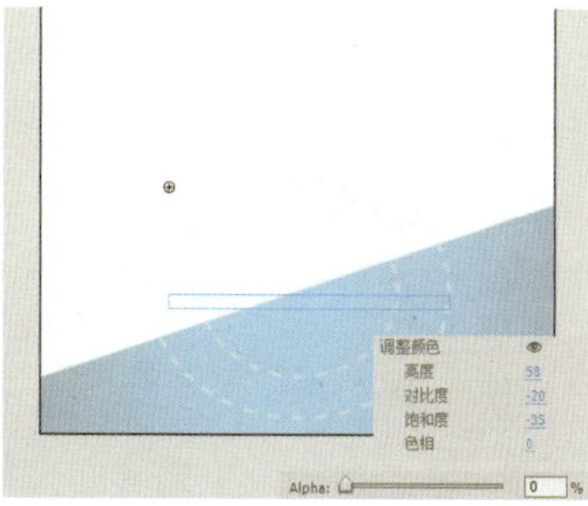

图4-57　调整元件

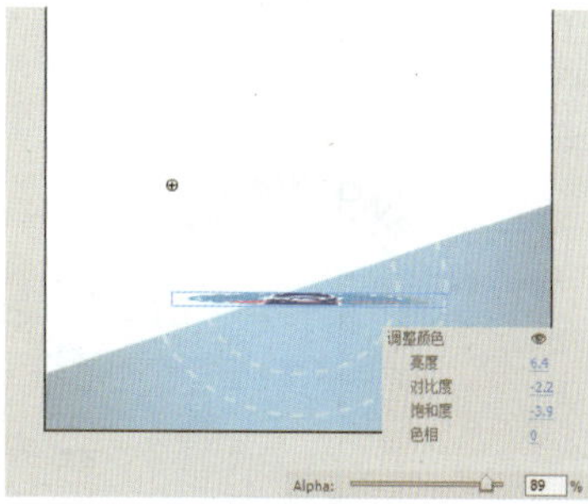

图4-58　修改元件参数

4.5.5 箭头动画

制作左右两个箭头按钮。

01 选中第 20 帧，插入关键帧，导入“左箭头 .png”素材，移动至标志左侧，如图 4-59 所示。

02 将箭头转换为“影片剪辑”元件，双击该元件，进入元件编辑模式，再次将箭头转换为元件。

03 单击该元件，在“属性”面板中添加“发光”滤镜，设置参数，如图 4-60 所示。

04 选中第 2、4 帧插入关键帧，分别修改元件“发光”滤镜参数，如图 4-61 所示。

图4-59　导入“左箭头.png”素材

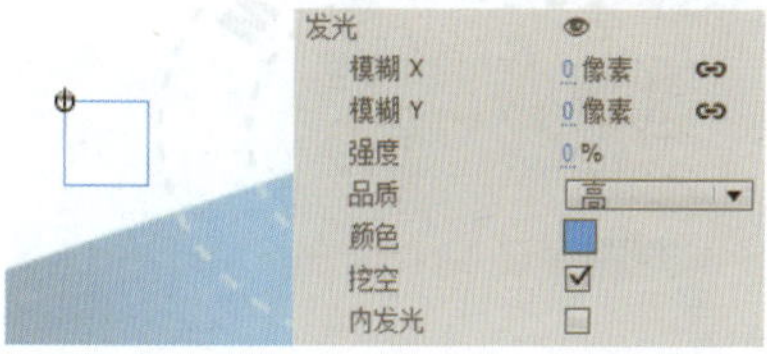

图4-60　添加“发光”滤镜

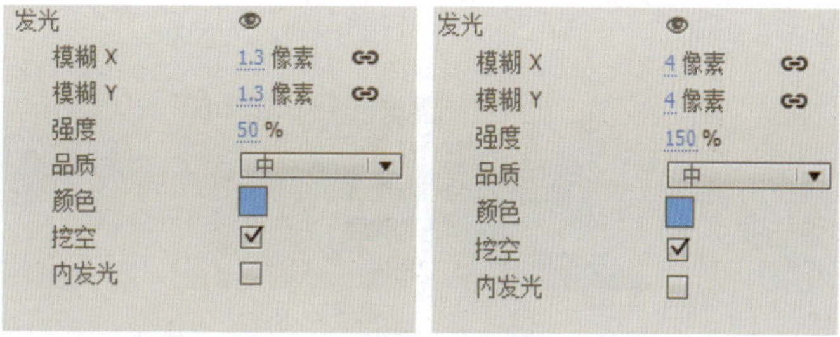

图4-61　修改“发光”滤镜参数

05 选中第 5 帧插入关键帧，修改发光模糊 X、Y 值都为 5.3 像素，强度为 200%；选中第 6 帧插入关键帧，修改发光模糊 X、Y 值都为 6.7 像素，强度为 249%。

06 选中第 7 帧，插入关键帧，再修改元件“发光”滤镜参数，发光效果如图 4-62 所示。在 1~5 帧每个关键帧之间创建传统补间动画。

07 新建“图层 2”，将图标元件复制到该图层，与“图层 1”中的图标重合。选中“图层 2”中的图标元件，添加“调整颜色”滤镜，设置参数，如图 4-63 所示。

08 在第 2、4 帧插入关键帧，分别修改元件“调整颜色”滤镜参数，如图 4-64 所示。

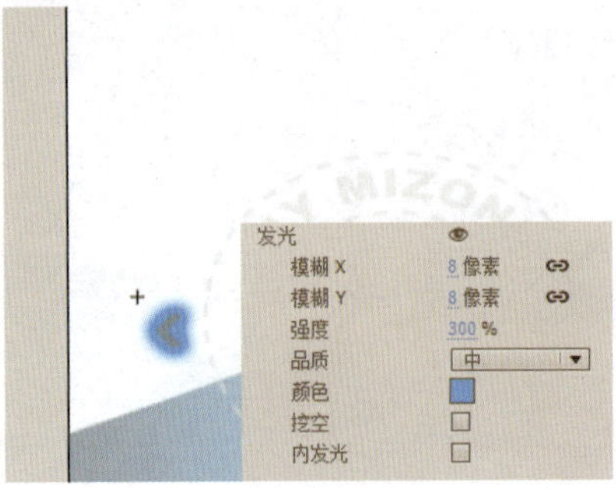

图4-62　发光效果

图4-63　添加“调整颜色”滤镜

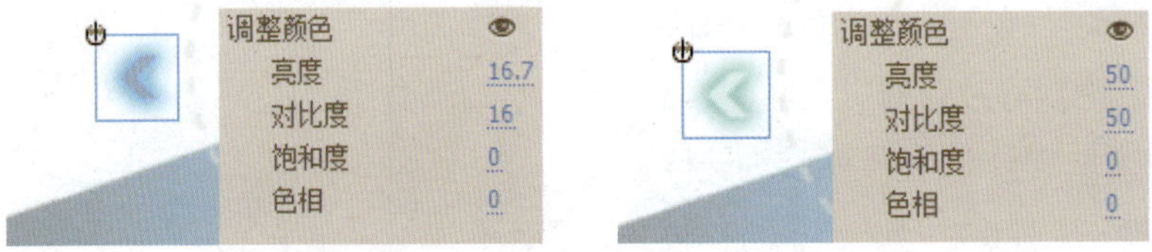

图4-64　修改“调整颜色”滤镜参数

09 继续在 5、7 帧插入关键帧，分别修改元件的“调整颜色”滤镜参数，如图 4-65 所示。

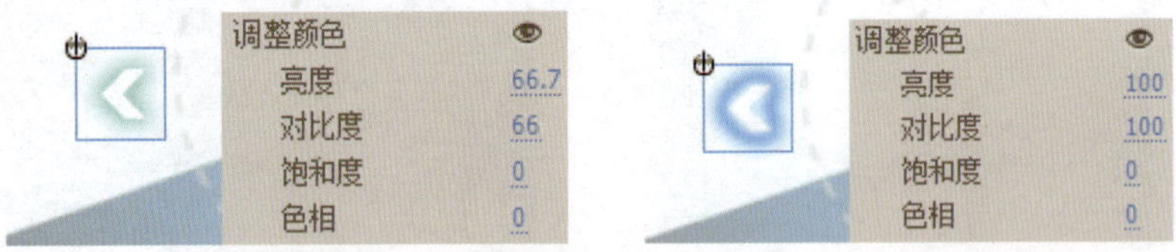

图4-65　修改“调整颜色”滤镜参数

10 在每个关键帧之间创建传统补间动画。

11 返回上一个元件编辑窗口，选中第 21 帧，插入关键帧，选中箭头元件，将元件稍微向左稍微移动，并设置“Alpha”值为 30，如图 4-66 所示。

12 选中 23、24 帧插入关键帧，分别将元件稍微向左移动，修改“Alpha”值为 75、89；选中第 26、27 插入关键帧，元件的“样式”设置为“无”，箭头效果如图 4-67 所示。

13 在第 20~25 帧之间的每个关键帧都创建传统补间动画，如图 4-68 所示。选中第 90 帧，按 <F5> 键插入普通帧。

14 使用相同的方法制作右箭头的传统补间动画，如图 4-69 所示。

图4-66　调整元件

图4-67　箭头效果

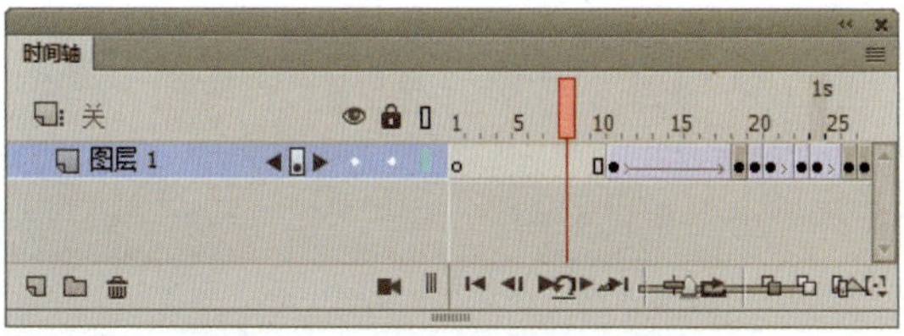

图4-68　创建传统补间动画

图4-69　制作右箭头的传统补间动画

15 新建“图层 3”，选中第 20 帧插入关键帧，在“库”面板中将“图标旋转”元件拖入到舞台中，在第 27 帧插入关键帧，在第 90 帧插入普通帧，如图 4-70 所示。

4.5.6 图标动画制作

制作动态图标动画，为广告添加趣味性。

01 返回上一个元件的编辑窗口，新建“图层 4”，导入“黄色框 .png”素材，并转换为“影片剪辑”元件，如图 4-71 所示。

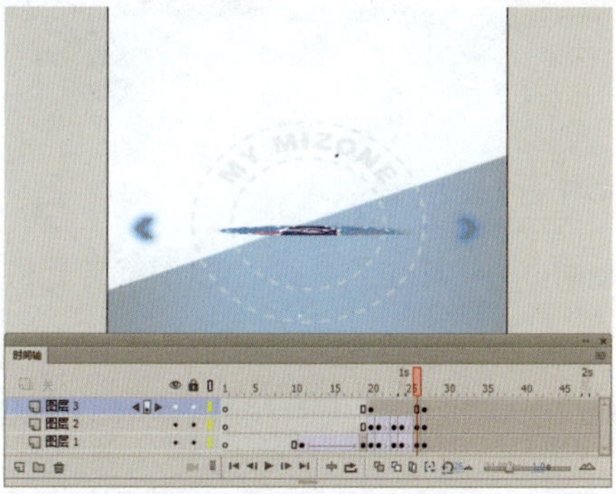

图4-70　插入关键帧

图4-71　导入“黄色框.png”素材

02 双击该元件，进入元件编辑模式，在第 1、2、3、4 帧插入关键帧，分别调整元件的位置大小和“Alpha”值，如图 4-72 所示。

03 继续选中第 5、6、7、8 帧插入关键帧，调整元件的位置和“Alpha”值，如图 4-73 所示。

“Alpha”值为0　“Alpha”值为30　“Alpha”值为55　“Alpha”值为75

图4-72　调整元件

“Alpha”值为89　“Alpha”值为97　“样式”为“无”　“样式”为“无”

图4-73　调整元件

04 选中第 9、10、11、13 帧插入关键帧，稍微旋转元件，如图 4-74 所示。在第 14、15、70 帧插入关键帧，将元件调整为水平平行。

图4-74　调整元件

05 选中第 74、80、81、82 帧插入关键帧，调整元件的形状和位置大小，逐帧旋转元件，如图 4-75 所示。

图4-75　调整元件

06 在第 83、84、85、86 帧插入关键帧，将元件逐渐缩小并消失，如图 4-76 所示。

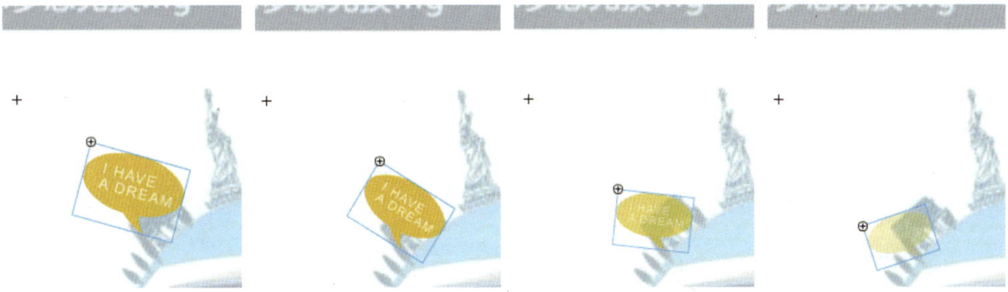

图4-76　调整元件

07 在每个关键帧之间创建传统补间动画，如图 4-77 所示。

08 选中第 87 帧插入关键帧，第 122 帧插入普通帧，将元件的“Alpha”值设置为 0，旋转并移动元件，如图 4-78 所示，制作元件出入场的传统补间动画。

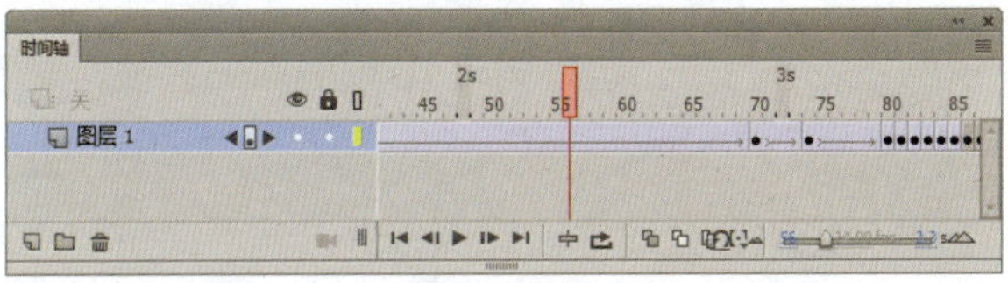

图4-77　创建传统补间动画

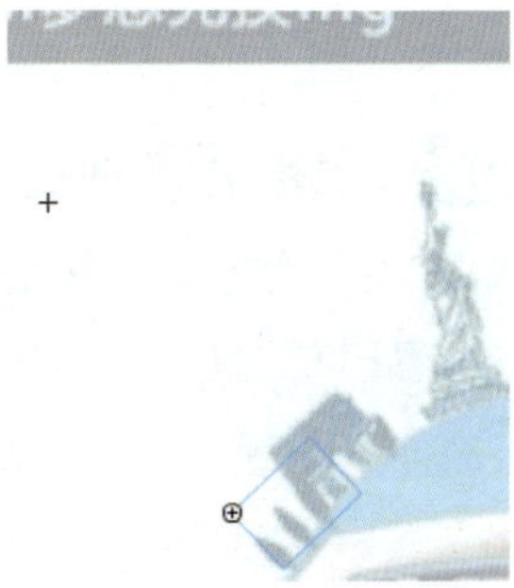

图4-78　调整元件

09 返回上一个元件的编辑窗口，新建“图层 5”，导入“蓝色框 .png”素材，如图 4-79 所示。使用相同的方法制作蓝色框出入场的传统补间动画。

10 新建“图层 6”，制作背景大图标的高光，使用“钢笔工具”沿着背景的“状态帝”图标边缘绘制两条边框，将线条转换为填充，如图 4-80 所示。将边框颜色设置为“无”。

11 使用光标在空白处单击，再单击边框内的区域，即可在该区域填充颜色。

12 在“颜色”面板中设置填充颜色为“线性渐变”，如图 4-81 所示。

图4-79　导入“蓝色框 .png”素材

图4-80　绘制边框

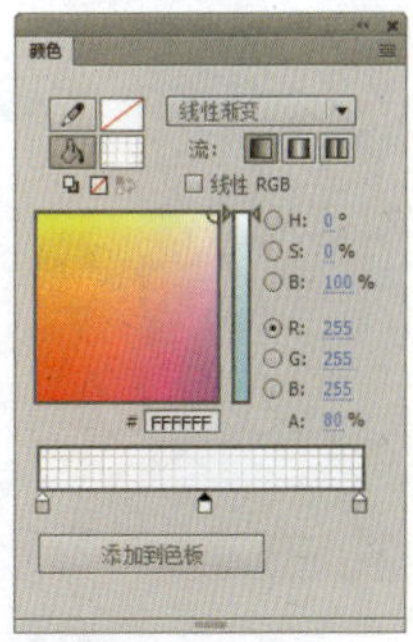

图4-81　设置填充颜色

13 使用“渐变变形工具”，调整渐变填充的位置，如图 4-82 所示。

14 选中第 24 帧插入关键帧，修改渐变填充的位置，如图 4-83 所示。

15 在两个关键帧之间创建形状补间动画，如图 4-84 所示。

16 在第 25 帧插入关键帧，双击元件，进入元件编辑模式，删除中间区域的颜色填充，在两条边框之间填充同样的渐变颜色。

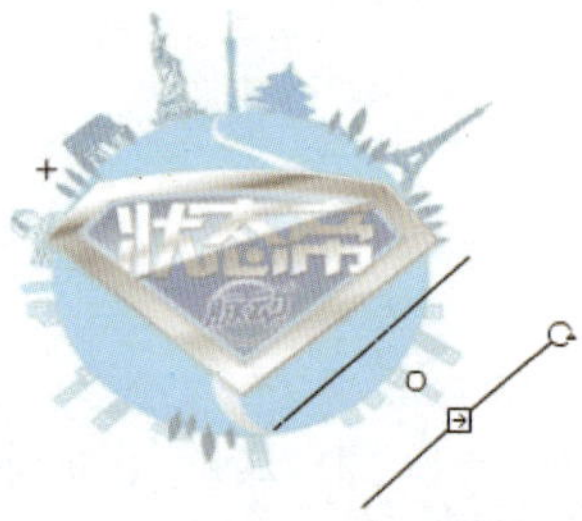

图4-82 调整渐变位置

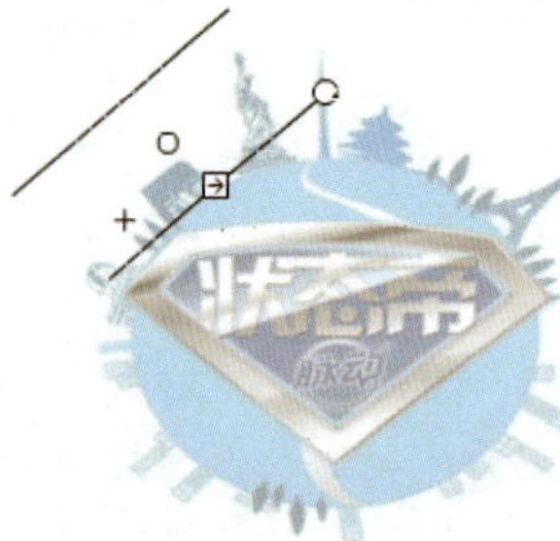

图4-83 调整渐变位置

图4-84 创建形状补间动画

4.5.7 二维码动画制作

添加广告二维码，制作扫码动画。

01 单击窗口左上角的“场景 1”按钮，返回“场景 1”，选中第 102 帧插入关键帧，导入“二维码背景 .png”素材图片，如图 4-85 所示。

02 将该素材转换“影片剪辑”元件，命名为“扫码”。双击该元件，进入元件编辑模式，新建一个“影片剪辑”名称为“3999”的空白元件。

03 选中第 17 帧插入关键帧，打开“3999 数字 .fla”文件，将数字“9”拖入到舞台中，修改舞台背景颜色为浅灰色，如图 4-86 所示。

04 将数字“9”转换为“影片剪辑”元件，设置元件的“Alpha”值为 0，选中第 31 帧插入关键帧，修改元件的“Alpha”值为 93；在第 32、93 帧插入关键帧，元件“样式”设置为“无”；在第 108 帧插入关键帧，再次设置元件的“Alpha”值为 0。

05 在每个关键帧之间创建传统补间动画，如图 4-87 所示。

图4-85 导入“二维码背景 .png”素材

图4-86 拖入数字“9”

图4-87 创建传统补间动画

06 将“3999 数字 .fla”文件的其他数字拖入到舞台，使用相同的方法完成“图层 2”至“图层 4”的内容，如图 4-88 所示。

07 新建“图层2”，新建一个名称为“发光”的“影片剪辑”元件，将该空白元件拖入到舞台中，双击空白元件，进入元件编辑模式。

08 在“库”面板中将制作好的“3999”元件拖入到舞台中，单击该元件，在“属性”面板中添加“发光”滤镜，设置参数，如图4-89所示。

图4-88　制作传统补间动画

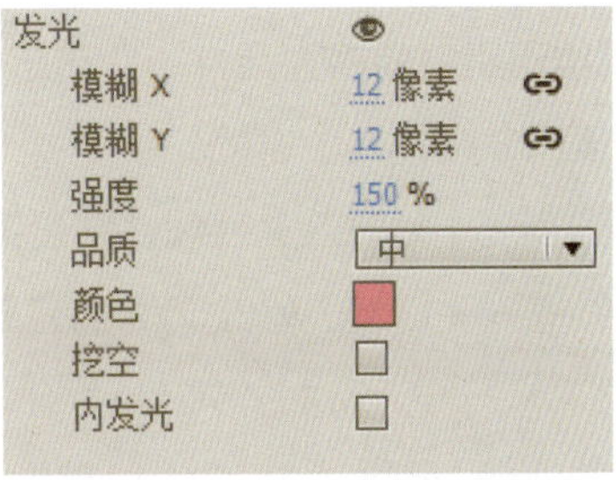

图4-89　添加“发光”滤镜

09 返回“扫码”元件编辑窗口，新建“图层3”，在舞台输入文本，将文本转换为元件，并变形文本元件，为文字添加“发光”滤镜，如图4-90所示。

10 使用相同的方法，制作其他文本的“发光”滤镜，如图4-91所示。

图4-90　添加“发光”滤镜

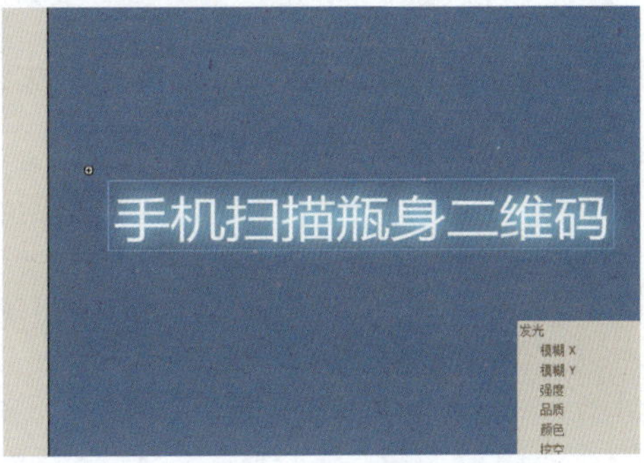

图4-91　添加“发光”滤镜

11 新建图层，再次输入白色文本，转换为元件，单独将“3999”数字转换为元件，单击该元件，添加“发光”滤镜，如图4-92所示。

12 继续新建图层，导入“饮料矢量图.png”素材，将素材转换为元件，双击该元件，进入元件编辑模式。

13 设置第2帧中的元件“Alpha”值为30，如图4-93所示，在第51帧插入关键帧，修改元件的“样式”为“无”。

图4-92　添加“发光”滤镜

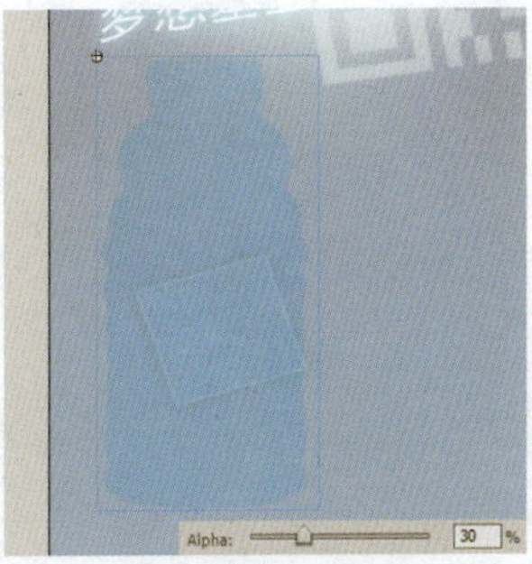

图4-93　设置元件“Alpha”值为30

14 选中第 52 帧，插入关键帧，设置“Alpha”值为 98；选中第 101 帧，插入关键帧，修改“Alpha”值为 30。在每个关键帧之间创建传统补间动画，如图 4-94 所示。

15 新建“图层 7”，导入“手机图案 .png”素材，移动至适当位置，将素材转换为元件，如图 4-95 所示。

16 双击该元件，新建“图层 2”，导入“二维码 .png”素材，移动至手机屏幕，如图 4-96 所示。

17 将二维码素材转换为元件，双击该元件，进入元件编辑模式。选中二维码素材，再次转换为元件，在第 48 帧插入关键帧。

18 继续在第 54 帧插入关键帧，并设置元件“高级”参数，调整元件的色调，如图 4-97 所示。在第 55 帧插入关键帧，修改元件的“高级”参数，调整元件的色调如图 4-98 所示。

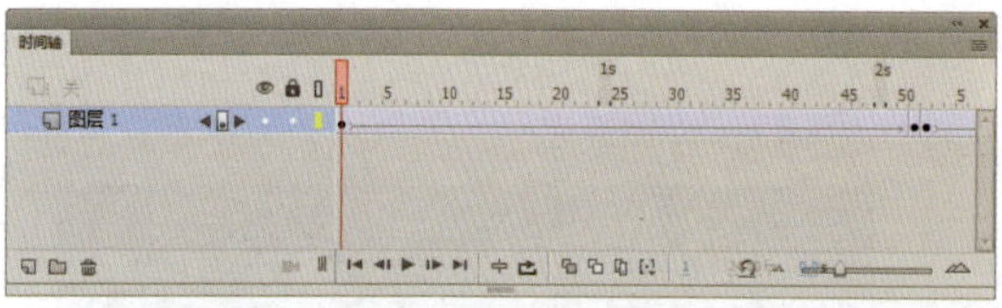

图4-94　创建传统补间动画

图4-95　导入“手机图案.png”素材

图4-96　导入“二维码.png”素材

图4-97　调整元件色调

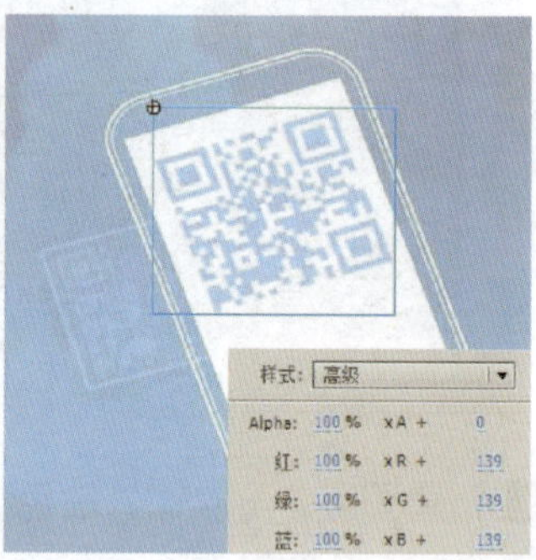

图4-98　调整元件色调

19 在第 56、57、59 帧插入关键帧，分别调整元件的色调，如图 4-99所示。

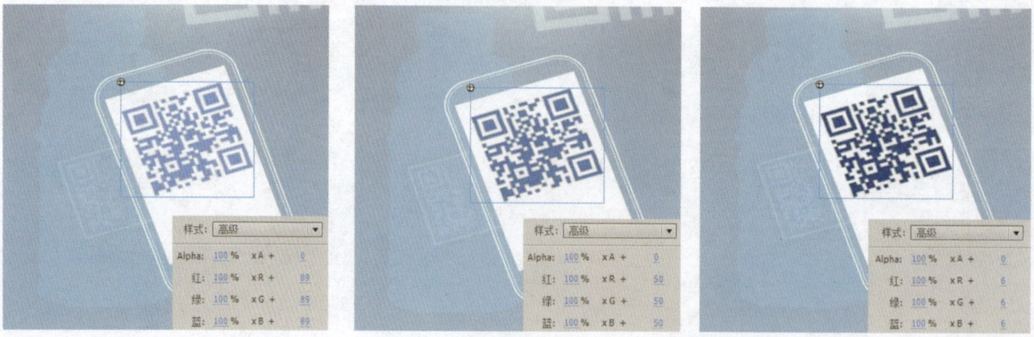

图4-99　调整元件色调

20 在每个关键帧之间创建传统补间动画，如图 4-100 所示。最后在第 60 帧插入关键帧，元件的“样式”改为“无”，在第 90 帧插入普通帧。

21 返回上一个元件的编辑窗口，新建“图层 3”，使用“钢笔工具”在舞台中绘制一个饮料瓶的边框，转换为“影片剪辑”元件，如图 4-101 所示。

> 提示　可以导入素材中的“素材 \ 第 4 章 \4.5\ 瓶子边框 .png”文件。

22 双击该元件，进入元件编辑模式，为元件添加“发光”滤镜，如图 4-102 所示。

23 选中第 30 帧插入关键帧，修改发光滤镜的“模糊 X/ 模糊 Y”值都为 2 像素。继续在第 32~61 帧之间插入多个关键帧，并适当调整元件的“发光”滤镜参数，修改模糊度和强度。在每个关键帧之间创建传统补间动画，如图 4-103 所示。

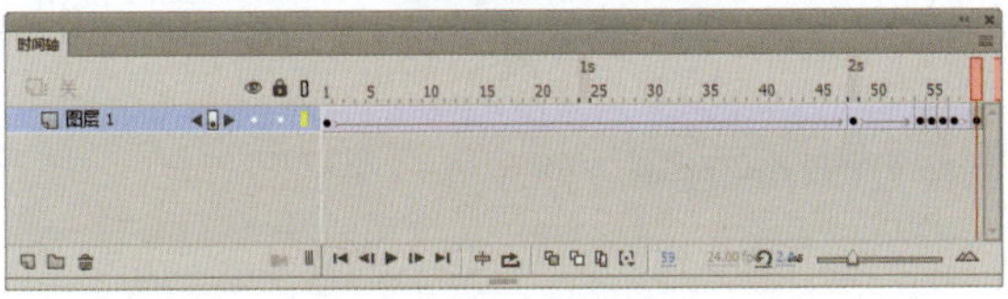

图4-100　创建传统补间动画

图4-101　绘制饮料瓶边框

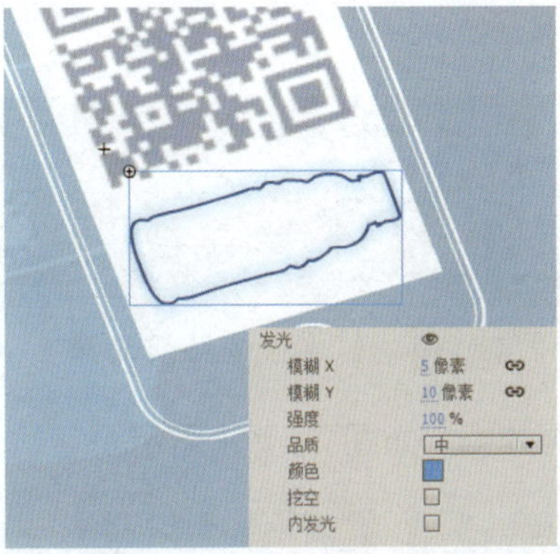

图4-102　添加“发光”滤镜

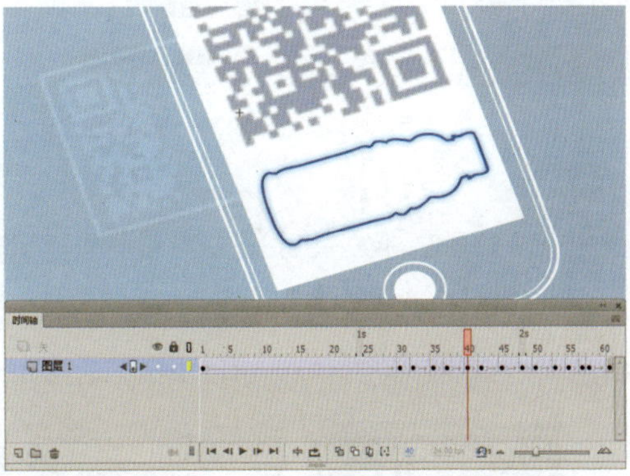

图4-103　创建传统补间动画

24 在瓶子中空白区域输入文本“立即扫描”，如图 4-104 所示。

25 新建图层。使用“线条工具”在手机上方绘制一条直线，填充透明度为 50% 的红色（#FF0000），如图 4-105 所示。

26 为元件添加“发光”滤镜，如图 4-106 所示。

27 制作红线上下扫描的传统补间动画，如图 4-107 所示。

28 创建一个遮罩层，绘制一个与手机屏幕同样大小的白色矩形，如图 4-108 所示。

图4-104　输入文本

图4-105　绘制直线

图4-106　添加“发光”滤镜

图4-107　制作传统补间动画

图4-108　绘制矩形遮罩

29 将红色直线的图层，拖入到遮罩层的下方，制作红线扫描遮罩，如图 4-109 所示。

30 单击窗口左上角的“场景 1”按钮，返回“场景 1”，选中第 107、108 帧插入关键帧，单击第 102 帧中的元件，设置元件的“Alpha”值为 0。在第 102~107 帧中创建传统补间动画，如图 4-110 所示。

31 选中第 174 帧，按 <F5> 键，插入普通帧。

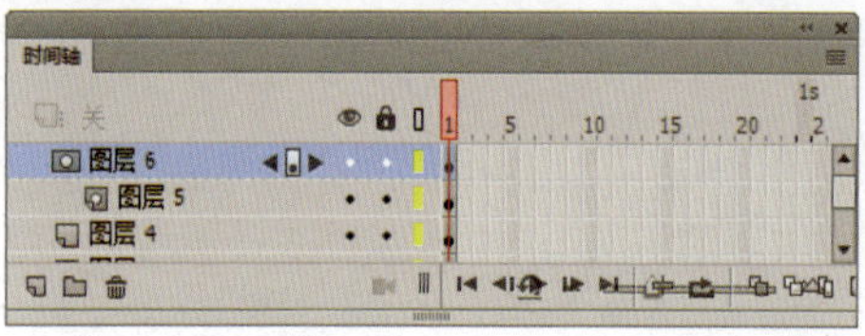

图4-109　创建遮罩层

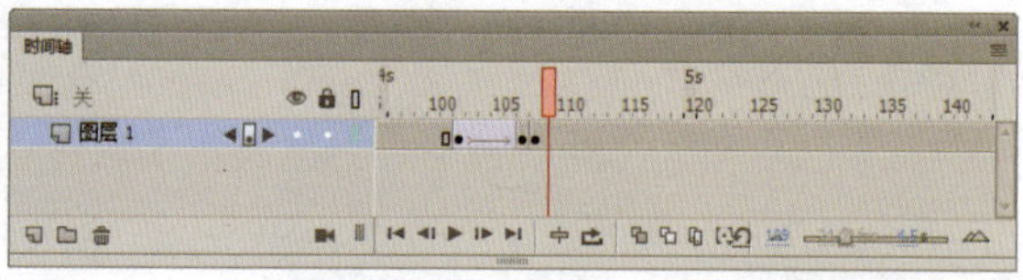

图4-110　创建传统补间动画

32 完成该广告的制作，按 <Ctrl+Enter> 组合键测试动画效果，如图 4-111 所示。

图4-111　测试动画效果

4.6 案例 3——安卓系统广告

本节将以安卓系统广告为案例为读者讲解详细的制作步骤，广告效果主要以产品滑动的形式展现，动画形式活泼生动，制作有所难度，读者需根据步骤，详细解读。

4.6.1 效果赏析与技术要点

首先呈现出广告的最终效果图以及制作过程中应注意的技术要点，为下面的设计操作做好前提准备。

1. 效果赏析

动态效果如图 4-112 所示。

图4-112　安卓系统广告效果图

2. 技术要点

本案例制作的鼠标互动游戏广告中主要运用的功能与技术要点如下：

- 传统补间：使用传统运动补间制作位移动画。
- 遮罩层：使用遮罩层，显现需要的部分。
- 元件滤镜：为元件添加滤镜，制作模糊效果，如图 4-113 所示。
- 色彩效果：为元件添加色彩效果，调整元件的透明度，制作入画的特效，如图 4-114 所示。

图4-113　模糊效果

图4-114　制作入画的特效

4.6.2 广告制作思路

在本案例中，加入了曲线和直线元素，安卓标志的绿色丝带，手机放射出的直线光束。添加这些元素是为了表达活力、动感、张扬和释放的感觉。各种物体沿着手机光束慢慢弹出，画面出现向外扩的效果，看上去显得十分活跃。白色的背景与主体物有明显的对比，可以让消费者迅速注意到主体动画的效果。手机入场的运动轨迹也很自然，主体物全部弹出后，制作了物体在空中浮动的动画效果，为广告增加了 3D 立体的感觉。

4.6.3 尺寸设置

设置广告文档大小。

01 启动 Animate CC，在新建文档界面选择“ActionScript 3.0”文档，打开空白文档，文档尺寸为系统默认尺寸，如图 4-115 所示。

02 想要修改文档为自定义文档的尺寸，执行“修改”→“文档”命令，即可在“文档设置”对话框中修改文档的尺寸，设置帧频为 30fps，如图 4-116 所示。

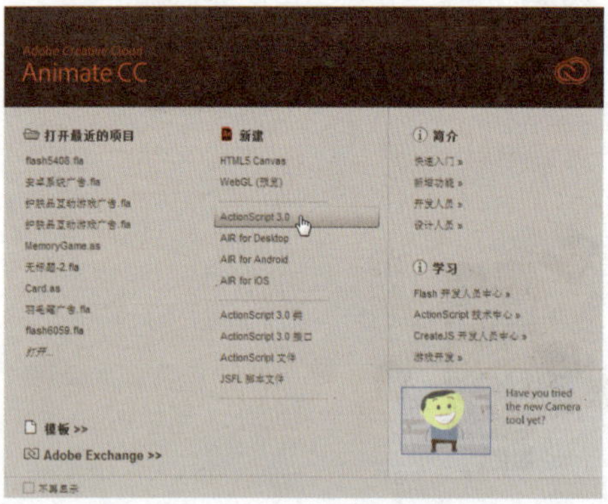

图4-115　新建文档界面

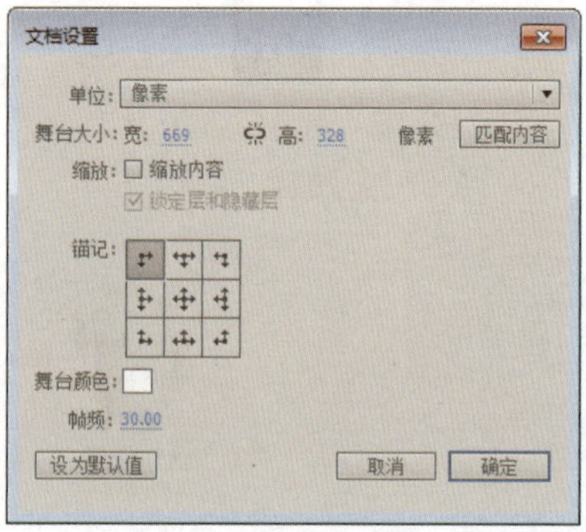

图4-116　“文档设置”对话框

03 新建空白文档如图 4-117 所示，在“属性”面板可查看文档属性，如图 4-118 所示。

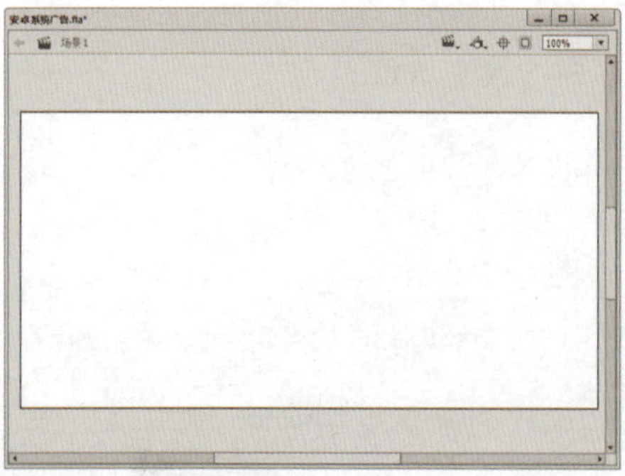

图4-117　空白文档

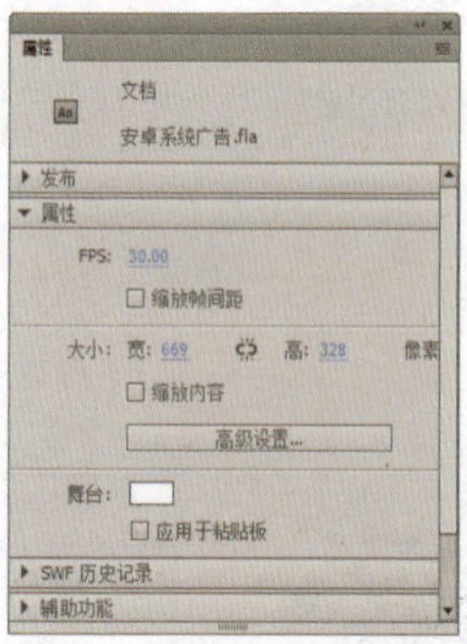

图4-118　文档属性

4.6.4 制作动画

制作广告内容。

01 执行“文件”→“导入”→“导入到舞台”命令，导入“背景.png”素材到舞台，并转换为元件，如图 4-119 所示。

02 新建图层，选中第 84 帧，按 <F6> 键插入关键帧。

03 继续导入“01.png”素材到舞台，拖动至舞台左下角位置，并转换为元件，如图 4-120 所示。

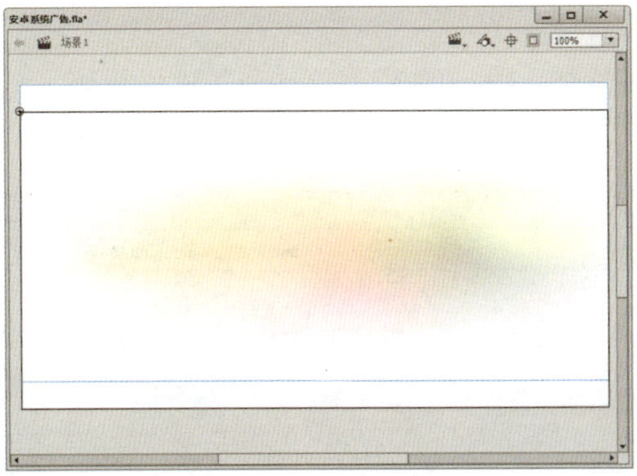

图4-119　导入背景

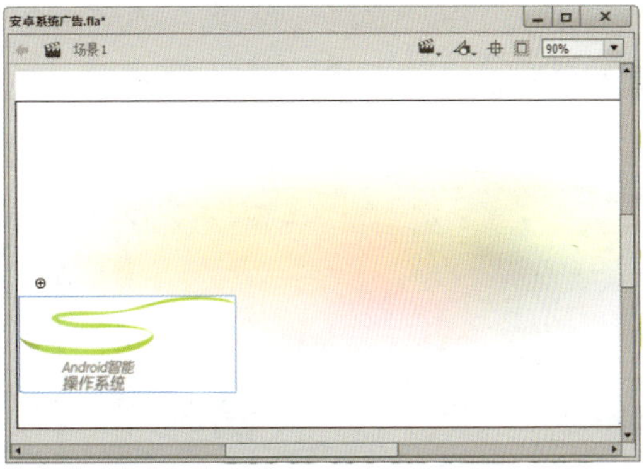

图4-120　导入素材

04 选中第 96、97 帧，插入关键帧，选中第 96 帧中舞台上左下角图标元件，在“属性”面板中设置“Alpha”值为 92，如图 4-121 所示。

05 选中第 84 帧，在“属性”面板中修改“Alpha”值为 0，如图 4-122 所示。

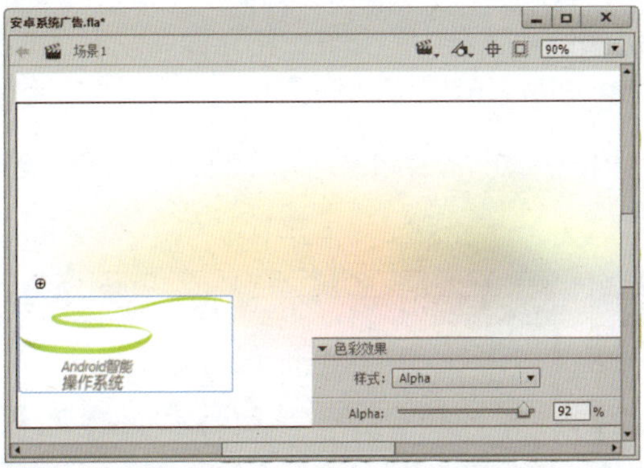

图4-121　设置“Alpha”值为92

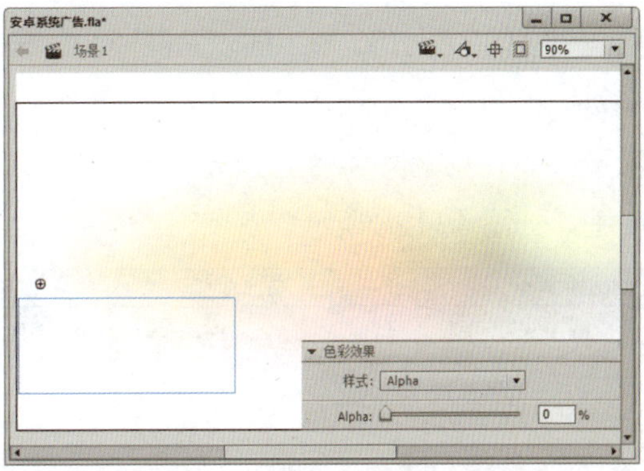

图4-122　修改“Alpha”值为0

06 在“时间轴”面板中，选择第 84~96 帧中的任意一帧，单击鼠标右键，选择“创建传统补间”选项，如图 4-123 所示。

07 新建图层，选中第 125 帧，插入关键帧，导入“02.png”素材图片，如图 4-124 所示。

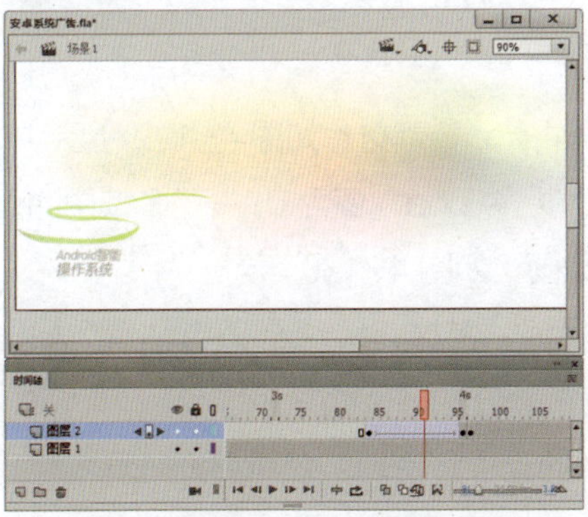

图4-123　创建传统补间动画

图4-124　导入“02.png”素材

08 在第 132、133 帧中插入关键帧，选中第 125 帧中的元件，设置“Alpha”值为 0；再选中第 132 帧中的元件，修改“Alpha”值为 88，在第 125~133 帧之间创建传统补间动画，如图 4-125 所示。

09 同样再新建一个图层，选中第 125 帧，插入关键帧，继续导入“03.png”素材图片，拖动至适当位置，如图 4-126 所示。

图4-125　创建传统补间动画

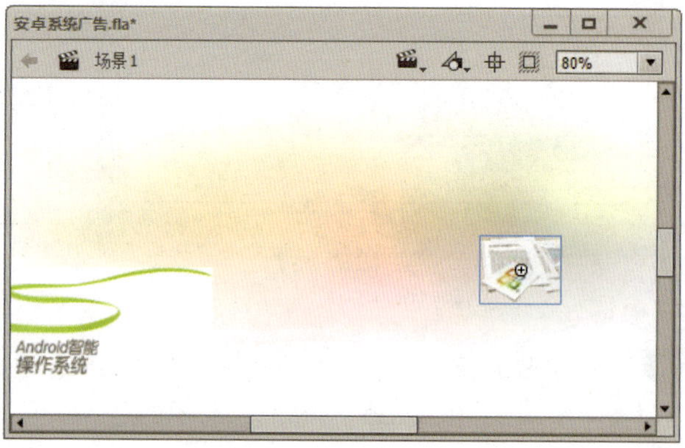

图4-126　导入“03.png”素材

10 选中第 132、133 帧，插入关键帧，在第 132 帧选中舞台中的元件，将元件向左下方向位置移动，如图 4-127 所示。

11 选中第 133 帧中舞台上的元件，再向左下方向稍微移动。在第 125~132 帧之间创建传统补间动画，如图 4-128 所示。

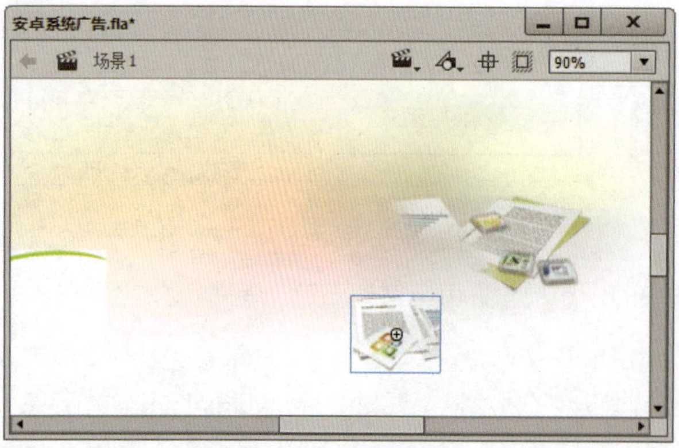

图4-127　移动元件

图4-128　创建传统补间动画

12 新建“图层 5”，选中第 27 帧，插入关键帧，导入“04.png”素材，如图 4-129 所示。

13 选中第 32、33 帧，插入关键帧。设置第 27 帧中的元件“Alpha”值为 0，第 32 帧中的元件“Alpha”值为 83，并在两个关键帧之间创建传统补间动画，如图 4-130 所示。

14 新建图层，选中第 54 帧，插入关键帧，导入“05.png”素材，移动至适当位置，如图 4-131 所示。

15 在第 54~90 帧之间插入多个关键帧，选中第 54 帧中的元件，使用“任意变形工具”将元件缩小，并调整元件的“Alpha”值为 23，将元件向上移动，如图 4-132 所示。

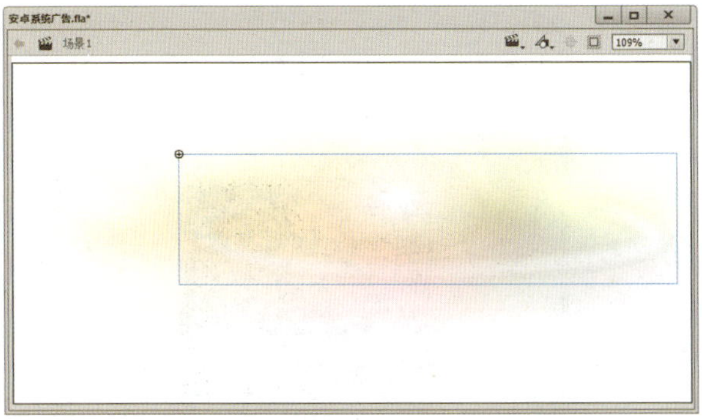

图4-129　导入“04.png”素材

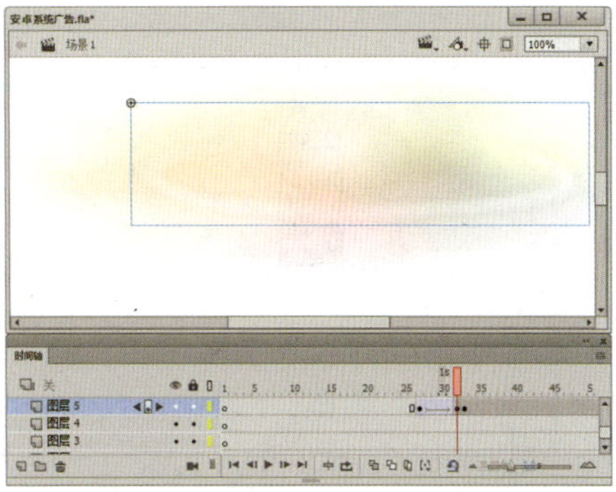

图4-130　创建传统补间动画

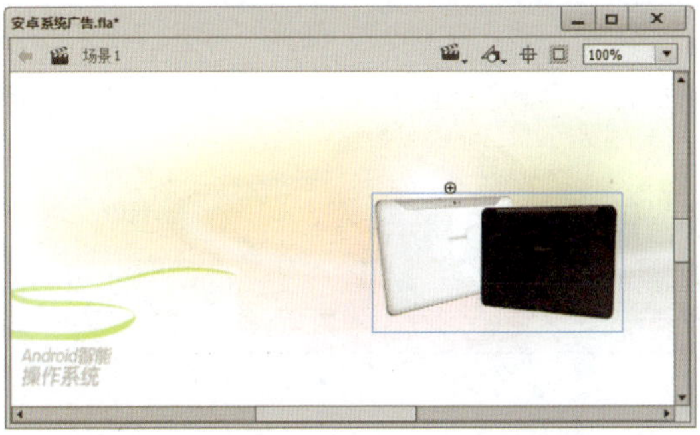

图4-131　导入“05.png”素材

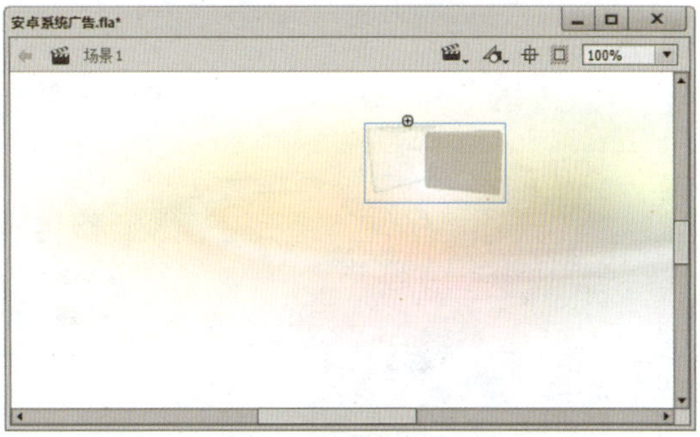

图4-132　调整元件

16 继续移动并调整元件的“Alpha”值和元件大小，使元件沿着光圈移动，在每个关键帧之间创建传统补间动画，如图 4-133 所示。

17 新建“图层 7”，选中第 33 帧，插入关键帧，导入“手机 .png”素材图片，移动到舞台右侧，如图 4-134 所示。

图4-133　创建传统补间动画

图4-134　导入“手机.png”素材

18 使用相同的方法，在第 33~67 帧之间创建多个关键帧，并调整元件，使元件沿着光圈移动，如图 4-135 所示。

19 新建一个图层，制作高光效果，选中第 67 帧，插入关键帧。

20 执行“插入”→“新建元件”命令，新建一个名为“高光”的“影片剪辑”空白元件，并在“库”面板中找到该空白元件，将元件拖入到舞台中，如图 4-136 所示。

图4-135　调整并移动元件

图4-136　拖入空白元件

21 双击该空白元件，进入元件编辑模式。选中第 59 帧，插入关键帧，使用“矩形工具”，在舞台中绘制一个 352×104 大小的矩形，删除矩形边框，并修改填充颜色为“线性渐变”，如图 4-137 所示。

22 单击工具箱中的“任意变形工具”，旋转矩形，如图 4-138 所示。

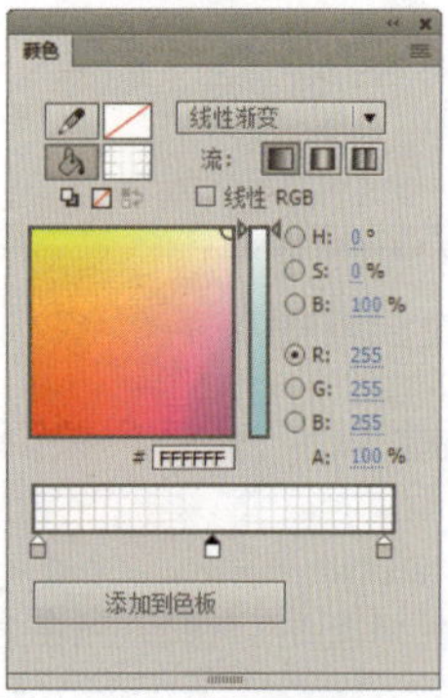

图4-137　修改矩形填充

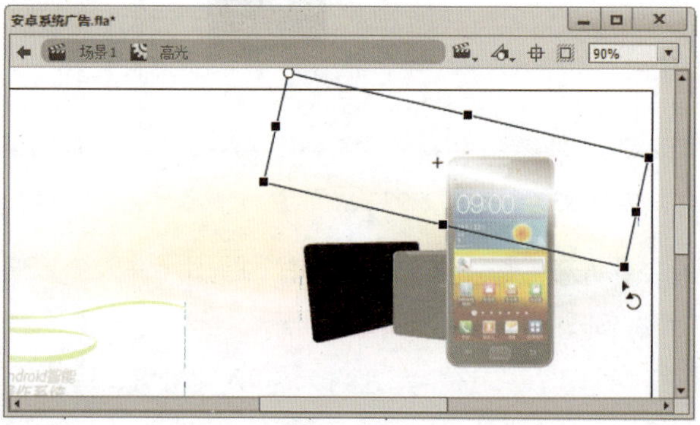

图4-138　旋转矩形

23 将渐变矩形转换为元件，在第 60 帧插入关键帧，将矩形稍微向下移动。在第 91、92 帧插入关键帧，移动矩形元件至舞台下方，如图 4-139 所示。

24 在第 123、124 帧插入关键帧，继续将矩形元件移动到手机上方位置，如图 4-140 所示。

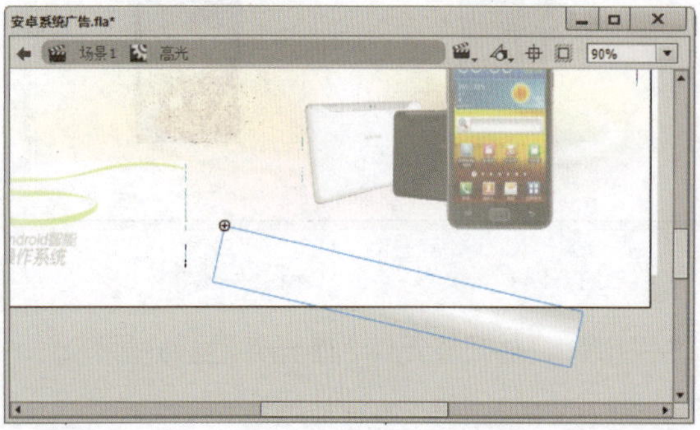

图4-139　移动矩形

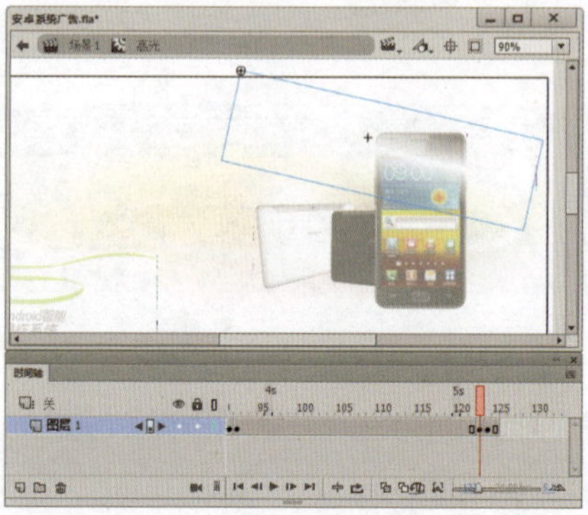

图4-140　移动矩形

25 在每个关键帧之间创建传统补间动画，如图 4-141 所示。

26 新建图层，单击鼠标右键，选择“遮罩层”选项，创建一个遮罩层，如图 4-142 所示。

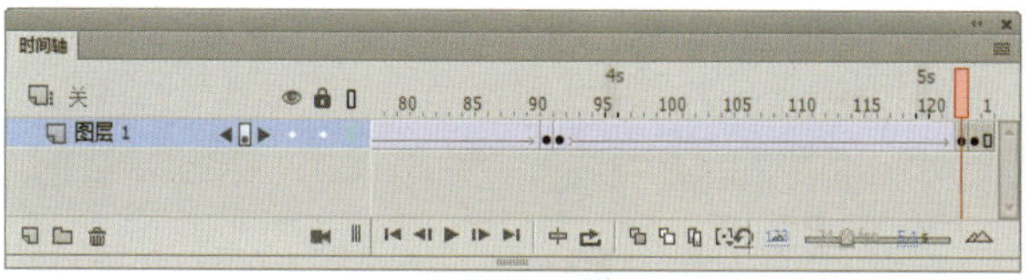

图4-141　创建传统补间动画

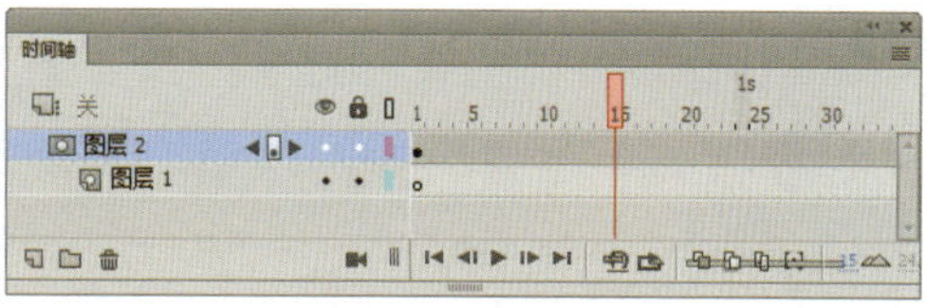

图4-142　创建遮罩层

27 单击工具箱中的“钢笔工具”，沿着白色笔记本的边缘绘制路径，并将线条转换为填充，填充黑色，如图 4-143 所示。

28 新建“图层 3”，将之前制作好的渐变矩形元件，拖动到舞台中，并制作不同位置的传统补间动画，如图 4-144 所示。

图4-143　绘制遮罩图形

图4-144　制作传统补间动画

29 创建“图层 3”的遮罩层，同样使用“钢笔工具”绘制手机黑色遮罩，如图 4-145 所示。

30 退出元件编辑模式，返回“场景 1”，新建图层，选中第 66 帧，插入关键帧，执行“插入”→“新建元件”命令，新建一个名称为“安卓”的“影片剪辑”空白元件。

31 在“库”面板中将该空白元件拖动到舞台中，如图 4-146 所示。

图4-145　绘制手机黑色遮罩

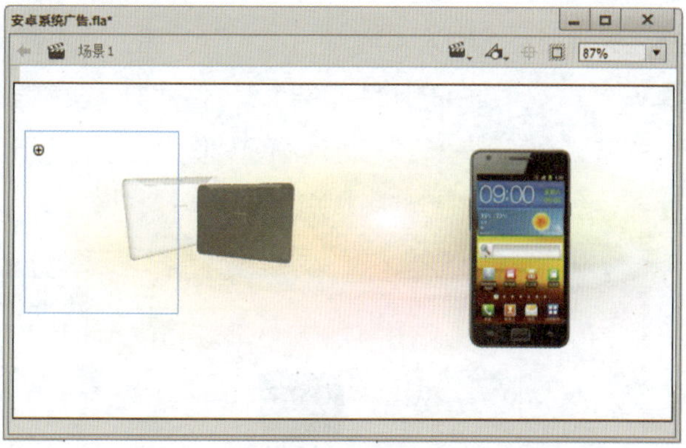

图4-146　拖入空白元件

32 双击空白元件，进入元件编辑模式。

33 执行“文件”→“导入”→“导入视频”命令，弹出“导入视频”对话框，选择“在 SWF 中嵌入 FLV 并在时间轴中播放”选项，如图 4-147 所示。

34 单击“浏览”按钮，选择“安卓动画 .flv”视频，如图 4-148 所示。

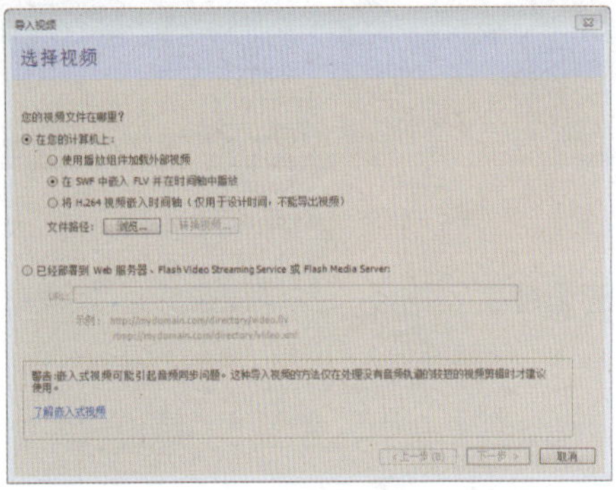

图4-147 “导入视频”对话框

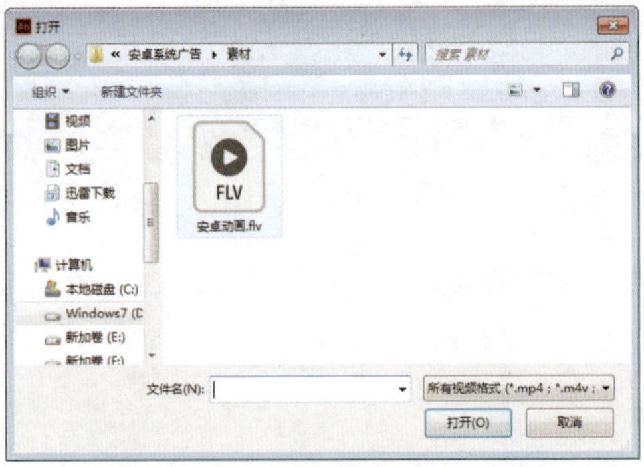

图4-148 选择“安卓动画.flv”视频

35 单击“打开”按钮，继续弹出“导入视频”对话框，选择“符号类型”为“嵌入的视频”，并勾选前两个选项，如图 4-149 所示。单击“下一步”按钮，完成视频的导入。

36 移动导入的视频素材到舞台左侧的位置，如图 4-150 所示。

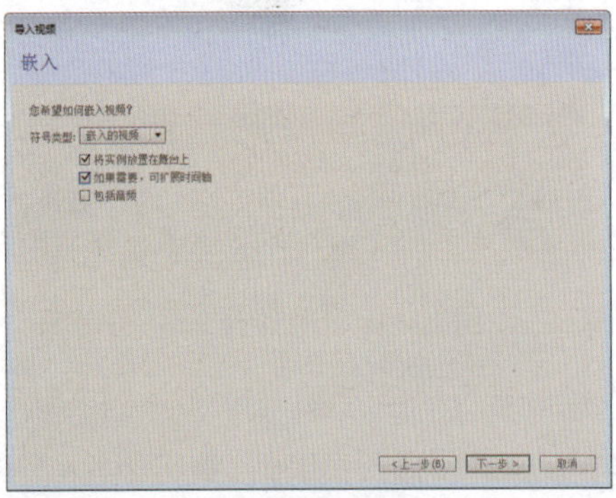

图4-149 “导入视频”对话框

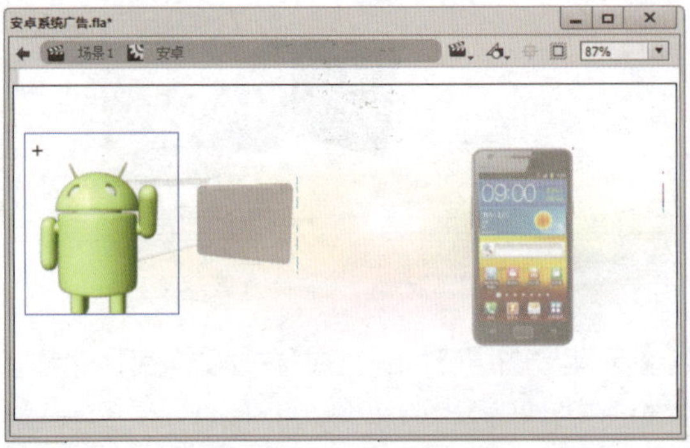

图4-150 移动视频素材

37 单击窗口左上角的“场景 1”按钮，返回“场景 1”，选中“安卓”的图层，在第 89、90 帧插入关键帧。选中第 144 帧，按 <F5> 键，插入普通帧。

38 设置第 66 帧中的元件“Alpha”值为 0，设置第 89 帧中的元件“Alpha”值为 96，并在两个关键帧之间创建传统补间动画，如图 4-151 所示。

39 新建图层，在第 90 帧插入关键帧，并导入“06.png”素材，将素材转换为元件，如图 4-152 所示。

图4-151 创建传统补间动画

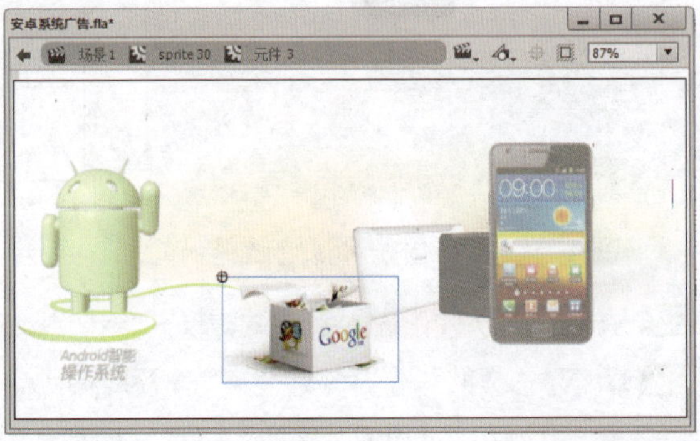

图4-152 导入“06.png”素材

40 单击该元件，并在“属性”面板添加“模糊”滤镜，设置模糊参数，如图 4-153 所示。

41 在舞台中可以看到元件的模糊效果，如图 4-154 所示。

图4-153　设置模糊参数

图4-154　模糊效果

42 在第 90~103 帧之间插入关键帧，选中第 90 帧中的元件，设置元件的“Alpha”值为 0，并调整元件大小和位置，如图 4-155 所示。并在关键帧之间创建传统补间动画，如图 4-156 所示。

图4-155　调整元件

图4-156　创建传统补间动画

43 新建多个图层，分别在第 101、108 和 115 帧插入关键帧，并导入“07.png”“08.png”和“09.png”素材，如图 4-157 所示。

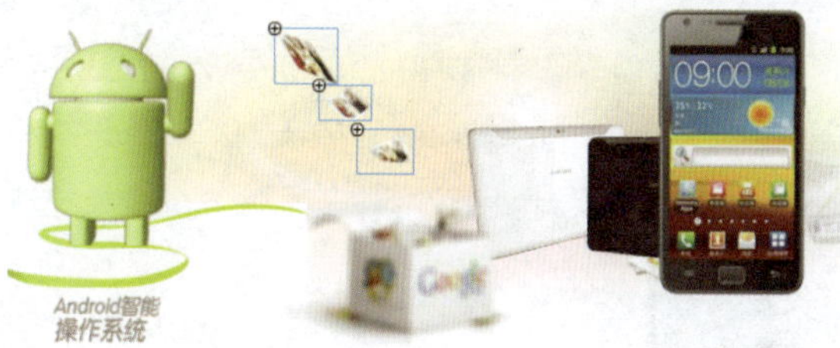

图4-157　导入多张素材

44 选择导入“07.png”素材的图层，隐藏其他两个素材图层，在第 101~108 帧之间每一帧都插入关键帧，并调整元件的透明度、大小和位置，在每个关键帧创建传统补间动画，制作图片慢慢从盒子中飞出的效果，如图 4-158 所示。

45 显示其他的图层，使用相同的方法制作图片飞出的效果，如图 4-159 所示，并在关键帧之间创建传统补间动画如图 4-160 所示。

图4-158 图片飞出效果

图4-159 图片飞出效果

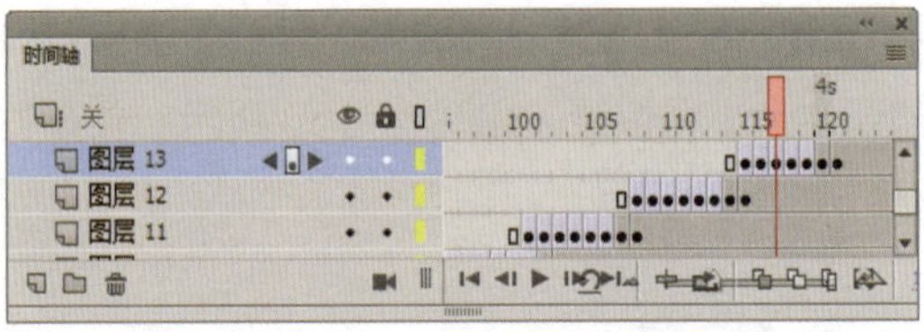

图4-160 创建传统补间动画

46 新建“图层 14”，在第 121 帧插入关键帧，并导入“光束 .png”素材，将素材移动到手机位置，如图 4-161 所示。

47 插入多个关键帧，调整第 121 帧中的元件，设置元件的“Alpha”值为 0，缩小元件，如图 4-162 所示。

图4-161 导入“光束.png”素材

图4-162 调整元件

48 调整第 122 帧中的元件，设置元件的“Alpha”值为 44，稍微扩大元件，如图 4-163 所示。

49 调整第 124 帧中的元件，设置元件的“Alpha”值为 94，扩大元件，如图 4-164 所示。

图4-163 调整元件

图4-164 调整元件

50 在关键帧之间创建传统补间动画，如图 4-165 所示。

51 新建“图层 15”，选中第 125 帧，插入关键帧，导入“10.png”素材，转换为元件，移动到适当的位置，如图 4-166 所示。

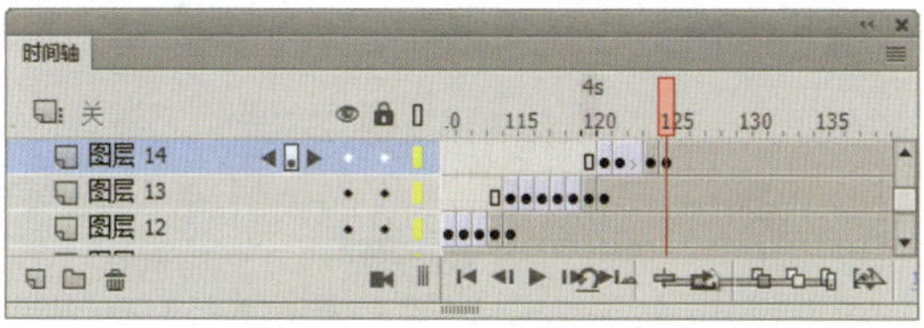

图4-165 创建传统补间动画

图4-166 导入“10.png”素材

52 在第 125、132 帧插入关键帧，并调整元件，如图 4-167 和图 4-168 所示。在第 125~132 帧中的创建传统补间动画。

图4-167 第125帧中的元件

图4-168 第132帧中的元件

53 使用相同的方法，制作其他素材的传统补间动画，如图 4-169 所示。

图4-169 制作传统补间动画

54 选中“图层 19”，在第 136 帧插入关键帧。复制素材“15.png”的元件到舞台，并双击元件，进入元件编辑模式。

55 在第 1~114 帧之间插入多个关键帧，并反复将元件上下移动，制作物体在空中漂浮的效果，如图 4-170 所示。

图4-170 制作物体浮动效果动画

56 使用相同的方法，制作其他主体物上下浮动的动画，如图 4-171 所示。

图4-171　制作物体浮动效果动画

57 返回“场景 1”，新建一个图层，在第 144 帧插入空白关键帧，执行“窗口”→“动作”面板，打开“动作”面板，添加“stop ();”停止代码。

58 完成该广告的制作，按 <Ctrl+Enter> 组合键测试动画效果，如图 4-172 所示。

图4-172　测试动画效果

4.7 案例 4——4G 网络广告

本节将以 4G 网络广告为案例为读者讲解详细的制作步骤，广告内容以偏暗的红色背景与白色的字体相对应，形成强烈的对比，让人一眼就能看到广告所要表达的信息，整个内容简洁明了，动画灵活生动。通过动画的演变，最后引出主题信息。

4.7.1 效果赏析与技术要点

首先通过对本案例的效果赏析和技术要点的讲解，让读者先了解一下本案例的基本信息。

1. 效果赏析

动态效果如图 4-173 所示。

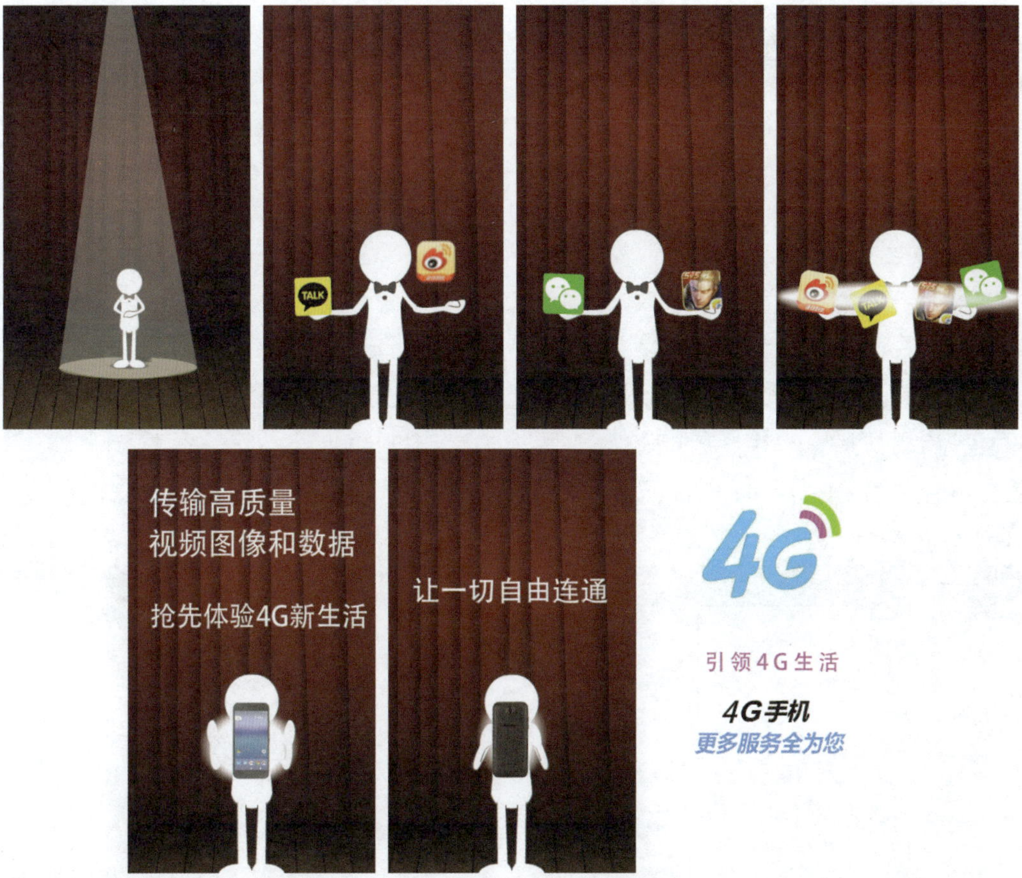

图4-173　4G网络广告效果图

2. 技术要点

本案例制作的 4G 网络广告中主要运用的功能和技术要点如下：

- 传统补间：使用传统运动补间制作出入场动画。
- 元件滤镜：为元件添加滤镜，制作模糊效果。
- 色彩效果：为元件添加色彩效果实现不同的色调和透明度。

4.7.2 广告制作思路

本案例为 4G 网络广告。软件图标在卡通小人手上来回运动，增加了广告的趣味性。手机的展示和文字动画相结合，更加能将 4G 网络方便快捷的特点直接体现出来。最后设计的白色背景和彩色文字，点明了广告的主题。

4.7.3 尺寸设置

设置广告文档大小。

01 启动 Animate CC，在新建文档界面选择“ActionScript 3.0”文档，打开空白文档，文档尺寸为系统默认尺寸，如图 4-174 所示。

02 想要修改文档为自定义文档的尺寸，执行“修改”→“文档”命令，即可在“文档设置”对话框中修改文档的尺寸，设置帧频为 30fps，如图 4-175 所示。

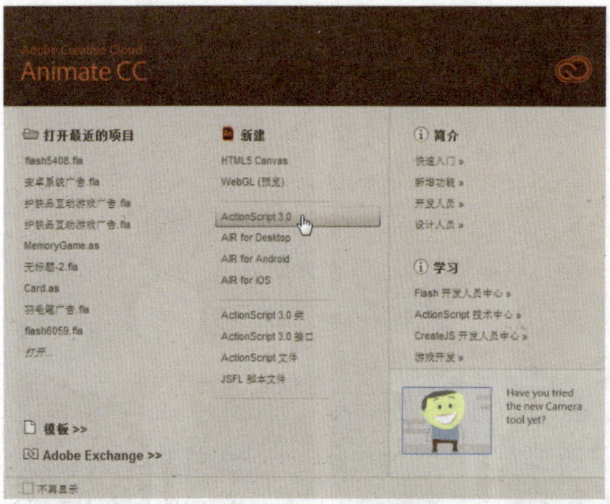

图4-174　新建文档界面

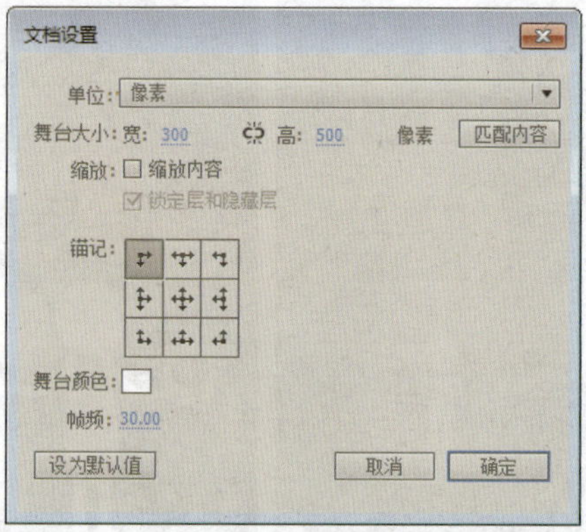

图4-175　“文档设置”对话框

03 新建空白文档如图 4-176 所示，保存文档，在“属性”面板可查看文档属性，如图 4-177 所示。

图4-176　空白文档

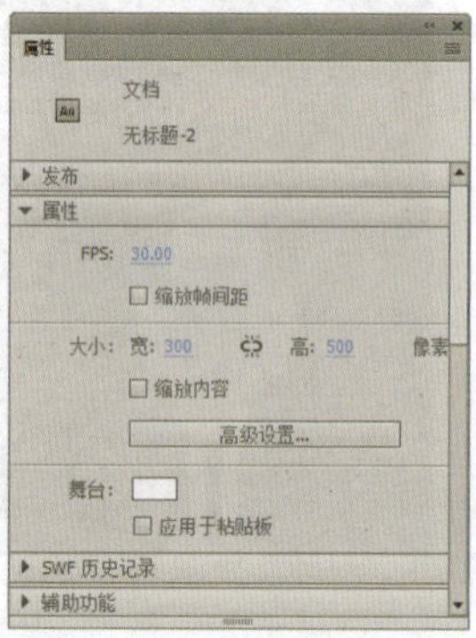

图4-177　文档属性

4.7.4 制作动画

制作广告内容。

01 执行“文件”→“导入”→“导入到舞台”命令，导入“帘幕 .png”素材到舞台，并转换为元件，命名为“背景”，移动到舞台上方，如图 4-178 所示。

02 双击该元件，进入元件编辑模式，使用“矩形工具”，在帘幕中间绘制一个 428×165 的矩形，修改矩形填充颜色为透明到黑色的“径向渐变”，如图 4-179 所示。

图4-178　导入“帘幕.png”素材

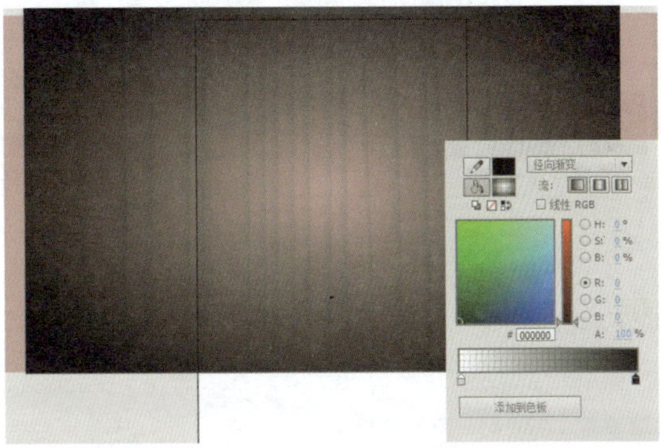

图4-179　绘制矩形

03 将帘幕和矩形一起选中，转换为元件。返回“背景”元件编辑窗口，将帘幕图层命名为“帘子”。

04 新建图层，命名为“地板”，在“时间轴”面板中将“地板”图层拖动到“帘子”图层下方，如图 4-180 所示。

05 选中“地板”图层，导入“地板 .png”素材到舞台下方，并转换为元件，如图 4-181 所示。

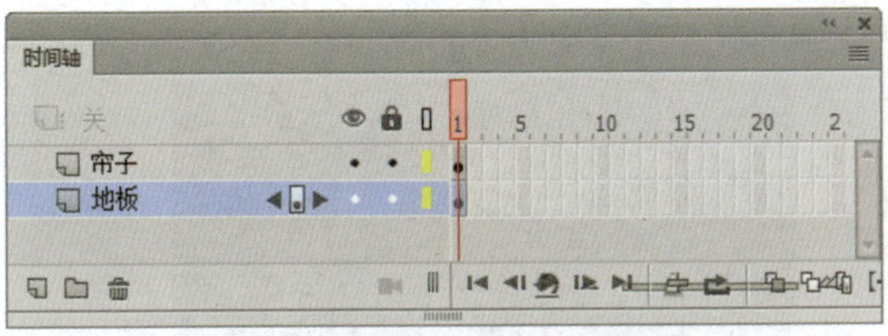

图4-180　拖动图层

图4-181　导入“地板.png”素材

06 双击该元件，进入元件编辑模式，再次将该素材转换为元件，命名为“地板”，并双击该元件，进入元件编辑模式，新建图层。

07 使用“矩形工具”，在地板位置绘制一个大小为 1086×62 像素的黑色矩形，并将该图层移动到“地板”图层的下方，如图4-182所示。

图4-182　绘制黑色矩形

08 再新建一个图层，拖动至图层最顶部，绘制相同大小的矩形，填充颜色修改为从透明到黑色的“径向渐变”，如图 4-183 所示。

09 将渐变矩形转换为元件，双击该元件，进入元件编辑模式。新建图层，继续绘制一个相同大小的矩形，修改填充颜色，隐藏另一个矩形，该矩形效果如图 4-184 所示。

图4-183　绘制渐变矩形

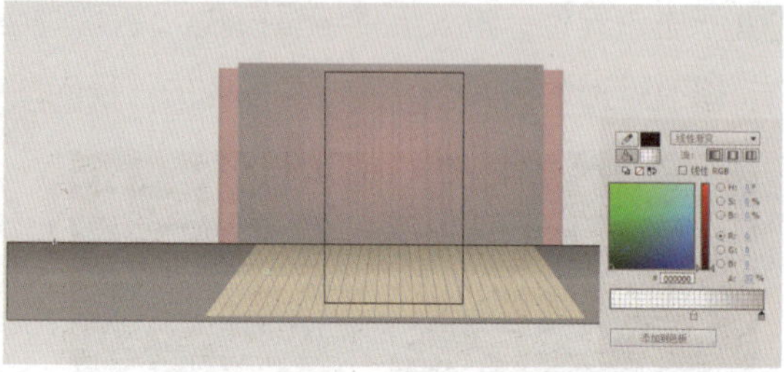

图4-184　绘制渐变矩形

10 返回到“地板”元件编辑窗口，单击舞台中的元件，在“属性”面板中添加“投影”滤镜，设置“投影”参数，如图 4-185 所示。投影效果如图 4-186 所示。

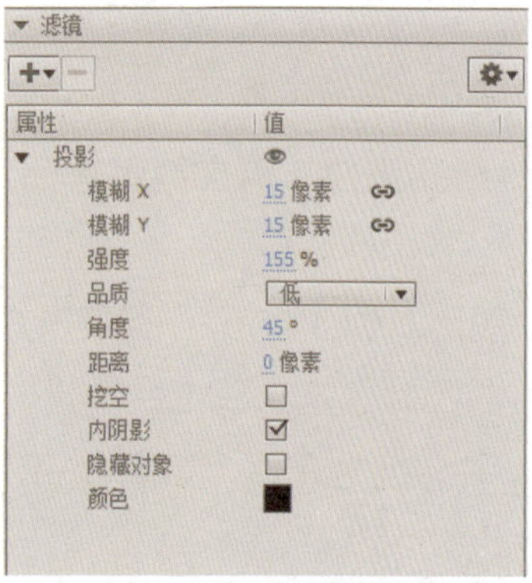

图4-185　设置“投影”参数

图4-186　投影效果

11 单击窗口左上角的“场景 1”按钮，返回“场景 1”，选中舞台中的“背景”元件，在“属性”面板设置“色彩效果”中的“高级”选项参数，如图 4-187 所示。此时元件效果如图 4-188 所示。

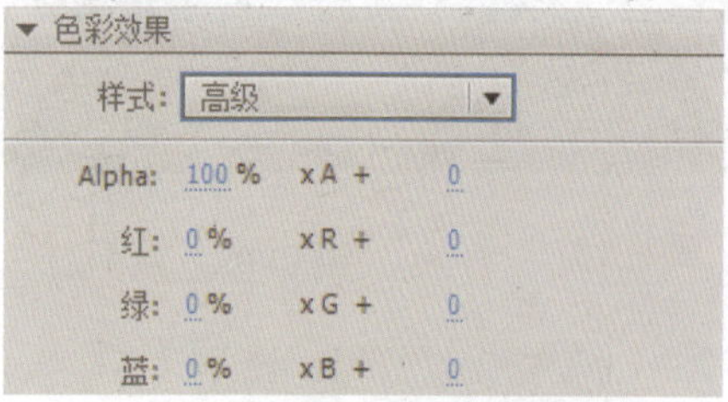

图4-187　设置“高级”选项参数

图4-188　元件效果

12 在第 10 帧插入关键帧，分别修改元件“高级”选项的“红”“绿”“蓝”数值为 1%。

13 在第 13 帧插入关键帧，分别修改元件“高级”选项的“红”“绿”“蓝”数值为 39%，此时元件效果如图 4-189 所示。

14 在第 14、23 帧插入关键帧，分别修改元件“高级”选项的“红”“绿”“蓝”数值为 52%，如图 4-190 所示。

15 选中第 27 帧，插入关键帧，使用“任意变形工具”调整元件的大小，扩大元件，并修改“高级”选项参数，如图 4-191 所示。

16 在第 28 帧插入关键帧，再次稍微扩大元件，将“色彩效果”的“样式”改为“无”，舞台效果如图 4-192 所示。

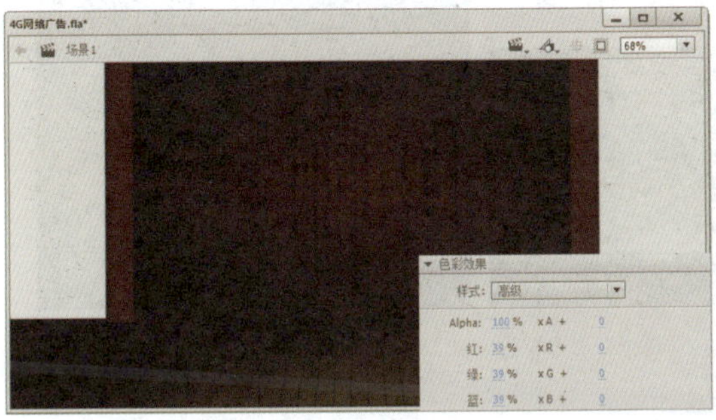

图4-189　修改“高级”选项参数

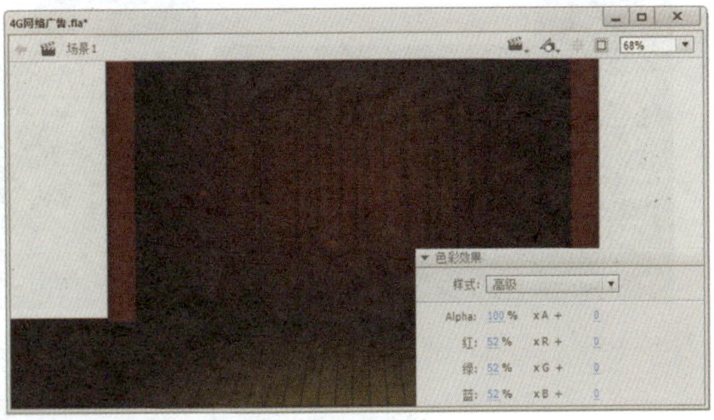

图4-190　修改“高级”选项参数

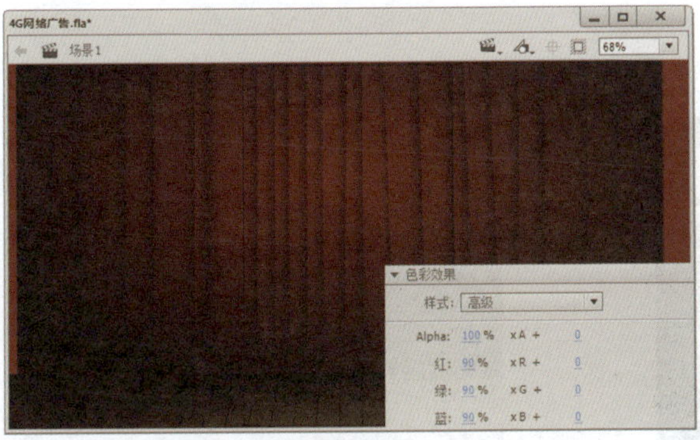

图4-191　修改“高级”选项参数

图4-192　修改“高级”选项参数

17 在每个关键帧之间创建传统补间动画，如图 4-193 所示。

18 新建“图层 2”，选中第 9 帧插入关键帧，使用“椭圆工具”在舞台底部绘制一个椭圆图形，填充颜色为（#FFFFCC），将椭圆转化为元件，如图 4-194 所示。

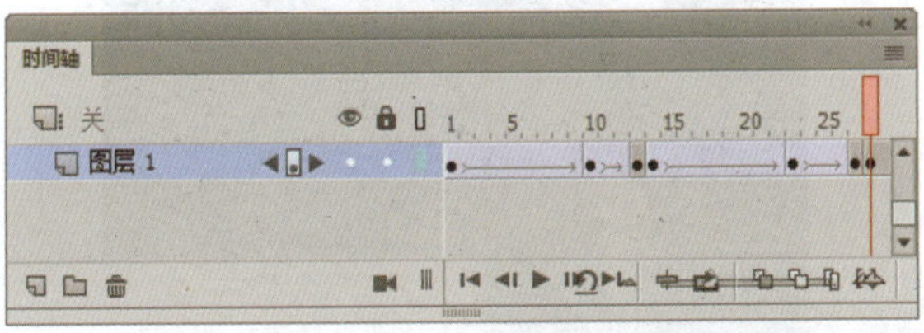

图4-193　创建传统补间动画

图4-194　绘制椭圆

19 在“属性”面板设置“高级”选项参数，如图 4-195 所示。

20 在第 12、13 帧插入关键帧，分别修改元件的“高级”选项参数和“Alpha”值，如图 4-196 和图 4-197 所示。

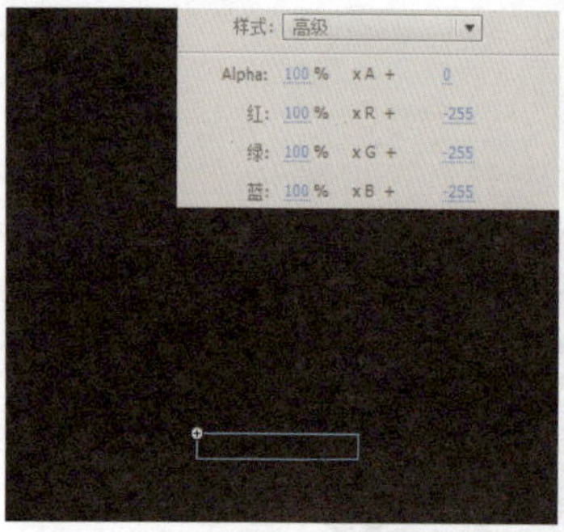

图4-195 设置“高级”选项参数

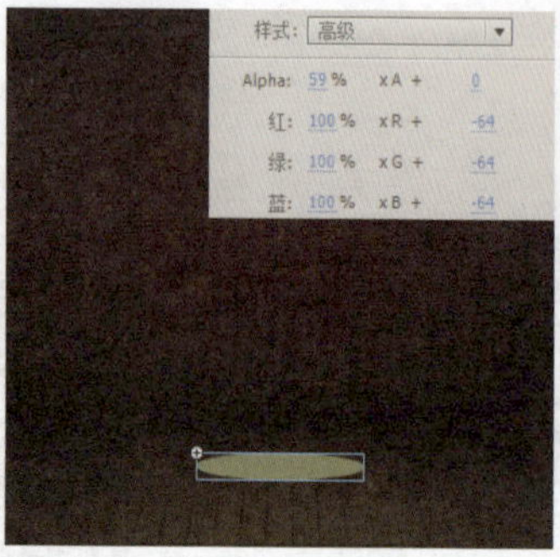

图4-196 修改“高级”选项参数

图4-197 设置“Alpha”值

21 在第22、23、28帧插入关键帧，选中第23帧中的元件，稍微向下移动。选中第28帧中的元件，使用“任意变形工具”变形元件，并设置“Alpha”值为0，如图4-198所示。

22 在每个关键帧之间创建传统补间动画，如图4-199所示。

图4-198 调整元件

图4-199 创建传统补间动画

23 新建“图层3”，在第9帧插入关键帧，导入“人.png”素材，移动至椭圆元件的位置，并转换为元件，如图4-200所示。

24 使用相同的方法，在第12、13、22、23、28帧插入关键帧，选中第9帧中的元件，设置为“图层2”中同帧元件相同的参数；选中第12帧中的元件，修改“高级”选项参数，如图4-201所示。

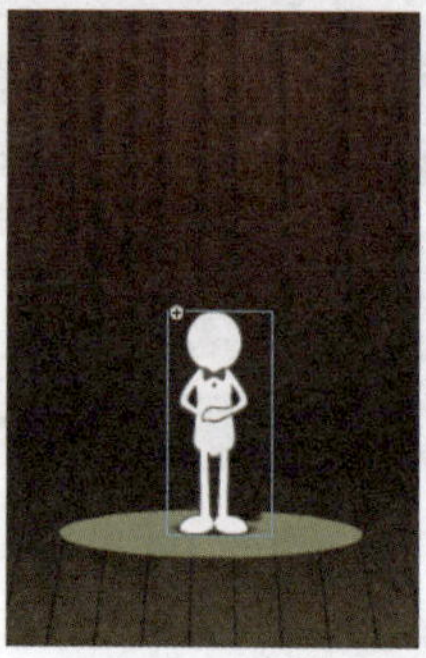

图4-200 导入“人.png”素材

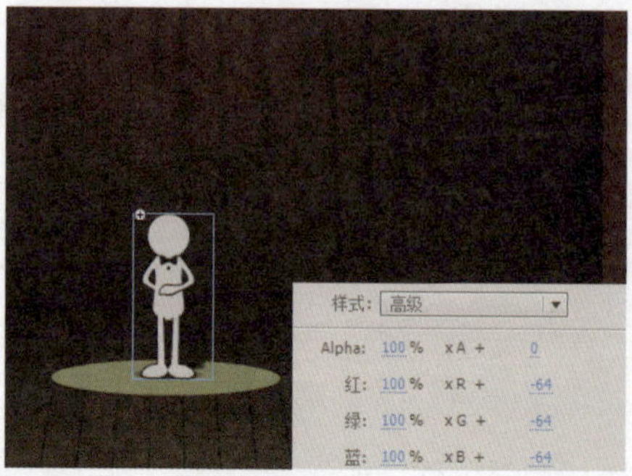

图4-201 修改“高级”选项参数

25 设置第13、22帧中的元件的“样式”为“无”，并添加“模糊”滤镜，将“模糊”像素设置为0，“品质”调为“低”，如图4-202所示。

26 选中第23帧中的元件，将元件稍微向下移动，和椭圆的位置保持一致。选中第28帧中的元件，将元件放大，并添加“模糊”滤镜，设置参数，如图 4-203 所示。

27 在每个关键帧之间创建传统补间动画。

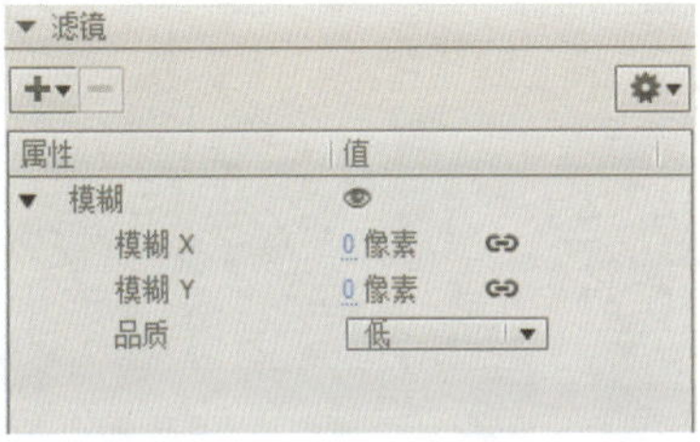

图4-202　设置“模糊”参数

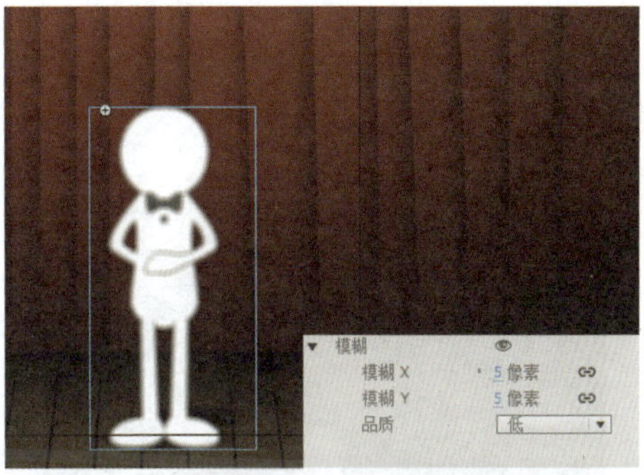

图4-203　调整元件效果

28 新建“图层 4”，选中第 9 帧插入关键帧。使用“钢笔工具”在舞台中绘制一个锥形图形，并将线条转换为填充，填充白色（#FFFFFF），如图 4-204 所示。

29 将图形转换为元件。同样在第 12、13、22、23、28 帧插入关键帧，选中第 9、12 帧中的元件，设置为“图层 2”中同帧元件相同的参数，第 12 帧中元件效果如图 4-205 所示。

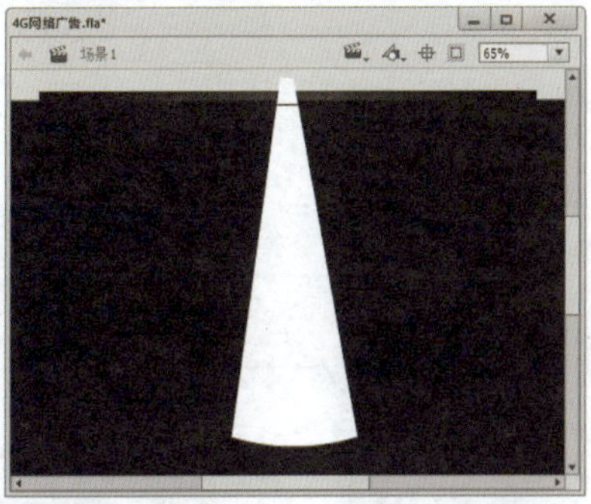

图4-204　绘制锥形图形

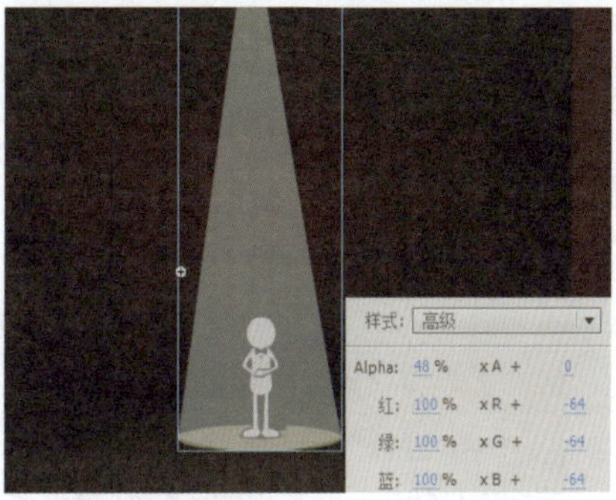

图4-205　元件效果

30 分别选中第 13、22 帧中的元件，设置元件的“Alpha”值为 30，如图 4-206 所示。

31 选中第 23 帧中的元件，将元件稍微扩大，和舞台中的人、椭圆同步。选中第 28 帧中的元件，扩大元件并设置“Alpha”值为 0，如图 4-207 所示。

32 同样在每个关键帧之间创建传统补间动画，如图 4-208 所示。

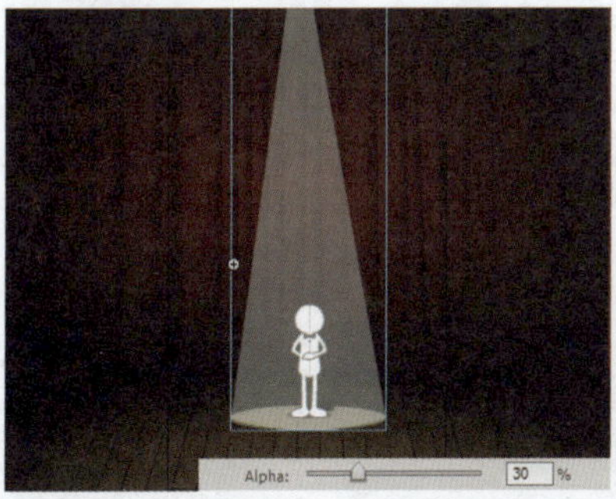

图4-206　设置“Alpha”值为30

图4-207　调整元件

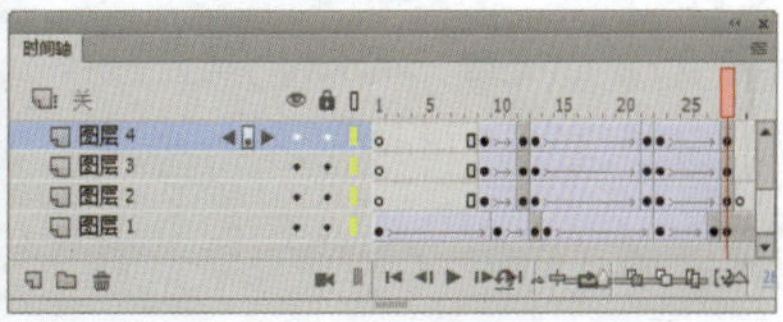

图4-208　创建传统补间动画

33 新建“图层 5”，选中第 28 帧，插入关键帧。执行“文件”→“打开”命令，打开“挥动双

臂的小人 .fla”文件，将文件中的元件拖入到舞台中间，与之前的人物元件重叠，如图 4-209 所示。

34 选中小人元件，按 <F8> 键，再次创建一个元件，并命名为“扭动”。选中新建的元件，双击该元件，进入元件编辑模式，可查看元件效果，如图 4-210 所示。

图4-209　拖入素材

图4-210　查看元件效果

35 返回“扭动”元件编辑窗口，选中第 12 帧插入关键帧，使用“任意变形工具”变形元件形状，如图 4-211 所示。

36 继续在第 13、27、28、34、40、45 帧插入关键帧，调整元件的形状，使小人来回摆动，制作传统补间动画，如图 4-212 所示。

图4-211　变形元件

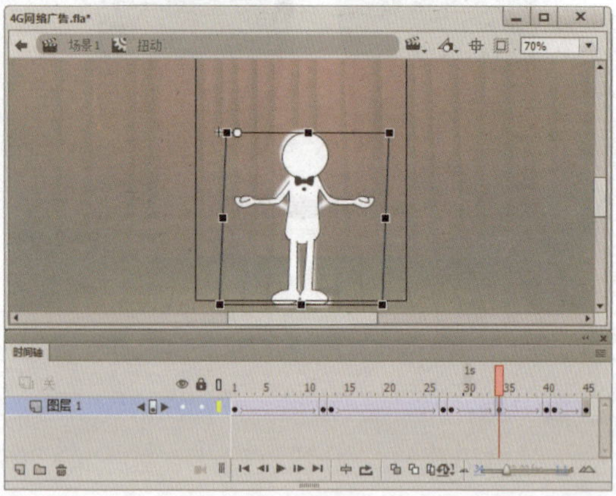

图4-212　制作传统补间动画

37 单击窗口左上角的“场景 1”按钮，返回“场景 1”，选中“图层 5”，在第 32、33、100、103 帧插入关键帧。选中第 28 帧中的元件，调整元件形状，使元件压缩，如图 4-213 所示。

38 选中第 32 帧中的元件，将元件拉长，如图 4-214 所示。选中第 103 帧中的元件，在“属性”面板添加“模糊”滤镜，设置模糊参数，如图 4-215 所示，模糊效果如图 4-216 所示。在每个关键帧之间创建传统补间动画。

39 隐藏“图层 5”，选中“图层 2”，在第 103 帧插入关键帧。执行“文件”→“打开”命令，打开“举手的小人 .fla”文件，将该文件中的元件拖入到舞台中，如图 4-217 所示。

40 双击该元件，进入元件编辑模式，可以查看拖入元件的关键帧，如图 4-218 所示。

图4-213　压缩元件

图4-214　拉长元件

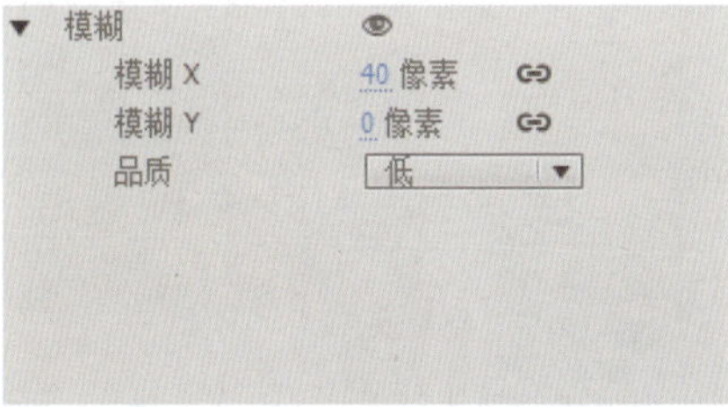

图4-215　设置“模糊”参数

图4-216　模糊效果

图4-217　拖入元件素材

图4-218　查看关键帧

41 新建图层，显示为“图层 1”，使用“椭圆工具”在人物手臂位置绘制一个白色椭圆，如图 4-219 所示。

42 将白色椭圆转换为“影片剪辑”元件，双击该元件，进入元件编辑模式。

43 再次选中舞台中的椭圆，按 <F8> 键，转换为元件。选中第 6、11 帧，插入关键帧，使用“任意变形工具”调整第 6 帧中的元件形状，将元件稍微垂直拉长，在每个关键帧之间创建传统补间动画，如图 4-220 所示。

44 返回上一个元件编辑窗口，选中舞台中的椭圆元件，在“属性”面板设置“Alpha”值为 0，并添加“模糊”滤镜，设置参数，如图 4-221 所示。

45 选中第 5 帧插入关键帧，修改元件的参数，如图 4-222 所示。

图4–219　绘制白色椭圆

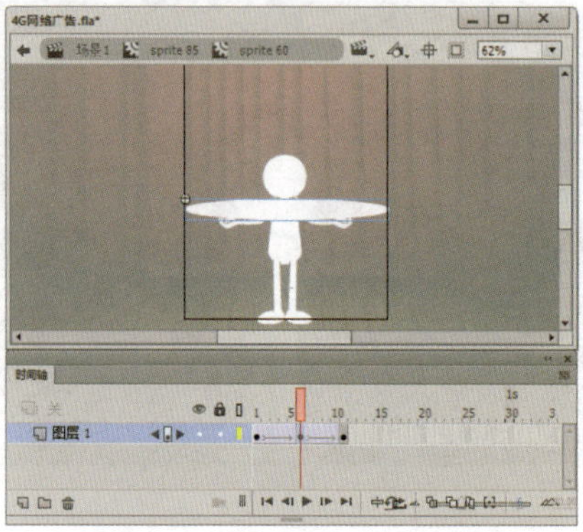

图4–220　创建传统补间动画

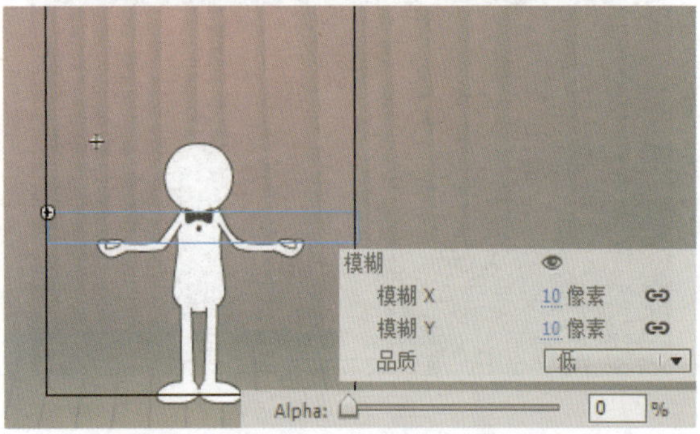

图4–221　调整元件

图4–222　调整元件

46 选中第 6、29 帧插入关键帧，并将元件的“样式”改为“无”，模糊参数不变。

47 选中第 33 帧插入关键帧，使用“任意变形工具”变形椭圆，并修改模糊参数，如图 4–223 所示。

48 选中第 34、120 帧插入关键帧，继续变形椭圆，修改模糊参数，如图 4–224 所示。

图4–223　调整元件

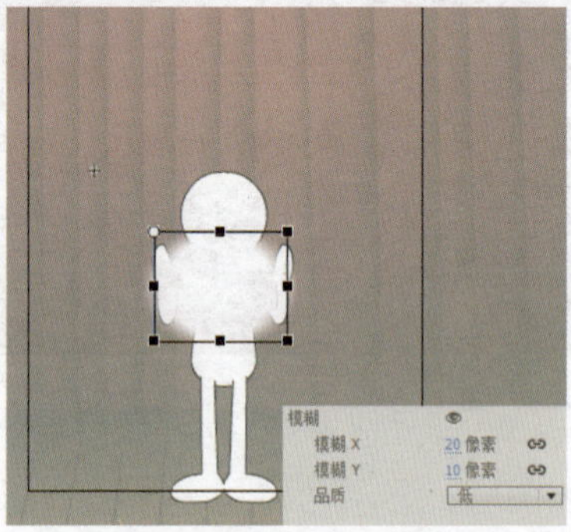

图4–224　调整元件

49 在第 122、123 帧插入关键帧，分别调整元件形状，如图 4–225 和图 4–226 所示。

50 在每个关键帧之间创建传统补间动画，如图 4–227 所示。

51 新建“图层 2”，执行“文件”→“导入”→“导入到舞台”命令，将“图标 1.png”素材导入到舞台中，转换为“影片剪辑”元件，稍微旋转元件并移动到小人右手位置，如图 4–228 所示。

52 选中舞台中的图标元件，在“属性”面板设置“Alpha”值为 0；在第 5 帧插入关键帧，修改元件的“Alpha”值为 80；在第 6、29 帧插入关键帧，修改元件的“样式”为“无”，添加“模糊”滤镜，设置模糊像素为 0，“品质”为“低”。

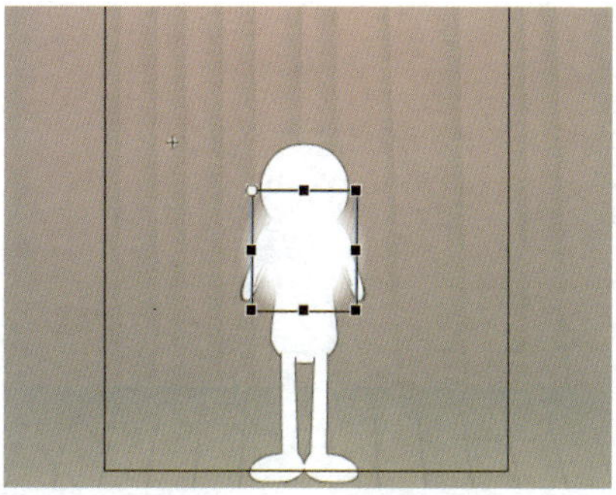

图4–225　变形元件

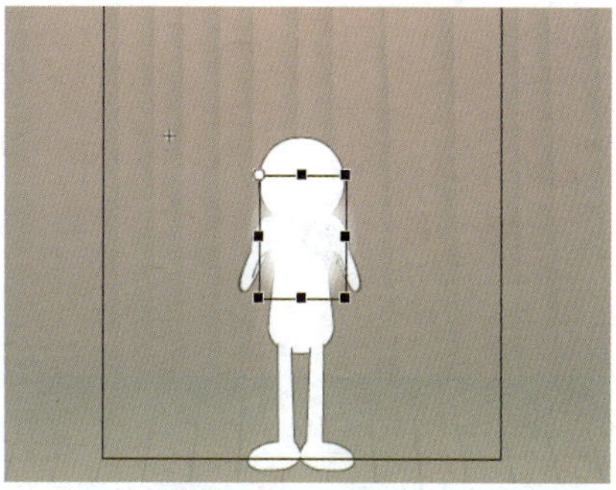

图4–226　变形元件

图4–227　创建传统补间动画

图4–228　导入“图标1.png”素材

53 选中第34帧，插入关键帧，缩小元件并将元件移动到小人两只手的中间位置，如图4–229所示。

54 选中元件，在“属性”面板设置“高级”选项参数，并添加“模糊”滤镜，如图4–230所示。

图4–229　缩小并移动元件

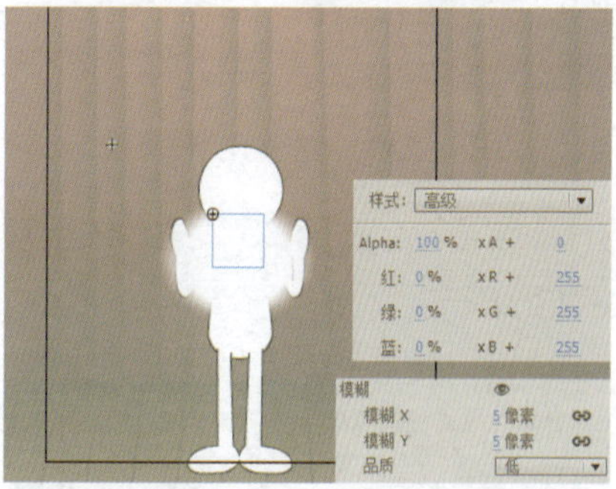

图4–230　调整元件效果

55 在每个关键帧之间创建传统补间动画，如图4–231所示。

56 新建多个图层，分别导入“图标2.png”“图标3.png”“图标4.png”素材图片，使用同样的方法，制作传统补间动画，效果如图4–232所示。

图4–231 创建传统补间动画

图4-232 制作传统补间动画效果

57 新建“图层 6”，在“库”面板中，选择之前制作好的“椭圆”元件，拖入到相同位置，稍微垂直压缩椭圆元件的形状，并设置“Alpha”值为 0，并添加“模糊”滤镜，如图 4-233 所示。

58 在第 5 帧插入关键帧，修改“Alpha”值为 80；在第 6、29 帧插入关键帧，修改“样式”选项为“无”；在第 34 帧插入关键帧，调整椭圆元件的形状，如图 4-234 所示。同样在每个关键帧之间创建传统补间动画。

图4-233 调整元件效果

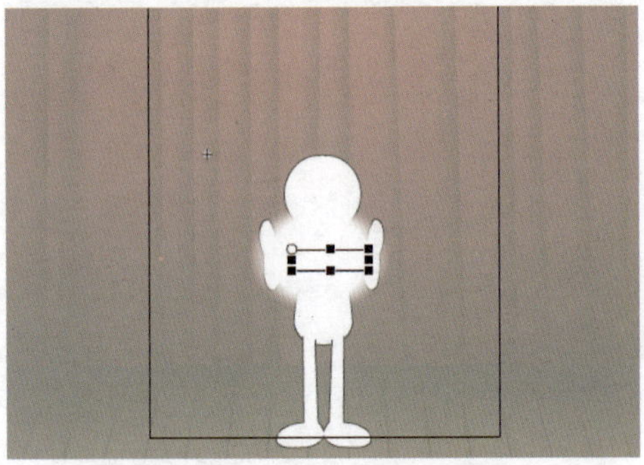

图4-234 调整元件形状

59 选择“图层 2”，在第 35 帧插入关键帧，导入“手机 .png”素材图片，移动至模糊的椭圆位置，如图 4-235 所示。

60 将手机素材转换为元件，并在“属性”面板设置“高级”选项参数，如图 4-236 所示。

图4-235 导入“手机.png”素材

图4-236 调整元件色调

61 再次将元件选中，按<F8>键，转换为元件。在第 39、40 帧插入关键帧，选中第 35 帧中的元件，稍微缩小元件，并设置“高级”选项参数，如图 4-237 所示。

62 选中第 39 帧中的元件，设置“高级”选项参数，如图 4-238 所示。

图4-237　调整元件色调

图4-238　调整元件色调

63 在第 35~39 帧之间创建传统补间动画，如图 4-239 所示。

64 在第 122 帧插入关键帧，使用“任意变形工具”，水平压缩元件，如图 4-240 所示。

图4-239　创建传统补间动画

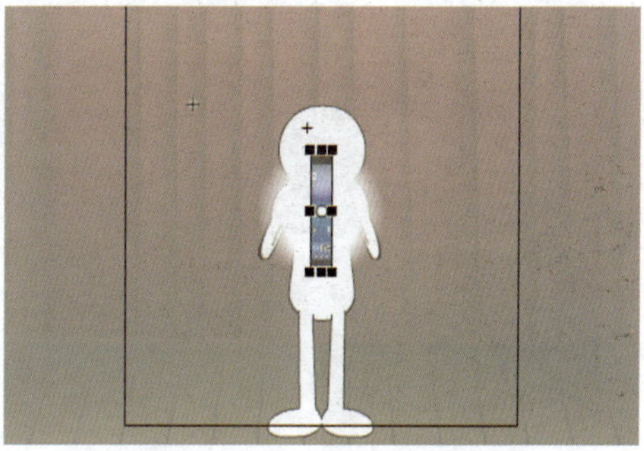

图4-240　水平压缩元件

65 选中第 125 帧插入关键帧，导入“手机背面 .png”素材，移动到手机相同的位置，如图 4-241 所示，将素材转换为元件，在第 126 帧插入关键帧。

66 选中的第 125 帧中的元件，同样水平压缩该元件，如图 4-242 所示。

图4-241　导入“手机背面.png”素材

图4-242　水平压缩元件

67 在第 122~125 帧之间创建传统补间动画，选中第 193 帧，按<F5>键，插入普通帧，如图 4-243 所示。

68 单击窗口左上角的“场景 1”按钮，返回“场景 1”，选中“图层 2”，单击第 103 帧中的元件，在“属性”面板添加“模糊”滤镜，设置参数，如图 4-244 所示。

69 在第 105 帧插入关键帧，修改“模糊”参数，如图 4-245 所示。

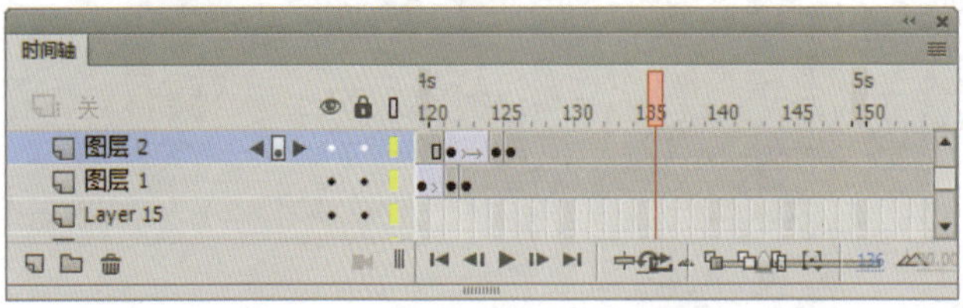

图4-243　创建传统补间动画

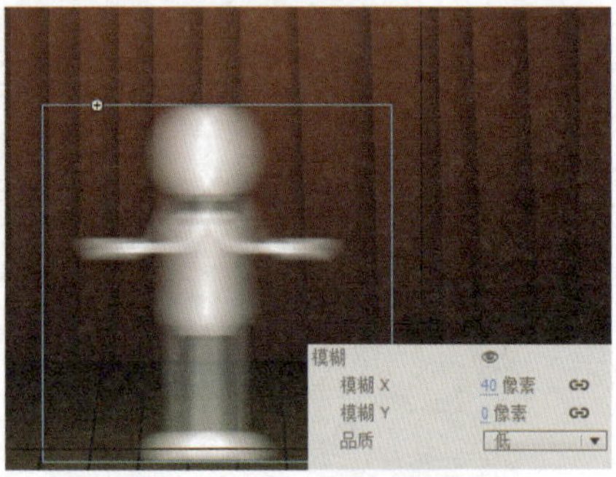

图4-244　添加“模糊”滤镜

70 在第 106、282 帧插入关键帧，修改元件的“模糊”像素为 0；在第 287 帧插入关键帧，修改“模糊”参数为 40 像素，并设置“Alpha”值为 0。在每个关键帧之间创建传统补间动画，如图 4-246 所示。

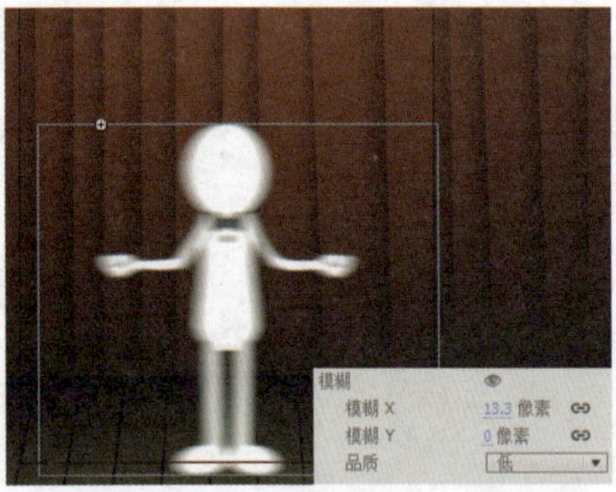

图4-245　修改“模糊”参数

图4-246　创建传统补间动画

71 选择“图层5”，在第 145 帧插入关键帧，使用“文本工具”，在舞台中输入文本，如图4-247 所示。

72 将文本转换为“影片剪辑”元件，在第 145~152 帧中的每一帧都插入关键帧。选中第 145 帧，单击文本元件，向右侧移动，移出舞台，并设置其“Alpha”值为 0，如图 4-248 所示。

图4-247　输入文本

图4-248　移动并调整文本元件

73 分别移动第 146~151 帧中的元件，直至移动到舞台中间，并适当调整每帧中元件的“Alpha”值，在第 145~150 帧中的每一帧都创建传统补间动画，制作自然入场的文字动画效果，如图 4-249 所示。

74 在第 216、222 帧中插入关键帧，选中第 222 帧中的元件，设置“Alpha”值为 0；在第 152~222

帧中的每个关键帧之间都创建传统补间动画，制作文字慢慢消失的动画效果，如图 4-250 所示。

图4-249　自然入场的文字动画效果

图4-250　慢慢消失的文字动画效果

75 新建“图层 6”，在第 142 帧插入关键帧，使用“文本工具”，继续输入文本，如图 4-251 所示。

76 使用相同的方法，制作文字出入场的动画效果，如图 4-252 所示。

图4-251　输入文本

图4-252　制作文字出入场动画

77 再次选择“图层 5”，在第 228 帧插入关键帧，输入文本，如图 4-253 所示。同样制作文字出入场动画，如图 4-254 所示。

图4-253　输入文本

图4-254　制作文字出入场动画

78 新建“图层 7”，在第 288 帧，按 <F6> 键，插入关键帧；在第 417 帧，按 <F5> 键，插入普通帧，使用“矩形工具”在舞台中绘制一个白色矩形，如图 4-255 所示。

79 新建“图层 8”，在第 288 帧插入关键帧，导入“4G 图标 .png”素材，并输入“引领 4G 生活”文本，将素材和文本一起选中，按 <F8> 键转换为元件，如图 4-256 所示。

图4-255　绘制白色矩形

图4-256　添加素材输入文本

80 在第 293、294、342、349 帧插入关键帧，选中第 288 帧中的元件，缩小元件并设置元件的“Alpha”值为 0，如图 4-257 所示。

81 选中第 293 帧插入关键帧，并扩大图标形状，修改元件的“Alpha”值为 83，如图 4-258 所示。

图4-257　调整元件

图4-258　调整元件

82 选中第 249 帧，插入关键帧，元件大小不变，设置“Alpha”值为 0。在每个关键帧之间创建传统补间动画。

83 选中第 350 帧插入关键帧，导入“移动图标 .png”和“热线 .png”素材图片，并将两个素材都转换为元件，如图 4-259 所示。

84 将两个元件一起选中，按 <F8> 键，再次转换为元件。双击该元件，进入元件编辑模式，选中“移动图标”元件，设置“模糊”参数，如图 4-260 所示。

图4-259　导入素材

图4-260　添加“模糊”滤镜

85 单击窗口左上角的“场景 1”按钮，返回“场景 1”，在第 355、356 帧中插入关键帧，设置第 350 帧中的元件“Alpha”值为 0，“模糊”像素为 0；修改第 355 帧中的元件“Alpha”值为 83。在两个关键帧之间创建传统补间动画，如图 4-261 所示。

86 新建“图层 9”，选中第 294 帧插入关键帧，并在舞台下方位置输入文本，并转换为元件，如图 4-262 所示。

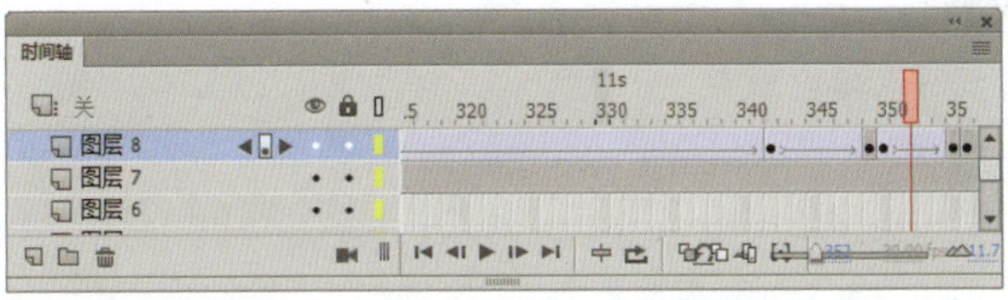

图4-261　创建传统补间动画

图4-262　输入文本

87 在第 301、302、342、349 帧中插入关键帧，设置第 294 帧中的元件“Alpha”值为 0，添加“模糊”滤镜，设置“模糊 X”“模糊 Y”值分别为 0、10 像素；修改第 301 帧中的元件“Alpha”值为 88，“模糊 Y”值修改为 1.3 像素；修改第 302、342 帧中元件的“样式”为“无”，“模糊”像素都为 0；修改第 349 帧中的元件“Alpha”值为 0。

88 在每个关键帧之间创建传统补间动画，如图 4-263 所示。

89 完成该广告的制作，按 <Ctrl+Enter> 组合键测试动画效果，如图 4-264 所示。

图4-263　创建传统补间动画

图4-264　测试动画效果

4.8 专业指引——移动网络广告投放平台

移动网络广告目前有两个主要平台，Admob 和 iAd，国内以酷果、多盟为代表。Admob 现在看起来并没有那么“优雅”，主要是在应用中嵌入 Banner（横幅），点击广告后会通过浏览器打开网页。iAd 继承了苹果的“优雅”，不用打开浏览器，直接在应用中展示酷炫的广告。下面举几个比较热门的移动广告平台。

1. 广点通

广点通作为腾讯公司对外主推的平台之一，其权威性不言而喻。目前已集合了移动联盟、新闻客户端、手机腾讯网广告、手机 QQ 广告、应用宝等超百亿优质流量，网罗了各类消费者群体，形成了形态多样、场景丰富、跨终端等大数据广告平台。

2. 微信 MP 公众号平台广告

以往的短信、电话轰炸往往目标分散，或者不能包括所有潜在客户群。而微信公众号营销系统却能弥补这一方面的缺陷。目前微信营销除了公众号创建、活动内容营销等之外，还包括文字链广告、图片广告、横幅广告、全屏广告、插屏广告、积分墙、推荐墙等形式广告。从当前主流的营销类型来看，诸如文字链广告、横幅广告或图片广告此类较受消费者们青睐。

3. 智汇推

智汇推是整合腾讯资讯、娱乐、社交三大体系优质资源，侧重服务于中小企业广告投放。目前其投放类型包括微信新闻、手机 QQ 新闻、APP Store 应用平台、腾讯新闻客户端等平台。以大数据挖掘为基础，将企业推广信息以多元形态推送到定向消费者面前，实现广告精准定位。

第 5 章

横幅式广告

横幅式广告是网络广告出现比较早的一种广告形式，也是目前最常见的形式之一。以往以 JPG 或者 GIF 格式为主，随着互联网的发展，SWF 格式的横幅广告也比较常见了。

5.1 认识横幅式广告

横幅式广告又称旗帜广告，它是横跨于网页上的矩形公告牌，当用户点击这些横幅的时候，通常可以链接到广告主的网页。横幅式广告因表现形式上的不同，可将其分为静态横幅、动画横幅和互动式横幅 3 种类型。横幅式广告的内容简单，信息简短，其宣传的目的在于吸引用户点击，进而进入广告主的网页。近年来，横幅式广告的表现形式越来越丰富，成了互联网上最流行的广告方式之一，如图 5-1 所示。

图5-1　横幅式广告

5.2 横幅式广告制作要求

依据互联网的传播特点，横幅式广告有其相应的制作要求，本节将详细介绍横幅式广告在制作过程中的具体要求，让大家在实际操作之前，先对其有所了解。

5.2.1 横幅式广告的常规尺寸

由于横幅式广告一般都放在网页的最上端或最下端，所占的区域比较小，最常见的尺寸是 60×468 像素和 80×468 像素，如图 5-2 所示。

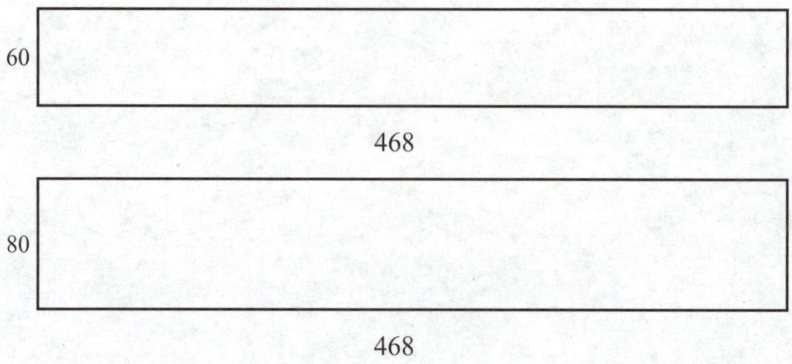

图5-2　横幅式广告常规尺寸

5.2.2 横幅式广告的设计要素

在横幅式广告设计的过程中要注意以下设计要素。

1. 横幅式广告文字的设计要素

一个成功的横幅式广告，其中的文字作用至关重要。横幅式广告的文字不能太多，尽量使用显眼的黑体。文字的表达一定要明确，不能让消费者看不懂你做的广告内容要表现什么、要说明什么，如图 5-3 所示。

图5-3　横幅式广告实例

2. 横幅式广告颜色的设计要素

横幅式广告中的图形尽量选颜色数少的，不要太复杂，切忌使用彩虹色等复杂颜色的图片，因为颜色数越多，广告文件就会越大，这样不利于横幅式广告在网页的浏览，如图 5-4 所示。

图5-4　横幅式广告实例

3. 横幅式广告产品内容的设计要素

产品数量不宜过多。横幅式广告本身的篇幅小，摆放太多产品，会造成堆砌的后果，视觉效果大打折扣。所以，产品图片不是越多越好，易于识别是关键，如图 5-5 所示。

图5-5　横幅式广告实例

5.2.3 横幅式广告的位置

横幅式广告一般被放置在网页页面的最上端或最下端，其宽度与所在网页宽度接近，但所占区域小，如图 5-6 所示的某网页中的横幅式广告。

图5-6　某网页横幅式广告

5.3 案例 1——淘宝商城横幅式广告

本节将以淘宝商城横幅式广告为案例为读者讲解详细的制作步骤，广告内容主要是红色和白色为主色调，搭配绿色黄色为辅助色，颜色搭配合理，文字突出，动画灵活生动。整个广告共分为 3 个动画，通过动画的演变，最后引出主题信息。

5.3.1 效果赏析与技术要点

首先通过对本案例的效果赏析和技术要点的讲解，让读者先了解一下本案例的基本信息。

1. 效果赏析

动态效果如图 5-7 所示。

2. 技术要点

本案例制作的淘宝商城横幅式广告中主要运用的功能与技术要点如下：

- 传统补间：使用传统运动补间制作位移动画。
- 形状补间：使用形状补间制作背景动画。
- 遮罩动画：使用遮罩动画实现显示区域。

图5-7　淘宝商城横幅式广告效果图

5.3.2 素材准备与收集

本案例需要的素材“主要商品”“图标”“文字”和“人物”素材，可直接在“素材\第 5 章\5.3\素材”文件中打开使用。

5.3.3 制作背景

设置广告文档大小，制作广告背景。

01 启动 Animate CC，新建空白文档，并设置舞台大小为 960×400 像素，如图 5-8 所示。

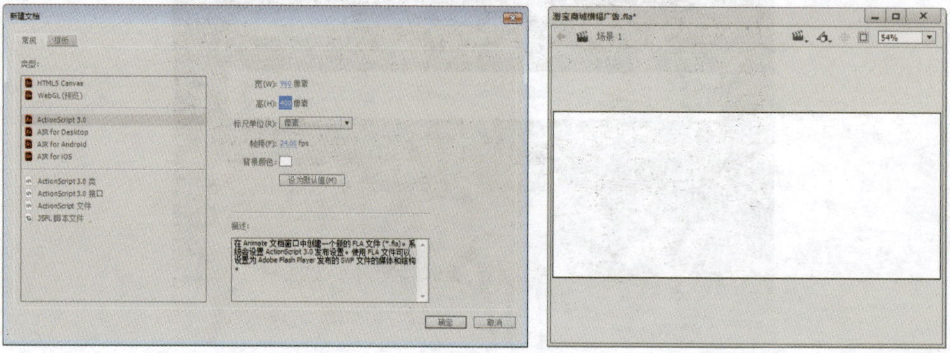

图5-8　新建空白文档

02 执行“文件”→“导入”→“导入到舞台”命令，导入“广告背景.png”素材到舞台，如图 5-9 所示。

03 选中素材，按 <F8> 键，将素材转换为元件，单击该元件，在“属性”面板设置“高级”选项的参数，如图 5-10 所示。

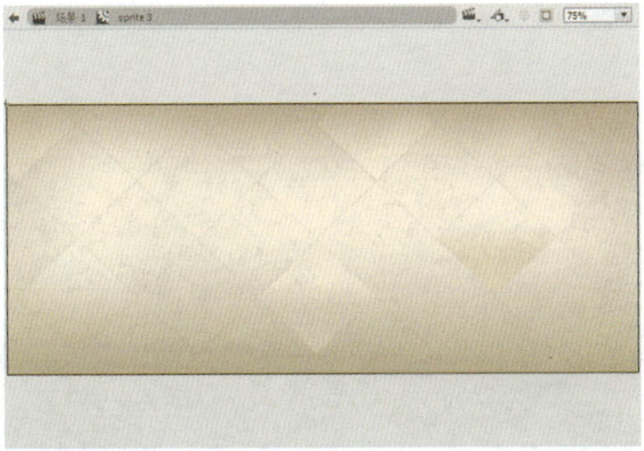

图5-9　导入“广告背景.png”素材

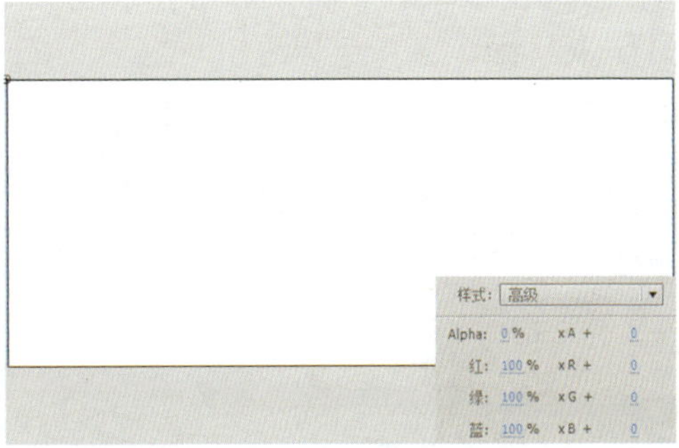

图5-10　调整元件色调

04 选中第 2、12、13、89、96 帧，插入关键帧，分别修改“高级”选项中的“Alpha”值为 2、28、30、30 和 0，并在每个关键帧之间创建传统补间动画，如图 5-11 所示。

05 选中第 97 帧，插入空白关键帧，再选中第 105 帧，插入关键帧；使用“矩形工具”在舞台中绘制一个透明度为 60% 的红色（#990D1B）矩形，如图 5-12 所示。

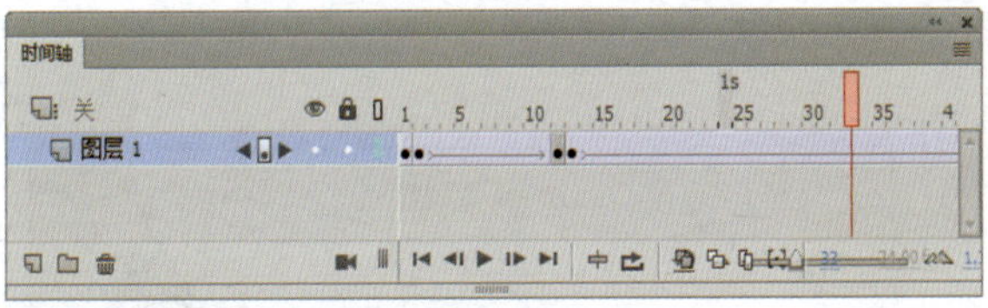

图5-11　创建传统补间动画

图5-12　绘制矩形

06 在第 145、151 帧插入关键帧，修改第 151 帧中的矩形填充颜色的透明度为 0。

07 在第 145~151 帧之间创建形状补间动画，如图 5-13 所示。

08 选中第 152 帧插入关键帧，选中 153 帧插入空白关键帧；在第 158 帧插入关键帧，并将红色矩形复制到该帧中，修改矩形填充颜色的透明度为 30%，如图 5-14 所示。

09 选中第 193 帧，按 <F5> 键，插入普通帧。

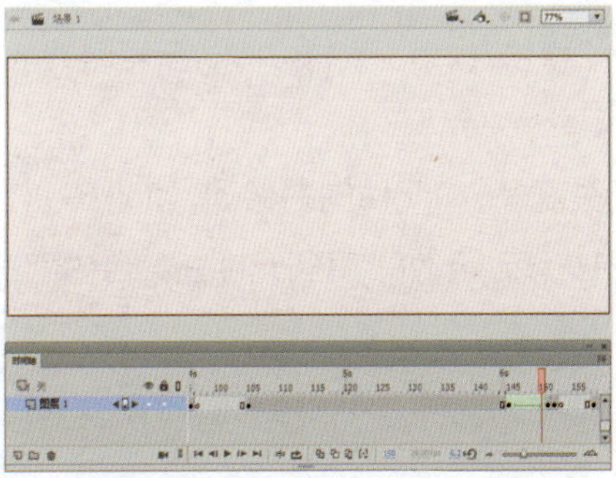

图5-13　创建形状补间动画

图5-14　修改矩形透明度

5.3.4 制作动画

制作广告主要内容动画。

01 新建“图层 2”，导入“雪景 .png”素材，选中素材，按 <F8> 键，将素材转换为元件，如图 5-15 所示。

02 在第 1 帧，将元件向下移动，如图 5-16 所示。

图5-15　导入“雪景.png”素材

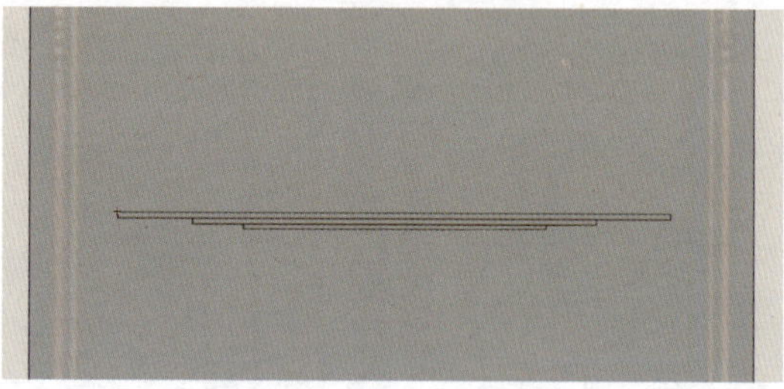

图5-16　向下移动元件

03 在第 15、22 帧，插入关键帧，逐渐向上移动元件，移动到原始位置；在第 23、89、96 帧，插入关键帧，然后选中第 96 帧中的元件，设置元件的“Alpha”值为 0。

04 在每个关键帧之间创建传统补间动画，如图 5-17 所示。

05 新建“图层 3”，导入“圣诞树 .png”素材，使用相同的方法插入关键帧，并制作元件位移的传统补间动画，如图 5-18 所示。

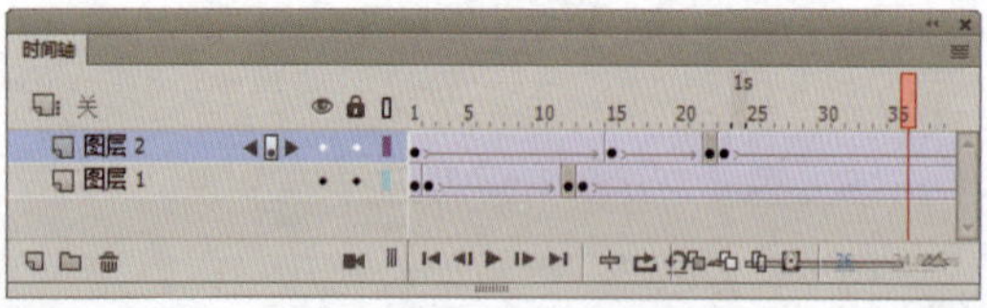

图5-17　创建传统补间动画

图5-18　制作位移传统补间动画

06 新建“图层 4”，选中第 13 帧，插入关键帧，导入“模特 .png”素材，移动至舞台外部左侧，如图 5-19 所示。

07 将素材转换为“影片剪辑”元件，选中第 20 帧，插入关键帧，将元件向右移动，如图 5-20 所示。

08 选中第 27、34、35 帧，插入关键帧，分别逐帧向右移动元件，直到元件在舞台内部的最左侧，如图 5-21 所示。

09 选中第 36、89、96 帧，插入关键帧，设置第 96 帧中的元件“Alpha”值为 0。

10 在每个关键帧之间创建传统补间动画，如图 5-22 所示。

图5-19　导入“模特.png”素材

图5-20　移动元件

图5-21　移动元件

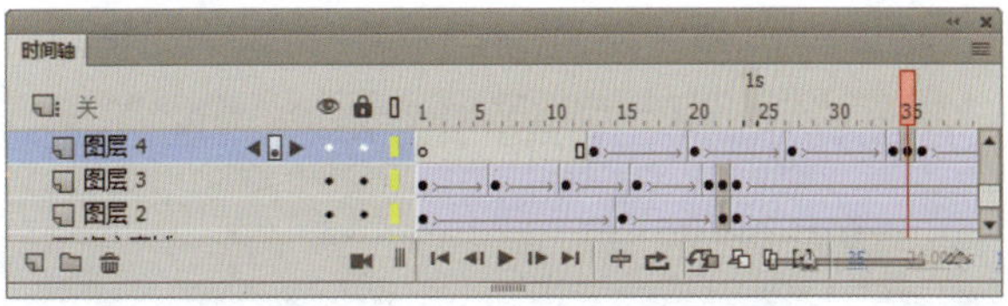

图5-22　创建传统补间动画

11 新建图层，使用相同的方法，导入“圣诞挂饰 .png”素材，移动至舞台上方的外侧，制作圣诞挂饰从上往下位移的传统补间动画，如图 5-23 所示。

12 新建两个图层，导入“文字 1.png”“文字 2.png”素材，制作文字从舞台下方往上位移的传统补间动画，如图 5-24 所示。

图5-23　制作传统补间动画

图5-24　制作文字传统补间动画

13 继续新建两个图层，导入“文字 3.png”“文字 4.png”另外两个文字素材，将文字素材转换为元件，都在第 26 帧插入关键帧，设置元件的“Alpha”值为 0，如图 5-25 所示。

14 继续插入多个关键帧，逐渐向下移动元件，并调整“Alpha”值，调整到“100”，如图 5-26 所示。

15 在每个关键帧之间创建传统补间动画，如图 5-27 所示。

16 新建一个图层，改名为“皇冠”，选中第 37 帧插入关键帧，导入“皇冠 .png”素材，移动至“王”字的上方位置，如图 5-28 所示。

17 将素材转换为“影片剪辑”元件，设置元件的“Alpha”值为 0；选中第 55 帧，插入关键帧，修改元件的“Alpha”值为 95。

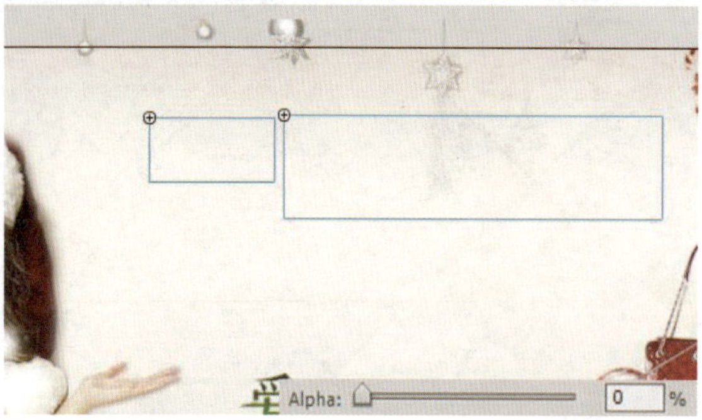

图5-25　设置元件“Alpha”值

图5-26　移动并调整元件

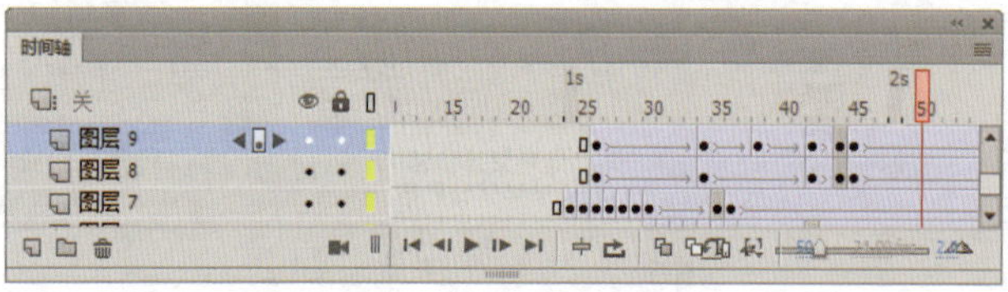

图5-27　创建传统补间动画

图5-28　导入“皇冠.png”素材

18 选中第 56、89 插入关键帧，设置元件的“样式”选项“无”；选中第 96 帧插入关键帧，设置元件的“Alpha”值为 0。

19 在每个关键帧之间创建传统补间动画，如图 5-29 所示。

20 同样新建图层，在第 37 帧插入关键帧，导入“圣诞帽 .png”素材，朝着“我”字的正上方一直移动到舞台外部，如图 5-30 所示。

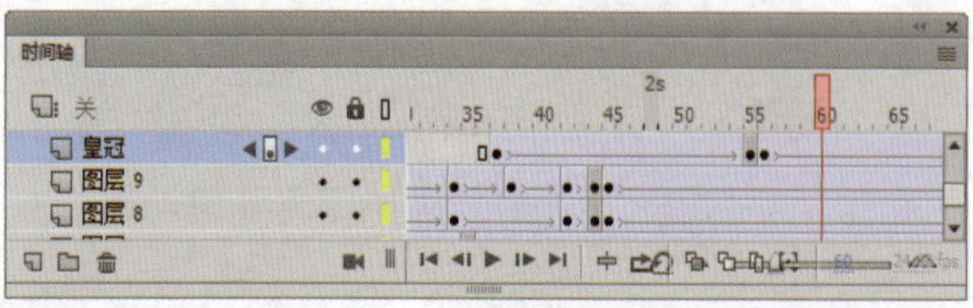

图5-29　创建传统补间动画

图5-30　导入“圣诞帽.png”素材

21 继续插入多个关键帧，逐渐向下移动，一直移动到“我”字的上方，如图 5-31 所示。

22 在每个关键帧之间创建传统补间动画，制作元件向下位移的传统补间动画，如图 5-32 所示。

23 新建多个图层，使用“基本矩形工具”在舞台左上角绘制一个圆角矩形，填充黄色的“线性渐变”，如图 5-33 所示。

24 选择上方图层，在圆角矩形的上部分绘制一个红色“线性渐变”矩形，如图 5-34 所示。

图5-31　移动元件

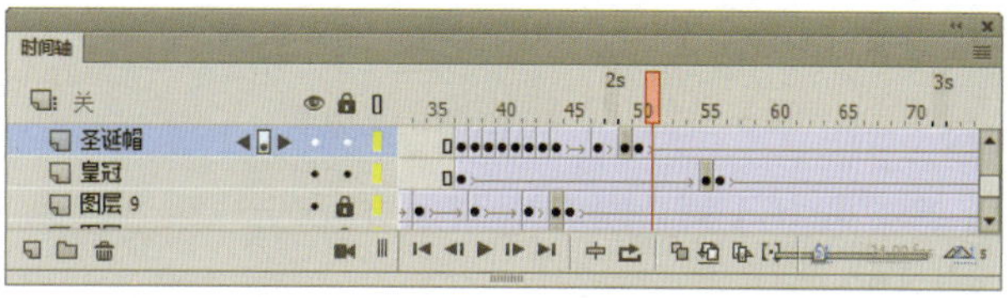

图5-32　创建传统补间动画

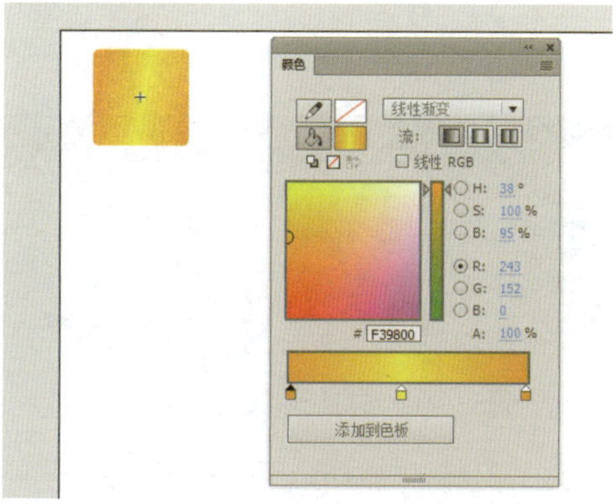

图5-33　绘制黄色圆角矩形

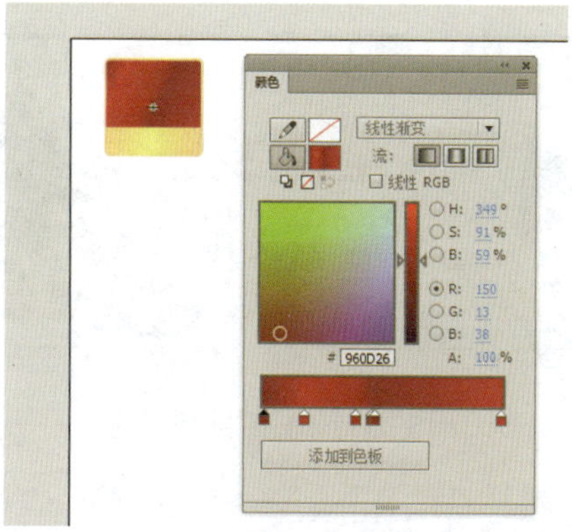

图5-34　绘制红色圆角矩形

25 再次选择上方图层，使用“钢笔工具”，在矩形顶部绘制一个红色（#E60012）图形，将图形转换为元件，设置元件“Alpha”值为 28，制作矩形的图标的高光，如图 5-35 所示。

26 继续选择新图层，导入“淘宝商城 .png”素材，移动到图标下方，如图 5-36 所示。

图5-35　绘制高光

图5-36　导入“淘宝商城.png”素材

27 将所有图形都转换为元件，选中第 89、96 帧插入关键帧，设置第 96 帧中的元件“Alpha”值为 0，在每个关键帧之间创建传统补间动画，如图 5-37 所示。

28 新建“图层 17”，选中第 89 帧插入关键帧，绘制一个和舞台大小一样的红色（#990D1B）矩形，颜色透明度设置为 60%，如图 5-38 所示。

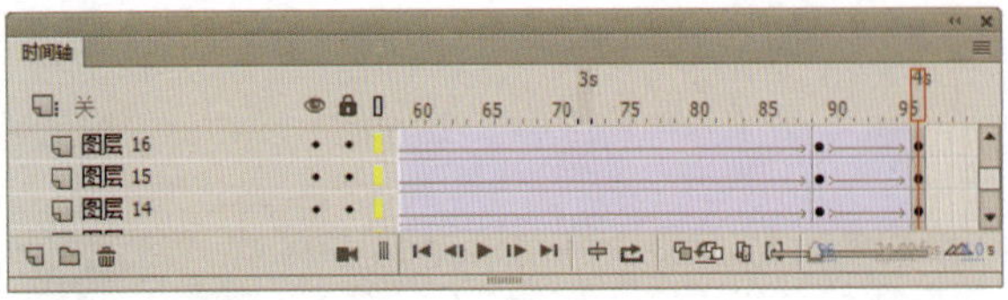

图5-37 创建传统补间动画

图5-38 绘制矩形

29 选中第 104 帧，插入关键帧，再次选择第 89 帧，使用“任意变形工具”，垂直压缩矩形，如图 5-39 所示。

30 在两个关键帧之间创建形状补间动画，如图 5-40 所示。

图5-39 垂直压缩矩形

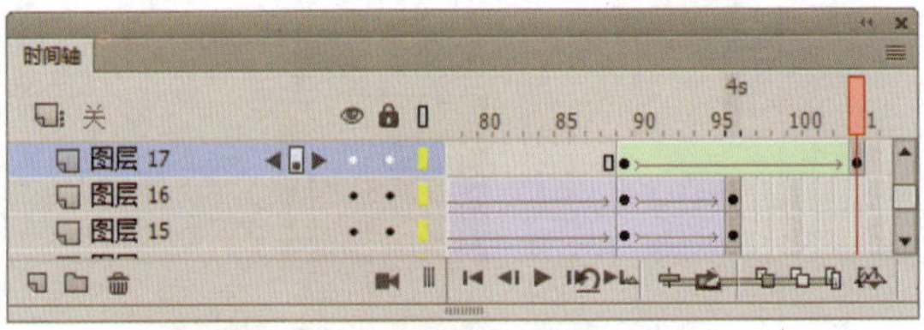

图5-40 创建形状补间动画

31 新建“图层 18”，选中第 96 帧，插入关键帧，导入“品牌标志 1.png”素材，移动至外部，左上角位置，如图 5-41 所示。

32 将该素材转换为“影片剪辑”元件，选中第 97 帧，插入关键帧，向下移动元件，如图 5-42 所示。

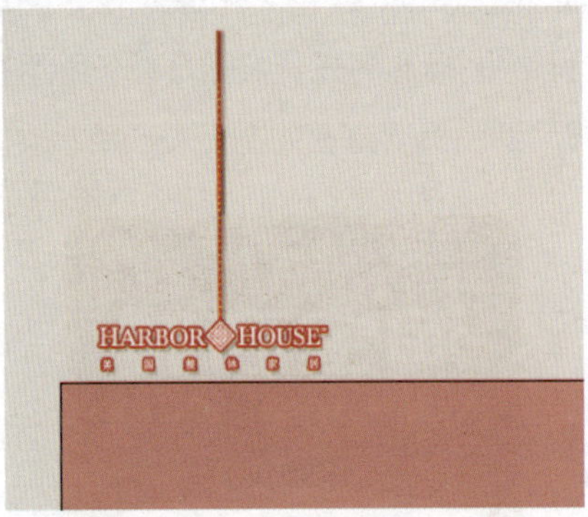

图5-41 导入“品牌标志1.png”素材

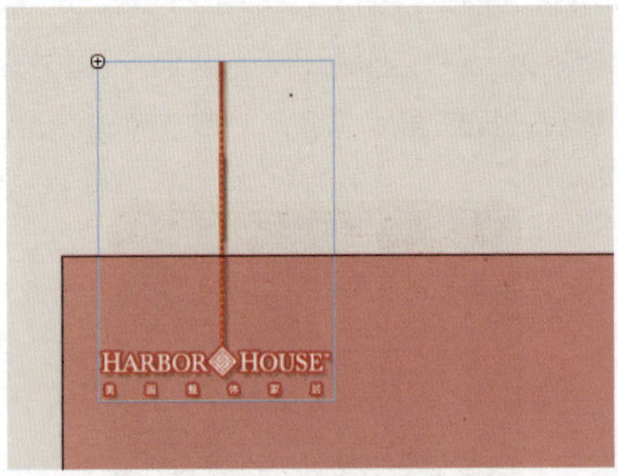

图5-42 移动元件

33 继续选中第 98、99、100 帧，插入关键帧，依次向下移动元件，第 100 帧中的元件位置如图 5-43 所示。

34 选中第 104 帧，插入关键帧，稍微向上移动元件，如图 5-44 所示。

35 选中第 107 帧，插入关键帧，再次将元件向下移动回原位置。

36 选中第 108、145、152 帧，插入关键帧，设置 152 帧中元件的“Alpha”值为 0，在每个关键帧之间创建传统补间动画，如图 5-45 所示。

37 使用相同的方法完成“图层 19”至“图层 26”的内容，如图 5-46 所示。

图5-43　移动元件

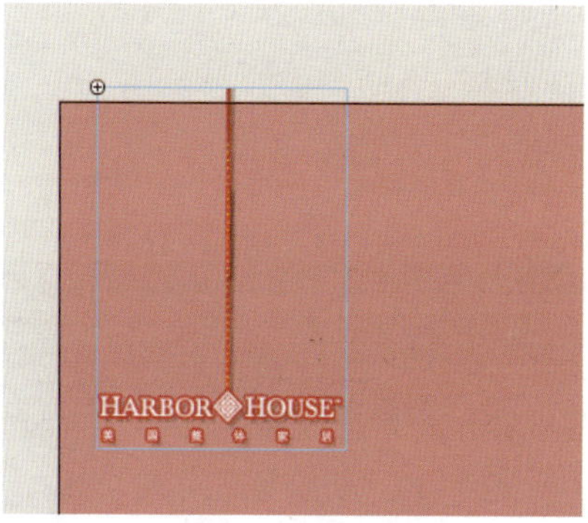

图5-44　移动元件

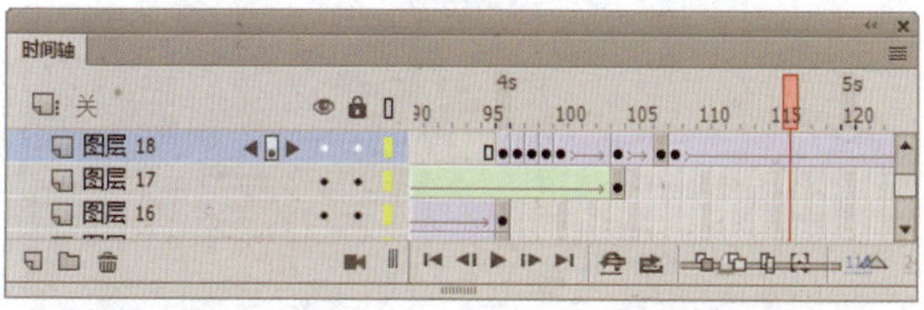

图5-45　创建传统补间动画

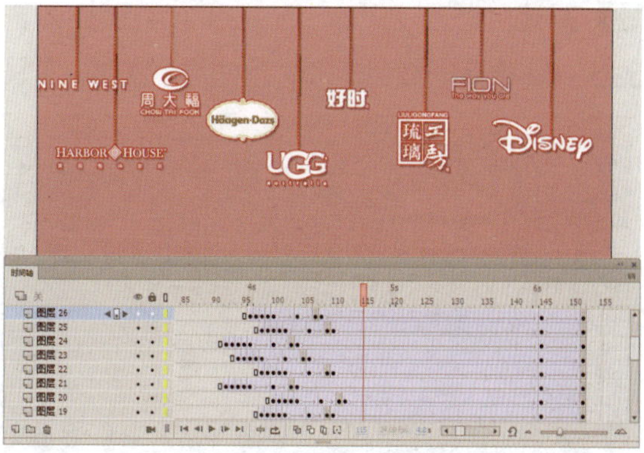

图5-46　制作传统补间动画

38 新建“图层 27”，选中第 90 帧插入关键帧，导入“花边 .png”素材，移动至舞台外部的上侧，如图 5-47 所示。

39 将素材转换为元件，插入多个关键帧，并依次向下移动元件，直到移动搭配舞台的顶端，此时舞台中的效果如图 5-48 所示。

图5-47　导入“花边.png”素材

图5-48　移动元件

40 在插入的最后一帧设置元件的“Alpha”值为 0，在每个关键帧之间创建传统补间动画，如图 5-49 所示。

41 新建“图层 28”，选中第 104 帧插入关键帧，导入“文字素材 .png”素材，移动至舞台底部，如图 5-50 所示。

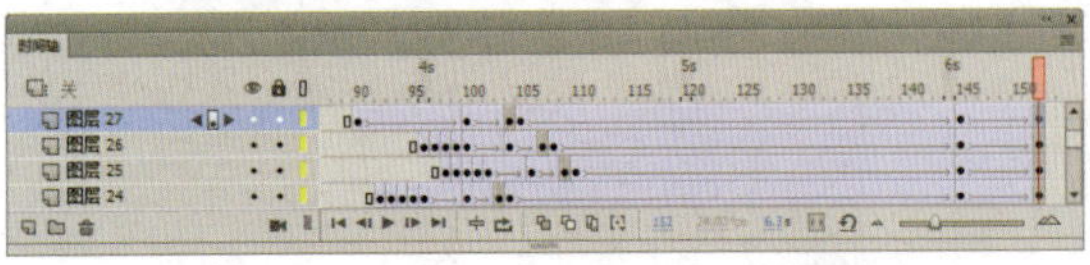

图5-49　创建传统补间动画

图5-50　导入“文字素材.png”素材

42 将素材转换为“影片剪辑”元件，制作从透明到慢慢出现的传统补间动画，如图 5-51 所示。

43 新建“图层 29”，选中第 104 帧插入关键帧，使用“矩形工具”，绘制一个大小为 595×63 像素的红色矩形，遮住整个文本，如图 5-52 所示。

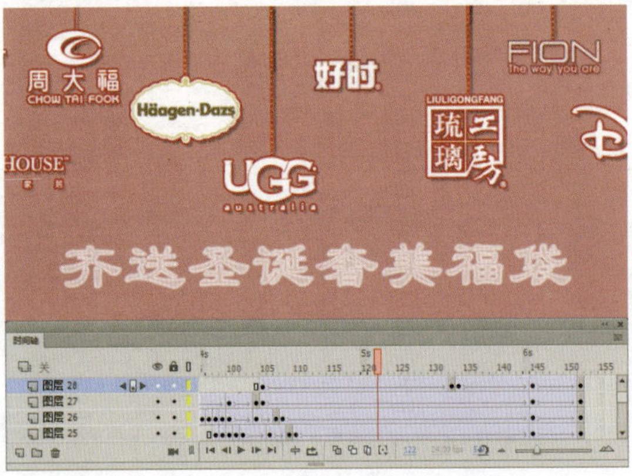

图5-51　制作传统补间动画

图5-52　绘制红色矩形

44 在第 118、119、120、133 帧，插入关键帧，选中第 119 帧中的矩形，修改填充颜色，如图 5-53 所示。

45 在第 104~118 帧和第 120~133 帧之间创建形状补间动画，如图 5-54 所示。

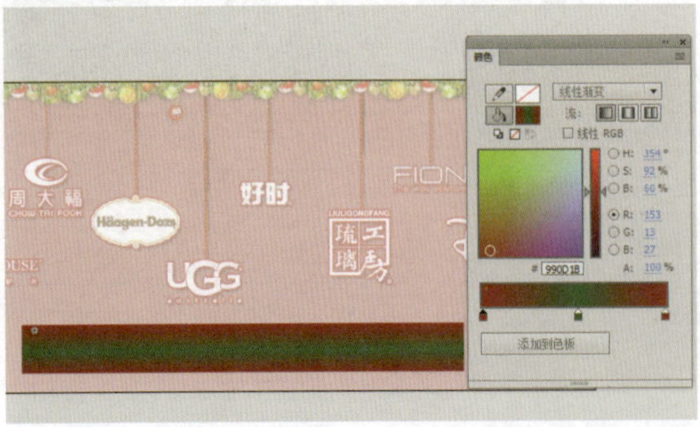

图5-53　修改矩形填充

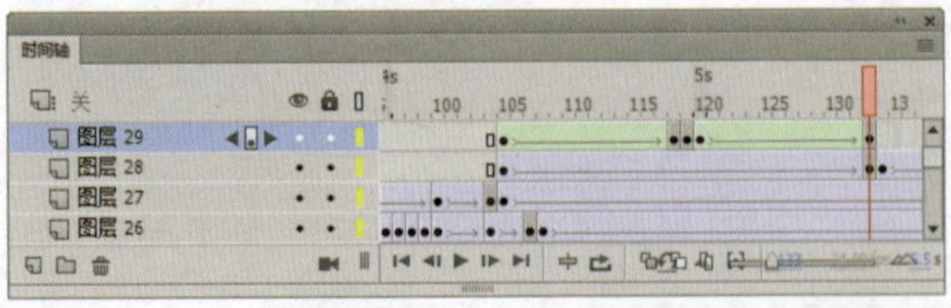

图5-54　创建形状补间动画

46 选中第 134 帧插入关键帧，修改矩形填充颜色，如图 5-55 所示。

47 将矩形转换为元件，在第 145、152 帧插入关键帧，设置第 152 帧中的元件“Alpha”值为 0。

48 在第 134~152 帧中的每个关键帧之间都创建传统补间动画，如图 5-56 所示。

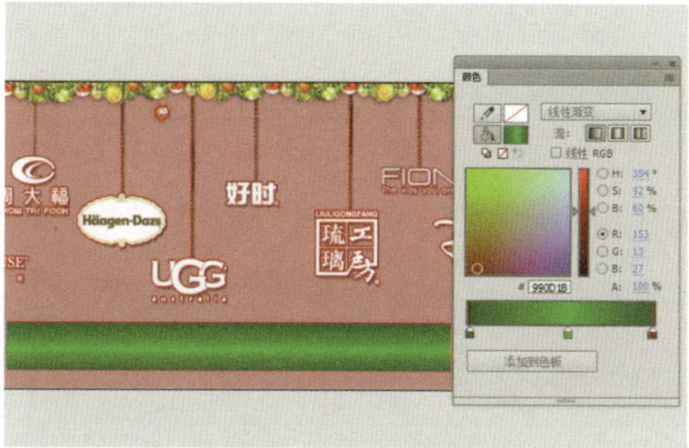

图5-55　修改矩形填充

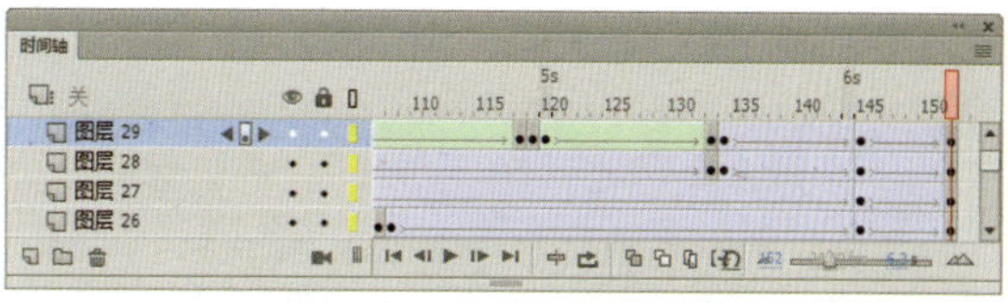

图5-56　创建传统补间动画

49 隐藏“图层 29”，新建“图层 30”，单击鼠标右键，选择“遮罩层”选项，创建一个遮罩层，选中第 104 帧插入关键帧，使用“文字工具”，在同样的地方输入红色文本，如图 5-57 所示。

50 将文本工具转换成“影片剪辑”元件，在第 145 帧插入关键帧，双击元件，进入元件编辑模式。

51 选中文本，按 <Ctrl+B> 组合键打散文本，使其转换为可填充区域，使用“墨水瓶工具”，在所有文字中单击，为文字添加白色描边，如图 5-58 所示。

图5-57　输入文本

图5-58　添加文字描边

52 选中“图层 30”的第 152 帧，设置元件的“Alpha”值为 0，在每个关键帧之间创建传统补间动画，如图 5-59 所示。

53 锁定遮罩层与被遮罩层，此时舞台中的文字遮罩效果如图 5-60 所示。

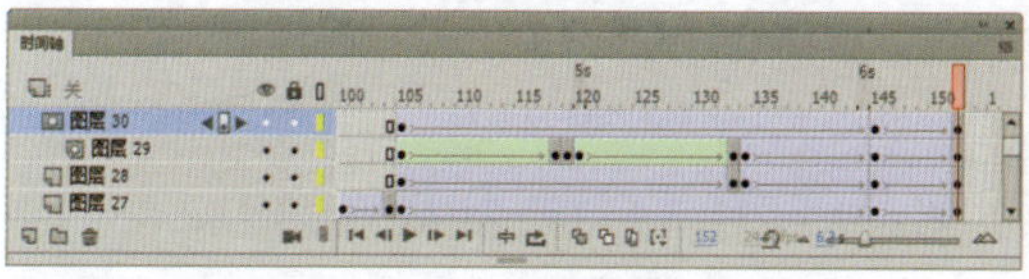

图5-59　创建传统补间动画

图5-60　遮罩效果

54 新建“图层 31”，选中第 145 帧插入关键帧，将“图层 17”中的内容复制到该图层，修改形状补间中的矩形颜色透明度为 30%，如图 5-61 所示。

55 新建图层，命名为“淘宝商城”，拖动到“图层 1”的上方，选中第 158 帧插入关键帧，导入“淘宝商城文字 .png”素材移动到舞台中心位置，如图 5-62 所示。

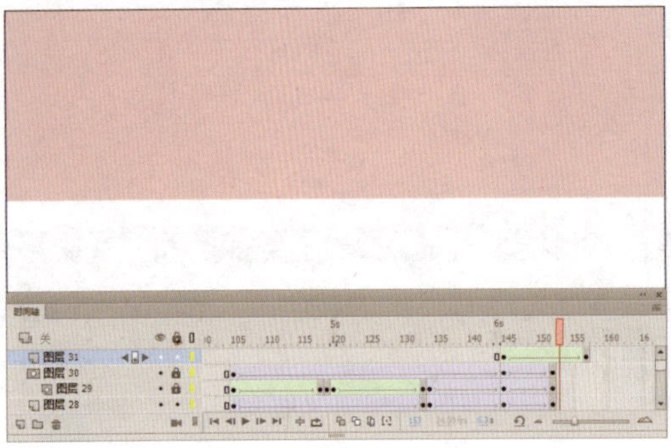

图5-61 复制图层

图5-62 导入“淘宝商城文字.png”素材

56 在第 168、169 帧插入关键帧，在第 193 帧插入普通帧；设置第 168 帧中的元件“Alpha”值为 0，在第 158~168 帧创建传统补间动画，如图 5-63 所示。

57 在所有图层的上方新建一个图层，导入“关闭按钮 .png”素材，移动至舞台右上角，如图 5-64 所示。

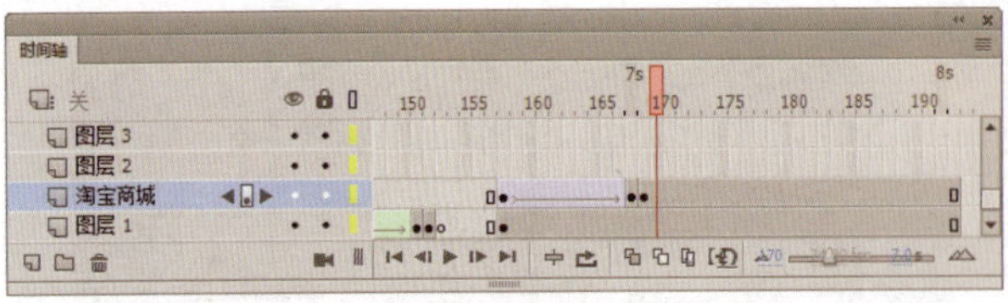

图5-63 创建传统补间动画

图5-64 导入“关闭按钮.png”素材

58 将按钮素材转换为“按钮”元件，插入“按钮”关键帧，如图 5-65 所示。

59 选中第 193 帧，按 <F5> 键，插入普通帧，如图 5-66 所示。

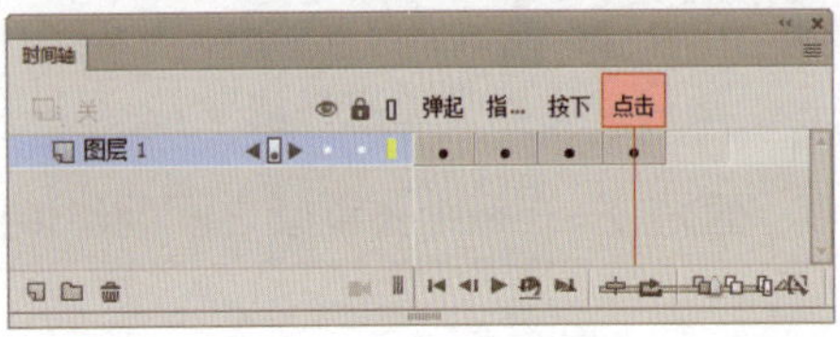

图5-65 插入“按钮”关键帧

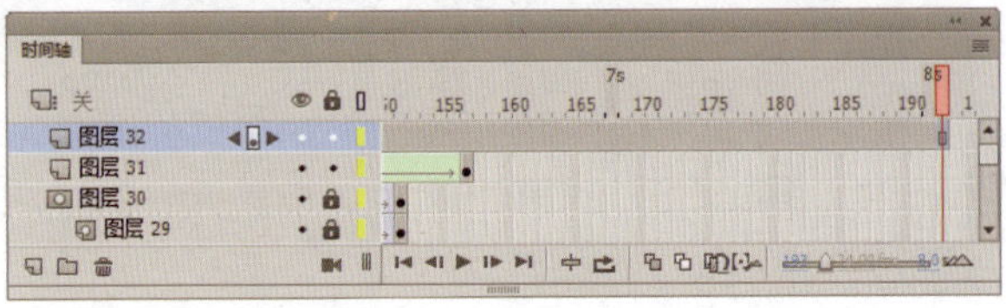

图5-66 插入普通帧

60 完成该广告的制作，按 <Ctrl+Enter> 组合键测试动画效果，如图 5-67 所示。

图5-67 测试动画效果

5.4 案例 2——钻石企业横幅式广告

本节将以淘宝商城横幅式广告为案例为读者讲解详细的制作步骤，广告画面只有一个部分，内容简介，文字动画和钻石闪光动画相结合，使得广告品质有所提升，虽然形式简单，但是抓住了钻石广告的主题，整体显得比较精致。

5.4.1 效果赏析与技术要点

首先呈现广告的最终效果图以及制作过程中应注意的技术要点，为下面的设计操作做好前提准备。

1. 效果赏析

动态效果如图 5-68 所示。

图5-68　钻石企业横幅式广告效果图

2. 技术要点

本案例制作的钻石企业横幅式广告中主要运用的功能与技术要点如下：

- 传统补间：使用传统运动补间制作位移和大小变换动画。
- 创建元件：创建图形元件和影片剪辑元件，方便动画的制作。

5.4.2 导入素材

导入“背景”“文字”和“闪光”素材，制作广告背景。

01 启动 Animate CC，新建空白文档，并设置舞台大小为 1000×246 像素，帧频设置为 12fps，如图 5-69 所示。

02 执行“文件”→“导入”→“导入到舞台”命令，导入“钻石背景.png”背景素材到舞台，如图 5-70 所示。

图5-69　新建文档

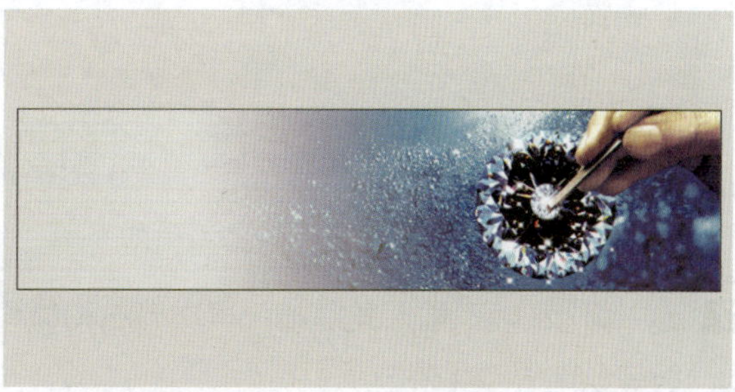

图5-70　导入“钻石背景.png”素材

03 新建“图层 2”，导入“文字素材 .png”素材，移动至舞台左侧，如图 5-71 所示。

04 新建“图层 3”，继续导入“闪光 .png”素材，移动到钻石位置处，如图 5-72 所示。

图5-71　导入“文字素材.png”素材

图5-72　导入“闪光.png”素材

5.4.3 制作动画元件

使用传统补间技术，制作文字与闪光的动画。

01 选中“图层 1”中的背景素材，按 <F8> 键，转换为“图形”元件，如图 5-73 所示。

02 选中第 130 帧，按 <F6> 键，插入关键帧，在第 1~130 帧创建传统补间动画，如图 5-74 所示。

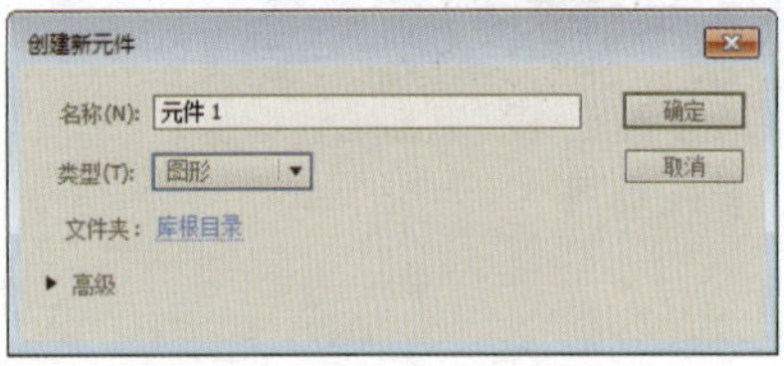

图5-73　转换为元件

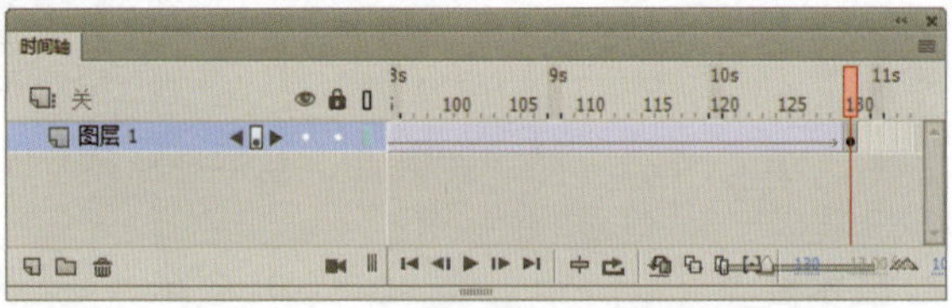

图5-74　创建传统补间动画

03 在第 131 帧插入关键帧，在第 132 帧插入普通帧，延长动画的时长。

04 选中“图层 2”中的文字素材，同样转换为“图形”元件，单击元件，在“属性”面板中设置“高级”选项的参数，如图 5-75 所示。

05 选中第 7 帧，插入关键帧，向右移动元件，并修改“高级”选项的参数，如图 5-76 所示。

06 选中第 15 帧，插入关键帧，再向右稍微移动元件，修改元件“高级”参数中“Alpha”值为 77，如图 5-77 所示。

图5-75　设置“高级”选项的参数

图5-76　修改“高级”选项的参数

07 选中第 16 帧，插入关键帧，再次向右稍微移动元件，设置“高级”参数中“Alpha”值为 80，效果如图 5-78 所示。

08 选中第 132 帧，按 <F5> 键，插入普通帧。

09 选择“图层 3”，将“闪光”素材转换为“影片剪辑”元件，双击该元件进入元件编辑模式。

图5-77 修改“Alpha”值

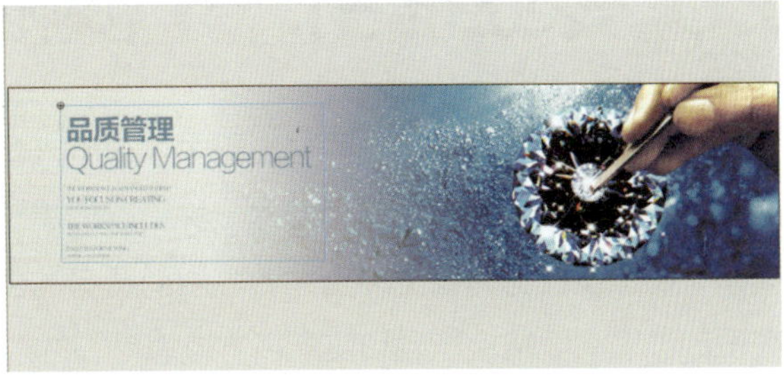

图5-78 元件效果

10 再次选中闪光素材，转换为“图形”元件，第 1 帧中元件大小如图 5-79 所示。

11 在第 2、3、4、5 帧插入关键帧，依次放大元件，第 5 帧中的元件大小如图 5-80 所示。

图5-79 第1帧中的元件大小

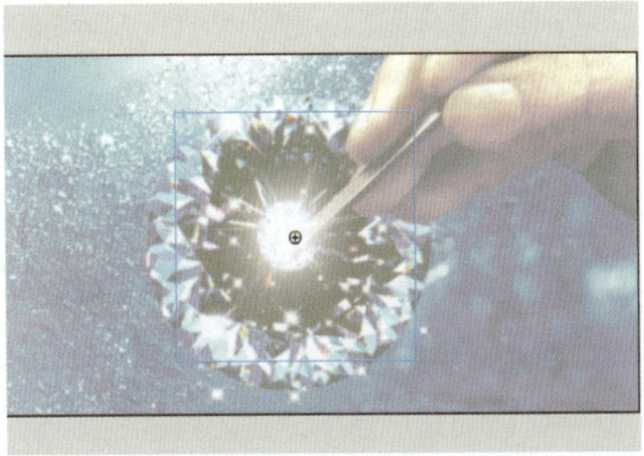

图5-80 扩大元件

12 继续插入多个关键帧，依次放大缩小元件，在每个关键帧之间创建传统补间动画，制作钻石闪光的动画，如图 5-81 所示。

13 单击窗口左上角的“场景 1”按钮，返回“场景 1”，选择“图层 3”的第 132 帧插入普通帧。

14 完成该广告的制作，按 <Ctrl+Enter> 组合键测试动画效果，如图 5-82 所示。

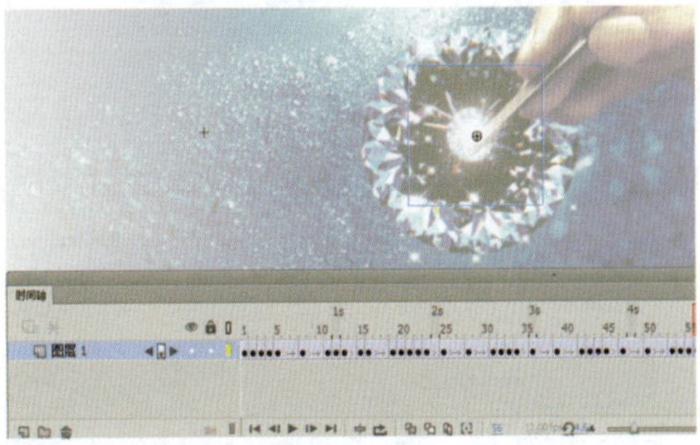

图5-81 制作钻石闪光动画

图5-82 测试动画效果

5.5 专业指引——横幅式广告设计小窍门

横幅式广告的页面简单，信息量不大，很多人就认为设计横幅式广告可能并不难，不需要太多的设计思路就可以完成，这无疑是一种错误的想法。反而正是因为横幅式广告所包含的内容太过简单，要想设计得有视觉冲击力，吸引消费者的横幅式广告，就变成了一个巨大的挑战。设计者在设计过程中要结合产品和实际多方位思考，才能制作出经得起多方面考验的横幅式广告。

1. 广告主题表达明确

确立广告想要达到的目标主题，在选择产品和文字表达方面都要朝着目标方向，要让消费者一眼就能识别广告的含义。切忌使用花里胡哨的图片，这样会减弱主产品的视觉效果；文字表达要言简意赅，直奔主题，过于烦琐的文字表达，反而会让消费者搞不清广告主要想表达的内容。

2. 信息量适度

很多人总认为信息多就好，觉得所有信息都很重要，都要求突出，结果适得其反。如果横幅式广告上满是吸引点，那消费者看得眼花缭乱，反而什么也注意不到，所以在横幅式广告的有限空间内做好各种信息的平衡和协调非常重要。

3. 重点文字突出

文字是横幅式广告所表达内容的主要展示方式，文字用的合理，能让消费者立刻了解广告所要表达的主题，直接有效地展示。

4. 色彩简单

一些人认为广告越华丽，颜色越丰富就越容易吸引消费者的注意力，其实不然，太过花哨的广告，会带给消费者一种视觉疲劳，反而会让其忽视广告内容。横幅式广告一定要切忌使用太多颜色数的图片做背景，简单的颜色让消费者在浏览网页的时候更容易看到广告主推的产品内容。

5. 合理排版

广告的排版一定要符合大众的阅读习惯，不要投机取巧，自创形式，反而造成广告浏览量下降。内容中的产品不要过多，根据美学要求，构图合理，适当留空，切忌造成广告画面压迫感。

6. 画面播放时间不宜过长

广告作为一种传播信息的方式，消费者对于它的关注度可能就在打开网页的几秒之内，所以即使是吸人眼球的动态广告也不宜过长，要把握在合理的时间里，将广告的主要信息全部呈现出来。

第6章

按钮式广告

按钮式广告即图标广告，是网络广告最早和常见的形式之一。本章将以游戏网络按钮式广告和婚庆公司按钮式广告两个精彩的项目为例，向读者详细介绍按钮式广告的创意技巧和设计方法。通过对本章两个案例的学习，读者也能制作出优秀的按钮式广告。

6.1 认识按钮式广告

按钮式广告是从横幅式广告演变过来的一种形式，具体表现为图标的一种动效模式，通常广告主用来宣传其商标或品牌等特定标志。按钮式广告是一种与标题广告类似，但是面积比较小，而且有不同的大小与版面位置可以选择。最早是做浏览器的网景公司用来提示下载软件之用，后来这样的规格就成为一种标准。按钮式广告能提供简单明确的资讯，而且其面积大小与版面位置的安排都较具有弹性，可以放在相关的产品内容旁边，是广告主建立知名度的一种相当经济的选择。

6.2 按钮式广告制作要求

依据互联网的传播特点，按钮式广告有相应的制作要求。按钮式广告的内容简洁明了，版面位置的安排弹性大，读者在实际操作之前需要详细了解按钮式广告的制作要求，通过本节的学习，读者对按钮式广告会有一个全新的认识。

6.2.1 按钮式广告的特点

按钮式广告是一种小面积的广告形式，这种广告形式被开发出来主要有两个原因：一是可以通过减小面积来降低购买成本，让小预算的广告主能够有能力进行购买；二是更好地利用网页中比较小面积的零散空白位。常见的按钮式广告有 125×125，120×90，120×60 和 88×31 像素 4 种尺寸。在进行购买的时候，广告主也可以购买连续位置的几个按钮式广告组成双按钮式广告，三按钮式广告等，以加强宣传效果。按钮式广告一般容量比较小，常见的有 JPEG、GIF 和 Flash 3 种格式。

按钮式广告可以放置在首页、频道和子频道等各种页面，加大其浏览量。但按钮式广告有其局限性，由于面积小，所表现的广告内容有限，消费者只有点击按钮广告进入链接的主页面，才能看到广告的全部内容，如图 6-1 所示。

图6-1　按钮式广告位置

6.2.2 按钮式广告的设计要求

据按钮式广告本身的特点，其内容的设计要求简洁、明快。为了吸引消费者的目光，可通过设置动态式的文字变换来增加广告的创意。消费者只有在主动点击的情况下，才能了解按钮式广告所包含的企业或产品更全面的信息，所以在按钮式广告的设计过程中，一定要力求尽量多地吸引消费者的注意力。

6.2.3 精彩按钮式广告欣赏

按钮式广告精彩案例如图 6-2 所示。

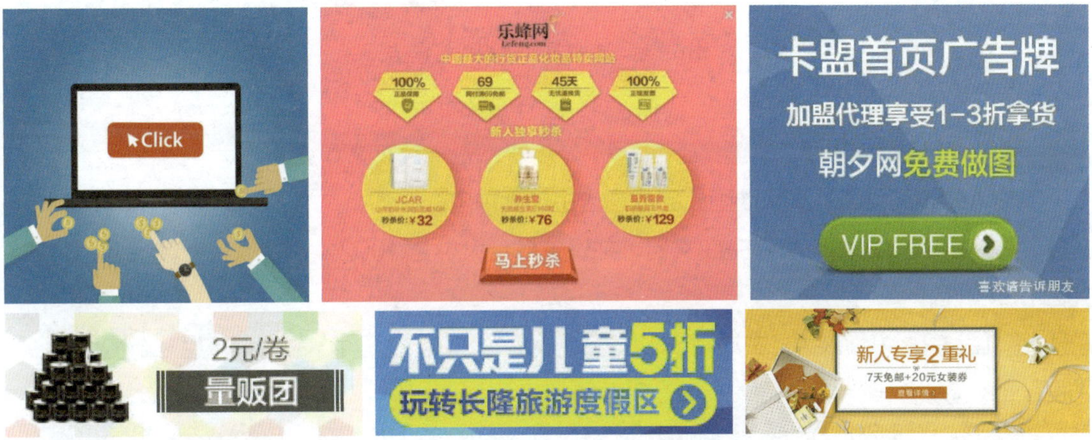

图6-2　精彩按钮式广告欣赏

6.3 案例 1——游戏网站按钮式广告

本节将以游戏网站按钮式广告为案例为读者讲解详细的制作步骤。该广告的设计亮点在按钮设计上，鼠标点击按钮，便会出现火焰特效，以及文字介绍。广告背景为白色，与红色的按钮、前面的主体物相对应，对比鲜明。

6.3.1 效果赏析与技术要点

首先通过对本案例的效果赏析和技术要点的讲解，让读者先了解一下本案例的基本信息。

1. 效果赏析

动态效果如图 6-3 所示。

2. 技术要点

本案例制作的游戏网站按钮广告中主要运用的功能与技术要点如下：

- 传统补间：使用传统运动补间制作位移动画。
- 形状补间：使用形状补间制作矩形动画。
- 遮罩动画：使用遮罩动画实现显示区域。
- 元件滤镜：为元件添加滤镜，制作投影、发光效果。
- 按钮元件：使用按钮元件制作图标按钮。

图6-3　游戏网站按钮式广告

6.3.2 制作主动画

制作人物、红丝带、文字动画，完成广告主动画内容。

01 启动 Animate CC，新建空白文档，并设置舞台大小为 1002×741 像素，帧频为 12fps，如图 6-4 所示。

02 将“图层 1”名称改为“主动画”，执行“插入”→“新建元件”命令，新建一个名称为“主动画”的“影片剪辑”空白元件，如图 6-5 所示。

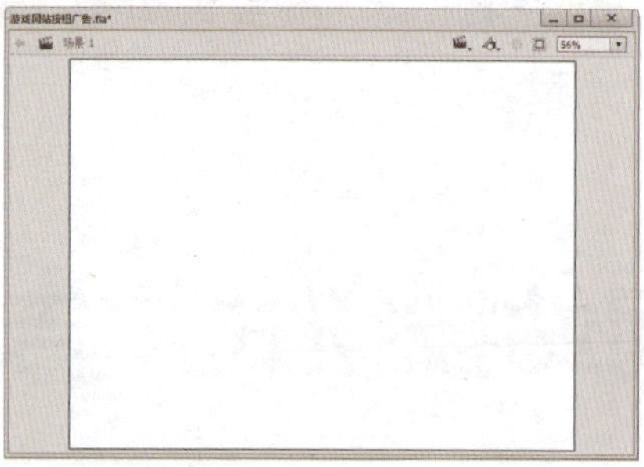

图6-4　新建文档

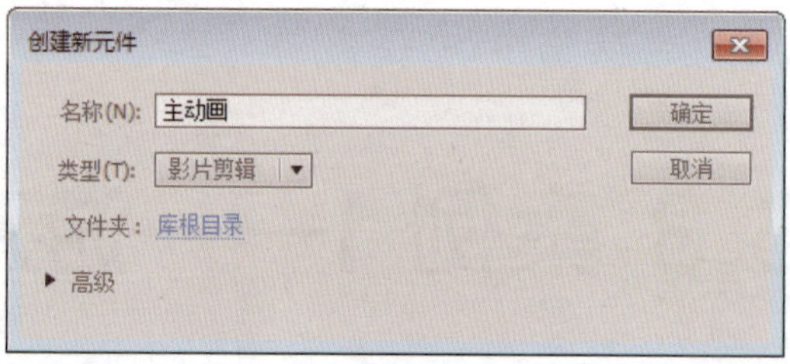

图6-5　创建新元件

03 在“库”面板中，将该空白元件拖入到舞台中，双击元件，进入元件编辑模式。

04 选中第 10 帧，插入关键帧，执行“文件”→“导入”→“导入到舞台”命令，导入“冰雪美女 .png”素材到舞台，如图 6-6 所示。

05 将素材转换为“影片剪辑”元件，在“色彩效果”面板中设置第 10 帧中的元件“高级”选项参数，如图 6-7 所示。

图6-6　导入“冰雪美女.png”素材

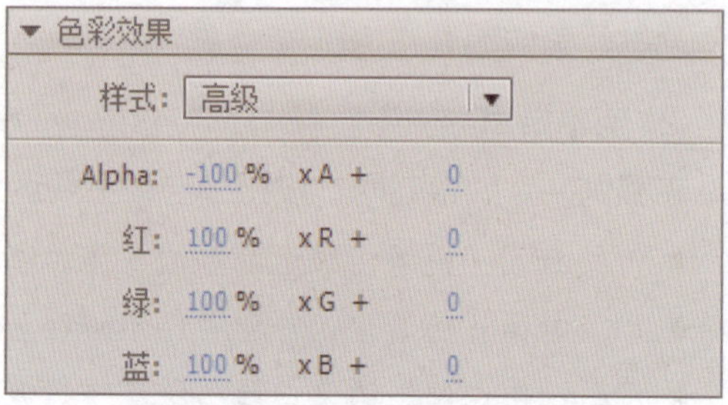

图6-7　设置“高级”选项参数

06 选中第 12、14、16、18、20、22 和 25 帧，插入关键帧，分别修改“高级”中“Alpha”

值为 -53、-13、22、50、72、88 和 99；其中，第 16、18、20 帧中的元件色调效果如图 6-8 所示。

图6-8　元件不同色调效果

07 在每个关键帧之间创建传统补间动画，如图 6-9 所示，制作元件入场动画。

08 选中第 26 帧插入关键帧，单击元件，设置“色彩效果”的“样式”选项为“无”；选中第 135 帧，按 <F5> 键，插入普通帧。

09 新建图层，命名为“红绸带”，选中第 30 帧，插入关键帧，导入“红绸带 .png”素材，移动至人物裙摆位置，如图 6-10 所示。

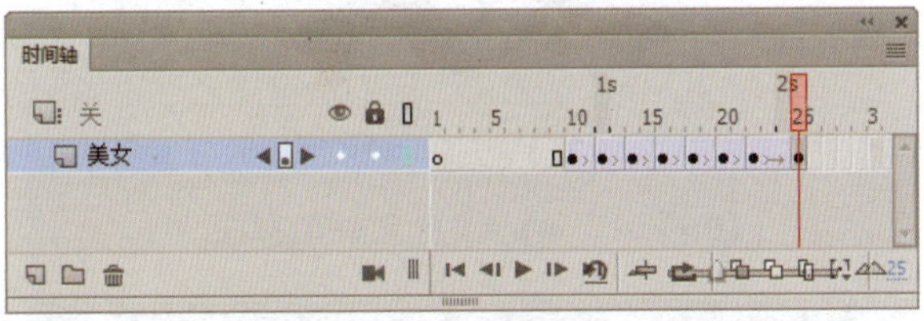

图6-9　创建传统补间动画

图6-10　导入“红绸带.png”素材

10 在“红绸带”图层上方新建一个遮罩层，命名为“白色矩形”，在红绸带位置绘制一个白色矩形，遮挡住红绸带，如图 6-11 所示。

11 在第 50 帧插入关键帧，再次选择第 30 帧，使用“任意变形工具”调整矩形宽度，如图 6-12 所示。

图6-11　绘制白色矩形

图6-12　调整矩形宽度

12 在 30~50 帧之间创建形状补间动画，如图 6-13 所示。

13 锁定遮罩层与被遮罩层，舞台动画效果如图 6-14 所示。

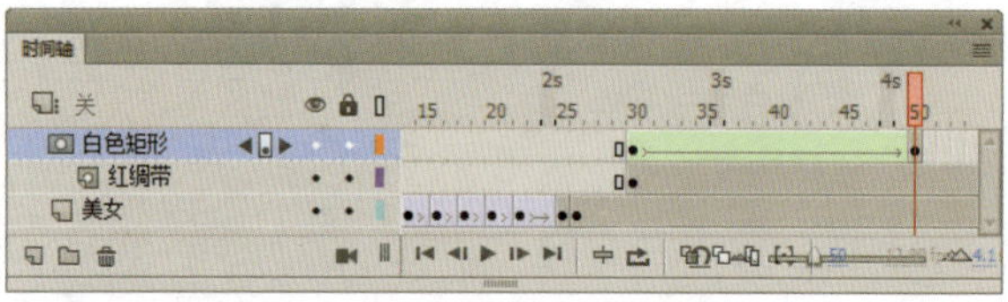

图6-13　创建形状补间动画

图6-14　遮罩动画效果

14 在第 51 帧插入关键帧，在第 135 帧插入普通帧。

15 新建图层，命名为“文本 1”，选中第 57 帧，插入关键帧，导入“文字 1.png”素材，移动至舞台下方外部，如图 6-15 所示。

16 在第 58~69 帧中的每一帧都插入关键帧，依次向上移动元件，第 69 帧中元件在舞台中的位置如图 6-16 所示。

图6-15　导入“文字1.png”素材

图6-16　第69帧中元件的位置

17 选中第 75 帧，插入关键帧，稍微向下移动元件，在第 76 帧插入关键帧，在每个关键帧之间创建传统补间动画，如图 6-17 所示。

18 在第 77 帧插入关键帧，双击元件，进入元件编辑模式。

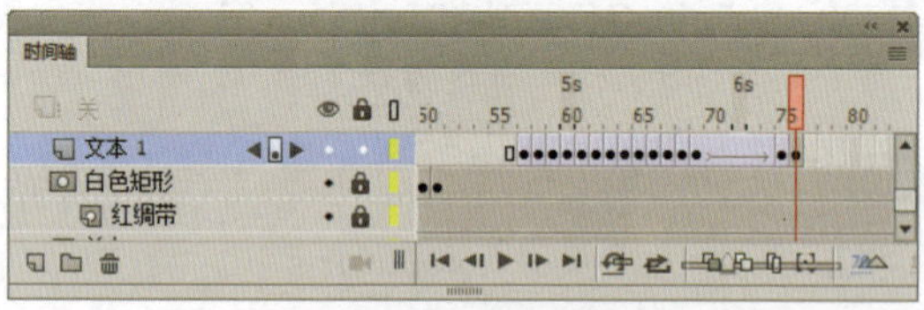

图6-17　创建传统补间动画

19 单击元件，为元件添加“投影”滤镜，设置参数，如图 6-18 所示，“投影”效果如图 6-19 所示。

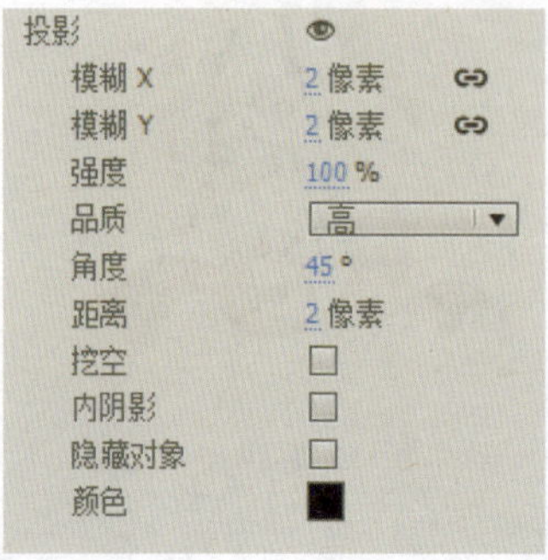

图6-18　设置“投影”参数

图6-19　“投影”效果

20 新建“图层 2”，使用“矩形工具”在舞台左侧绘制一个矩形，填充“线性渐变”颜色，如图 6-20 所示。再单击工具箱中的“任意变形工具”，旋转矩形，如图 6-21 所示。

21 选中第 19 帧，插入关键帧，移动元件至舞台右侧，并变形矩形，如图 6-22 所示。

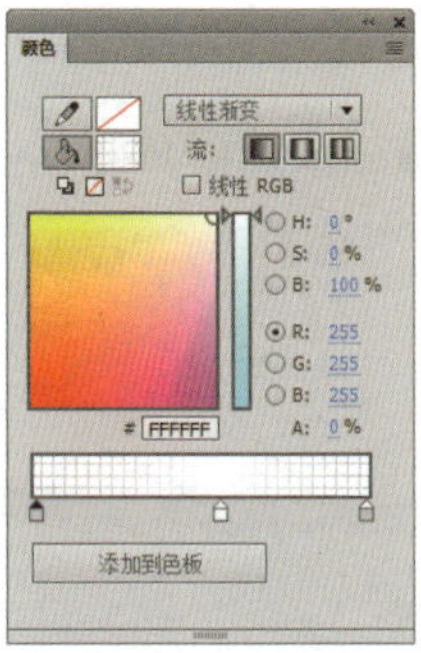

图6-20　线性渐变填充

图6-21　旋转矩形

图6-22　变形矩形

22 在两个关键帧之间创建形状补间动画，如图 6-23 所示。

23 在“图层 2”的上方创建一个遮罩层，使用“文字工具”，输入红色文本，移动到适当位置，如图 6-24 所示。

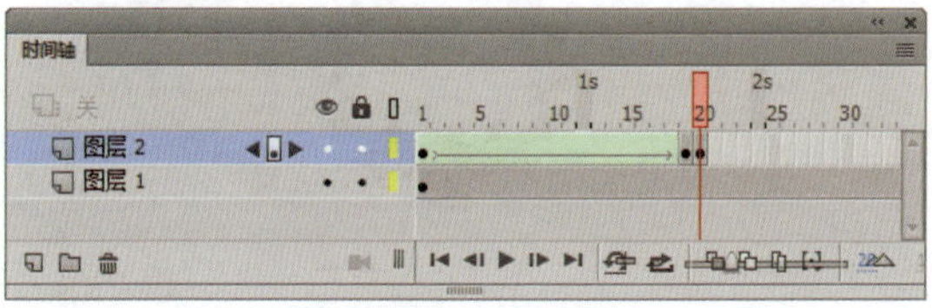

图6-23　创建补间形状动画

图6-24　输入红色文本

24 选择遮罩层，在第 20 帧插入普通帧，锁定遮罩层与被遮罩层，如图 6-25 所示。

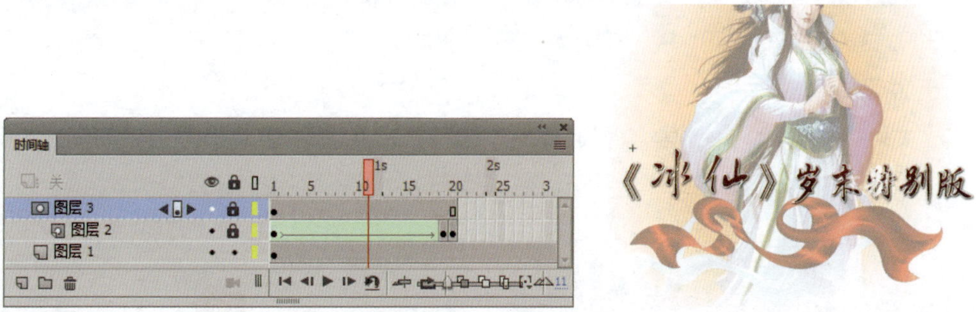

图6-25　遮罩动画

25 返回“主动画”元件编辑窗口，选中“文本 1”图层中的第 135 帧，插入普通帧。

26 新建图层，改名为“文本 2”，选中第 63 帧，插入关键帧，导入“文字 2.png”素材，移动至舞台底部，如图 6-26 所示。

27 为元件添加两次“发光”滤镜，设置不同参数，如图 6-27 所示，“发光”效果如图 6-28 所示。

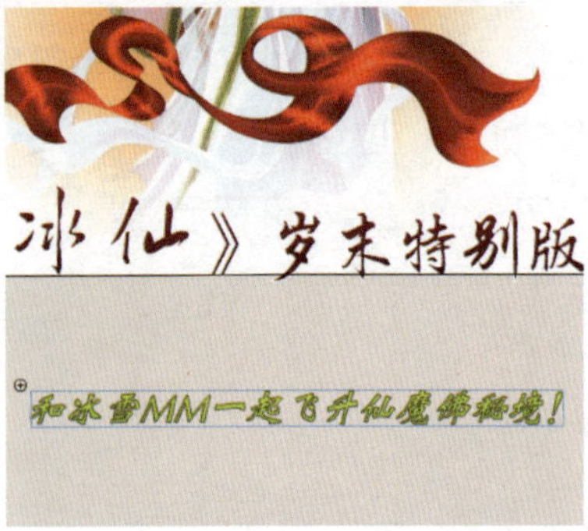

图6-26　导入“文字2.png”素材

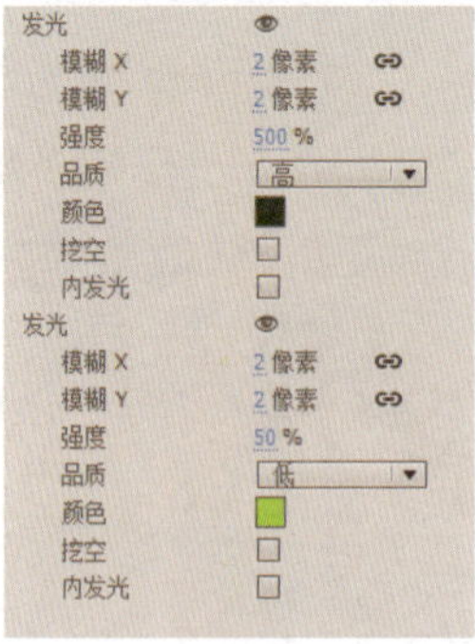

图6-27　设置“发光”滤镜参数

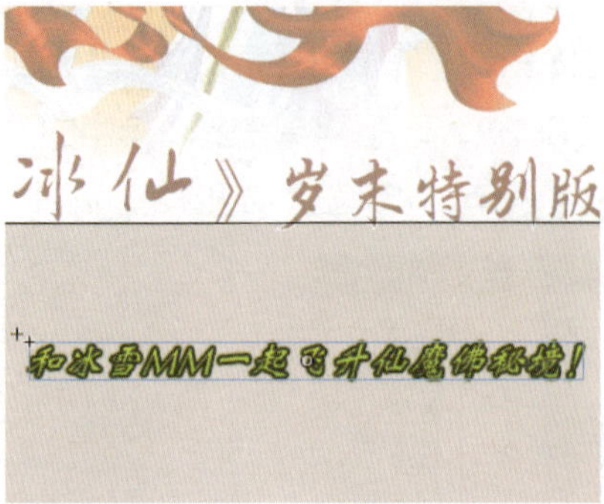

图6-28　“发光”效果

28 使用之前相同的方法，制作从下往上位移的传统补间动画，如图 6-29 所示。

6.3.3 制作图标按钮

制作图标按钮和导航影片剪辑元件。

01 新建图层，改名为“飞升系统主题”，选中第 81 帧插入关键帧，导入“深红色轮廓 .png”素材，移动至人物左侧上方位置，如图 6-30 所示。

图6-29　制作传统补间动画

图6-30　导入“深红色轮廓.png”素材

02 导入“飞升系统图标 .png”素材，移动至“深红色轮廓”的位置，如图 6-31 所示。

03 将两个素材选中，按 <F8> 键，转换为“影片剪辑”元件，命名“飞升系统主题”，双击元件，进入元件编辑模式。

04 执行“文件”→“导入”→“导入视频”命令，选择“在 SWF 中嵌入 FLV 并在时间轴中播放”选项，导入“火团 .flv”，如图 6-32 所示，在“时间轴”中导入火焰视频。

图6-31　导入“飞升系统图标.png”素材

图6-32　“导入视频”对话框

05 选中舞台中的“火团”，按住 <F8> 键，转换为“影片剪辑”元件，为元件添加“模糊”滤镜，“模糊”参数设置为 2 像素，并复制多个“火团”元件，放置在不同的图层中，围绕图标周围摆放好，如图 6-33 所示。

06 选中所有“火团”元件，按 <F8> 键，转换为“按钮”元件，双击“按钮”元件，进入元件编辑模式。

07 再次双击元件，依次制作相同的元件慢慢消失的传统补间动画，效果如图 6-34 所示。

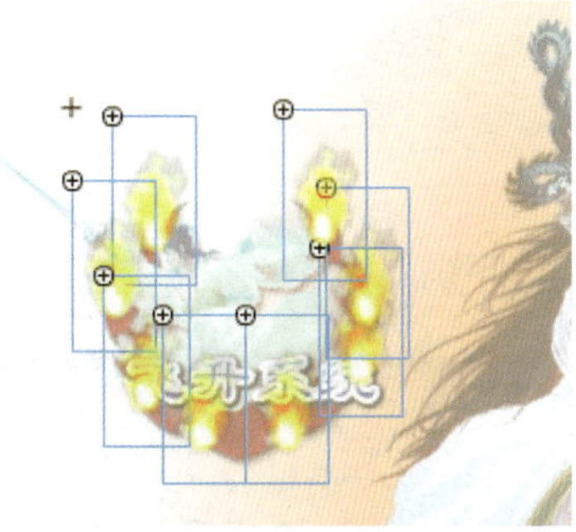

图6-33　复制多个“火团”元件

图6-34　制作传统补间动画

08 返回“按钮”元件编辑窗口，在“指针经过”状态中插入关键帧，双击元件，调整关键帧，让元件从消失到慢慢出现，制作相反的传统补间动画，如图 6-35 所示。

09 在“按下”“点击”状态中插入关键帧，选中“点击”关键帧，删除舞台中的元件，重新绘制一个红色正圆，如图 6-36 所示。

图6-35　制作相反的传统补间动画

图6-36　绘制红色正圆

10 新建“图层 2”，在“指针经过”状态中插入关键帧，导入“圆角矩形 .png”素材，移动到图标右侧，如图 6-37 所示。

11 使用“文本工具”，在“圆角矩形”中输入白色文本，如图 6-38 所示。

图6-37　导入“圆角矩形.png”素材

图6-38　输入白色文本

12 将“圆角矩形”和文本一起选中，按 <F8> 键，转换为“影片剪辑”元件，双击该元件，进入元件编辑模式，制作元件动画。

13 选中第 7 帧，插入关键帧，再选中第 1 帧中的元件，设置元件“Alpha”值为 0，在两个关键帧之间创建传统补间动画，如图 6-39 所示。

14 新建“图层 2”，选中第 7 帧，插入关键帧，打开“动作”面板，添加“stop ();”停止代码。

15 返回“按钮”元件的编辑窗口，选中“按下”状态，按 <F5> 键，插入帧，“按钮”元件“时间轴”如图 6-40 所示。

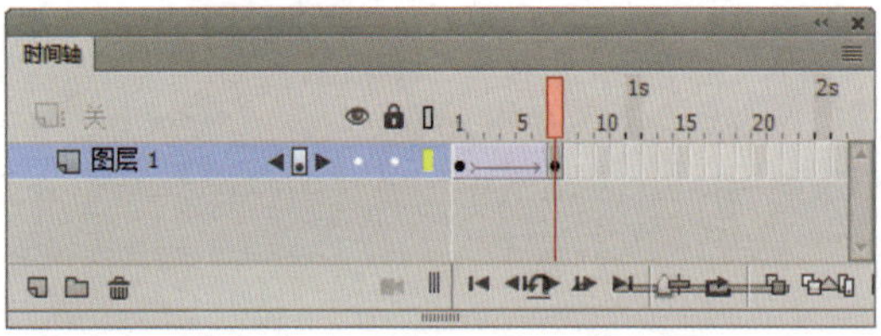

图6-39 创建传统补间动画

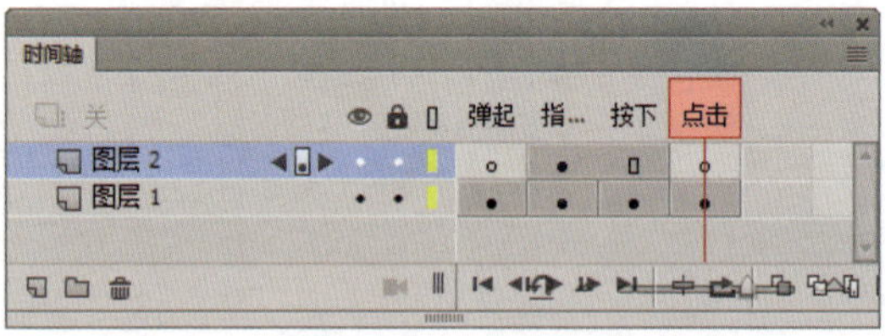

图6-40 “按组”元件“时间轴”

16 返回“飞升系统主题”元件的编辑窗口，选中所有图层，按 <F8> 键，将所有元件转换为单个元件，制作图标缓慢摇晃的传统补间动画，如图 6-41 所示。

17 使用同样的方法，制作其他图标按钮动画，如图 6-42 所示。

图6-41 制作传统补间动画

图6-42 制作其他图标按钮动画

18 制作每个图标的位移传统补间动画，效果如图 6-43 所示。

图6-43 图标位移动画

19 图标动画“时间轴”如图 6-44 所示。

20 新建图层，命名为“官网首页”，选中第 109 帧，插入关键帧，导入“灯笼 .png”“官网首页 1.png”素材，转换为“影片剪辑”元件，移动至舞台右上角，如图 6-45 所示。

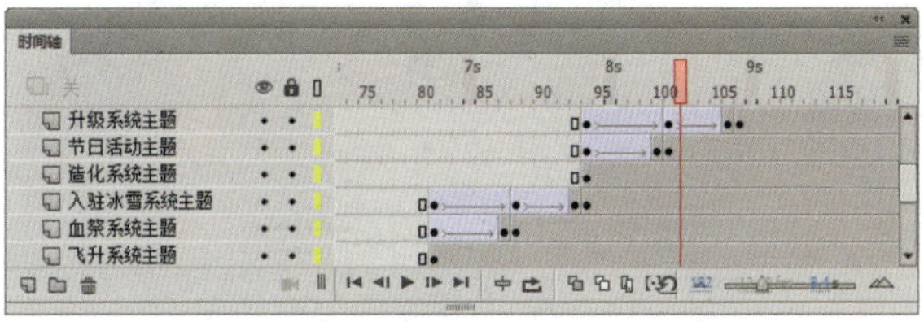

图6-44　图标动画“时间轴”

图6-45　导入“灯笼.png”“官网首页.png”素材

21 双击该元件，进入元件编辑模式，再将元件转换为“按钮”元件，双击按钮元件。

22 在“指针经过”状态插入关键帧，并导入“官网首页 2.png”素材，更换文字素材，如图 6-46 所示。

23 新建图层，在“点击”状态插入关键帧，使用“钢笔工具”，在舞台中绘制一个红色灯笼图形，如图 6-47 所示。

图6-46　导入“官网首页2.png”素材

图6-47　绘制红色灯笼图形

24 返回“主动画”元件编辑窗口，插入多个关键帧，依次向左移动元件，制作元件位移传统补间动画，如图 6-48 所示。

25 使用相同的方法，制作其他的网页按钮，如图 6-49 所示。

图6-48　制作元件位移动画

图6-49　制作其他网页按钮

26 网页按钮位移效果如图 6-50 所示。

图6-50　网页按钮位移效果

27 新建脚本图层，选中第 127 帧，插入关键帧，打开“动作”面板，添加“stop ();”停止代码。

28 单击窗口左上角的“场景 1”按钮，返回“场景 1”，新建图层，改名为“雪花”，修改舞台颜色为浅灰色，使用“椭圆工具”在舞台底部绘制多个白色小圆点，制作雪花效果，如图 6-51 所示。

29 继续绘制稍微大一点的白色圆点，如图 6-52 所示。

图6-51　绘制白色小圆点

图6-52　继续绘制变大的白色圆点

30 选中第 70 帧，插入关键帧，制作雪花向下移动的传统补间动画，如图 6-53 所示。

图6-53　制作雪花位移动画

31 在“雪花”图层上方新建一个脚本图层，打开“动作”面板，输入代码“fscommand ("fullscreen", "true")；”。

32 完成该广告的制作，按 <Ctrl+Enter> 组合键测试动画效果，如图 6-54 所示。

图6-54　测试动画效果

6.4 案例 2——婚庆公司按钮式广告

本节将以婚庆公司按钮式广告为案例为读者讲解详细的制作步骤，广告的整体色调为暖色调，给人呈现出一种温馨的气氛。包裹按钮的设计，和卡通小动物的动画为广告增添了趣味性。

6.4.1 效果赏析与技术要点

首先呈现出广告的最终效果图以及制作过程中应注意的技术要点，为下面的设计操作做好前提准备。

1. 效果赏析

动态效果如图 6-55 所示。

图6-55　婚庆公司按钮式广告

2. 技术要点

本案例制作的婚庆公司按钮式广告中主要运用的功能与技术要点如下：

- 传统补间：使用传统运动补间制作位移和大小变换动画。
- 按钮元件：使用按钮元件制作关闭按钮。
- 遮罩动画：使用遮罩动画实现显示区域。

6.4.2 导入素材

导入广告素材，制作广告动画

01 启动 Animate CC，新建空白文档，并设置舞台大小为 800×500 像素，帧频设置为 30fps，如图 6-56 所示。

02 执行“文件”→“导入”→“导入到舞台”命令，导入“钻石背景.png”背景素材到舞台，如图6-57所示。

图6-56 新建文档

图6-57 导入“钻石背景.png”素材

03 选中第 289 帧，按 <F5> 键，插入普通帧。

04 新建“图层 2”，选中第 40 帧，插入关键帧，导入“婚礼包裹.png”素材，移动到舞台下方外侧，如图 6-58 所示。

05 选中第 145 帧，插入关键帧，移动元件至舞台中心位置，如图 6-59 所示。

图6-58 导入“婚礼包裹.png”素材

图6-59 移动元件

06 在两个关键帧之间创建传统补间动画，制作元件位移动画，如图 6-60 所示。

07 在第 146 帧插入空白关键帧，在第 215 帧插入关键帧，导入“白色光标.png”和“黑色光标.png”素材，旋转并调整素材位置，将素材叠放，如图 6-61 所示。

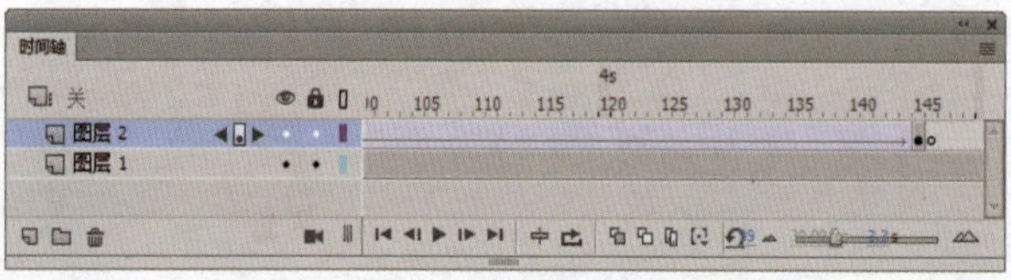

图6-60 创建传统补间动画

图6-61 导入素材

08 选中两个素材，按 <F8> 键，转换为“影片剪辑”元件，双击该元件，进入元件编辑模式。

09 分别将两个元件放置不同的图层，设置黑色光标元件的“Alpha”值为 10。

10 制作朝着箭头指向方向上下位移的传统补间动画，如图 6-62 所示。

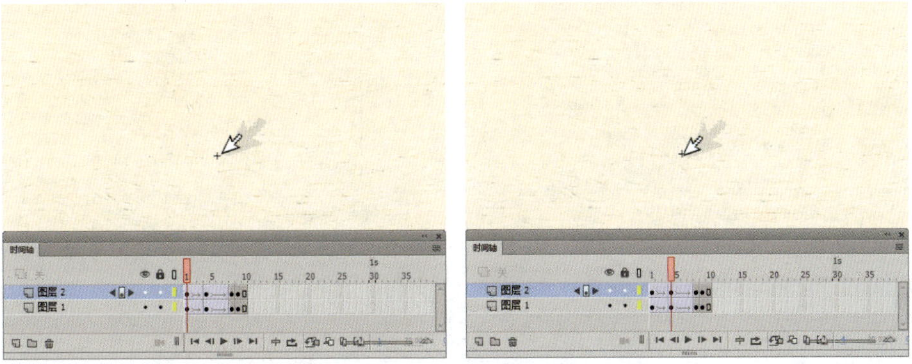

图6-62　制作位移传统补间动画

11 返回上一个元件编辑窗口，单击光标元件，在“属性”面板设置“Alpha”值为 0；在第 217 帧中插入关键帧，修改“Alpha”值为 67；在第 218 帧插入关键帧，设置元件的“色彩效果”的“样式”为“无”。

12 在第 215~217 帧中创建传统补间动画，如图 6-63 所示。

13 选中第 289 帧插入关键帧，在该帧添加“stop();”代码。

14 新建“图层 3”，选中第 40 帧，插入关键帧，导入“气球 .png”素材，移动至舞台底部包裹的位置，如图 6-64 所示。

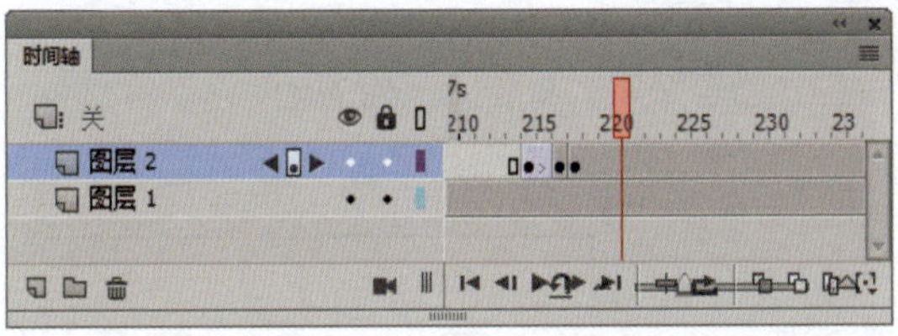

图6-63　创建传统补间动画

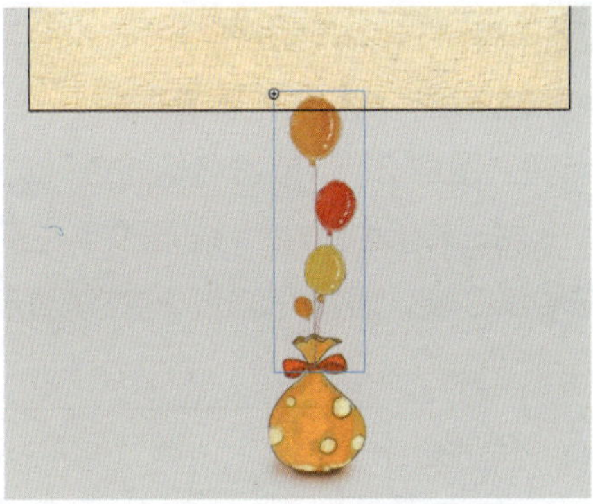

图6-64　导入素材

15 双击气球元件，进入元件编辑模式，制作气球左右摇摆的传统补间动画，如图 6-65 所示。

16 返回上一个元件编辑窗口，选中第 144 帧插入关键帧，向上移动气球元件到适当的位置，如图 6-66 所示。

17 在第 40~144 帧之间创建传统补间动画，如图 6-67 所示。

18 新建“图层 4”，选中第 190 帧，插入关键帧。使用“文本工具”，在舞台中输入文本，如图 6-68 所示。

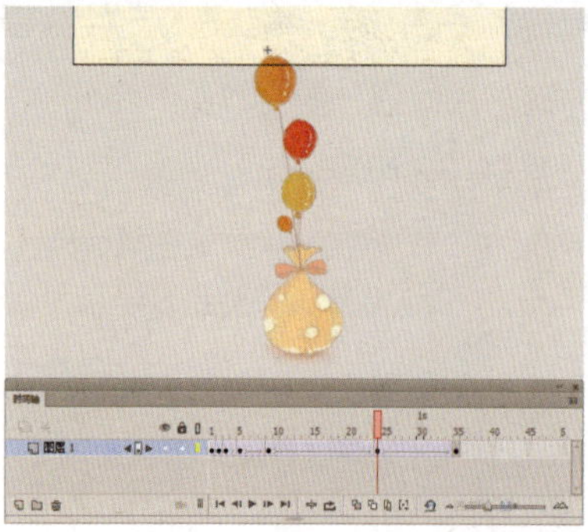

图6-65　制作传统补间动画

图6-66　移动元件

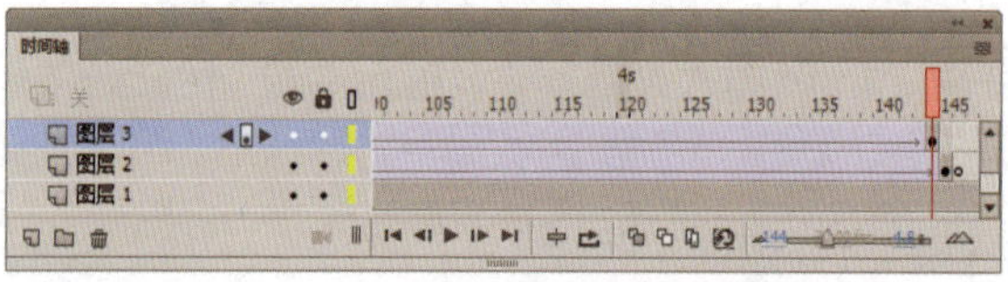

图6-67　创建传统补间动画

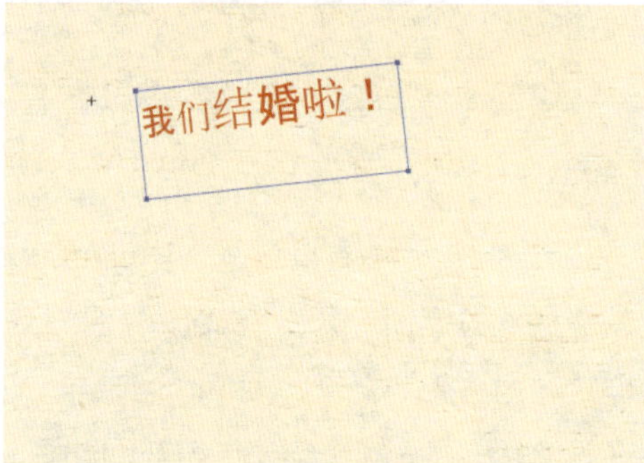

图6-68　输入文本

19 选中文本，按 <F8> 键，转换为“影片剪辑”元件，双击该元件，进入元件编辑模式。

6.4.3 制作遮罩动画

使用遮罩层，制作文字遮罩动画。

01 新建“图层 2”，单击鼠标右键，选择“遮罩层”选项，创建一个遮罩层，导入“彩条.png”素材，转换为元件，移动至文字左侧，如图 6-69 所示。

02 选中第 3 帧，插入关键帧，向右移动元件，遮住小部分文本，如图 6-70 所示。

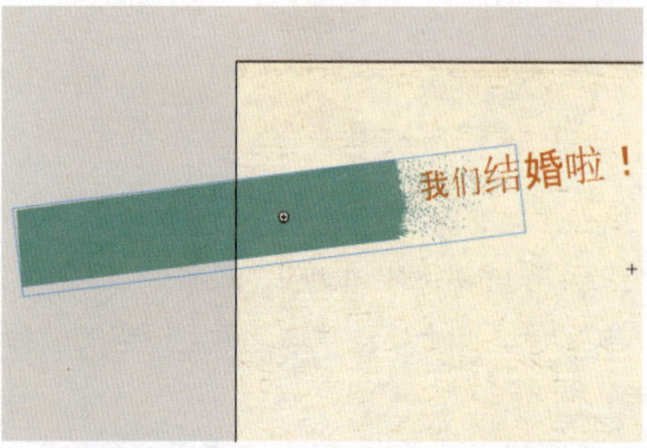

图6-69　导入“彩条.png”素材

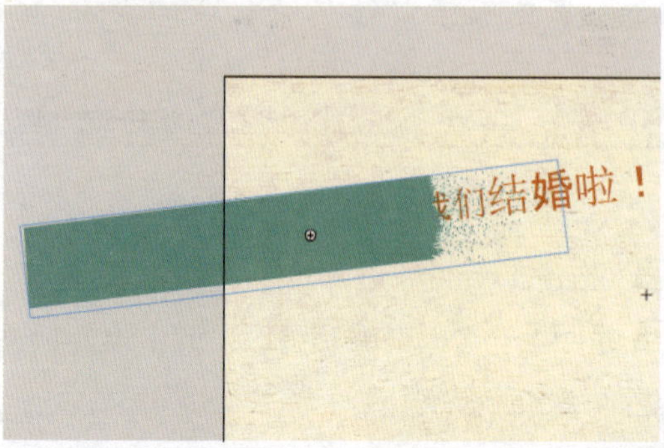

图6-70　移动元件

03 选中第 19、20 帧，插入关键帧，继续移动元件，直到完全遮住文本，如图 6-71 所示。

04 在第 1~19 帧之间都创建传统补间动画，如图 6-72 所示。

图6-71　移动元件

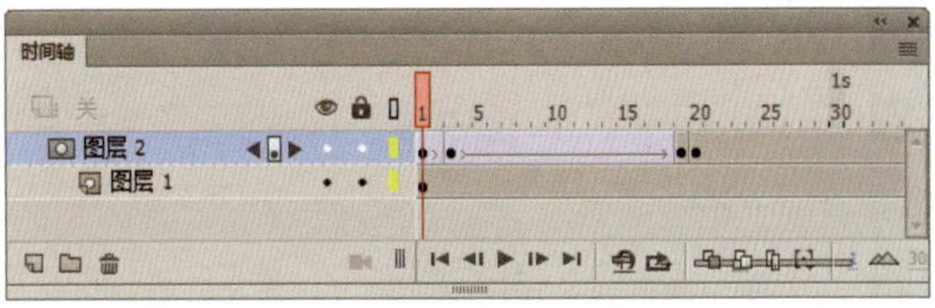

图6-72　创建传统补间动画

05 输入其他文本，如图6-73所示，使用相同的方法，制作其他文本的遮罩动画，如图6-74所示。

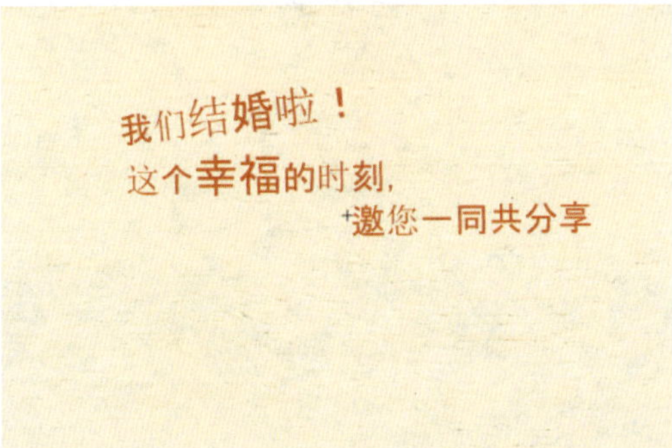

图6-73　输入其他文本

图6-74　制作文本遮罩

06 锁定所有遮罩层与被遮罩层，“时间轴”如图 6-75 所示。

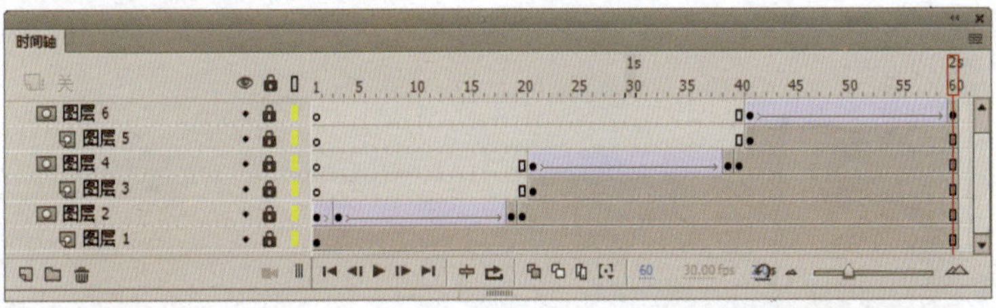

图6-75　锁定遮罩层与被遮罩层

07 舞台中的遮罩动画效果如图 6-76 所示。

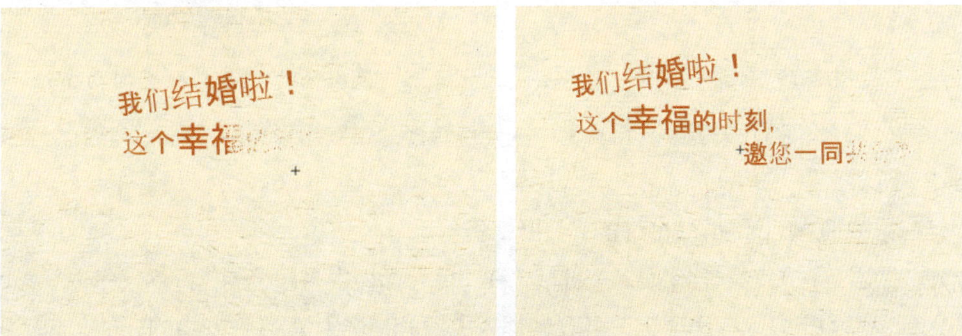

图6-76　遮罩动画效果

6.4.4 制作元件动画

制作广告中的物体元件动画以及按钮元件。

01 新建“图层 7”，在第 60 帧插入关键帧，添加“stop();”停止代码。

02 返回上一元件的编辑窗口，在第 289 帧中插入关键帧，同样添加“stop();”停止代码。

03 新建“图层 5”，选中第 146 帧，插入关键帧，将“图层 2”中的包裹元件复制到舞台中，如图 6-77 所示。

04 选中第 148 帧，插入关键帧，使用“任意变形工具”旋转元件，如图 6-78 所示。

图6-77 复制元件

图6-78 旋转元件

05 选中第 152 帧，插入关键帧，继续旋转元件，如图 6-79 所示。

06 继续插入多个关键帧，依次调整元件的位置，制作包裹左右晃动然后下落的传统补间动画，如图 6-80 所示。

图6-79 旋转元件

图6-80 制作传统补间动画

07 选中第 239 帧，插入关键帧，将舞台中的元件转换为“按钮”元件，插入“按钮”关键帧，如图 6-81 所示。

08 同样在第 289 帧，添加“stop();”停止代码。

09 新建“图层 6”，在第 145 插入关键帧，在“库”面板中将已经制作好的“气球”影片剪辑元件拖入到包裹的上方。在第 146、190 帧插入关键帧，选中第 190 帧中的元件，向上移动，如图 6-82 所示。

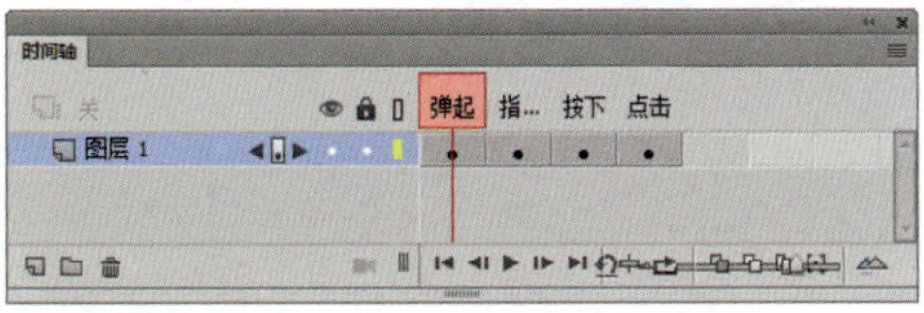

图6-81　“按钮”关键帧

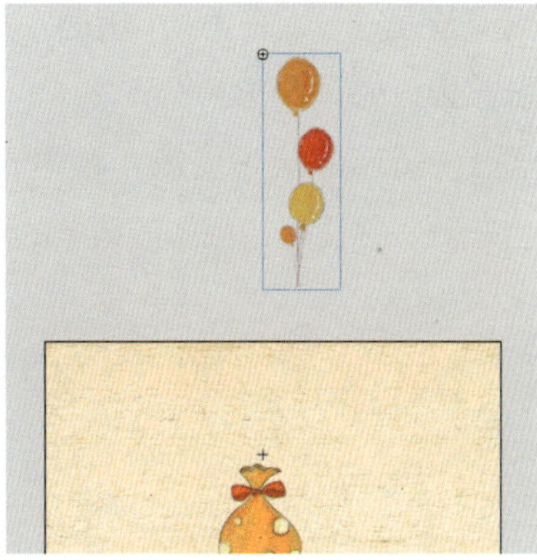

图6-82　移动元件

10 在关键帧之间创建传统补间动画。

11 新建“图层 7”，选中第 239 帧插入关键帧，打开“点击按钮动画 .fla”文件，将打开的文件拖入到舞台中，移动至包裹右侧，如图 6-83 所示。

12 继续在第 289 帧，添加“stop();”停止代码，“时间轴”显示如图 6-84 所示。

图6-83　添加素材

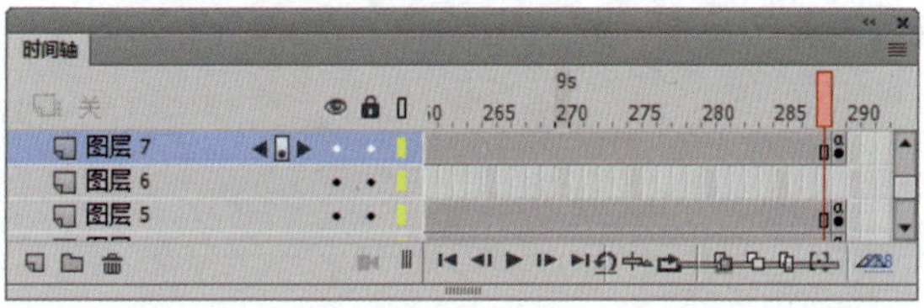

图6-84　添加代码

13 新建“图层 8”，导入“云 .png”素材到舞台，并转换为“影片剪辑”元件，如图 6-85 所示。

14 双击该元件，进入元件编辑模式，制作元件动画。将第 1 帧的元件“Alpha”值设置为 40，修改第 11 帧中的元件“色彩效果”的“样式”为“无”，在第 23 帧中再次设置元件的“Alpha”值为 0，在关键帧之间创建传统补间动画，如图 6-86 所示。

图6-85　导入“云.png”素材

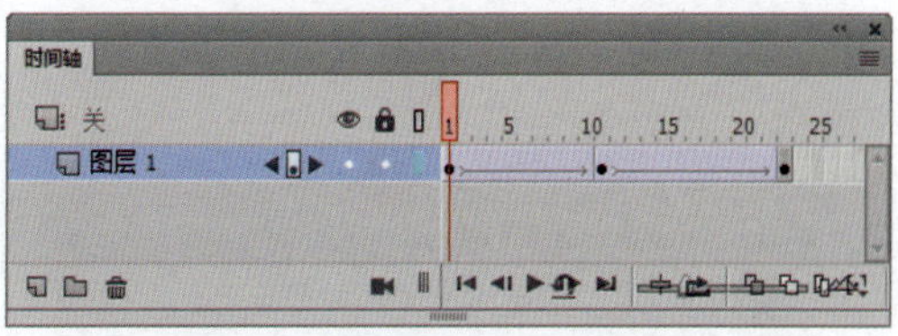

图6-86　创建传统补间动画

15 新建“图层 2”，在第 11 帧插入关键帧，使用相同的方法继续制作传统补间动画，制作两朵云重影效果，如图 6-87 所示。

16 返回上一个元件，设置第 1 帧中元件的“Alpha”值为 0，在第 70 帧插入关键帧，移动元件至舞台左侧，并设置“色彩效果”的“样式”为“无”，如图 6-88 所示。

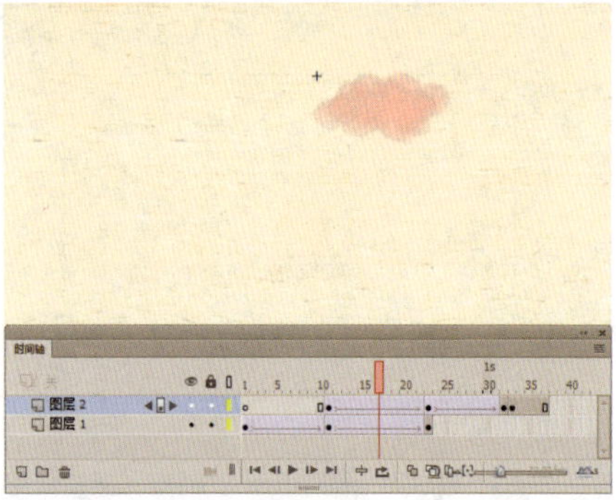
图6-87　制作传统补间动画

图6-88　调整元件

17 选中第 180 帧插入关键帧，将元件移动至舞台上侧外部，如图 6-89 所示。

18 在第 185 帧插入关键帧，继续向上移动元件，在每个关键帧之间创建传统补间动画，如图 6-90 所示。

图6-89　移动元件

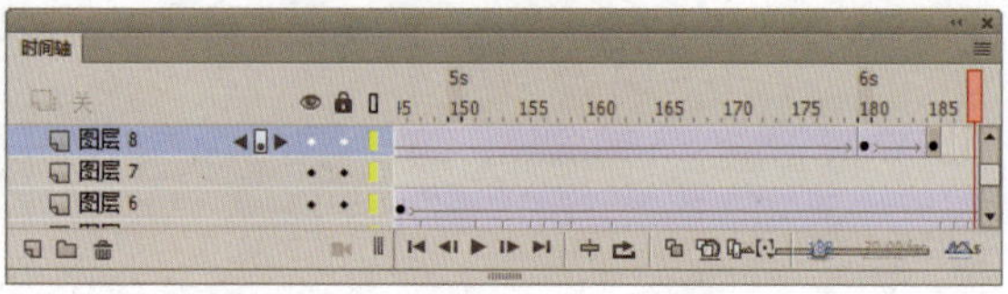
图6-90　创建传统补间动画

19 使用相同的方法，制作“图层 9”和“图层 10”中的内容，适当调整元件的大小和位置，如图 6-91 所示。

20 新建“图层 11”，选中第 200 帧插入关键帧，导入“小熊.png”素材，转换为元件，移动至舞台外侧，如图 6-92 所示。

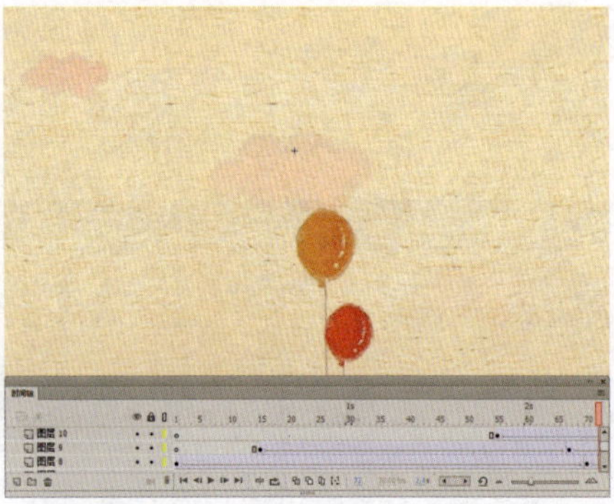
图6-91　制作传统补间动画

图6-92　导入“小熊.png”素材

21 双击元件，进入元件编辑模式，制作元件上下位移并水平翻转的传统补间动画，如图 6-93 所示。

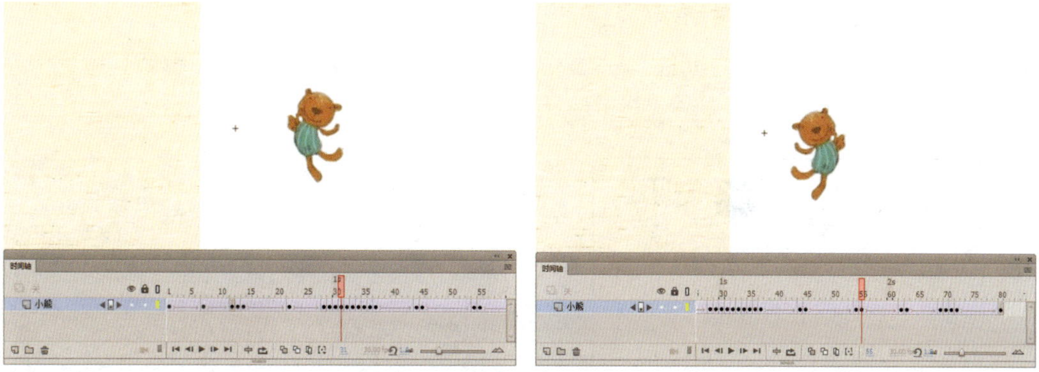

图6-93　制作位移传统补间动画

22 在小熊位置下方绘制一个黑色渐变椭圆，并制作小熊阴影的传统补间动画，如图 6-94 所示。

23 返回上一个元件编辑窗口，在第 219 帧插入关键帧，移动元件至舞台内部，如图 6-95 所示。

图6-94　制作小熊阴影传统补间动画

图6-95　移动元件

24 在两个关键帧之间创建传统补间动画。

25 在第 220 帧中插入关键帧，在第 289 帧中添加 “stop();” 停止代码。

26 继续制作兔子的元件动画和位移传统补间动画，如图 6-96 和图 6-97 所示。

图6-96　兔子元件动画

图6-97　兔子元件位移传统补间动画

27 同样在第 289 帧中添加“stop();”停止代码。

28 单击窗口左上角的“场景 1”按钮，返回“场景 1”，新建“图层 2”，绘制一个关闭按钮，移动至舞台右上角，如图 6-98 所示。

29 将关闭按钮转换为“按钮”元件，并插入“按钮”关键帧，如图 6-99 所示。

图6-98　绘制关闭按钮

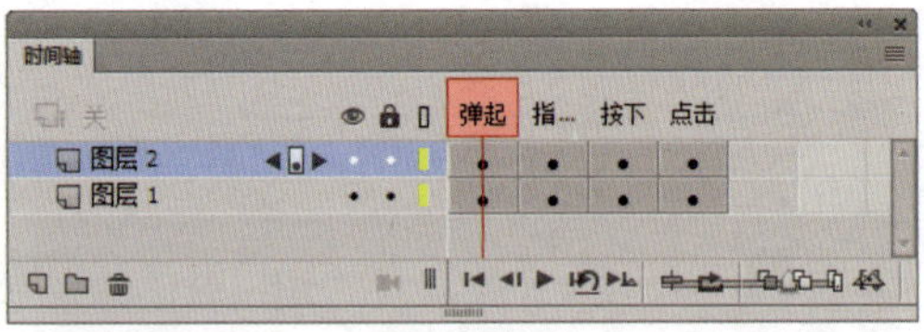

图6-99　插入“按钮”关键帧

30 完成该广告的制作，按 <Ctrl+Enter> 组合键测试动画效果，如图 6-100 所示。

图6-100　测试动画效果

6.5 专业指引——如何评价网络广告效果?

网络广告飞快发展，各种形式相继出现，那么什么样的网络广告才是有效的网络广告呢？才能称为成功的例子呢？而且如何合理地评估网络广告发布后的效果呢？要想网络广告能得到持续发展，只有找到问题的答案，才能让网络广告在未来发展中有方向可寻，实现长效发展。综合来看，网络广告效果的评价主要从以下 3 个方面来实现。

1. 注意率

包括广告的接触者数量，接触者范围以及在一定时期内接触广告的次数即接触频率，网页的停留时间等数据指标。这是反映网络广告最直接、最有说服力的量化指标，实际是对广告交流效果的评定。一个成功的广告内容必定会激起消费者的兴趣，采用对比分析法，在一定时间内，一个广告被点击的次数远远高于其他同类型的广告，或是经过转载，传播到更广泛的网络区域，说明这个广告是一个成功的广告。其设计方法，表现形式都值得肯定，值得其他广告设计借鉴。

当然造成注意率不同的原因可能是多方面的，设计者在制作过程中需要综合考虑各个因素，形成综合思维，才能找出问题所在，全面地解决问题。

2. 到达率

包括 3 个层次：知名度，理解率，确信率。即通过广告活动，企业的名称品牌等在消费者中知道了多少，又有多少消费者理解了广告所传达的各种信息，又有多少消费者信服了这些广告信息，继而采取了一定的行为或心理态度的转变。在广告投放的一定时间内，广告所包含的内容信息被大量消费者获知，提高了广告主所推产品的知名度和关注度，说明这个广告是一个成功的例子。

3. 行动率

包括 3 个方面：一是消费者对企业的正向心态即对企业的赞许态度的增加与否；二是市场销售额的变化；三是从市场占有率的变化等来确定广告在促成购买行动上的作用。也就是广告的投资回报率。采用加权计算法，通过广告投放前后产品的被关注度和销售状况数量上的变化来衡量广告的效果。如果广告效应促使产品销售量大幅度提高，则说明该广告具有良好的效果，如果反应平平甚至没有改变，则说明广告的内容需要进一步改进。

第 7 章

通栏广告

通栏广告面积较大，通常被放置在网页的重要位置，但也要注意避免造成浏览者的视觉疲劳。

本章的主要内容以服装通栏广告和通讯公司通栏广告两个精彩的案例，向读者详细介绍网络通栏广告的创建技巧和设计方法。通过本章两个案例的学习，读者也能独立制作出优秀的通栏广告。

7.1 通栏广告

通栏广告以横贯页面的形式出现，该广告形式尺寸较大，一般大小被设定为 468×60 像素或 233×30 像素，如图 7-1 所示，视觉冲击力强，能给消费者留下深刻印象。

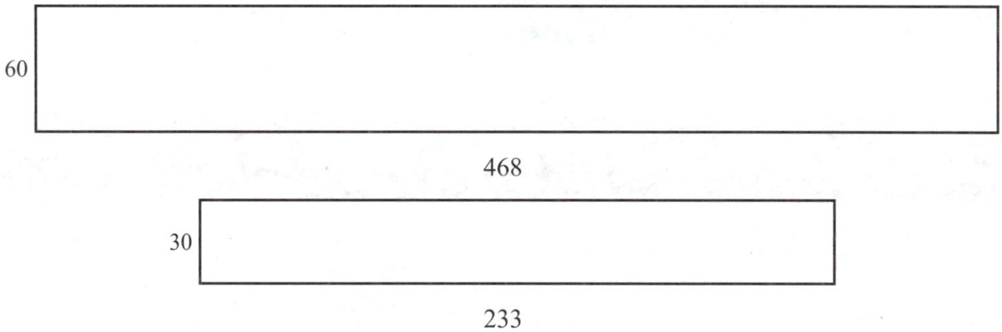

图7-1　通栏广告尺寸规格

通栏广告特别适合活动信息发布、产品推广和庆典等。这种广告不仅仅是画面较大，而且如果在推出的广告中配上一些“信息单元”，这些广告就如同一个小型网站。利用 Flash 技术创建几个生动的画面，这些画面被用在这些“信息单元”中，使得消费者直接在广告上通过鼠标点击就可以直接观看更多的信息，从而避免了链接到其他地方的麻烦。

7.2 通栏广告理论基础

在学习通栏广告的制作之前，先学习一下有关通栏广告的理论基础知识。

7.2.1 通栏广告的分类概述

按照表现形式的不同，通栏广告可分为静态通栏广告、动态通栏广告和交互式通栏广告 3 种类型，如图 7-2 所示。

静态通栏广告

动态通栏广告

互动通栏广告

图7-2　通栏广告类型

7.2.2 通栏广告的设计要求

通栏广告一般被放置在网页的中部显眼的位置，尺寸较大，消费者在浏览网页的过程中很容易发现。通栏广告的设计要求如下。

1. 文字要求

也就是广告的标题，在设计通栏广告的过程中一定要注意文字的使用，首先字体要大，且所表述的内容新颖别致，能一下子抓住消费者的注意力，如图 7-3 所示。

图7-3　通栏广告实例

2. 颜色方面

通栏广告比横幅广告的内容要更加丰富，内容展示上更加炫目，所以在图片颜色数上可以比横幅广告多，但切忌颜色过于繁多杂乱。太过复杂的内容会给消费者带来视觉疲劳，反而不利于广告的传播，如图 7-4 所示。

图7-4　通栏广告案例

总之，通栏广告在设计过程中要注意图形和文字的合理利用，通过图形与文字的结合，力求广告内容主题明确，创意新颖，冲击力强。

7.3 案例 1——服装通栏广告

本节以服装通栏广告为例为大家讲解详细的制作步骤，广告内容主要以橙色的色调为主，亮点在于后面图形动画，文本信息简单明了，直击主题。整个动画分为 3 个画面，动画形式活泼生动，制作有所难度，读者需根据步骤，详细解读。

7.3.1 效果赏析与技术要点

首先通过对本案例的效果赏析和技术要点的讲解，让读者先了解一下本案例的基本信息。

1. 效果赏析

动态效果如图 7-5 所示。

2. 技术要点

本案例制作的服装通栏广告中主要运用的功能与技术要点如下：

- ◆ 传统补间：使用传统运动补间制作元件出入场动画。
- ◆ 遮罩动画：使用遮罩动画实现显示区域。
- ◆ Alpha 值：通过颜色的 Alpha 值，实现颜色的渐变过渡效果。

图7-5　服装通栏广告

7.3.2 制作背景

导入背景素材，制作广告背景动画。

01 启动 Animate CC，新建空白文档，并设置舞台大小为 670×200 像素，如图 7-6 所示。

02 执行“文件”→“导入”→“导入到舞台”命令，导入“背景.png”素材，如图 7-7 所示。

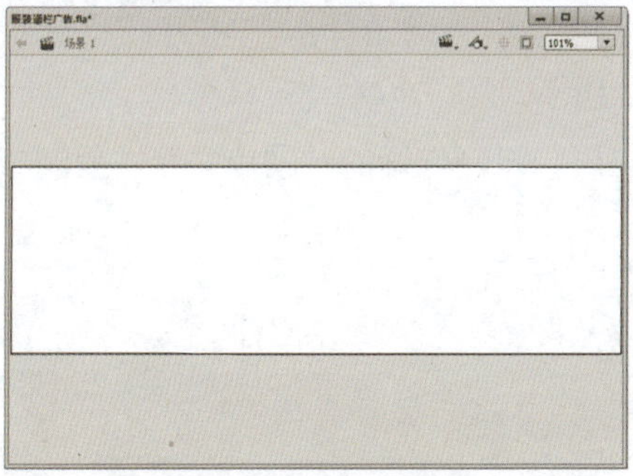

图7-6　新建文档

图7-7　导入“背景.png”素材

03 单击背景，按 <F8> 键，将背景素材转换为“影片剪辑”元件，选中第 15 帧插入关键帧；在“属性”面板中设置第 1 帧中的背景元件“Alpha”值为 0，如图 7-8 所示。

04 在两个关键帧之间创建传统补间动画，如图 7-9 所示，并选中第 180 帧，按 <F5> 键，插入普通帧。

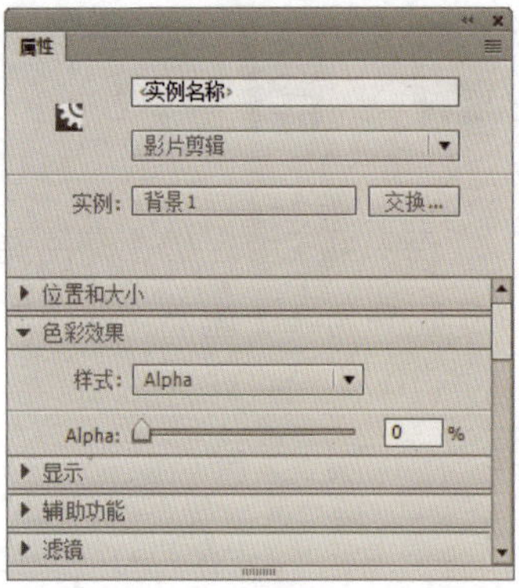

图7-8　设置“Alpha”值为0

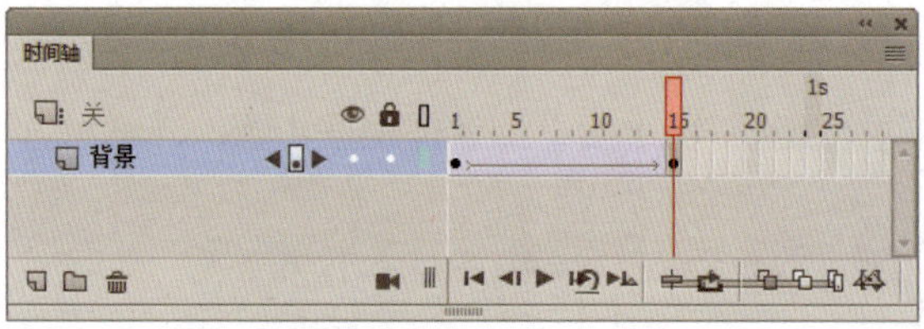

图7-9　创建传统补间动画

05 新建“图层 2”，改名为“圆点”，执行“插入”→“新建元件”命令，新建一个名为“圆点”的“影片剪辑”空白元件，在“库”面板中将空白元件拖入到舞台中，双击该元件。

06 选中第 15 帧，插入关键帧，使用“椭圆工具”在舞台上方绘制一个白色小正圆，如图 7-10 所示。

07 将小圆点转换为元件，设置第 15 帧中的元件“Alpha”值为 0；在第 27 帧中插入关键帧，将元件“色彩效果”的“样式”设置为“无”，并放大圆点，移动圆点的位置，如图 7-11 所示。

08 选中第 38 帧，插入关键帧，设置元件的“Alpha”值为 0，并缩小圆点，将圆点移动到舞台中，如图 7-12 所示。

图7-10　绘制圆点

图7-11　调整圆点

图7-12　调整圆点

09 在每个关键帧之间创建传统补间动画，如图 7-13 所示。

10 单击窗口左上角的“场景 1”按钮，返回“场景 1”，将制作好的“圆点”元件复制一次，移动到舞台上方，如图 7-14 所示。

11 选中第 180 帧，按 <F5> 键，插入普通帧。

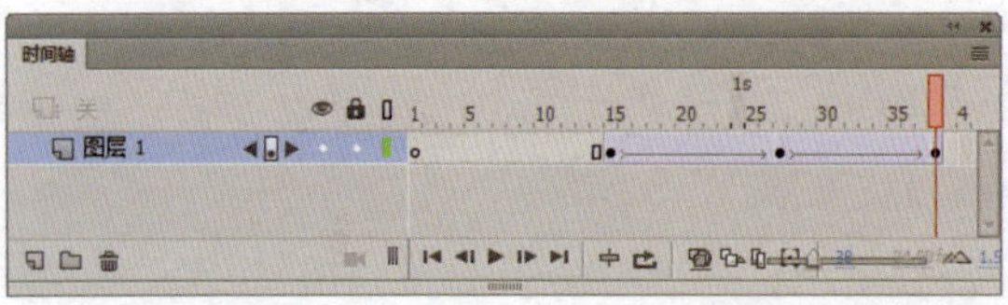

图7-13　创建传统补间动画

图7-14　复制元件

12 新建图层，改名为“路 1”，选中第 25 帧插入关键帧，导入“路 1.png”素材，如图 7-15 所示。

7.3.3 制作遮罩动画

使用遮罩层，制作图形遮罩动画。

01 创建该图层的遮罩层，并使用“钢笔工具”绘制一个黑色图形，如图 7-16 所示。

图7-15　导入“路1.png”素材

图7-16　绘制黑色图形

02 将黑色图形转换为“影片剪辑”元件，在第 35 帧插入关键帧，使用“任意变形工具”放大图形，如图 7-17 所示。

03 在两个关键帧之间创建传统补间动画，如图 7-18 所示。选中两个图层的第 180 帧插入普通帧。

图7-17　放大元件

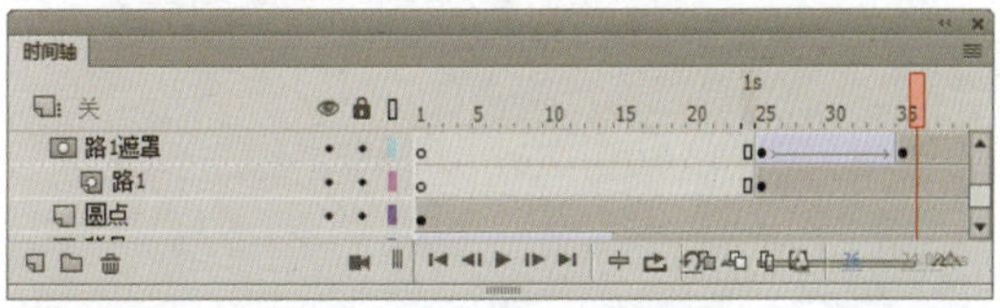

图7-18　创建传统补间动画

04 继续导入“路 2.png”和“路 3.png”素材，使用相同的方法，制作元件的遮罩动画，隐藏遮罩层与被遮罩层，遮罩动画效果如图 7-19 所示。

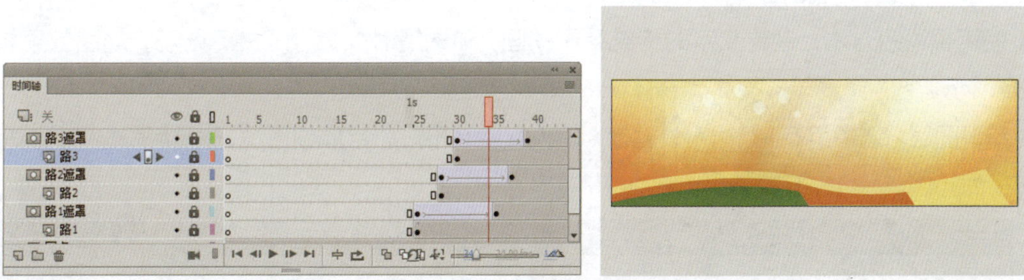

图7-19　遮罩动画

7.3.4 制作主动画

添加人物、图标素材，并添加文字，制作广告主要内容。

01 新建图层，改名为“人物”，选中第 15 帧插入关键帧，导入“模特 .png”素材，如图 7-20 所示。

02 将素材转换为元件，在第 27 帧插入关键帧，设置第 15 帧中的元件“Alpha”值为 0，在两个关键帧之间创建传统补间动画，如图 7-21 所示。

图7-20　导入“模特.png”素材

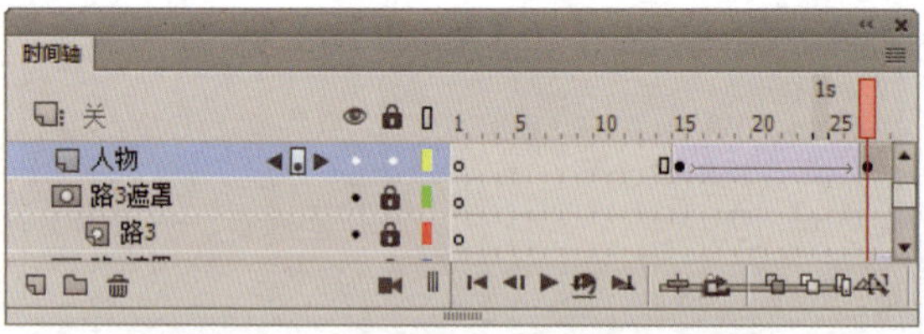

图7-21　创建传统补间动画

03 新建“logo”图层，选中第 39 帧插入关键帧，导入“图标背景 .png”和“服装标志 .png”素材，并在图标背景输入文字，移动至舞台右上角外侧，如图 7-22 所示。

04 将素材与文字全部选中，按 <F8> 键，转换为元件，设置元件的“Alpha”值为 0；在第 47 帧插入关键帧，设置“色彩效果”的“样式”为“无”，继续插入多个关键帧，向下移动元件，如图 7-23 所示。

图7-22　制作图标

图7-23　移动元件

05 在每个关键帧之间创建传统补间动画，如图 7-24 所示。

06 使用相同的方法，制作文字的传统补间动画，“时间轴”如图 7-25 所示，动画效果如图 7-26 所示。

07 新建图层，选中第 50 帧插入关键帧，输入文字“不”，字体颜色设置为 (#B23A01)，将文字转换为元件。

图7-24　创建传统补间动画

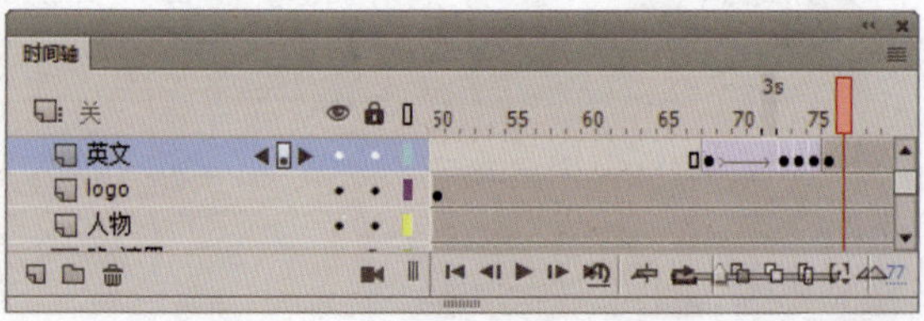

图7-25　创建传统补间动画

图7-26　文字动画效果

08 在“属性”面板设置文字元件的“Alpha”值为 0，如图 7-27 所示。

09 选中第 55 帧插入关键帧，设置元件“色彩效果”的“样式”为“无”，并向右下稍微移动元件，如图 7-28 所示。

图7-27　设置元件“Alpha”值为0

图7-28　移动元件

10 继续插入多个关键帧，并依次左右稍微移动元件，在每个关键帧之间创建传统补间动画，如图 7-29 所示。

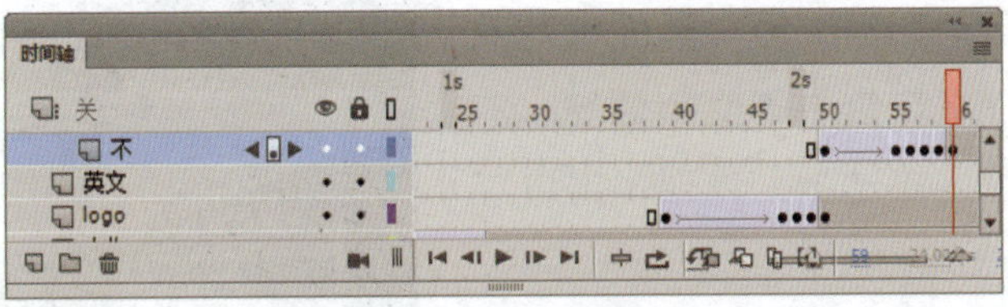

图7-29　创建传统补间动画

11 使用相同的方法，制作其他文字的传统补间动画，如图 7-30 所示。

图7-30　制作其他文字的传统补间动画

12 在所有图层的第 180 帧，按 <F5> 键，插入普通帧。

13 完成该广告的制作，按 <Ctrl+Enter> 组合键测试动画效果，如图 7-31 所示 。

图7-31　测试动画效果

7.4 案例 2——通讯公司通栏广告

本节以通讯公司通栏广告为例为大家讲解详细的制作步骤，广告主要以页面轮播的形式播放，几个页面会自动切换，每个页面都有美女手指引导消费者注意广告中的文字信息，广告中设计的营业厅查询小动画，体现了通讯广告的便利性。

7.4.1 效果赏析与技术要点

首先呈现出广告的最终效果图以及制作过程中应注意的技术要点，为下面的设计操作做好前提准备。

1. 效果赏析

动态效果如图 7-32 所示。

图7-32　通讯公司通栏广告

2. 技术要点

本案例制作的通讯公司通栏广告中主要运用的功能与技术要点如下：

- 传统补间：使用传统运动补间制作出入场动画。
- 形状补间：使用形状补间制作矩形动画。
- 遮罩动画：使用遮罩动画实现显示区域。

- 元件滤镜：为文字添加滤镜，制作发光、投影效果。
- 色彩效果：为元件添加色彩效果实现不同的透明度。

7.4.2 导入素材

导入背景素材，制作广告背景动画。

01 启动 Animate CC，新建空白文档，并设置舞台大小为 776×220 像素，帧频为 30fps，舞台颜色设置为 (#77BBD9)，如图 7-33 所示。

02 执行“文件”→“导入”→“导入到舞台”命令，导入“背景 .png”素材，如图 7-34 所示。

图7-33　新建文档

图7-34　导入“背景.png”素材

03 将背景素材转换为“影片剪辑”元件，选中第 122 帧，按 <F6> 键，插入关键帧，稍微向下移动元件，如图 7-35 所示。

04 继续插入多个关键帧，依次向下移动元件，如图 7-36 所示。

图7-35　移动元件

图7-36　移动元件

05 在关键帧之间创建传统补间动画，如图 7-37 所示，选中第 464 帧，按 <F5> 键，插入普通帧。

06 新建图层，导入“美女 .png”素材，移动到舞台右侧，如图 7-38 所示。

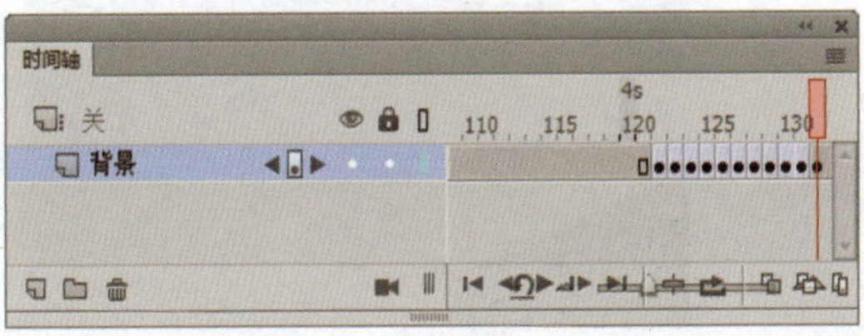

图7-37　创建传统补间动画

图7-38　导入“美女.png”素材

07 新建图层，改名为“营业厅”，选中第 32 帧，插入关键帧，导入“营业栏 .png”和“营业厅 .png”素材，将两个素材转换为“影片剪辑”元件，如图 7-39 所示。

7.4.3 制作遮罩动画

使用遮罩层，制作遮罩动画。

01 双击该元件，进入元件编辑模式，创建遮罩层，插入关键帧，使用“刷子工具”，在舞台中涂抹元件，如图 7-40 所示。

图7-39　导入素材

图7-40　制作元件遮罩

02 隐藏遮罩层与被遮罩层，效果如图 7-41 所示。

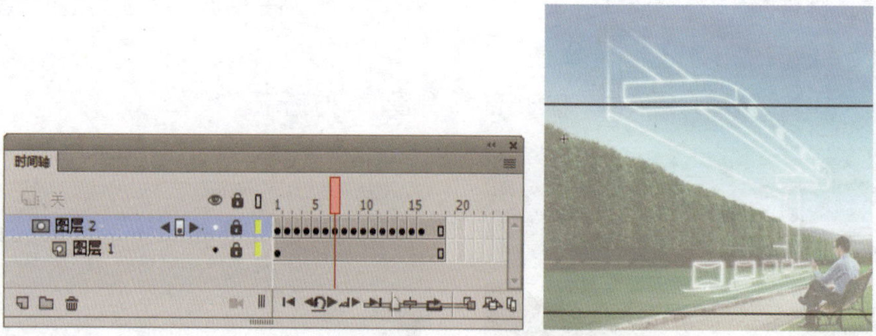

图7-41　遮罩效果

03 新建“图层 3”，复制“营业厅”元件到第 19 帧，选中第 42 帧，按 <F5> 键，插入普通帧。

04 新建“图层 4”，在第 19 帧插入关键帧，添加“stop ();”停止代码。

05 单击窗口左上角的“场景 1”按钮，返回“场景 1”，在第 115~123 帧插入多个关键帧，依次向左移动元件，调整元件的透明度，如图 7-42 所示；第 123 帧中元件的“Alpha”值为 0，如图 7-43 所示。

图7-42　调整元件

图7-43　调整元件

06 在每个关键帧创建传统补间动画，如图 7-44 所示。

7.4.4 制作光束动画

使用遮罩层，制作光束一闪而过动画。

01 新建图层，改名为“发射光”，在第 15 帧插入关键帧，导入“光束 .png”素材，将素材转换为元件，如图 7-45 所示。

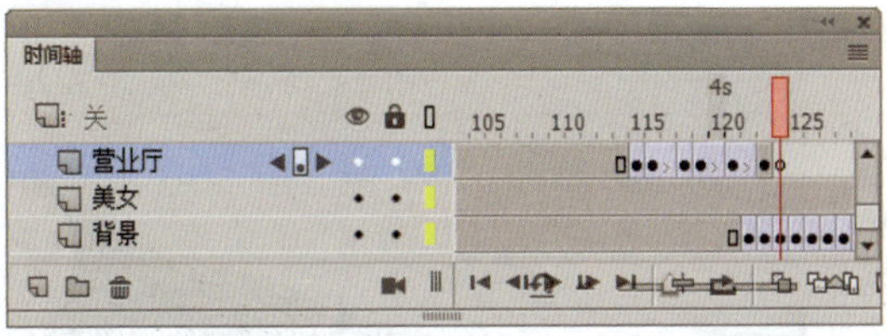

图7-44　创建传统补间动画

图7-45　导入“光束.png”素材

02 双击元件，进入元件编辑模式，选中第 18 帧，按 <F5> 键，插入普通帧。

03 创建一个遮罩层，使用“矩形工具”在右下角的光束中绘制一个矩形，如图 7-46 所示。

04 选中第 17、18 帧，插入关键帧，使用“任意变形工具”变形矩形，如图 7-47 所示。

图7-46　绘制矩形

图7-47　变形矩形

05 选中第 17 帧中的矩形，删除矩形填充区域，如图 7-48 所示。

06 在第 1~17 帧之间创建形状补间动画，如图 7-49 所示。

图7-48　删除矩形填充

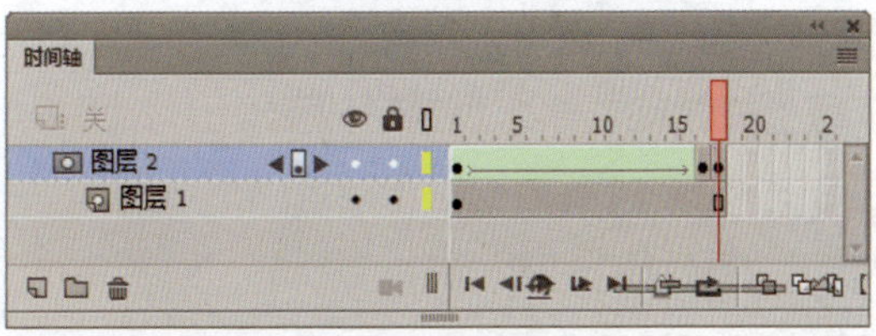

图7-49　创建形状补间动画

07 新建“图层 3”，在第 19 帧插入关键帧，将光束元件复制到舞台中；新建“图层 4”，在第 19 帧插入关键帧，添加“stop ();”停止代码。

08 单击窗口左上角的“场景 1”按钮，返回“场景 1”，选中第 115、121 帧插入关键帧，设置第 121 帧中元件的“Alpha”值为 0，在两个关键帧之间创建传统补间动画，如图 7-50 所示。

7.4.5 制作文字动画

制作文字动画，传递广告信息。

01 新建图层，改名为“广告语 1”，选中第 60 帧，插入关键帧，使用“文本工具”在舞台中输入白色文本，如图 7-51 所示。

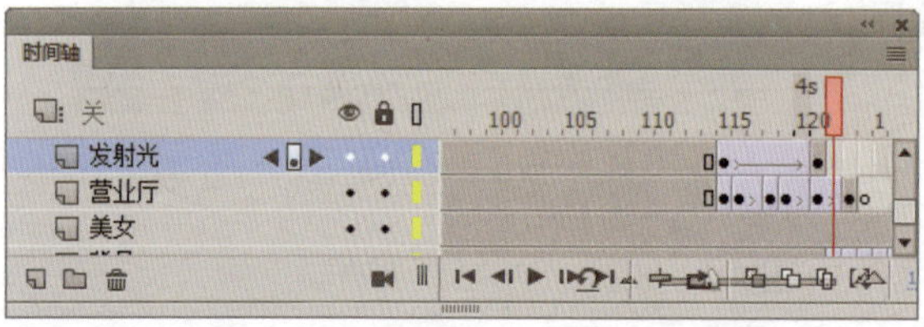

图7-50　创建传统补间动画

图7-51　输入文本

02 将文本转换为“图形”元件，双击该元件，进入元件编辑模式。单击文本，在“属性”面板添加文本“发光”“投影”滤镜，如图 7-52 所示，文字效果如图 7-53 所示。

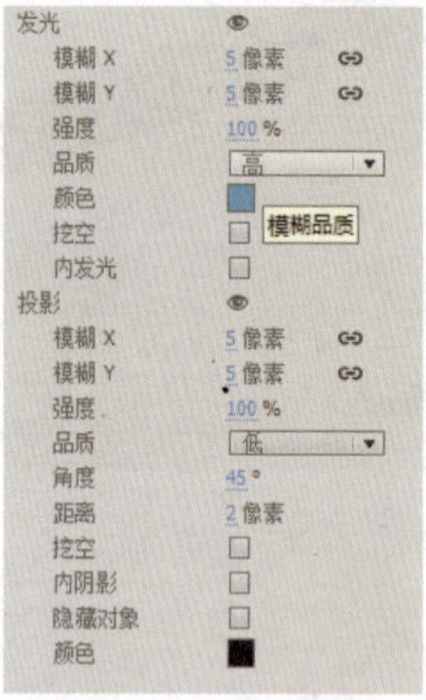

图7-52　设置滤镜参数

图7-53　文字效果

03 新建“图层 2”，在相同的位置输入相同的白色文本，使文字更清晰，如图 7-54 所示。

04 单击窗口左上角的“场景 1”按钮，返回“场景 1”，在第 74 帧插入关键帧，在第 60~74 帧之间插入多个关键帧，设置第 60 帧中的文字元件“Alpha”值为 0，依次修改元件的透明度，在每个关键帧之间创建传统补间动画，如图 7-55 所示。

05 选中第 111、117、118 和 119 帧插入关键帧，依次向左稍微移动元件，在第 111、117 两个关键帧之间创建传统补间动画，如图 7-56 所示。

06 使用相同的方法，制作另一个文本动画，如图 7-57 所示。

图7-54　输入相同文本

图7-55　制作传统补间动画

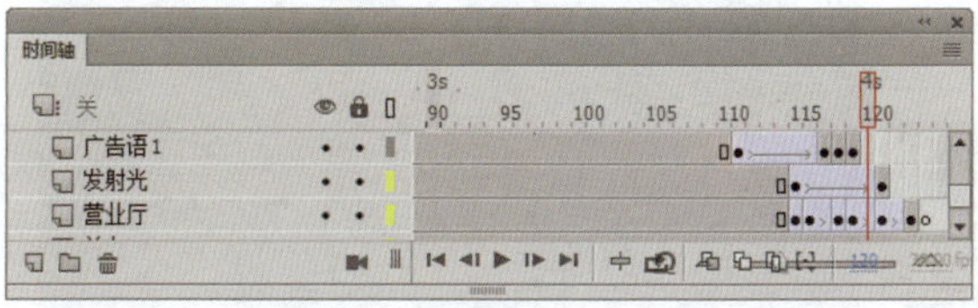

图7-56　创建传统补间动画

图7-57　制作文本动画

07 新建“发光球”图层，在第 138 帧插入关键帧，执行“文件”→“打开”命令，打开“发光球动画 1.fla”文件，将文件中的元件复制到美女的手指上，如图 7-58 所示。

08 选中复制的元件，按 <F8> 键，再次转换为“影片剪辑”元件，命名为“发光球”，双击该元件，进入元件编辑模式。

09 选中第 29 帧，按 <F5> 键，插入普通帧，如图 7-59 所示。

图7-58　复制元件

图7-59　添加代码

10 单击窗口左上角的“场景 1”按钮，返回“场景 1”，在第 182 帧插入空白关键帧；在第 291 帧插入关键帧，在第 364 帧插入普通帧，在“库”面板中将“发光球”元件再次拖动到美女手指上。

11 新建图层，选中第 190 帧插入关键帧，使用“椭圆工具”绘制一个白色小圆点，并在旁边输入黄色文字，添加与之前文字相同的“发光”“投影”滤镜，如图 7-60 所示。

12 将文本和圆点选中，转换为元件，设置元件的“Alpha”值为 0；继续插入多个关键帧，依次向右移动元件，并调整元件的透明度，直到文字完全显示出来，在每个关键帧之间创建传统补间动画，制作元件入场动画，如图 7-61 所示。

图7-60　为文字添加滤镜

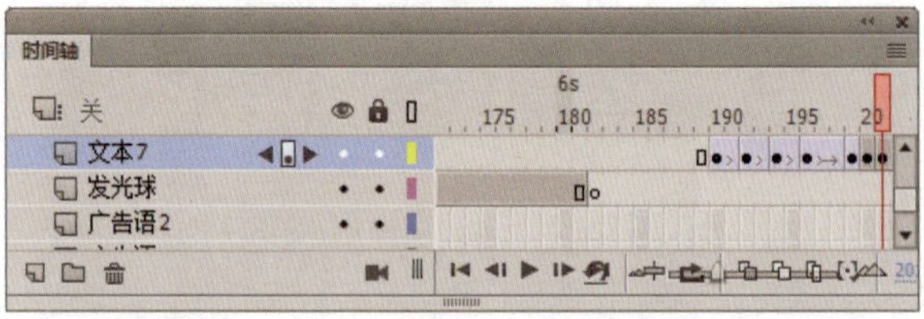

图7-61　创建传统补间动画

13 继续制作文字出场动画，如图 7-62 所示。

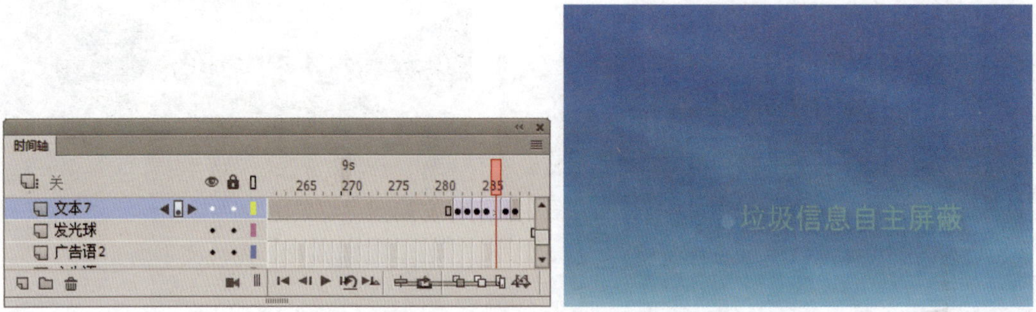

图7-62　制作文字出场动画

14 制作其他文字的出入场动画，如图 7-63 所示。

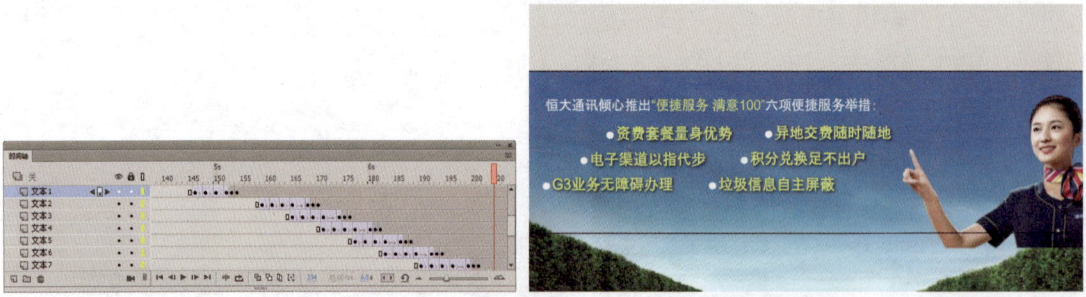

图7-63　制作文字出入场动画

15 新建图层，改名为“广告语 3”，在第 296 帧插入关键帧，输入广告语，如图 7-64 所示。

16 将文本转换为“图形”元件，设置元件“Alpha”值为 0；在第 297 帧中插入关键帧，稍微向左移动元件，修改元件“Alpha”值为 19，如图 7-65 所示。

17 继续插入多个关键帧，依次向左移动元件，增加元件的“Alpha”值，第 307 帧中的元件“色彩效果”的“样式”为“无”，如图 7-66 所示。

18 选中第 356 帧，插入关键帧，继续在第 364 帧中插入关键帧，设置元件“Alpha”值为 0，再向左移动元件，如图 7-67 所示。

图7-64　输入文字

图7-65　修改元件“Alpha”值为19

图7-66　设置“色彩效果”“样式”为“无”

19 在每个关键帧之间创建传统补间动画，如图 7-68 所示。

图7-67　调整元件

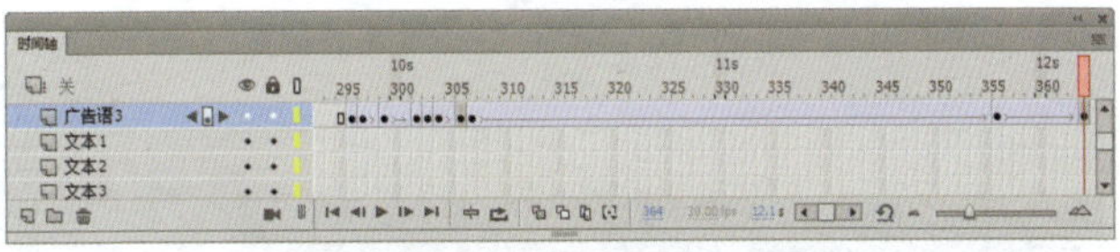

图7-68　创建传统补间动画

20 使用相同的方法，制作“广告语 4”图层中的内容，如图 7-69 所示。

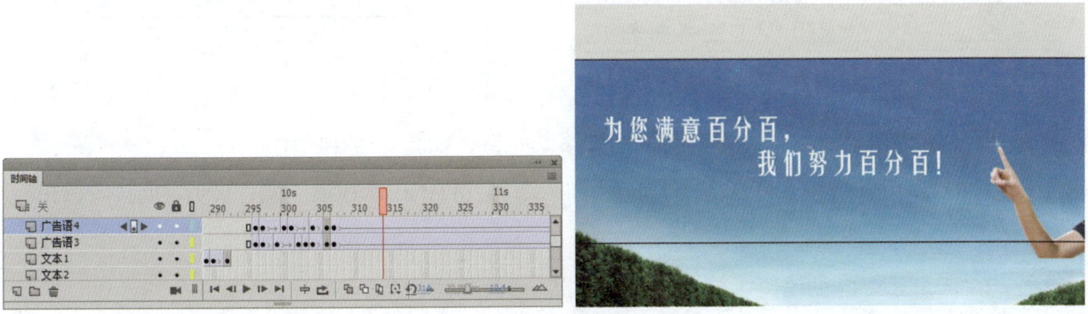

图7-69　制作文字出入场动画

21 新建“渐变背景”图层，选中第 358 帧插入关键帧，使用“矩形工具”在舞台中绘制一个渐变矩形，如图 7-70 所示。

图7-70　绘制渐变矩形

22 插入多个关键帧，依次调整元件的“Alpha”值，如图 7-71 所示。

图7-71　调整元件“Alpha”值

23 在每个关键帧之间创建传统补间动画，如图 7-72 所示，在第 464 帧插入普通帧，制作广告后部分的背景。

24 新建“特效文字”图层，在第 367 帧插入关键帧，导入“服务广告素材 .png”素材，将素材转换为元件，命名为“满意 100”，如图 7-73 所示。

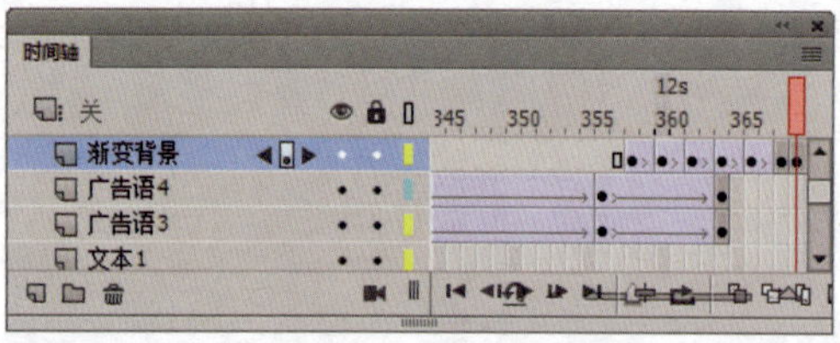

图7-72　创建传统补间

图7-73　导入“服务广告素材.png”素材

25 设置元件的“Alpha”值为 0，向上稍微移动元件，如图 7-74 所示。

26 继续插入多个关键帧，依次向下移动元件，增加元件的“Alpha”值，调整为刚导入时的元件效果。

27 在每个关键帧之间创建传统补间动画，如图 7-75 所示。

28 选中第 464 帧，按 <F5> 键，插入普通帧。

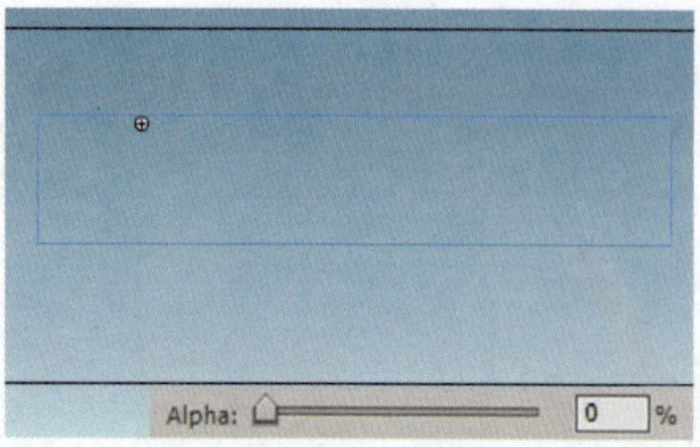

图7-74　设置元件“Alpha”值为0

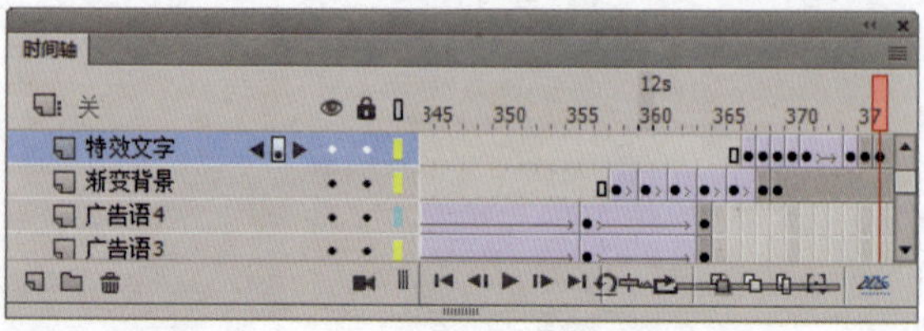

图7-75　创建传统补间动画

29 新建“闪光”图层，在第 382 帧插入关键帧，使用“矩形工具”绘制一个渐变矩形，旋转矩形，如图 7-76 所示。

30 将矩形转换为元件，双击元件，进入元件编辑模式。

31 在第 34 帧插入关键帧，向右移动矩形，如图 7-77 所示。

图7-76　绘制矩形

图7-77　移动矩形

32 在两个关键帧之间创建形状补间动画。

33 创建遮罩层，复制“满意 100”元件到舞台中心，如图 7-78 所示。

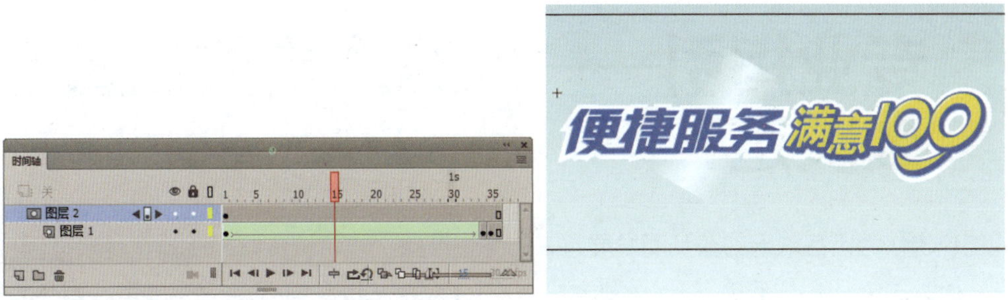

图7-78　创建遮罩层

34 新建“图层 3”，在第 37 帧插入普通帧，添加“stop ();”停止代码。

35 选中第 464 帧，按 <F5> 键，插入普通帧。

36 新建图层，命名为“发光球 2”，选中第 416 帧插入关键帧，打开“发光球动画 2.fla”文件，将文件中的元件复制到“满意 100”文字中间位置，如图 7-79 所示。

37 设置元件的“Alpha”值为 30，如图 7-80 所示，在第 464 帧，按 <F5> 键，插入普通帧。

图7-79　复制元件

图7-80　设置元件透明度

38 完成该广告的制作，按 <Ctrl+Enter> 组合键测试动画效果，如图 7-81 所示。

图7-81 测试动画效果

7.5 专业指引——网络广告的位置怎么决定?

网络广告作为因互联网的普及而发展起来的新生产业,与传统传媒相比具有受众范围广、交互性强、内容活泼、感官性强、受关注度高等特点。广告的目的在于促进与消费者一对一的沟通,加深对消费者的影响,直接将产品送到需要的人群面前。

影响广告效果的因素包括,广告自身的素材设计、服务器速度、广告产品的吸引度和人群的游离度。而除了这些会原因以外,网络广告在网页上的投放位置也会影响广告的受关注程度,所以广告在网络平台的投放位置至关重要。广告位置的投放是否合理,可以依据以下几种进行检验。

- 测试广告投放是否合理,可以把广告投放在众多媒体的广告位上,经过一段特定时间之后检测广告位的广告表现效果,根据具体反映情况进行增减优化,提高广告的整体效果,力求降低广告成本,提高收益。
- 广告直接投放的广告位置是否合理,需要从分析广告本身特点,受众对象反映时间,以及广告产品受欢迎程度等多个因素综合考虑。

网站广告位的位置与能否产生大的价值有着直接的关系。只有这样才能选出最合理的广告位,进行广告的长期投放,在投入最少的前提下获取最大的利益。因此我们对投放广告位的广告效果,需要一系列的监测评估,才可以衡量出广告投放真正的价值,达到推广的目的。

那么广告位的价值如何体现呢?我们需要经过上述的广告投放测试得出一系列的数据,这些数据的测试过程中,一定要减少外围因素的影响,从而提高这些数据的准确性,减少实际操作中可能出现的偏差,力求做出精准的价值判断。

影响广告位置的投放因素,除了广告位的自身价值以外,还有就是价格方面的因素了。广告主在投放广告之前,往往会通过对广告位价值与价格的比较,选出利益最大化的广告投放位置,尽量多的争取自身利益。

广告投放的位置直接影响广告价值的实现,所以广告位的正确投放对于广告存在的持续性至关重要。

第 8 章

标识式广告

标识式广告也叫 LOGO 广告，是互联网上各个网站用来与其他网站链接的图形标志，通常是一个公司品牌的代表，为一种常见的广告形式。

本章以两个精彩项目为案例，向读者详细介绍企业网站标识式广告的创意技巧和设计方法。通过本章的学习，读者也能制作出优秀的标识式广告。

8.1 认识标识式广告

标识式广告是指以标识形象为基本图像和内容的广告，也叫 LOGO 广告。标识式广告是一个品牌的代表，设计要求简洁大方、富有创意，给人高品位，美观的感受。目的在于给人留下深刻的印象，是标志性的存在。标识式广告按照其表现形式的不同，可分为静态标识式广告和动态标识式广告。

8.2 标识式广告制作要求

在制作标识式广告之前，用户需要先了解标识式广告的制作要求，对标识式广告的制作流程有一个初步的了解和认识。

8.2.1 标识式广告的特点

标识式广告作为网站的链接图形标志，其特点表现在以下 3 个方面。

1. 链接作用

标识式广告其自身内容并没有包含太多的广告信息，它是链接其他网站的一种标志，只有在用户点击的情况下，才能跳转到所链接的主网站，具有被动性。

2. 代表性

标识式广告就是一个品牌的代表，将它投放到某一网站，它就成为这个网站的门户形象，对网页的点击率有很大的影响。

3. 直观选择性

一个成功的标识式广告往往包含了网站及品牌的一些信息，消费者可以从中了解网站的基本类型和内容，当浏览一个布满各种标识广告的页面时，消费者可以根据自己所需要的信息直接观察选择，点击进入相关网页。

8.2.2 标识式广告的设计要求

为了促进标识式广告在互联网的传播，需要注意其设计要求。

1. 尺寸要求

目前在互联网传播的标识式广告主要有以下几种规格：

- 88×31 像素：这是互联网上最普遍的标识式广告规格。
- 120×60 像素：这种规格用于一般大小的标识。
- 120×90 像素：这种规格用于大型标识。

2. 内容要求

标识式广告是品牌或网站的代表，在设计过程中即要求内容简洁易懂，也需要富有创意，力求更多的吸引消费者的目光，给消费者留下深刻的印象。

8.2.3 精彩标识式广告欣赏

标识式广告精彩案例欣赏如图 8-1 所示。

图8-1　标识式广告欣赏

8.3 案例 1——电器公司标识式广告

本节以电器公司标识式广告为案例为读者讲解详细的制作步骤，广告整体色调为橙色，企业标志设计为蓝色，标志和背景形成明显对比，使整体颜色不单调，反而突显了标志的特色。卡通老鼠动画的设计也为广告添加了趣味性。

8.3.1 效果赏析与技术要点

首先通过对本案例的效果赏析和技术要点的讲解，让读者先了解一下本案例的基本信息。

1. 效果赏析

动态效果如图 8-2 所示。

图8-2　电器公司标识广告

2. 技术要点

本案例制作中主要运用的功能与技术要点如下：

- 传统补间：使用传统运动补间制作位移动画。
- 形状补间：使用形状补间制作矩形动画。
- 遮罩动画：使用遮罩动画实现显示区域。
- 元件滤镜：为元件添加滤镜，制作投影、发光效果。
- 按钮元件：使用按钮元件制作图标按钮。

8.3.2 制作背景

设置文档大小，制作广告背景。

01 启动 Animate CC，新建空白文档，并设置舞台大小为 1002×638 像素，如图 8-3 所示。

02 使用“矩形工具”，绘制一个与舞台大小相同的橙色径向渐变（从 #FFD800 到 #FFBA00）矩形，如图 8-4 所示。

图8-3　新建文档

图8-4　制作背景

8.3.3 制作主动画

制作老鼠吃掉食物的趣味主动画。

01 执行“文件”→“打开”命令，打开“老鼠走路 .fla”文件，新建“图层 2”，将打开文件中的元件复制到舞台中，移动到舞台右侧，如图 8-5 所示。

02 选中舞台中的元件，按 <F8> 键，转换为“影片剪辑”元件，命名为“老鼠动画”，双击元件，进入元件编辑模式。再次选中舞台中的元件，转换为“影片剪辑”元件，命名为“老鼠”，双击元件。

03 选中第 9 帧，插入关键帧；再选中第 5 帧，插入关键帧，稍微向上移动元件，在每个关键帧之间创建传统补间动画，如图 8-6 所示。

图8-5　复制元件

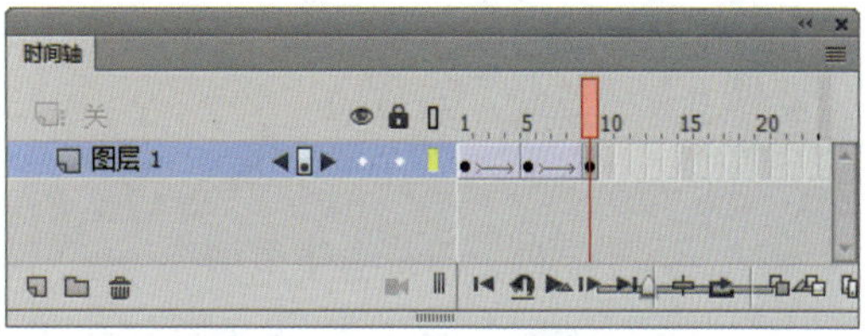

图8-6　创建传统补间动画

04 返回上一个元件编辑窗口，将图层改名为“老鼠”，选中舞台中的元件，在“属性”面板设置“高级”选项参数，如图 8-7 所示。

05 选中第 25 帧插入关键帧，设置元件“色彩效果”“样式”为“无”选项，向左移动元件位置，如图 8-8 所示。

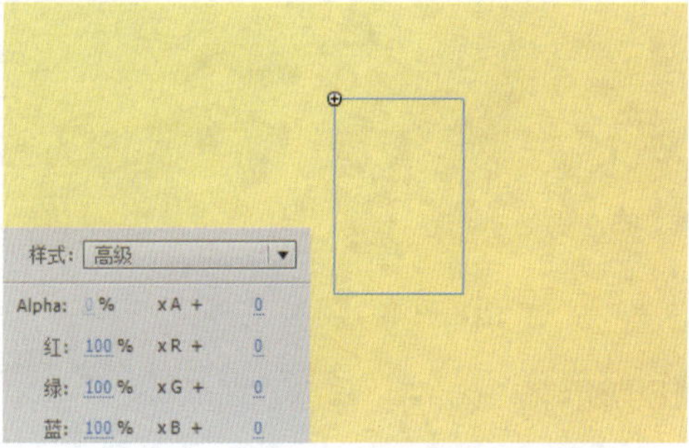

图8-7　设置“高级”选项参数

图8-8　移动元件

06 选中第 90 帧，插入关键帧，继续向左移动元件，移动到舞台中心位置，如图 8-9 所示。

07 在每个关键帧之间创建传统补间动画。

08 新建图层，命名为“阴影”，将该图层拖动到“老鼠”图层下方，将“老鼠”元件复制到“阴影”图层中，使用“任意变形工具”垂直压缩元件，如图 8-10 所示。

图8-9　移动元件

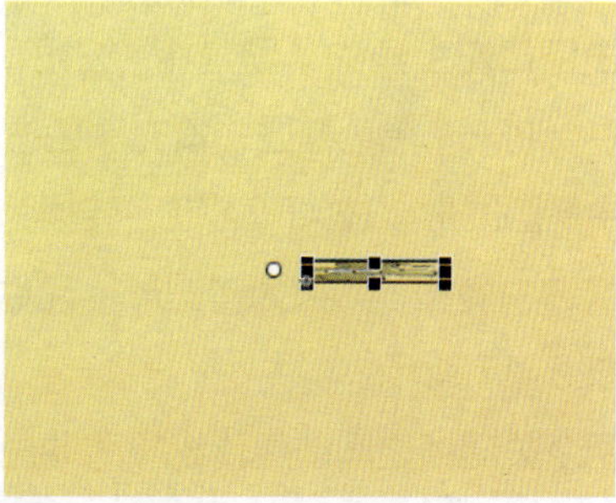

图8-10　压缩元件

09 选中压缩的元件，在“属性”面板设置“高级”选项参数，调整元件色调，如图 8-11 所示。

10 在第 25 帧插入关键帧，修改元件“高级”选项参数，制作卡通老鼠的影子，如图 8-12 所示。

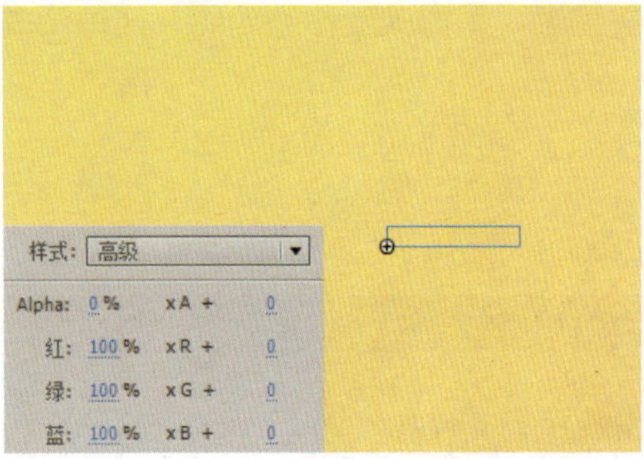

图8-11 调整元件色调

图8-12 制作卡通老鼠的影子

11 选中第 66 帧插入关键帧，向左移动元件，与老鼠位置保持一致，如图 8-13 所示。

12 选中第 90 帧插入关键帧，继续向左移动元件到舞台中心，修改元件“高级”选项中“Alpha”值为 0，如图 8-14 所示。

图8-13 移动元件

图8-14 调整元件

13 在每个关键帧之间创建传统补间动画，如图 8-15 所示。

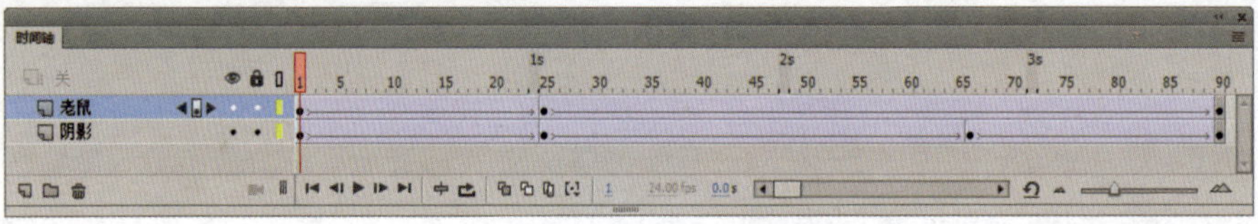

图8-15 创建传统补间动画

14 新建图层，选中第 91 帧插入关键帧，打开“动作”面板，添加“stop ();”停止代码。

15 单击窗口左上角的“场景 1”按钮，返回“场景 1”，新建“图层 3”，使用“椭圆工具”在舞台中绘制一个黑色椭圆，填充颜色透明度设置为 20%，制作阴影效果，如图 8-16 所示。

16 选中椭圆图形，按 <F8> 键，转换为“影片剪辑”元件，双击该元件，进入元件编辑模式。

17 再次选中椭圆，转换为“图形”元件，在第 9 帧插入关键帧，使用“任意变形工具”缩小元件，如图 8-17 所示。

18 在两个关键帧之间创建传统补间动画，如图 8-18 所示。

19 在第 10 帧，按 <F6> 键，插入关键帧；在第 129 帧，按 <F5> 键，插入普通帧。

20 新建“图层 2”，导入“食物 .png”素材，转换为元件，移动到舞台上方，如图 8-19 所示。

图8-16　绘制椭圆

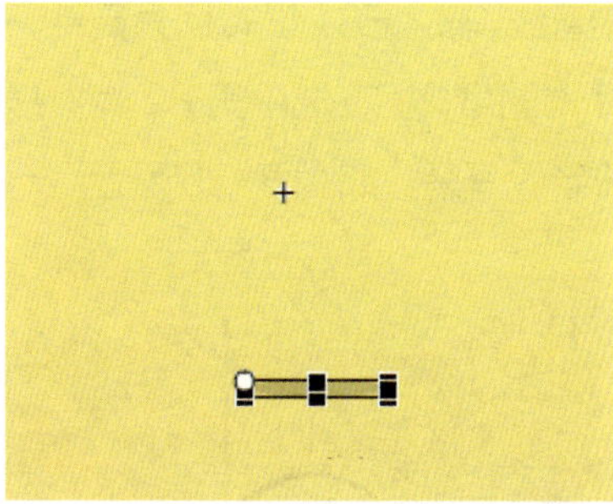

图8-17　缩小元件

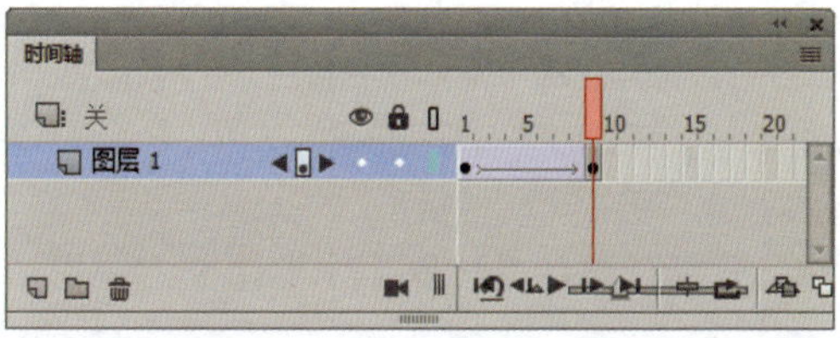

图8-18　创建传统补间动画

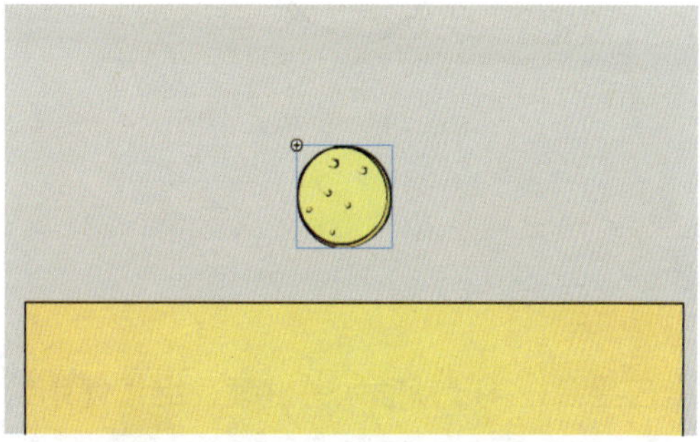

图8-19　导入“食物.png”素材

21 选中第 9 帧插入关键帧，向下移动元件，移动到舞台中心位置，如图 8-20 所示。

22 插入多个关键帧，向下移动元件，移动到椭圆阴影位置，如图 8-21 所示。

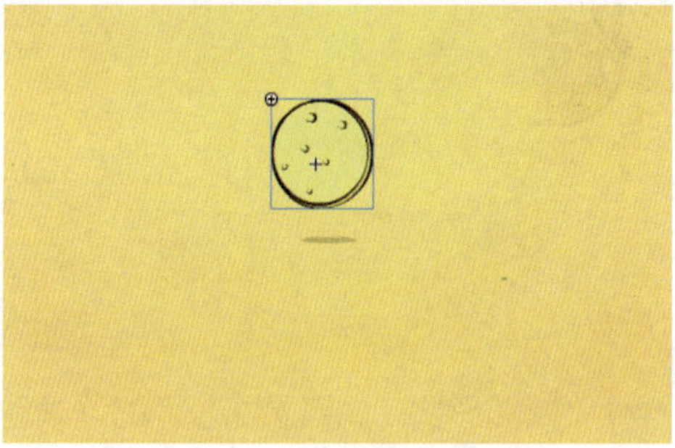

图8-20　移动元件

图8-21　移动元件

23 稍微调整关键帧中元件的位置，制作物体下落弹跳的动画，如图 8-22 所示。

24 新建“图层 3”，使用“直线工具”在食物上方绘制多条黑色直线，如图 8-23 所示。

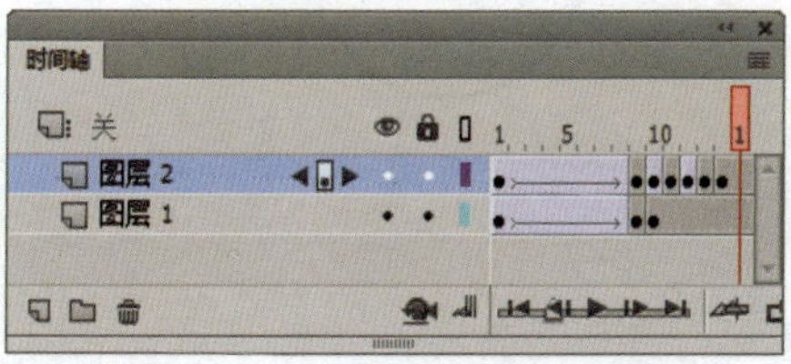

图8-22　创建传统补间动画

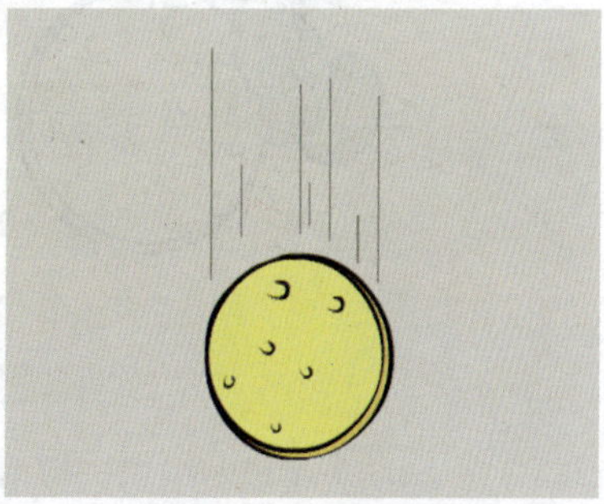

图8-23　绘制直线

25 选中直线，按<F8>键转换为元件，在第 10 帧插入关键帧，向下移动元件，如图 8-24 所示。

26 选择“图层 2”，选中第 89 帧，插入关键帧，使用“刷子工具”和“填充工具”在舞台中绘制一只老鼠耳朵，如图 8-25 所示。

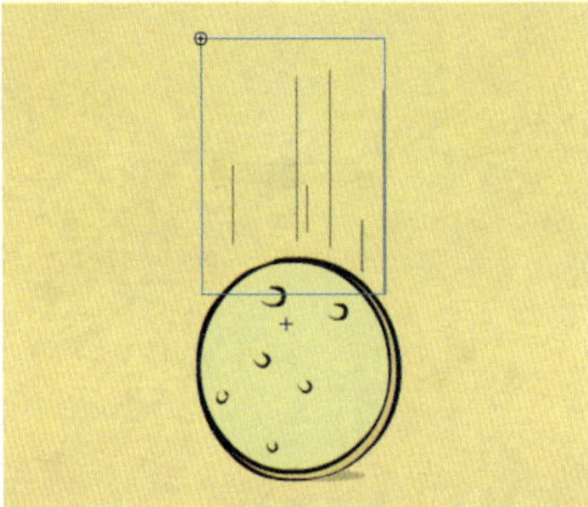

图8-24　移动元件

图8-25　绘制图形

> **提示** 可以直接导入“素材\第 8 章\8.3\素材\老鼠吃东西 序列\10001.png~10010.png”中的序列图片。

27 在第 91、93 帧插入关键帧，继续使用绘图工具，分别在舞台中绘制半个老鼠头的图形，如图 8-26 所示。

图8-26　绘制图形

28 继续在“图层 2”和“图层 3”中插入关键帧，继续绘制图形，完成老鼠吃东西的逐帧动画，如图 8-27 所示。

图8-27　绘制图形

29 选中第 126 帧插入关键帧，最后绘制图形，制作老鼠吃完东西溜走的动作，如图 8-28 所示。

30 将图形转换为图形元件，选中第 128 帧插入关键帧，向右下方移动元件，如图 8-29 所示。

图8-28　绘制图形

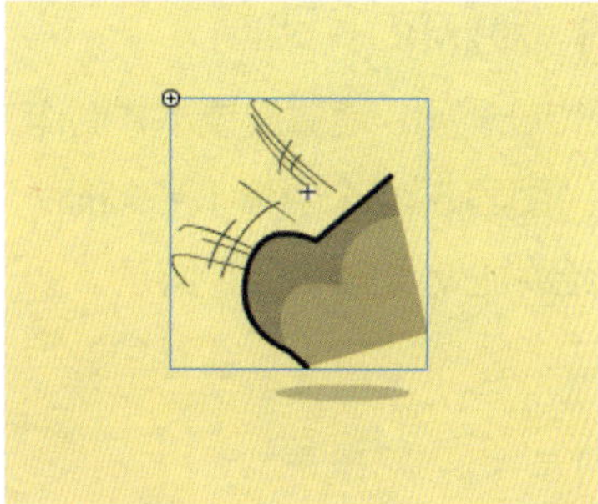

图8-29　移动元件

31 在两个关键帧之间创建传统补间动画，如图 8-30 所示。

32 新建“图层 4”，在第 89 帧插入关键帧，在“库”面板中将“食物”元件拖动到舞台中，如图 8-31 所示。

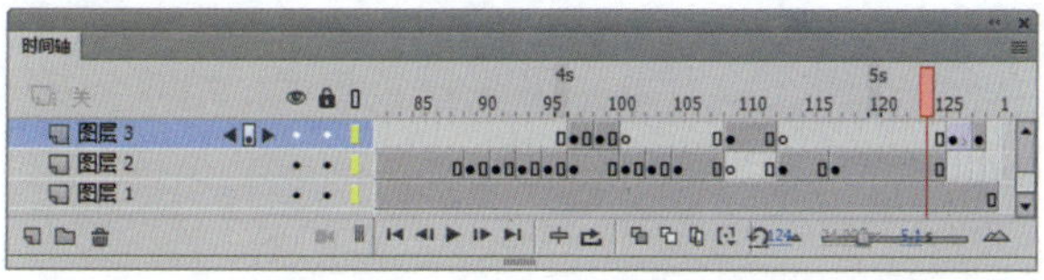

图8-30　创建传统补间动画

图8-31　拖入元件

33 选中第 98 帧，插入空白关键帧，补缺完整动画，如图 8-32 所示。

34 选中第 101 帧，插入关键帧，绘制与舞台中食物相同的图形，并转换为元件，如图 8-33 所示。

图8-32　插入空白关键帧

图8-33　绘制图形

提示 可以直接导入“素材 \ 第 8 章 \8.3\ 素材 \ 被咬的食物 .png”素材图片。

35 在第 130、142 帧插入关键帧，设置第 142 帧中元件的“Alpha”值为 0，在关键帧之间创建传统补间动画，如图 8-34 所示。

8.3.4 制作文字动画

使用传统补间、遮罩层技术，制作文字动画。

01 新建“图层 5”，选中第 130 帧插入关键帧，导入“电器公司 LOGO.png”素材，转换为元件，移动到舞台中心，如图 8-35 所示。

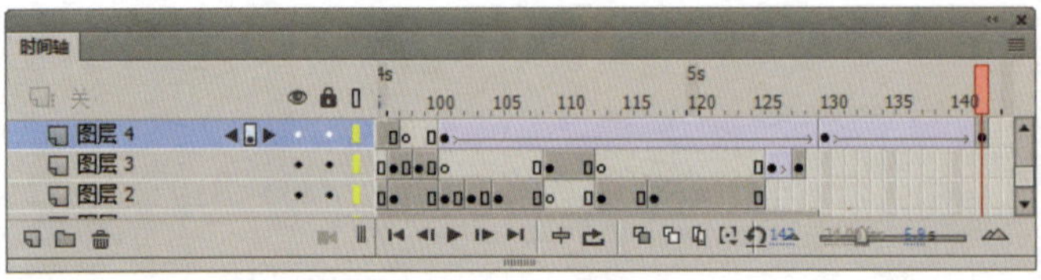

图8-34 创建传统补间动画

图8-35 导入“电器公司LOGO.png”素材

02 选中第 142 帧插入关键帧，设置第 130 帧中的元件“Alpha”值为 0；选中第 154 帧插入关键帧，使用“任意变形工具”缩小元件，并移动元件位置，如图 8-36 所示。

03 在每个关键帧之间创建传统补间动画，如图 8-37 所示。

图8-36 调整元件

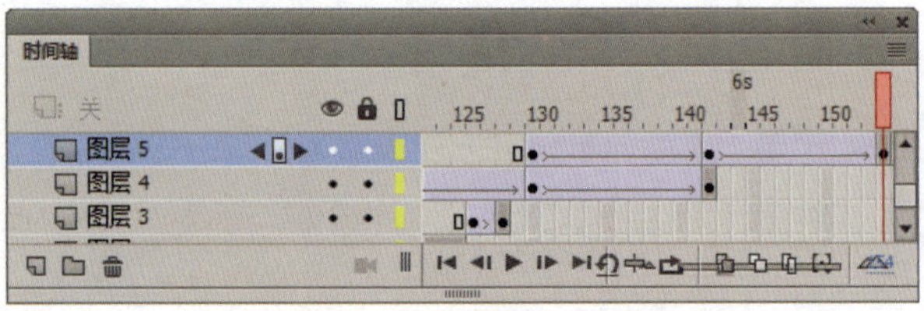

图8-37 创建传统补间动画

04 选中第 155 帧，插入关键帧，稍微缩小元件；选中第 234 帧，按 <F5> 键，插入普通帧。

05 新建“图层 5”，选中第 149 帧，插入关键帧，导入“商标 .png”素材，移动到舞台中心，如图 8-38 所示。

06 选中素材，转化为元件，在第 164、165 帧插入关键帧，设置第 149 帧中的元件“Alpha”值为 0，如图 8-39 所示。

图8-38 导入“商标.png”素材

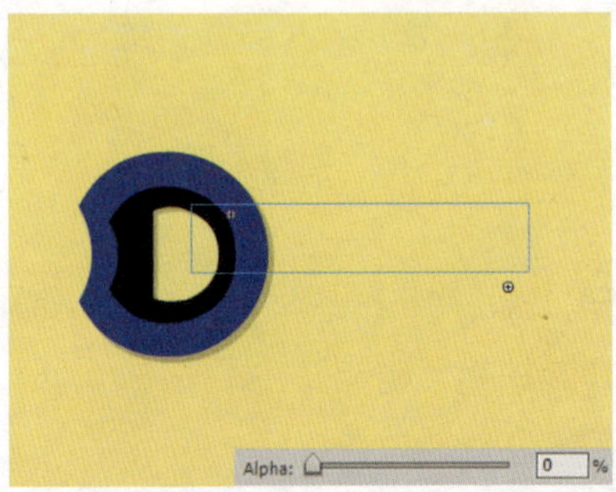

图8-39 设置元件的“Alpha”值为0

07 在第 149~164 帧之间创建传统补间动画，如图 8-40 所示。在第 234 帧插入普通帧，延长动画时长。

08 新建“图层 7”，在第 149 帧插入关键帧，导入“文本 .png”素材，如图 8-41 所示。

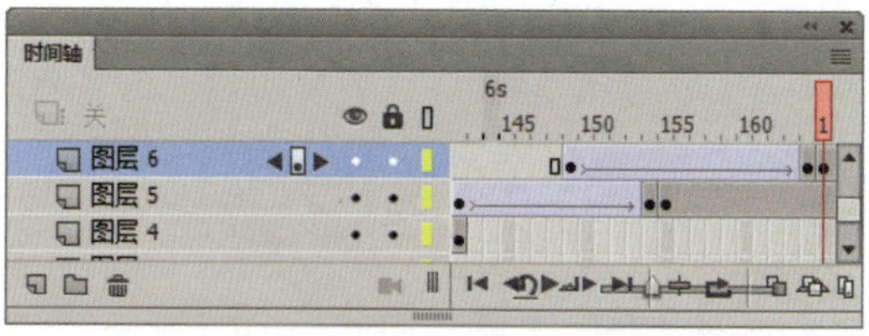

图8-40　创建传统补间

图8-41　导入“文本.png”素材

09 使用相同的方法，制作文字元件动画，如图 8-42 所示。

10 创建遮罩层，选中第 149 帧插入关键帧，使用“刷子工具”，在较小的文字上涂抹，如图 8-43 所示。

图8-42　创建传统补间动画

图8-43　涂抹文字

11 在第 175~188 帧中每一帧都插入关键帧，依次在“趣”字左侧笔画中涂抹，如图 8-44 所示。

图8-44　涂抹文字

12 选中第 234 帧，按 <F5> 键，插入普通帧，延长动画时长。

13 新建“图层 9”，在第 155 帧插入关键帧，使用“椭圆工具”在“趣”字左侧绘制两个小椭圆，制作眼睛，如图 8-45 所示。

14 在第 168 帧插入空白关键帧，在第 171 帧插入关键帧，复制绘制好的眼睛图形到舞台中，在第 234 帧插入普通帧，图形效果如图 8-46 所示。

图8-45　绘制眼睛

图8-46　图形效果

15 新建“图层 10”，在第 160 帧插入关键帧，使用“文本工具”在舞台中输入文本，如图 8-47 所示。

16 在第 173、174 帧插入关键帧，选中第 173 帧中的元件，稍微向下移动；再选中第 160 帧中的元件，设置元件“Alpha”值为 0，继续向下移动，在关键帧之间创建传统补间动画，如图 8-48 所示。

图8-47　输入文本

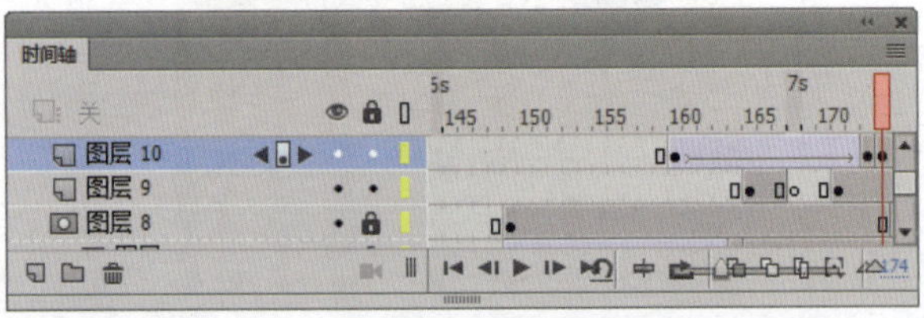

图8-48　创建传统补间动画

17 新建两个图层，分别在舞台中下方绘制文本，并转换为“按钮”元件，如图 8-49 所示。

18 新建“图层 13”，在第 210 帧插入关键帧，使用“矩形工具”绘制一个比舞台大的黑色矩形，如图 8-50 所示。

图8-49　制作文字“按钮”

图8-50　绘制黑色矩形

19 将矩形转换为“图形”元件，在第 231、232 帧插入关键帧。

20 设置第 210 帧中的元件“Alpha”值为 0，如图 8-51 所示；设置第 231 帧中的元件“Alpha”值为 95。

21 在两个关键帧之间创建传统补间动画，如图 8-52 所示。

图8-51　设置元件的“Alpha”值为0

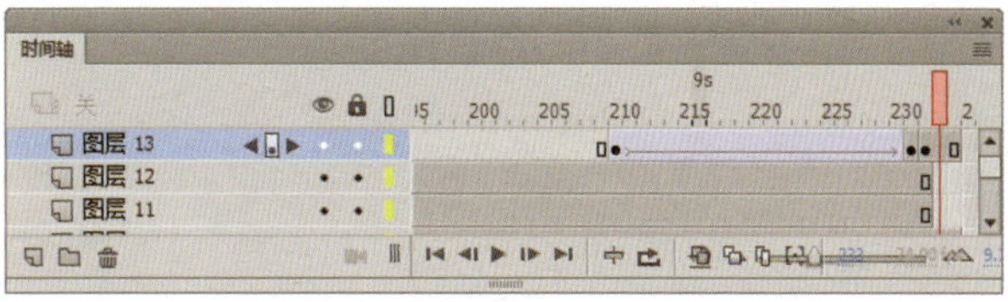

图8-52　创建传统补间动画

22 完成该广告的制作，按 <Ctrl+Enter> 组合键测试动画效果，如图 8-53 所示。

图8-53　测试动画效果

8.4 案例 2——设计公司标识式广告

本节以设计公司标识式广告为例为读者讲解详细的制作步骤，广告内容为简单的图标动画，以旋转 LOGO 为入场动画，背景为白色，与 LOGO 颜色形成对比，画面简洁，很好地突出了公司的标识；倒影的设计为画面增加了 3D 效果，使得内容不死板，反而显得很灵活。

8.4.1 效果赏析与技术要点

首先呈现出广告的最终效果图以及制作过程中应注意的技术要点，为下面的设计操作做好前提准备。

1. 效果赏析

动态效果如图 8-54 所示。

图8-54　案例效果

2. 技术要点

本案例制作的中主要运用的功能与技术要点如下：

- 传统补间：使用传统运动补间制作位移和大小变换动画。
- 色彩效果：为元件添加色彩效果实现不同的色调和透明度。
- 遮罩动画：使用遮罩动画实现显示区域。

8.4.2 制作 LOGO 动画

制作该设计公司 LOGO 的动画。

01 启动 Animate CC，新建空白文档，并设置舞台大小为 500×400 像素，帧频设置为 30fps，如图 8-55 所示。

02 使用工具箱中的绘图工具，在舞台顶部绘制图形，图形的填充颜色为从灰色（#6D7376）到深灰色（#2E2F2F）再到深灰色（#373535）的“线性渐变”，如图 8-56 所示。

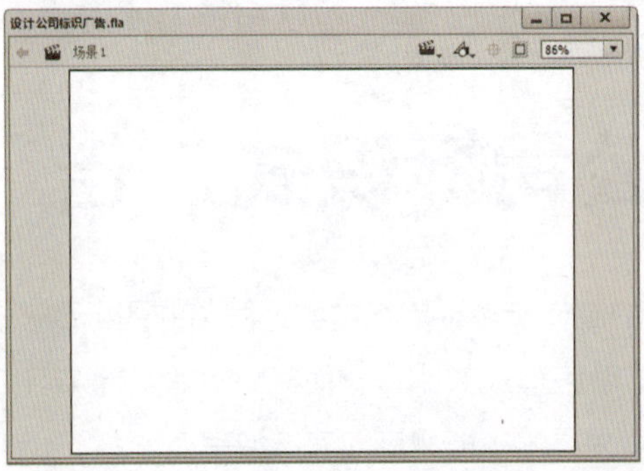

图8-55　新建文档

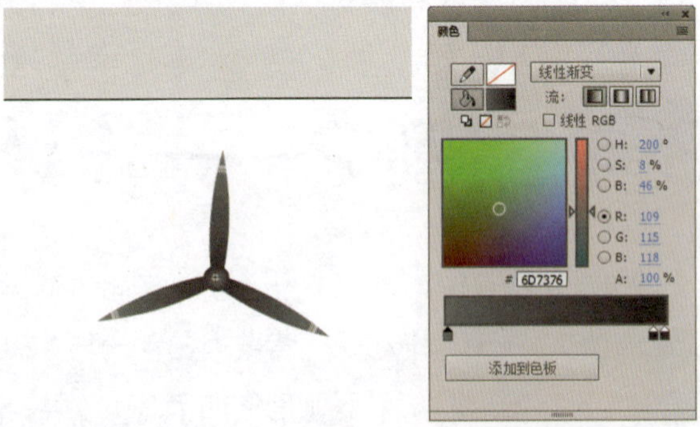

图8-56　填充颜色线性渐变

> 提示　可以直接导入“素材 \ 第 8 章 \8.4\ 图形 .png”素材图片。

03 将图形转换为元件，双击该元件，进入元件编辑模式，将元件命名为“图标动画”。

04 选中图形，转换为元件，双击该元件，再重复一次，选中第 10 帧，按 <F6> 键插入关键帧，逆时针旋转元件，如图 8-57 所示，在关键帧之间创建传统补间动画，如图 8-58 所示。

图8-57　逆时针旋转元件

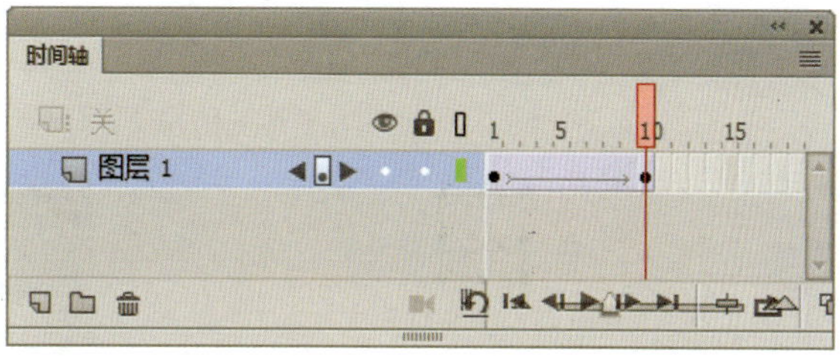

图8-58　创建传统补间动画

05 返回到上一个元件，新建“图层 2”，复制两次“图层 1”中的元件，并转换为元件。

06 旋转该元件，在“属性”面板设置“Alpha”值为 54，设置“模糊”滤镜的参数为 30 像素，如图 8-59所示。

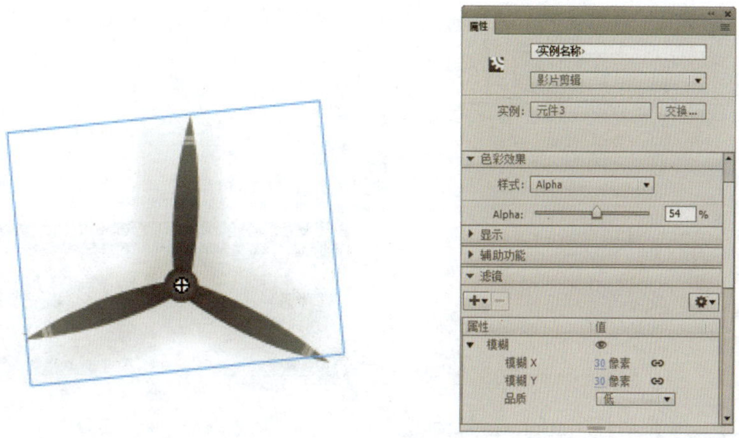

图8-59　模糊效果

07 再次复制“图层 1”中的元件，旋转元件，单击该元件，修改设置“模糊”滤镜为 9 像素，如图 8-60 所示。

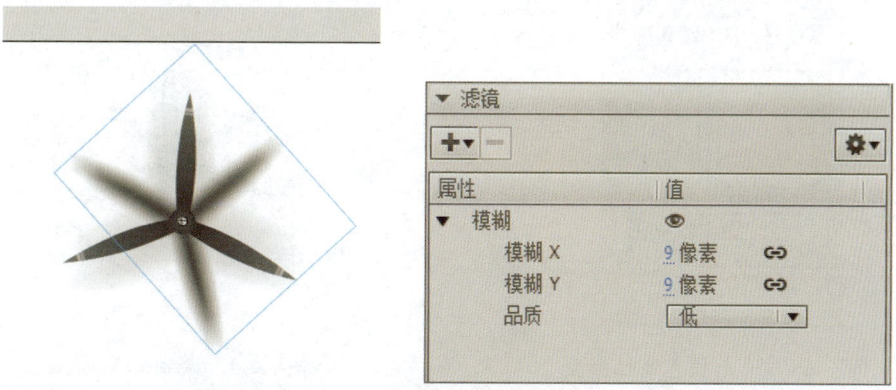

图8-60　修改“模糊”滤镜

08 返回“元件 1”，选中第 70 帧，插入关键帧，选中第 1 帧，使用“任意变形工具”缩小图形，如图 8-61 所示。

09 在两个关键帧之间创建传统补间动画，如图 8-62 所示。

图8-61　缩小图形

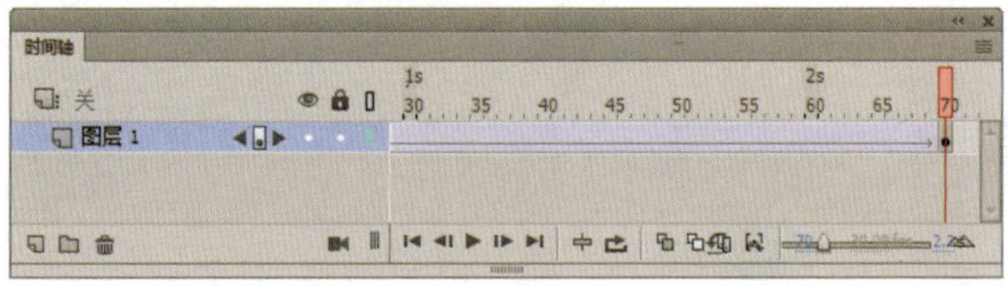

图8-62　创建传统补间动画

10 选中第 90、99 帧插入关键帧，选中第 99 帧，单击舞台中的元件，在“属性”面板设置“Alpha”值为 0，如图 8-63 所示。

11 在第 90~99 之间创建传统补间动画，如图 8-64 所示。选中第 295 帧，按 <F5> 键，插入普通帧。

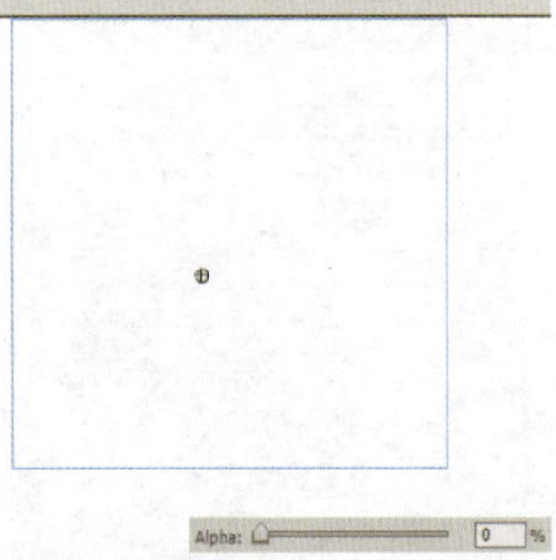

图8-63　设置元件“Alpha”值为0

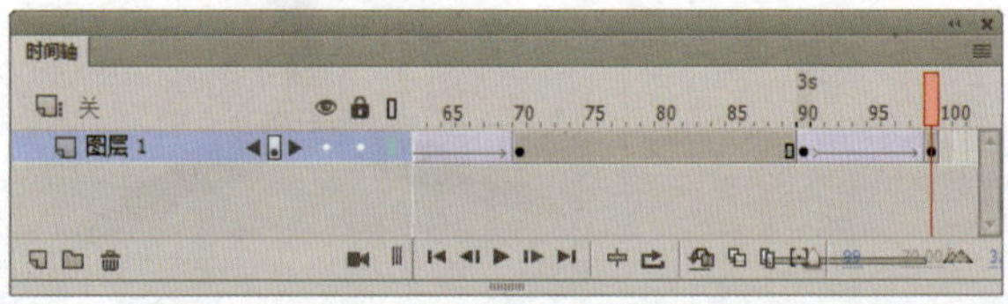

图8-64　创建传统补间动画

12 新建“图层 2”，拖动到“图层 1”下方，在第 70 帧插入关键帧，使用“椭圆工具”在舞台中绘制一个正圆边框，填充颜色“线性渐变”，如图 8-65 所示，将边框转换为元件，如图 8-66 所示。

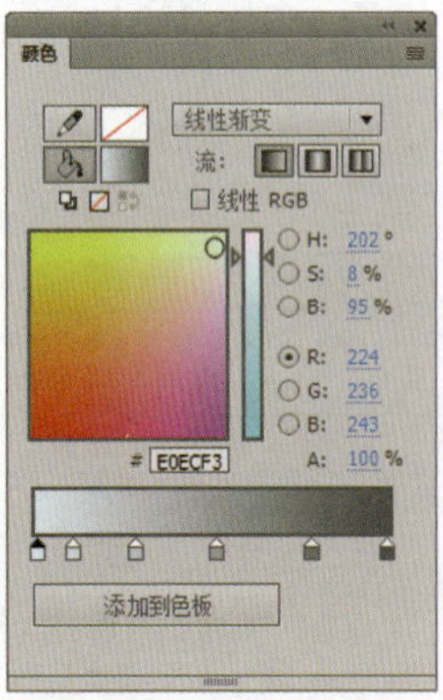

图8-65　填充颜色线性渐变

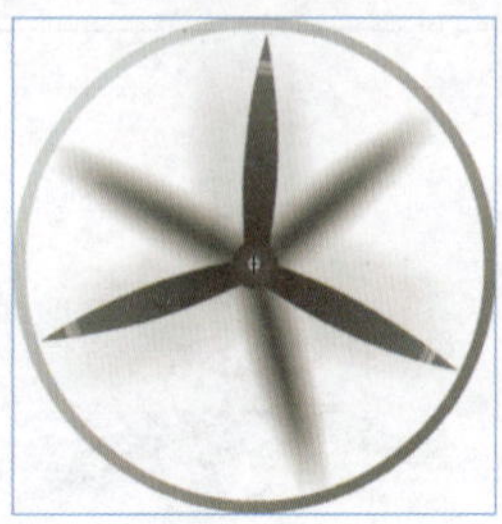

图8-66　绘制正圆边框

13 选中第 81 帧，插入关键帧，再次选中第 70 帧，单击舞台中的边框元件，在“属性”面板设置“Alpha”值为 0，如图 8-67 所示。

14 在第 70~81 帧之间创建传统补间动画，如图 8-68 所示。同样选中第 295 帧，按 <F5> 键，插入普通帧。

图8-67　设置元件“Alpha”值为0

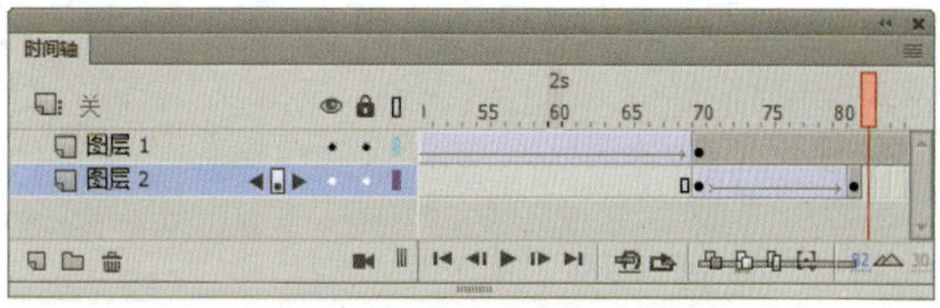

图8-68　创建传统补间动画

15 新建“图层 3”，选中第 81 帧插入关键帧，使用“椭圆工具”，在圆形边框内绘制一个正圆，填充颜色为从白色逐渐到草绿色（#3FB8AF）的“径向渐变”，如图 8-69 所示，并使用“渐变变形工具”调整中心点的位置，如图 8-70 所示。

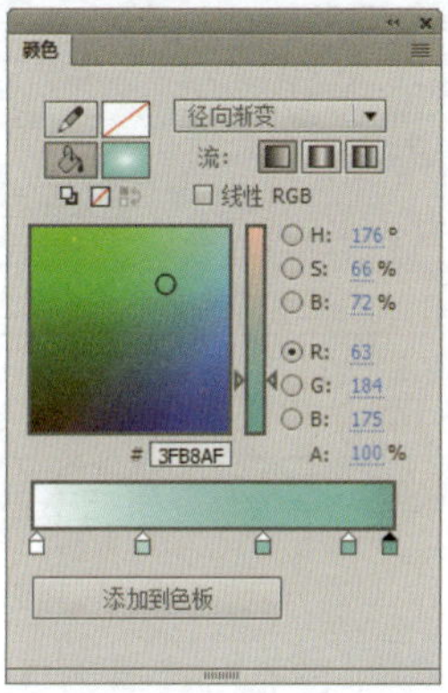

图8-69　填充径向渐变

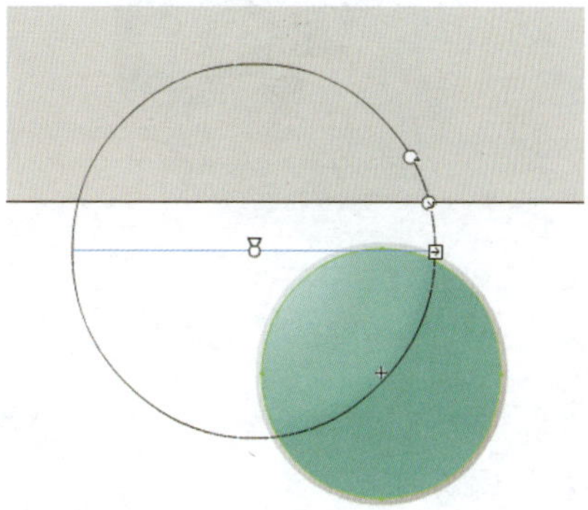

图8-70　调整中心点

16 将圆形转换为元件，选中第 90 帧，插入关键帧，再选中第 81 帧，在“属性”面板设置“Alpha”值为 0。

17 在第 81~90 帧之间创建传统补间动画，调整图层的位置，如图 8-71 所示。

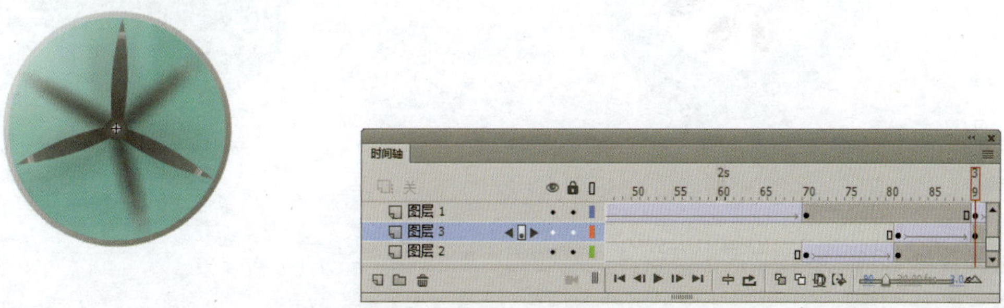

图8-71　创建传统补间动画

18 新建“图层 4”，选中第 90 帧，插入关键帧，使用“椭圆工具”在图形中心绘制一个正圆，填充颜色为从白色逐渐到草绿色 (#3FB8AF) 的“线性渐变”，如图 8-72 所示。

19 将正圆转换为元件，在第 99 帧插入关键帧，选中第 90 帧，缩小元件，如图 8-73 所示。

20 在两个关键帧之间创建传统补间动画，如图 8-74 所示。

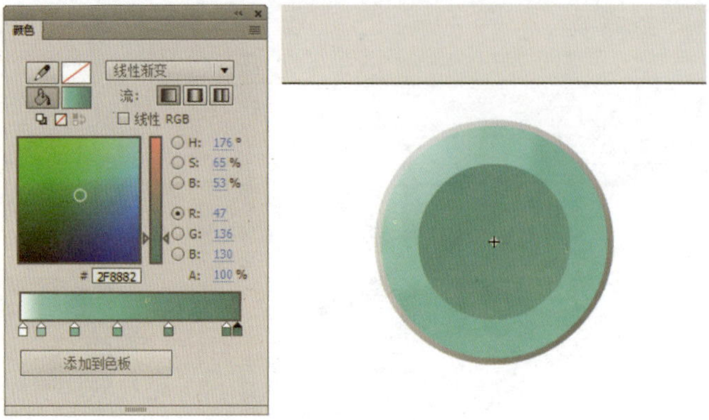

图8-72　绘制正圆

图8-73　缩小元件

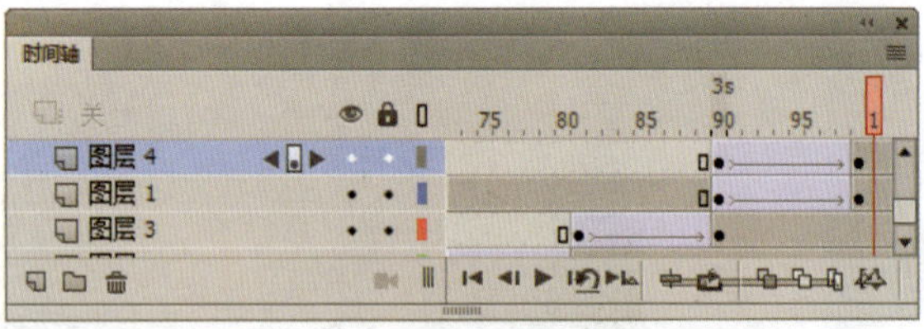

图8-74　创建传统补间动画

21 新建“图层 5”，选中第 99 帧，插入关键帧，执行“文件”→“导入”→“导入到舞台”命令，将“图标”素材导入到舞台，转换为元件，如图 8-75 所示。

22 选中第 108 帧，插入关键帧，单击第 99 帧中的元件，设置元件“Alpha”值为 0，并缩小元件，如图 8-76 所示。

图8-75　导入“图标”素材

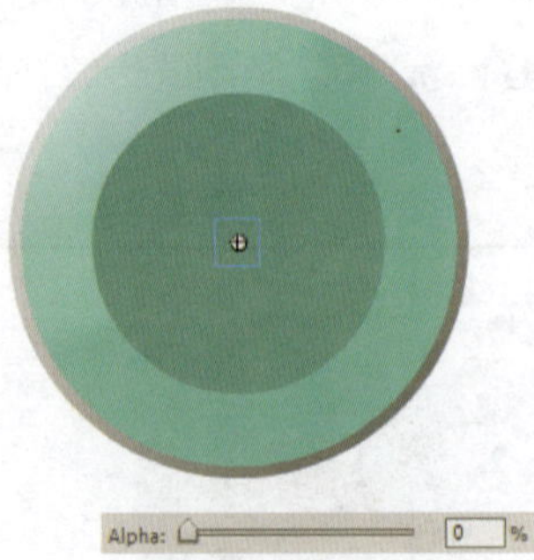

图8-76　设置元件“Alpha”值为0

23 在第 33~108 帧之间创建传统补间动画，如图 8-77 所示。

24 新建图层，命名为“B”，选中第 133 帧插入关键帧，使用“文本工具”在舞台中输入大写字母“B”，旋转文本，将文本转换为元件，放大元件，如图 8-78 所示。

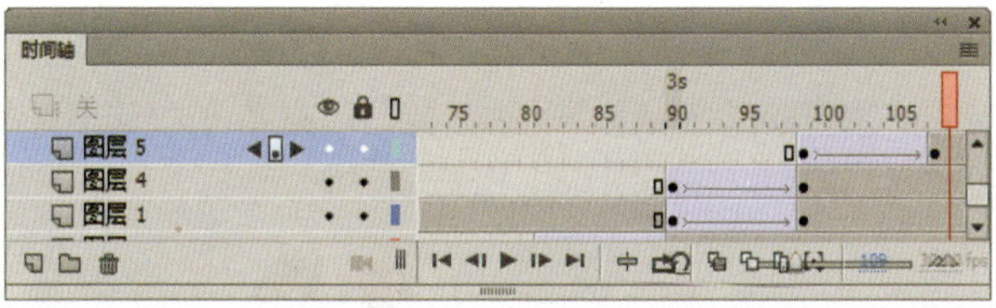

图8-77　创建传统补间动画

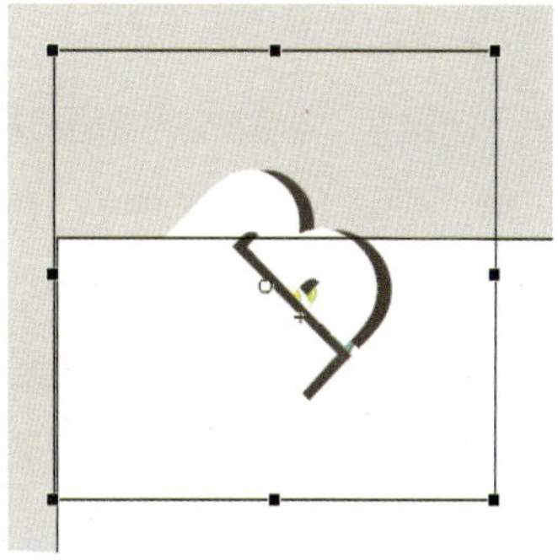

图8-78　放大元件

25 选中第 142 帧插入关键帧，将图形缩小，如图 8-79 所示。

26 在第 144、146 帧插入关键帧，稍微放大第 144 帧中的元件，如图 8-80 所示。

图8-79　缩小元件

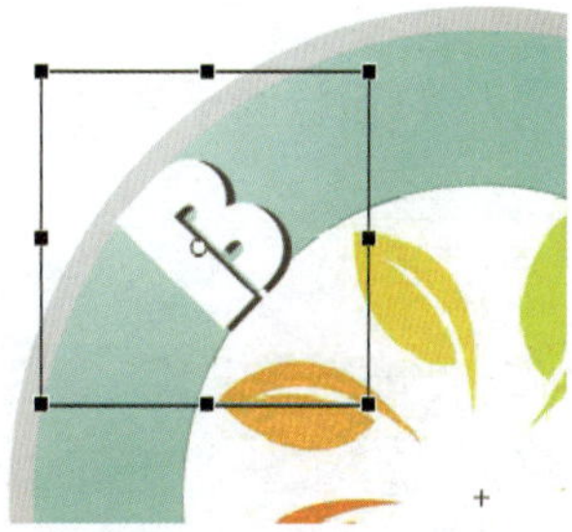

图8-80　放大元件

27 在每个关键帧之间创建传统补间动画，如图 8-81 所示。

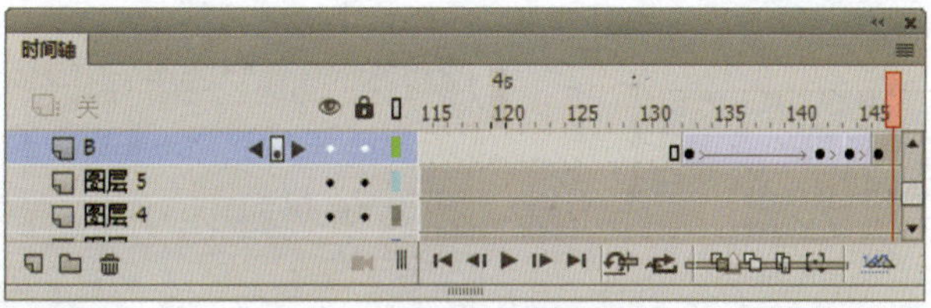

图8-81　创建传统补间动画

28 再次新建图层“K”和“W”图层，使用同样的操作方法绘制“K”和“W”字母形状的图形，并创建传统补间动画，如图 8-82 所示。

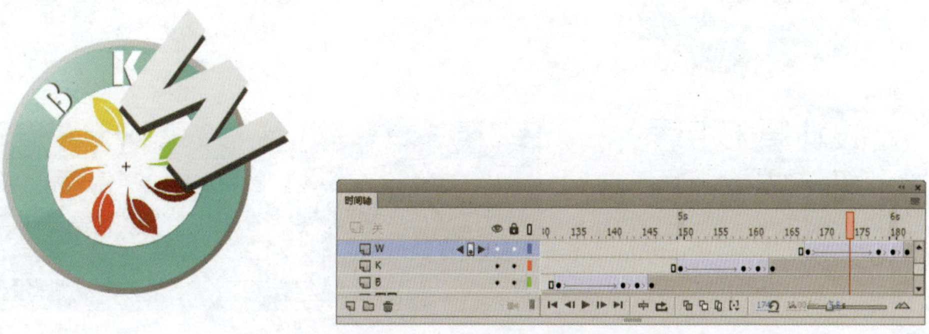

图8-82　创建传统补间动画

8.4.3 制作遮罩动画

使用遮罩层，制作文字遮罩动画。

01 新建“图层 10”，选中第 185 帧，插入关键帧，使用“文本工具”，在舞台中输入文本“设计源于生活”，如图 8-83 所示。

02 创建文本图层的遮罩层，在第 185 帧插入关键帧，使用“矩形工具”在文本左侧绘制小矩形，为了方便查看文字，将矩形填充透明度设置为 20%，如图 8-84 所示。

图8-83 输入文本

图8-84 绘制矩形

03 在第 202 帧插入关键帧，使用“任意变形工具”调整矩形，遮住所有文字，如图 8-85 所示。

04 在关键帧之间创建形状补间动画，如图 8-86 所示。

图8-85 调整矩形

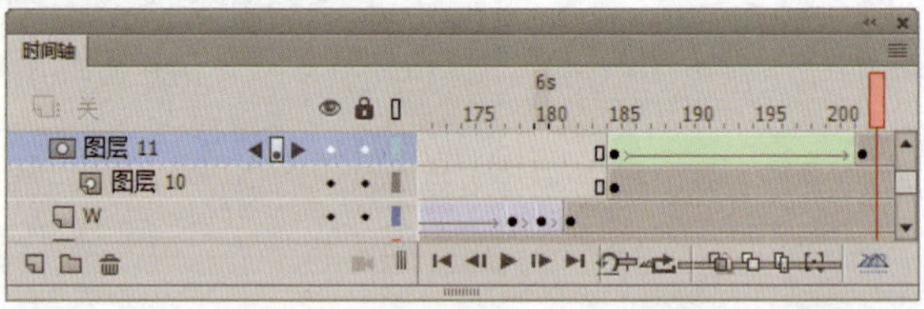

图8-86 创建形状补间动画

05 继续输入文本，制作相同的遮罩动画，如图 8-87 所示。

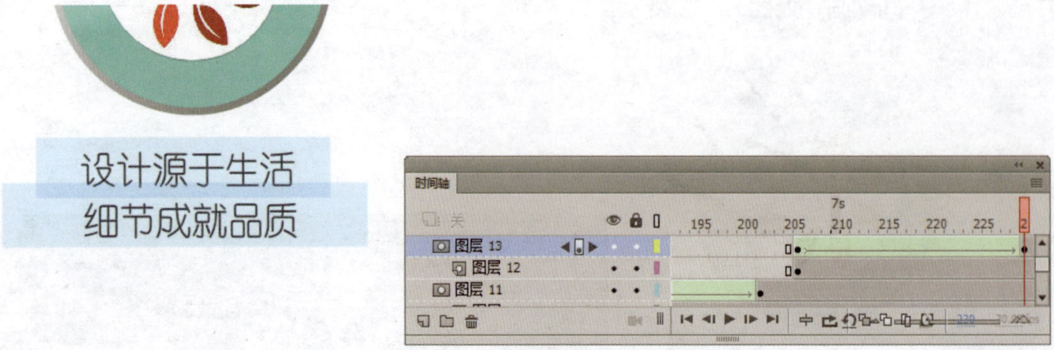

图8-87 制作遮罩动画

06 新建“图层 14”，在第 237 帧插入关键帧，使用“矩形工具”，舞台中绘制一个矩形，设置填充颜色为中间的滑块是透明度为 39% 的白色，两侧的滑块为透明度为 0% 的白色，如图 8-88 所示。

07 在第 264 帧中插入关键帧，向右移动矩形，如图 8-89 所示。

08 在关键帧之间创建传统补间动画，如图 8-90 所示。

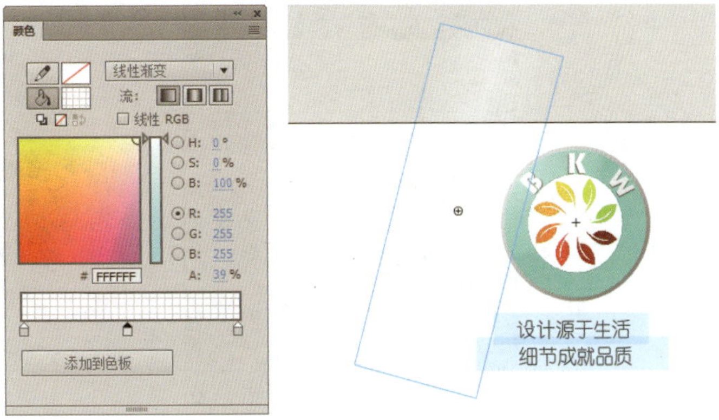

图8-88　绘制渐变矩形

图8-89　向右移动矩形

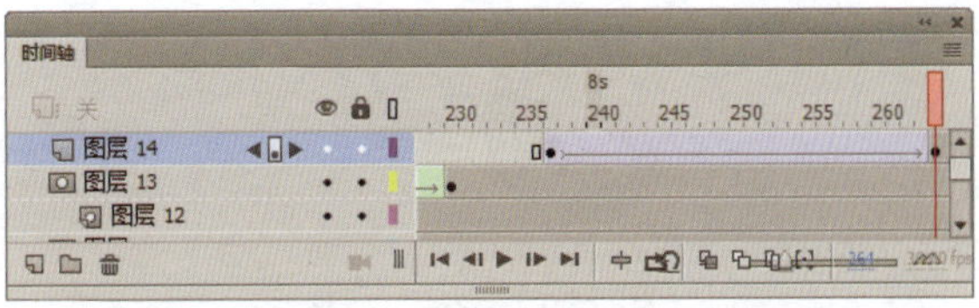

图8-90　创建传统补间动画

09 创建该图层的遮罩层，并绘制黑色遮罩，如图 8-91 所示。

10 锁定遮罩层与被遮罩层，图标高光效果如图 8-92 所示。

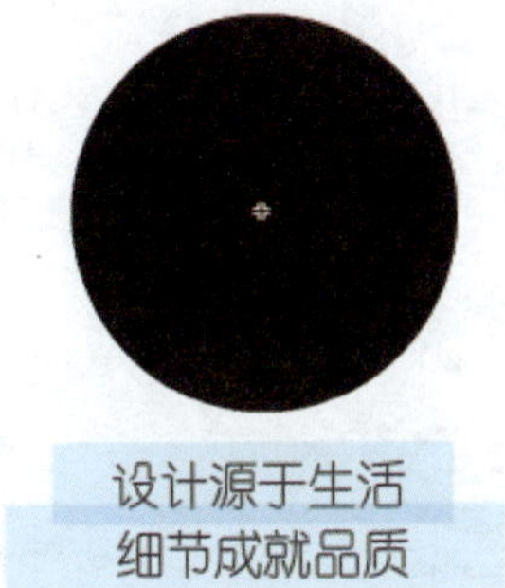

图8-91　绘制黑色遮罩

图8-92　图标高光效果

11 返回“图标动画”元件，选中第 177 帧，插入关键帧，在关键帧之间创建传统补间动画。

12 单击传统补间中的任意一帧，在“属性”面板设置“补间”中“旋转”选项，设置“顺时针”旋转“8”圈，制作图标的旋转动画，如图 8-93 所示。

图8-93　图标旋转动画

13 选中第 295 帧，按 <F5> 键，插入普通帧。

14 单击窗口左上角的“场景 1”按钮，返回“场景 1”，新建“图层 2”，将“图层 1”的“影片剪辑”元件复制到“图层 2”，移动至舞台底部，将元件进行垂直翻转，如图 8-94 所示。

15 使用“任意变形工具”垂直压缩元件，如图 8-95 所示。

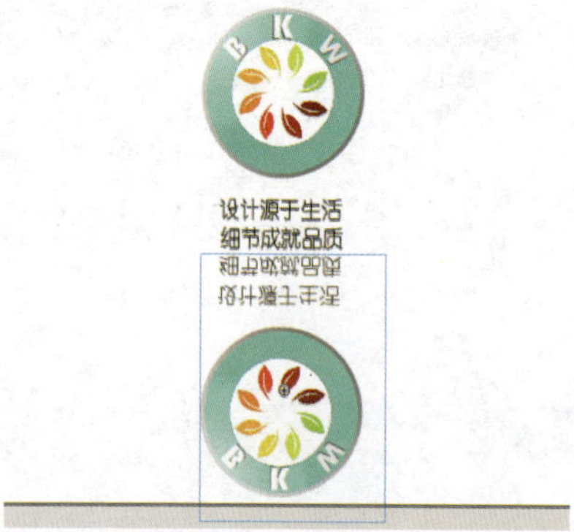

图8-94　垂直翻转

图8-95　垂直压缩文件

16 在“属性”面板设置“色调”参数，制作图标的倒影，如图 8-96 所示。

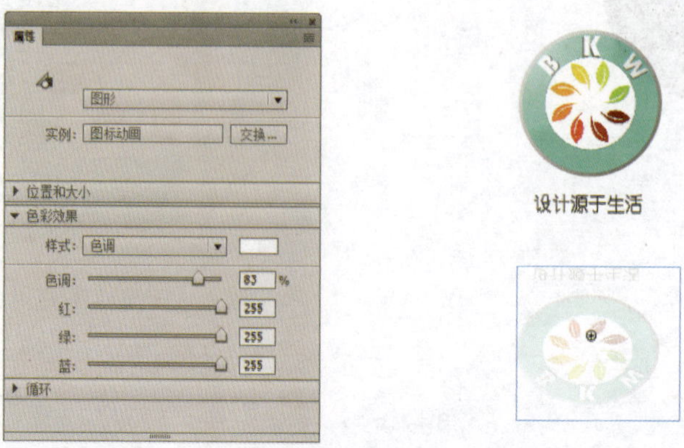

图8-96　制作图标倒影

17 完成该动画的制作，按 <Ctrl+Enter> 组合键测试动画效果，如图 8-97 所示。

图8-97　测试动画效果

8.5 专业指引——网络广告的传输方式

作为一个新时代的产物，网络广告出现并以极快的速度发展起来，是因为相较于传统的四大传播媒体（报纸、杂志、电视、广播），网络广告具有传播速度快、覆盖面积广、方法灵活、互动性强、广告费用较低等得天独厚的优势。它是广告主为了推销自己的产品或服务在互联网上向目标消费者进行有偿的信息传达，从而引起消费者和广告主之间信息交流的活动。简而言之，网络广告是指利用互联网这种载体，通过图文或多媒体方式，发布的商业广告，是在互联网上发布的有偿信息传播。

网络广告的传播究竟有哪些方式呢？顾名思义，网络广告就是在互联网上传播的广告。很多人都简单认为只有投放在网页上的广告才叫作网络广告，事实上多种网络营销方法也都可以理解为网络广告的具体表现形式，并不仅限于放置在网页上的各种规格的广告。如电子邮件广告、搜索引擎关键词广告、搜索排名等都可以理解为网络广告的表现形式。所以网络广告的传播方式是多样的，并不局限于网页投放。

第9章

背投式广告

背投式广告是打开网站页面时在当前页面的背后弹出的一个窗口广告，尺寸大于传统的弹出式广告。

9.1 背投式广告制作要求

在制作背投式广告之前，先了解背投式广告在制作过程中的具体要求，让读者在实际操作之前，先对其有所了解。

9.1.1 背投式广告的特点

背投式广告的特点是打开首页自动弹出一个新页面，不会影响消费者的正常浏览也不会被消费者及时关闭。该类广告能够迅速吸引消费者的目光，能给消费者留下深刻印象。具有独立页面，大幅显示的特点。

背投式广告是一些比较让人讨厌的广告，但是它可以起到一定的效果。因为只要消费者一打开这个网页，不管消费者愿不愿意看这个广告，它都会随着网页的启动而自动弹出，只不过是位置在所有打开网页的后面。

9.1.2 背投式广告的设计要求

背投式广告尺寸较大，有的和网页窗口尺寸大小相同，广告尺寸一般为 760×480 像素，如图 9-1 所示。背投式广告尺寸不固定，尺寸比传统的弹出式广告稍大一些。

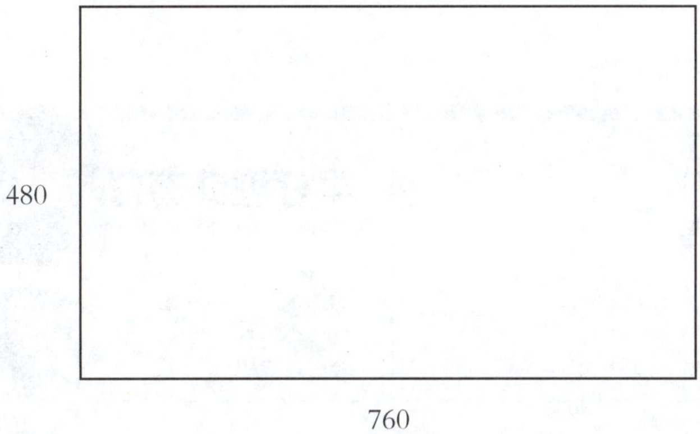

图9-1　背投式广告尺寸

9.1.3 精彩背投式广告欣赏

背投式广告案例欣赏如图 9-2 所示。

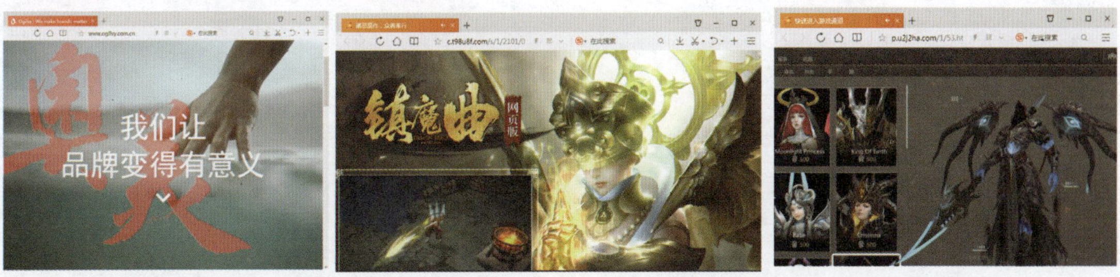

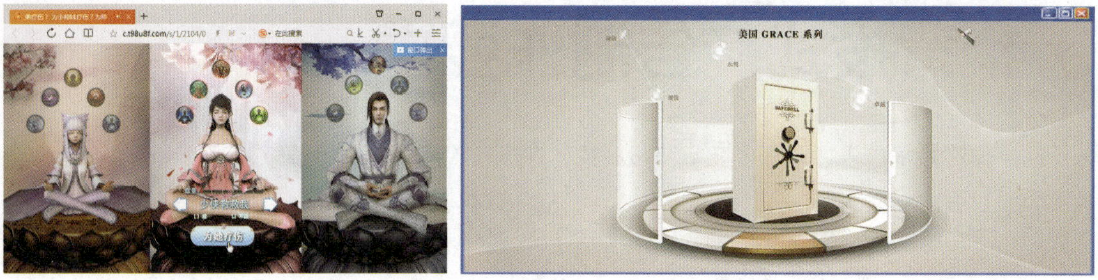

图9-2　背投式广告欣赏

9.2 案例 1——春季牛仔背投式广告

本节以春季牛仔背投式广告为例为读者讲解详细的制作步骤，广告页面从左侧进入画面，内容以牛仔模特与动态文字相结合，将广告信息展现在人们眼前，突出了活动折扣，达到了广告的宣传作用。

9.2.1 效果赏析与技术要点

首先通过对本案例的效果赏析和技术要点的讲解，让读者先了解一下本案例的基本信息。

1. 效果赏析

动态效果如图 9-3 所示。

图9-3　春季牛仔背投式广告

2. 技术要点

本案例制作中主要运用的功能与技术要点如下：

- 传统补间：使用传统运动补间制作位移动画。
- 色彩效果：为元件添加色彩效果实现不同的色调和透明度。

9.2.2 导入背景

导入图片素材，制作春季牛仔背投式广告的动画背景。

01 启动 Animate CC，新建空白文档，并设置舞台大小为 520×280 像素，如图 9-4 所示。

02 执行“文件”→“导入”→“导入到舞台”命令，导入“背景.png”素材，添加广告背景，如图 9-5 所示。

图9-4　新建文档

图9-5　导入“背景.png”素材

03 在第 7 帧，按 <F6> 键，插入关键帧；选中第 1 帧中的元件，向左移动，移动到舞台外部，如图 9-6 所示。

04 在关键帧之间创建传统补间动画，如图 9-7 所示。

图9-6　向左移动元件

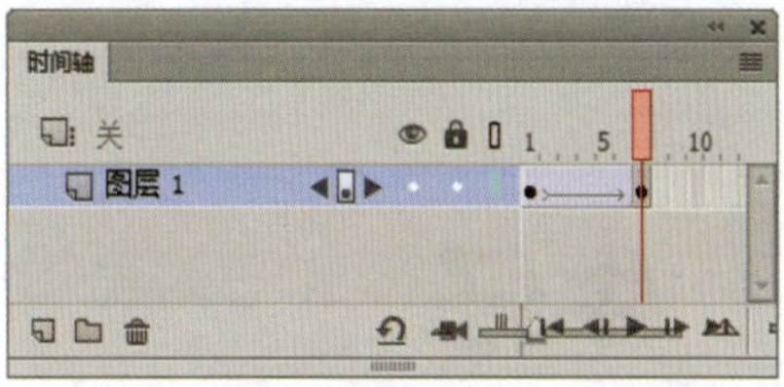

图9-7　创建传统补间动画

05 为了延长动画时长，让背景静止一段时间，选中第 30 帧，按 <F5> 键，插入普通帧，这样可以延长动画的帧数。

9.2.3 制作主动画

制作春季牛仔背投式广告的主动画，由动态文字构成主动画内容。

01 新建“图层 2”，在第 7 帧插入关键帧，导入“牛 .png”文字图片素材，如图 9-8 所示。

02 选中素材，按 <F8> 键，转换为图形元件，在第 12 帧插入关键帧，向下移动元件，如图 9-9 所示。

图9-8　导入“牛.png”素材

图9-9　向下移动元件

03 在两个关键帧之间创建传统补间动画，如图 9-10 所示。再次选中第 30 帧，按 <F5> 键，插入普通帧，与“图层 1”的时间轴帧数保持一致（每个图层都使用这种方法）。

4 新建“图层 3”，选中第 9 帧插入关键帧，导入“仔 .png”素材，如图 9-11 所示。

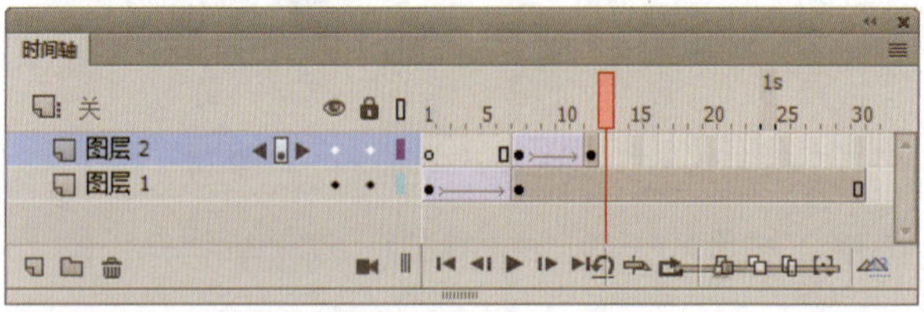

图9-10　创建传统补间动画

图9-11　导入“仔.png”素材

05 在第 14 帧插入关键帧，向下移动元件，如图 9-12 所示。

06 在两个关键帧之间创建传统补间动画，如图 9-13 所示。

图9-12　向下移动元件

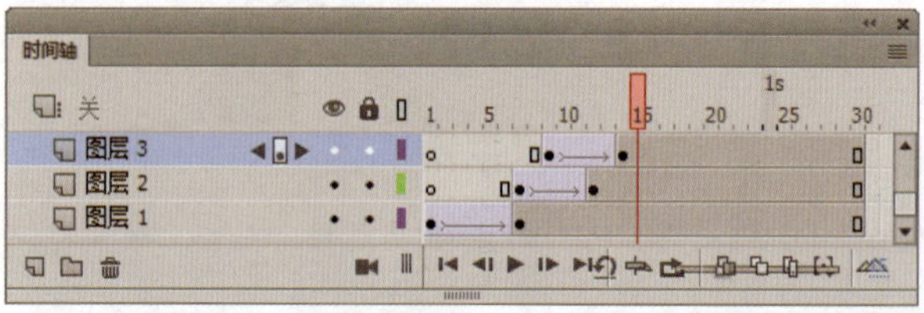

图9-13　创建传统补间动画

07 新建“图层 4”，在第 11 帧插入关键帧，导入“型 .png”素材，如图 9-14 所示。

08 在第 16 帧插入关键帧，向下移动元件，如图 9-15 所示。

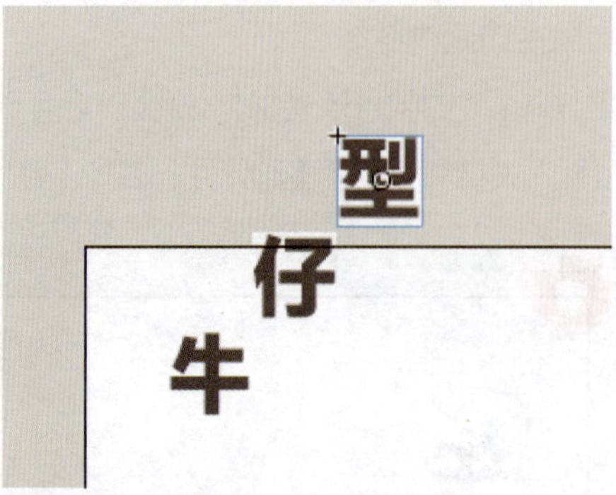

图9-14　导入“型.png”素材

图9-15　向下移动元件

09 在两个关键帧之间创建传统补间动画，如图 9-16 所示。

10 新建“图层 5”，在第 13 帧插入关键帧，导入“动 .png”素材，如图 9-17 所示。

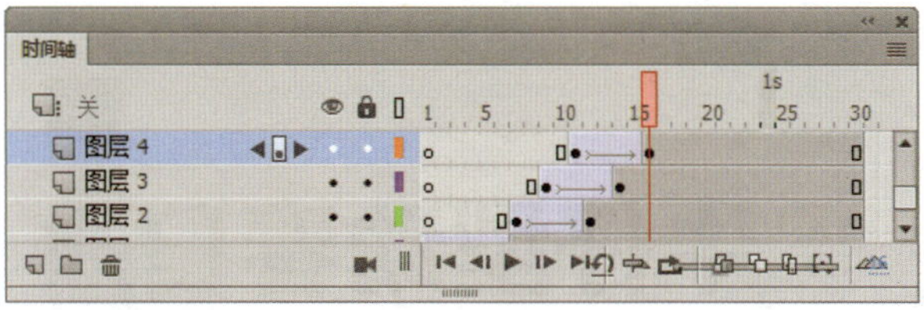

图9-16　创建传统补间动画

图9-17　导入“动.png”素材

11 继续在第 18 帧插入关键帧，向下移动元件，与其他元件平行，如图 9-18 所示。

12 在两个关键帧之间创建传统补间动画，如图 9-19 所示。

图9-18　向下移动元件

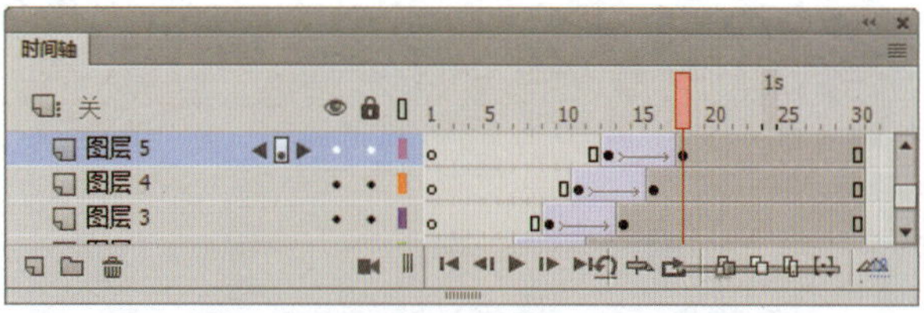

图9-19　创建传统补间动画

13 新建“图层 6”，在第 15 帧插入关键帧，导入“春日 .png”素材，如图 9-20 所示。

14 在第 20 帧插入关键帧，选中第 15 帧舞台中的元件，使用“任意变形工具”旋转并缩小元件，缩小到看不见为止，如图 9-21 所示。

图9-20　导入“春日.png”素材

图9-21　缩小元件

15 在两个关键帧之间创建传统补间动画，效果如图 9-22 所示。

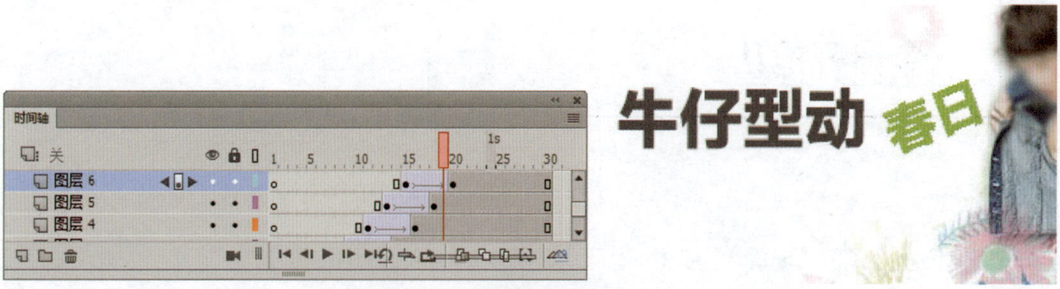

图9-22　创建传统补间动画

16 新建“图层 7”，在第 17 帧插入关键帧，使用“文本工具”在舞台中绘制文本，将文本转换为元件，如图 9-23 所示。

17 在第 22 帧插入关键帧，向右移动元件，如图 9-24 所示。

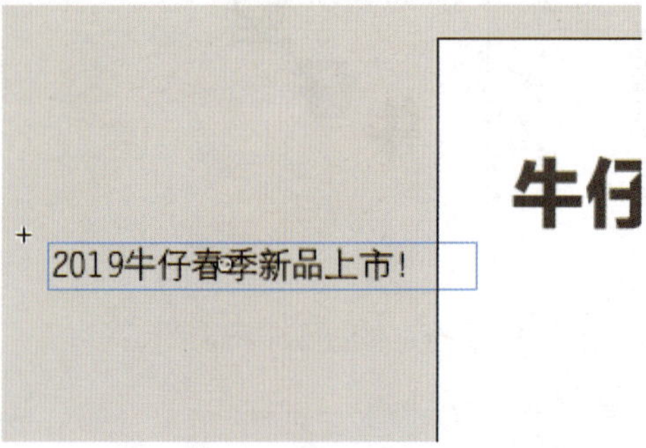

图9-23　输入文本

图9-24　向右移动元件

18 在两个关键帧之间创建传统补间动画，如图 9-25 所示。

19 新建“图层 8”，在第 21 帧插入关键帧，导入“折 .png”素材到舞台，如图 9-26 所示。

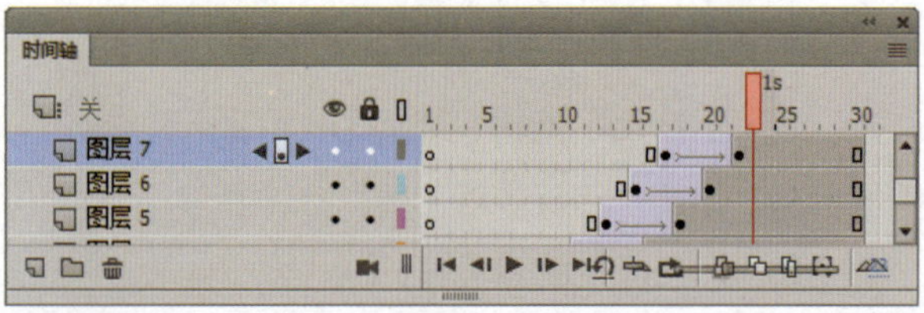

图9-25　创建传统补间动画

图9-26　导入“折.png”素材

20 新建“图层 9”，在第 20 帧插入关键帧，导入“今日开抢 .png”素材，将素材转换为元件，如图 9-27 所示。

21 双击元件，进入元件编辑模式，在第 3、5 帧插入关键帧，选中第 3 帧中的元件，在“属性”面板中设置“Alpha”值为 0，如图 9-28 所示。

图9-27　导入“今日开抢.png”素材

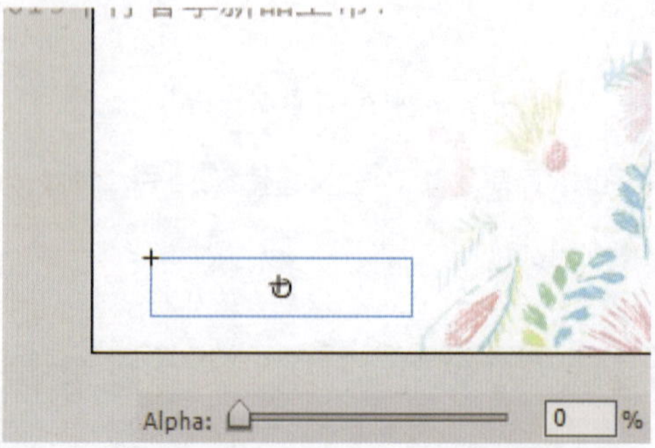

图9-28　设置“Alpha”值为0

22 单击窗口左上角的“场景 1”按钮，返回“场景 1”，新建“图层 10”，在第 17 帧插入关键帧，导入“数字 6.png”素材，如图 9-29 所示。

23 将素材转换为元件，在第 22 帧插入关键帧，选中第 17 帧的元件，设置元件的“Alpha”值为 0，并放大元件，如图 9-30 所示。

图9-29　导入“数字6.png”素材

图9-30　调整元件

24 在关键帧之间创建传统补间动画，如图 9-31 所示。

图9-31　创建传统补间动画

25 新建“图层 11”，在第 30 帧插入关键帧，打开“动作”面板，添加“stop();”停止代码，如图 9-32 所示。

26 新建图层，制作窗口边框，如图 9-33 所示。

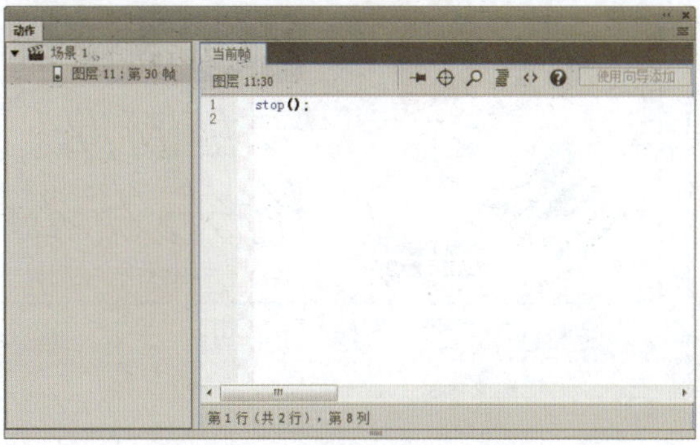

图9-32　添加停止代码

图9-33　制作窗口边框

提示　可以直接导入“第 9 章 \9.2\ 素材 \ 窗口边框 .png”素材图片。

27 完成该广告的制作，按 <Ctrl+Enter> 组合键测试动画效果，如图 9-34 所示。

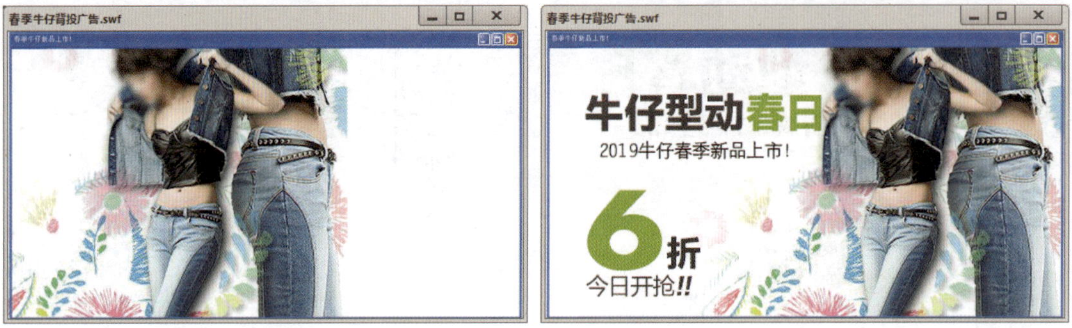

图9-34　测试动画效果

9.3 案例2——淘衣屋网站背投式广告

本节以淘衣屋网站背投式广告为例为读者讲解详细的制作步骤，广告整体为红色调，背景采用的是比较鲜艳的红白条纹，文字占了画面的一半，大而显眼。画面内容十分丰富，可以让人读取很多的信息。

9.3.1 效果赏析与技术要点

首先呈现出广告的最终效果图以及制作过程中应注意的技术要点，为下面的设计操作做好前提准备。

1. 效果赏析

动态效果如图 9-35 所示。

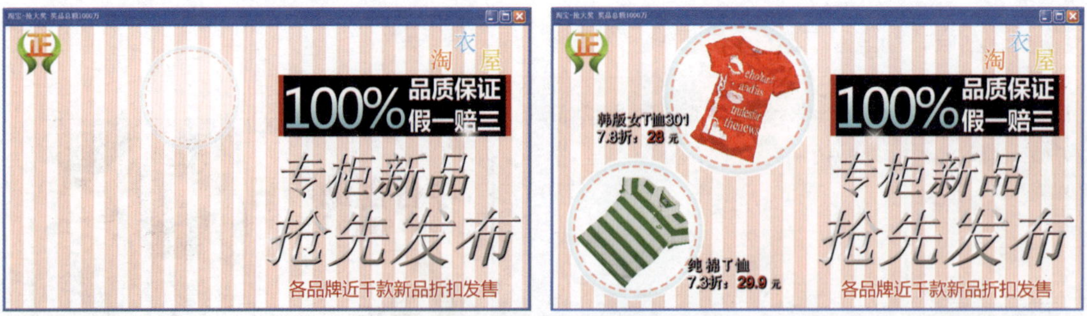

图9-35　淘衣屋网站背投式广告

2. 技术要点

本案例制作中主要运用的功能与技术要点如下：

- 传统补间：使用传统运动补间制作位移和大小变换动画。
- 按钮元件：使用按钮元件制作点击按钮。

- 遮罩动画：使用遮罩动画实现显示区域。
- 色彩效果：为元件添加色彩效果实现不同的色调和透明度。

9.3.2 制作背景

使用“矩形工具”，制作春季牛仔背投式广告的动画背景。

01 启动 Animate CC，新建空白文档，并设置舞台大小为 910×500 像素，帧频设置为 12fps，如图 9-36 所示。

02 使用“矩形工具”，在舞台中绘制红白相间的条纹，制作广告背景，如图 9-37 所示。

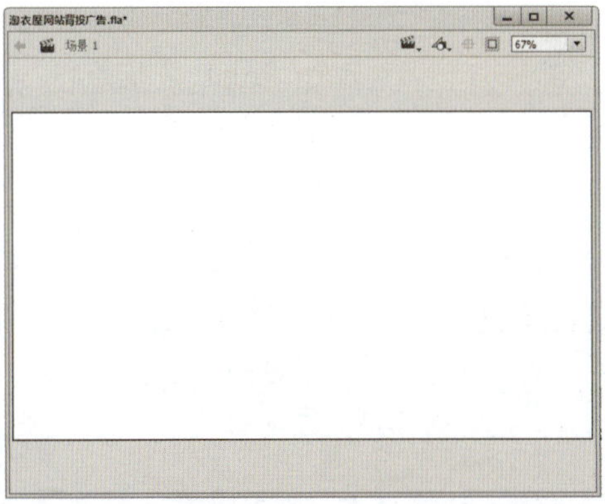

图9-36　新建文档

图9-37　绘制红白相间的条纹

> **提示** 可以直接导入“第 9 章 \9.3\ 素材 \ 条纹背景 png”素材图片。

03 选中第 175 帧，按 <F5> 键，插入普通帧，延长动画的时长。

04 新建“图层 2”，改名为“发光球”，使用“椭圆工具”，在舞台中绘制一个正圆，填充径向渐变颜色（从 34% 的白色到 0% 的白色渐变），如图 9-38 所示。

05 将正圆转换为元件，调整元件“Alpha”值为 80，如图 9-39 所示。

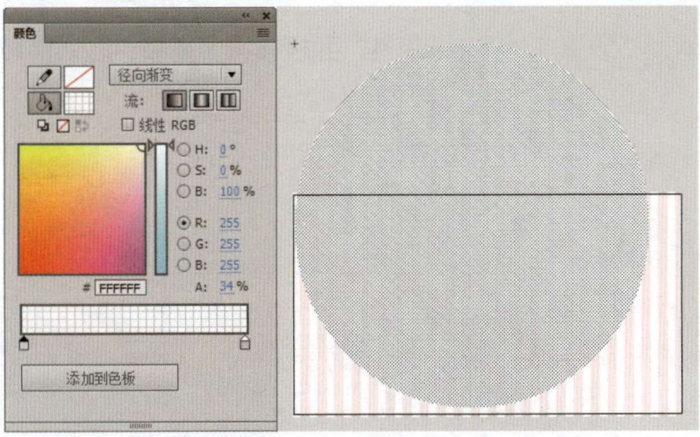

图9-38　绘制正圆

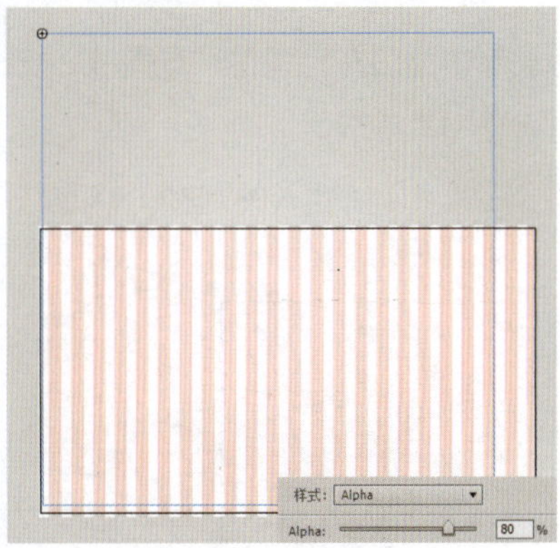

图9-39　调整元件“Alpha”值为80

06 继续在右下角绘制一个相同颜色的椭圆，如图 9-40 所示。

07 将正圆转换为元件，调整元件“Alpha”值为 45，如图 9-41 所示。

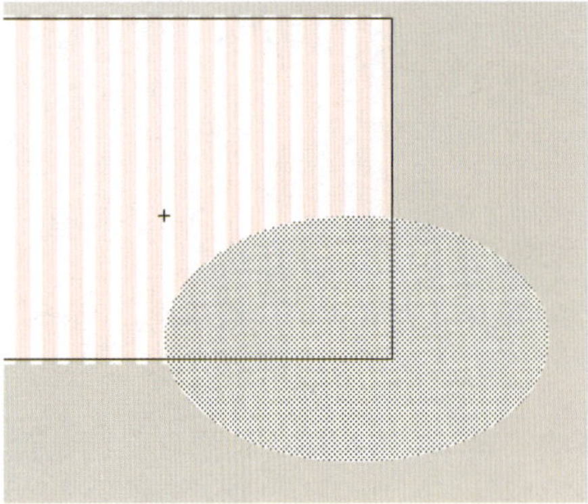

图9-40　绘制正圆

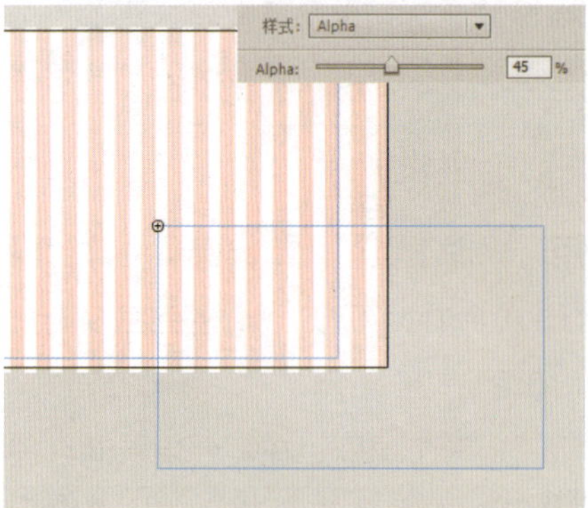

图9-41　调整元件“Alpha”值为45

9.3.3 制作文字动画

制作淘衣屋网站背投式广告的动态文字动画。

01 新建图层，改名为“100%”，使用“矩形工具”，绘制黑色矩形，并绘制两条红色边，如图9-42所示。

02 将矩形转换为元件，进入元件编辑模式，新建图层，导入“100%.png”素材，移动到矩形位置，如图 9-43 所示。

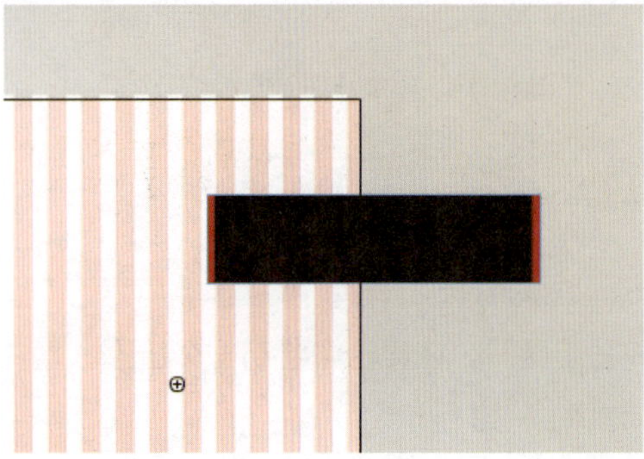

图9-42　绘制矩形

图9-43　导入“100%.png”素材

03 单击窗口左上角的“场景 1”按钮，返回“场景 1”，在“属性”面板设置“高级”选项参数，如图 9-44 所示。

04 在第 10 帧插入关键帧，修改“高级”参数，并向左移动元件，如图 9-45 所示。

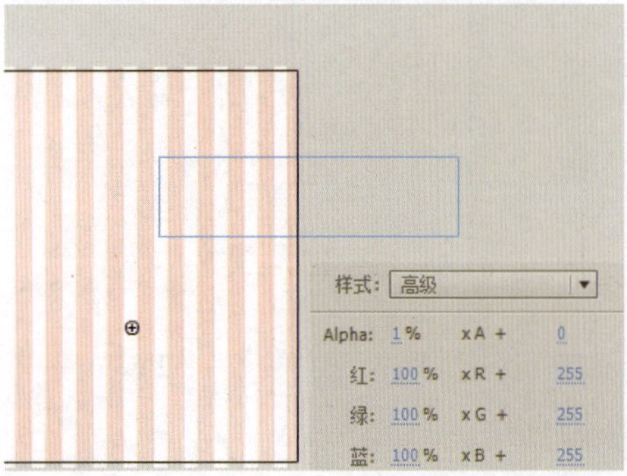

图9-44　设置“高级”选项参数

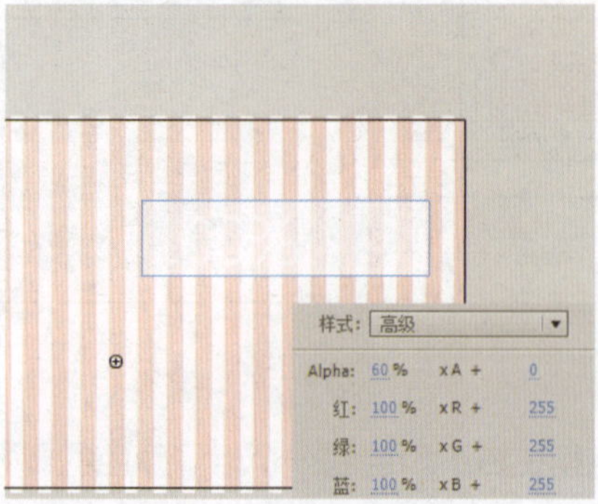

图9-45　调整元件

05 在第 12 帧插入关键帧，继续修改“高级”选项参数，向左移动元件，如图 9-46 所示。

06 在第 13 帧插入关键帧，设置元件“样式”选项为“无”，稍微向右移动元件，如图 9-47 所示。

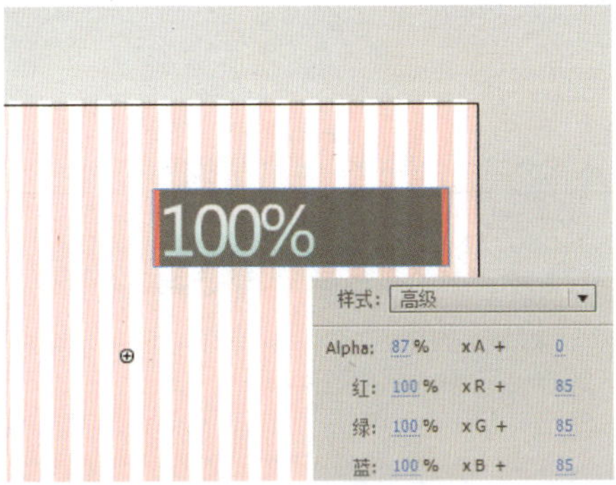

图9-46　调整元件

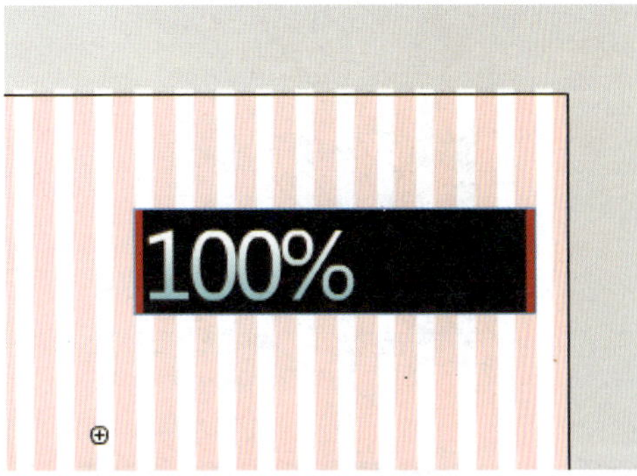

图9-47　调整元件

07 在每个关键帧之间创建传统补间动画，如图 9-48 所示。

08 新建图层，改名为“品质保障”，使用“文本工具”，在矩形右侧输入文本，如图 9-49 所示。

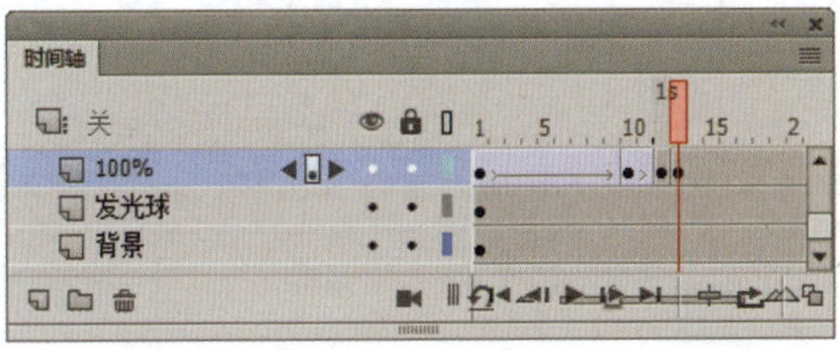

图9-48　创建传统补间动画

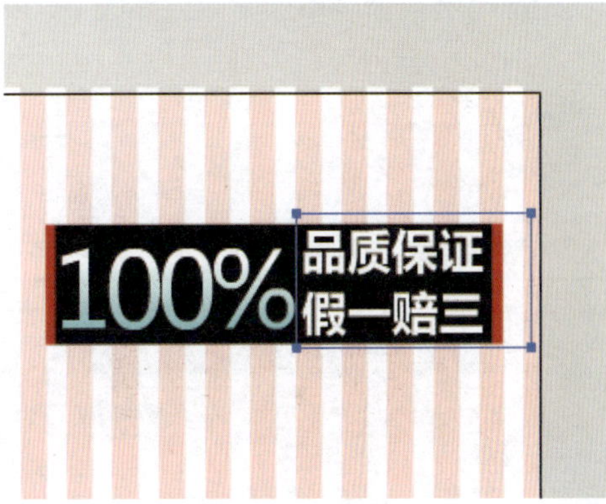

图9-49　输入文本

09 使用相同的方法，制作文字入场动画，如图 9-50 所示。

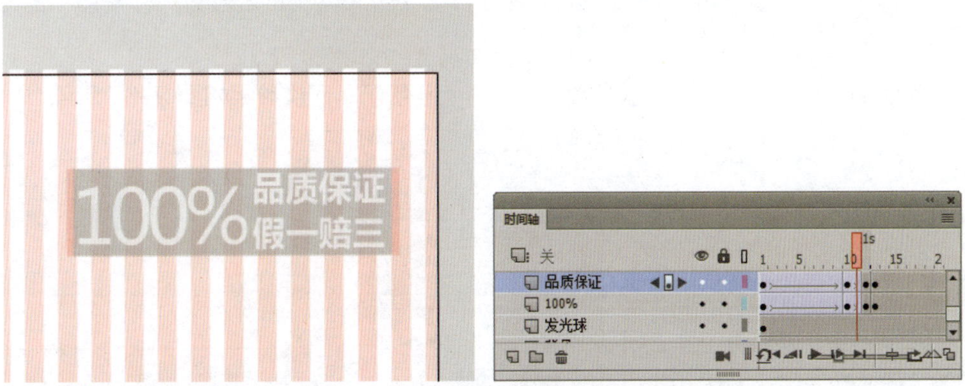

图9-50　制作文字入场动画

10 新建图层，改名为“专柜新品”，在第 7 帧插入关键帧，使用“矩形工具”在舞台下方绘制一个矩形，调整矩形“线性渐变”填充颜色，如图 9-51 所示。

11 使用“渐变变形工具”，调整矩形渐变位置，如图 9-52 所示。

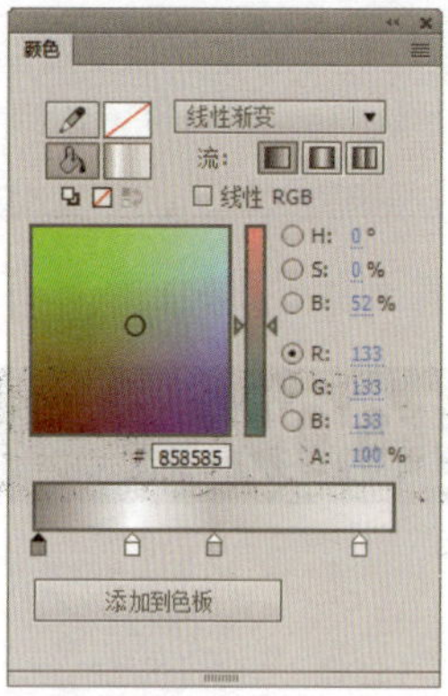

图9-51 填充颜色为“线性渐变”

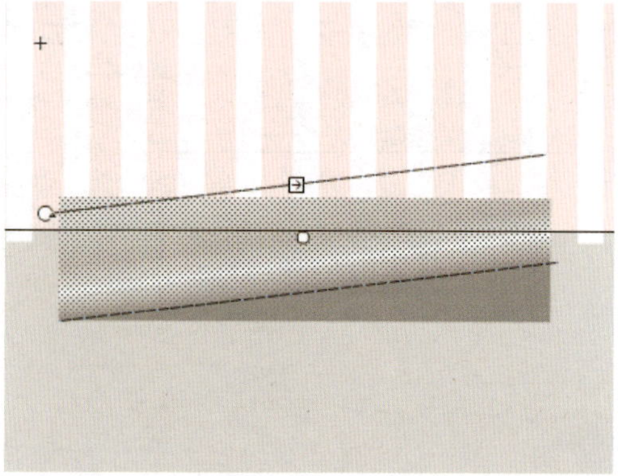

图9-52 调整矩形渐变

12 将矩形转换为元件，进入元件编辑模式，创建遮罩层，在矩形上方输入文本，变形文字，如图 9-53 所示。

13 锁定遮罩层与被遮罩层，效果如图 9-54 所示。

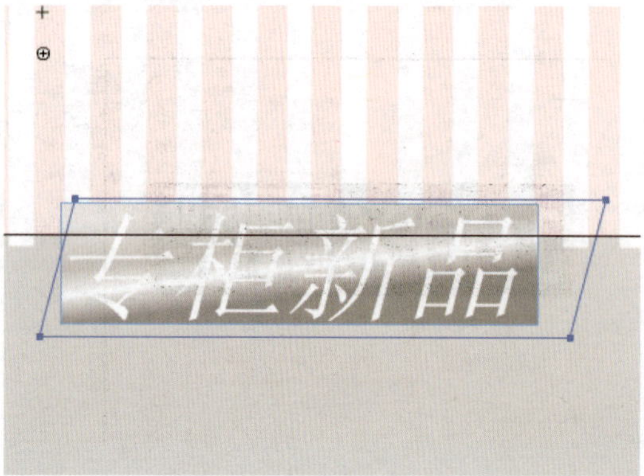

图9-53 变形文字

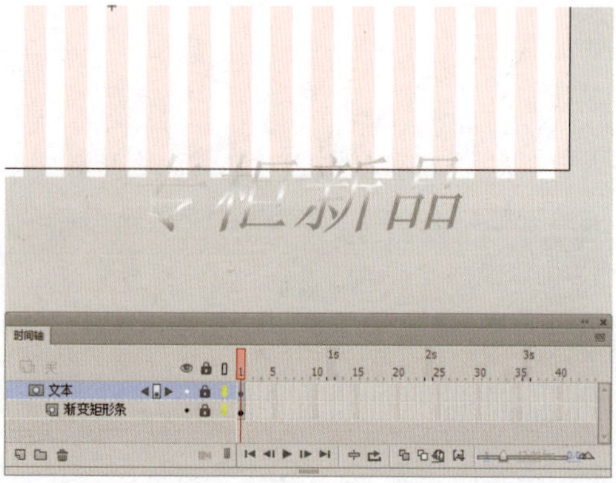

图9-54 锁定遮罩层与被遮罩层效果

14 单击窗口左上角的“场景 1”按钮，返回“场景 1”，在“属性”面板设置元件“高级”选项参数，如图 9-55 所示。

15 为元件添加“投影”滤镜，设置参数，如图 9-56 所示，元件效果如图 9-57 所示。

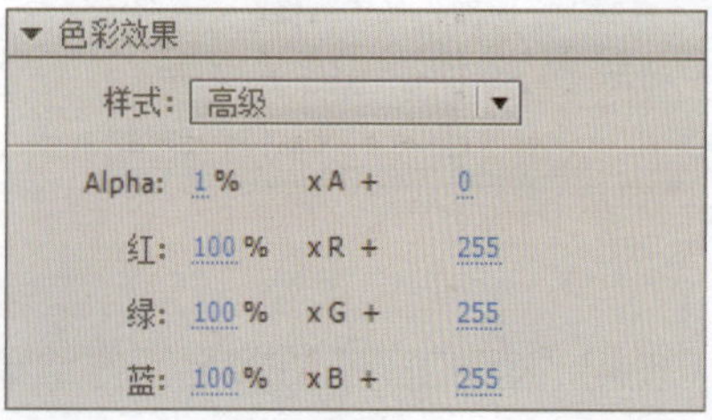

图9-55 设置“高级”选项参数

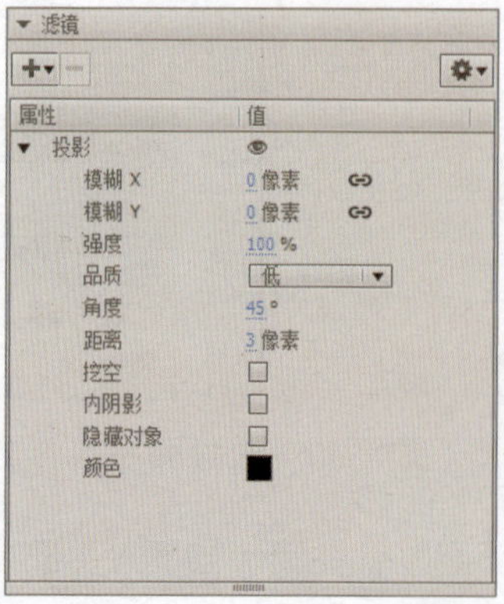

图9-56 添加“投影”滤镜

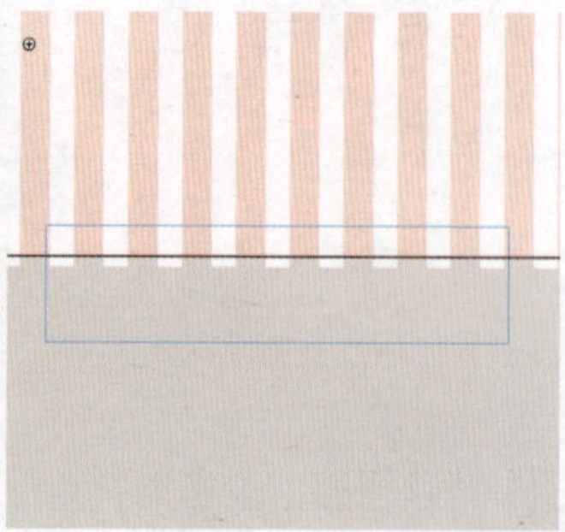

图9-57 元件效果

16 在第 8、9 帧插入关键帧，向上移动元件，并修改“高级”选项参数，如图 9-58 和图 9-59 所示。

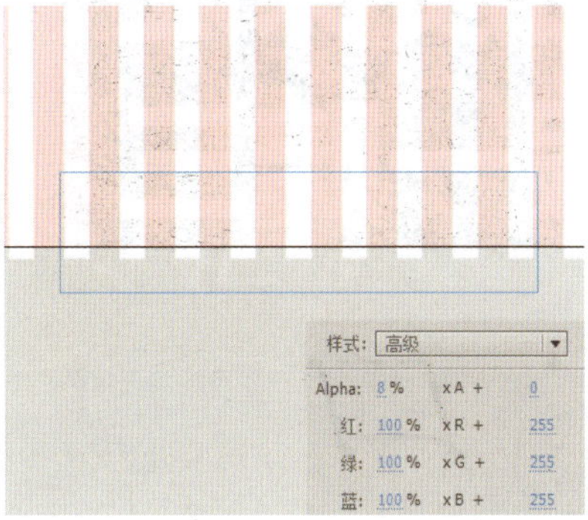

图9-58　调整元件

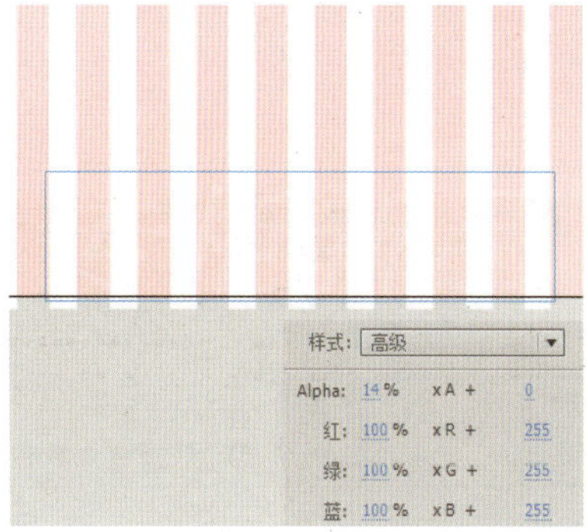

图9-59　调整元件

17 在第 10、11 帧插入关键帧，继续调整元件的位置和色调，如图 9-60 所示。

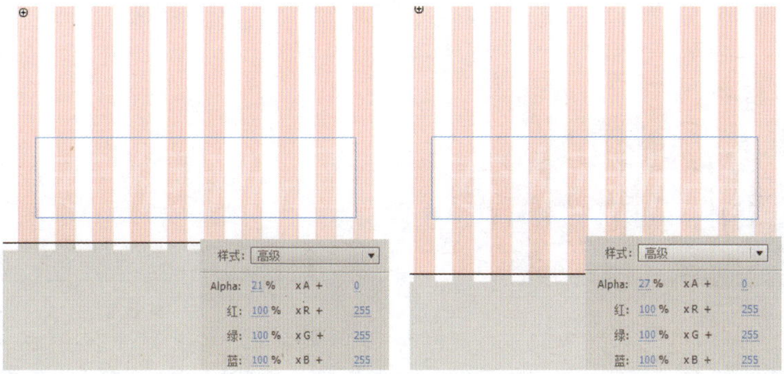

图9-60　调整元件

18 继续插入多个关键帧，依次向上移动元件并调整元件的“高级”参数，逐渐增加“Alpha”值，如图 9-61 所示。

19 在第 19 帧插入关键帧，稍微向下移动元件，设置元件“色彩效果”的“样式”为“无”，如图 9-62 所示。

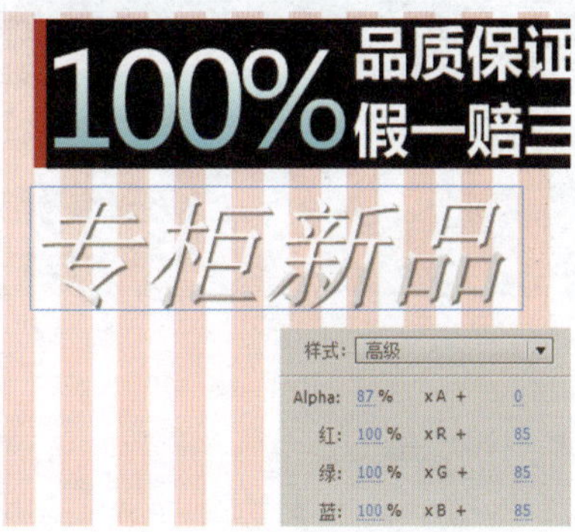

图9-61　调整元件

图9-62　设置元件“色彩效果”

20 在关键帧之间创建传统补间动画，如图 9-63 所示。

21 新建图层，在第 19 帧插入关键帧，使用“椭圆工具”在“赔”字下方绘制闪光图形，填充从白色到透明的“径向渐变”，如图 9-64 所示。

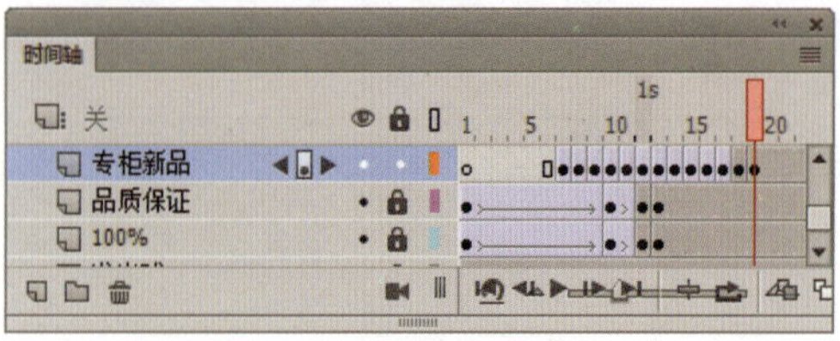

图9-63　创建传统补间动画

图9-64　绘制闪光图形

22 将图形转换为元件，进入元件编辑模式，在第 11、22 帧插入关键帧。

23 选中第 1、22 帧中的元件，在“属性”面板设置元件“Alpha”值为 0，如图 9-65 所示。

24 在每个关键帧之间创建传统补间动画，如图 9-66 所示。

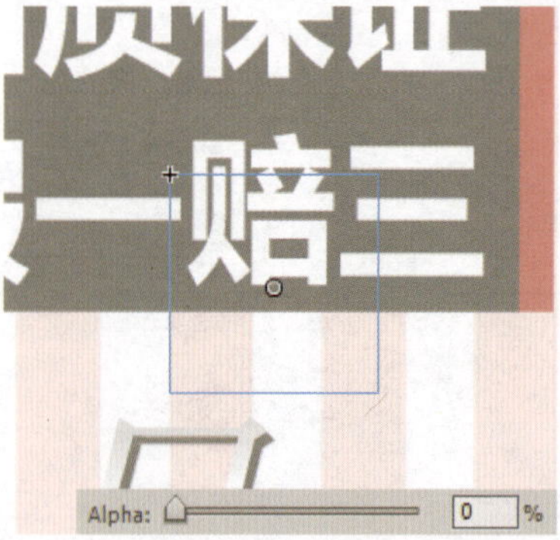

图9-65　设置元件“Alpha”值为0

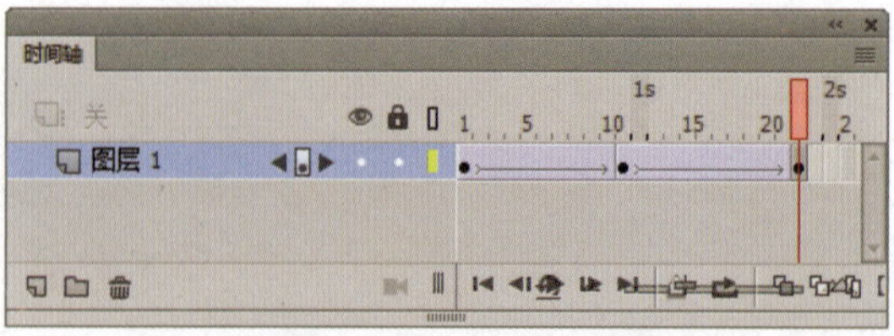

图9-66　创建传统补间动画

25 单击补间中的任意一帧，在“属性”面板“补间”选项中设置“顺时针”旋转“1”圈，如图 9-67 所示。制作元件旋转动画，如图 9-68 所示。

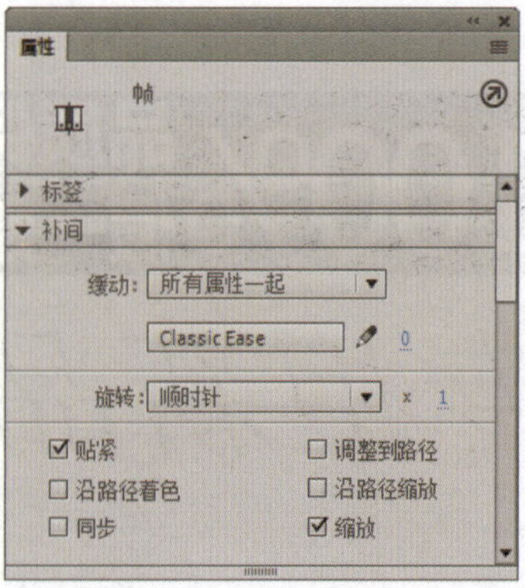

图9-67　设置补间旋转

图9-68　旋转效果

26 单击窗口左上角的“场景 1”按钮，返回“场景 1”，新建图层，命名为“抢先发布”，在第 12 帧插入关键帧，在舞台底部制作遮罩文字，如图 9-69 所示。

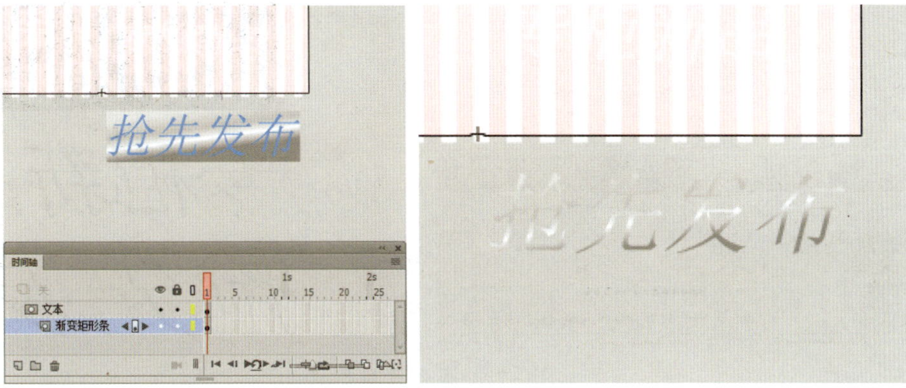

图9-69　制作文字遮罩

27 使用相同的方法，制作文字入场动画，如图 9-70 所示。

图9-70　制作文字入场动画

28 新建图层，在第 24 帧插入关键帧，将之前制作好的闪光元件，复制到该图层中，移动到适当位置，如图 9-71 所示。

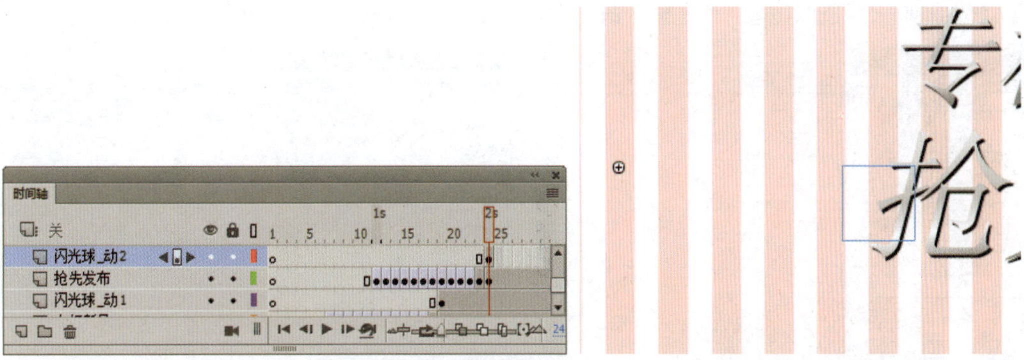

图9-71　复制元件

29 继续新建图层，在第 30 帧插入关键帧，复制两个闪光元件到该图层，调整位置，如图 9-72 所示。

30 新建文本图层，在舞台中输入红色文本，如图 9-73 所示。

31 为文字添加“发光”滤镜，如图 9-74 所示。

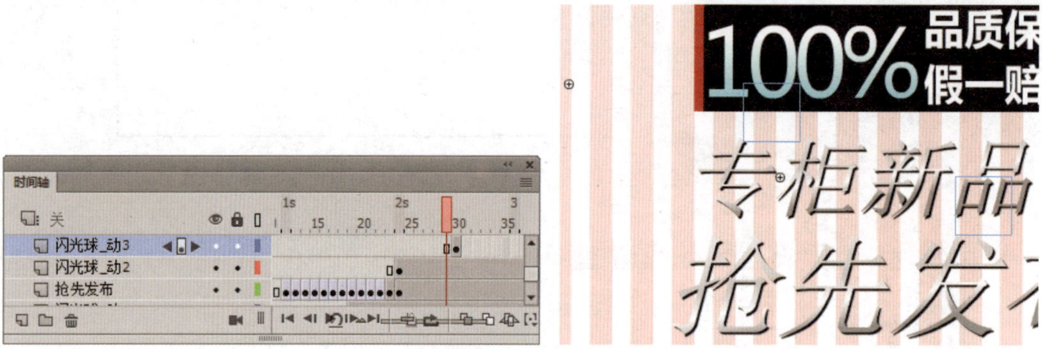

图9-72　复制元件

图9-73　输入红色文本

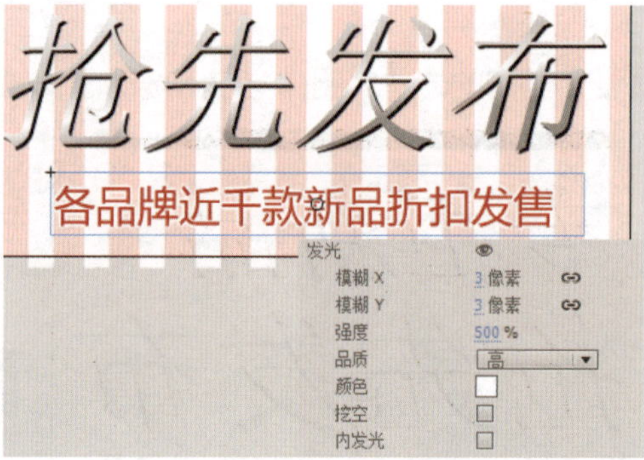

图9-74　添加“发光”滤镜

9.3.4 制作商品动画

制作广告主商品的宣传广告。

01 新建图层，命名为“圆盘”，在第 24 帧插入关键帧，使用“椭圆工具”在舞台中绘制一个正圆，填充渐变颜色，正圆边框为白色，如图 9-75 所示。

02 继续绘制一个正圆边框，“笔触”样式为“虚线”，如图 9-76 所示。

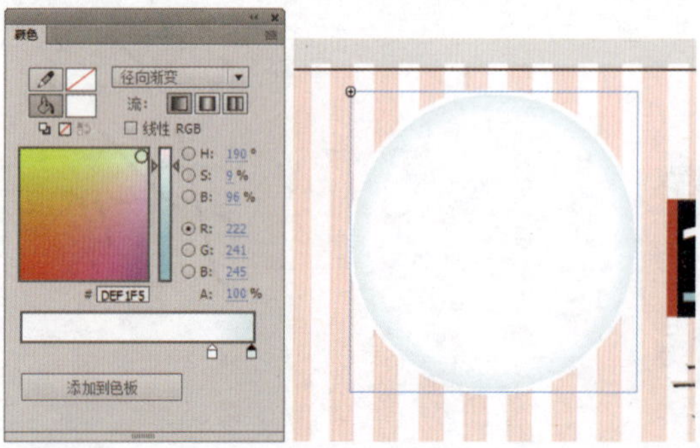

图9-75　绘制正圆

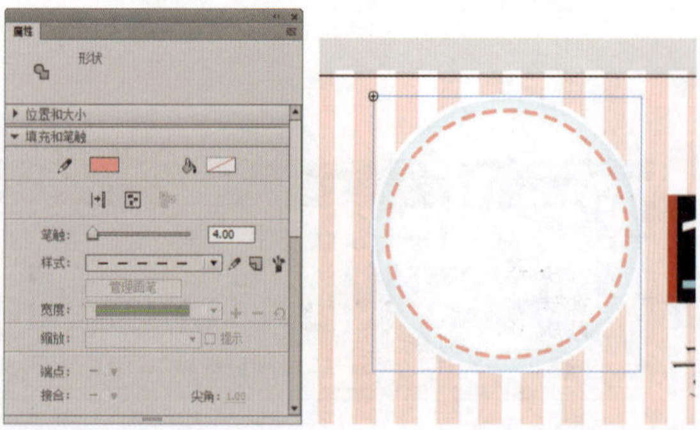

图9-76　绘制虚线边框

03 将图形转换为元件，将元件缩到最小，并设置元件“Alpha”值为 0，如图 9-77 所示。

04 在第 33 帧插入关键帧，放大元件，并设置“样式”为“无”，如图 9-78 所示。

图9-77　缩小元件

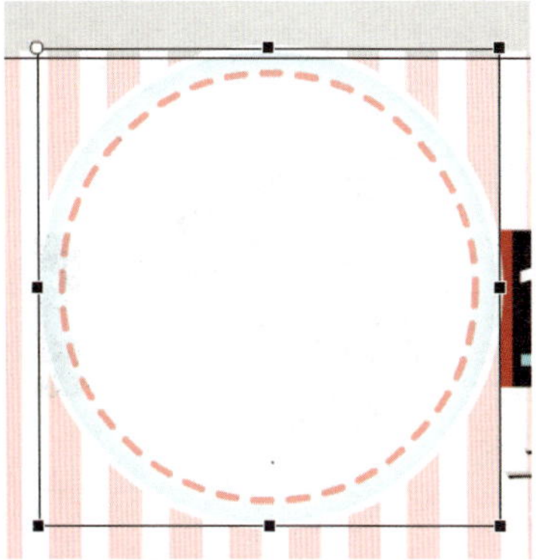

图9-78　放大元件

05 在第 37 帧插入关键帧，缩小元件；在第 39、40 帧插入关键帧，稍微放大元件。

06 在每个关键帧之间创建传统补间动画，如图 9-79 所示。

07 新建图层，导入“红 T 恤 .png”素材，旋转图片，如图 9-80 所示。

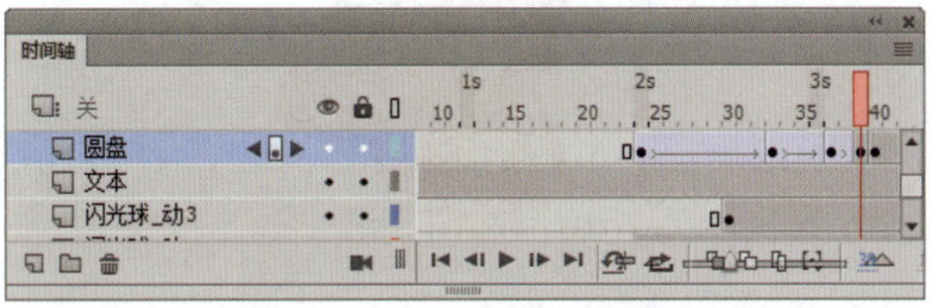

图9-79　创建传统补间动画

图9-80　旋转图片

08 在第 48 帧插入关键帧，向上移动元件，如图 9-81 所示。

09 在第 51 帧插入关键帧，向下移动元件，如图 9-82 所示。

图9-81　向上移动元件

图9-82　向下移动元件

10 在第 53、54 帧插入关键帧，继续稍微向上移动元件，移动到正圆的位置，如图 9-83 所示。

11 在每个关键帧之间创建传统补间动画，如图 9-84 所示。

图9-83　向上移动元件

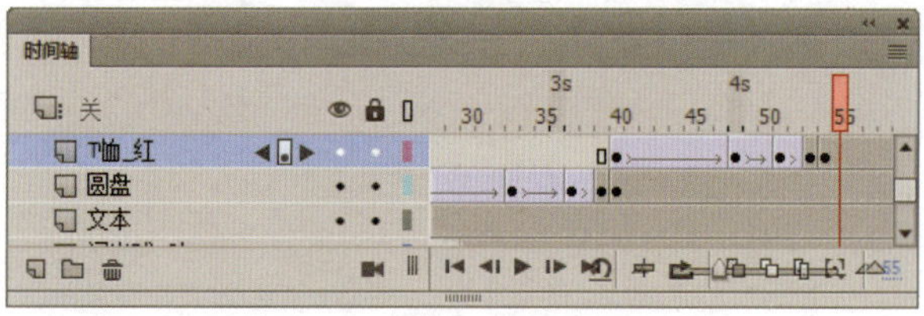

图9-84　创建传统补间动画

12 创建该图层的遮罩层，在红 T 恤位置绘制正圆，如图 9-85 所示。

13 锁定遮罩层与被遮罩层，遮罩动画效果如图 9-86 所示。

图9-85　制作遮罩图形

图9-86　遮罩动画效果

14 新建图层，在第 52 帧插入关键帧，在遮罩动画左侧输入文本，并添加“投影”滤镜，如图 9-87 所示。

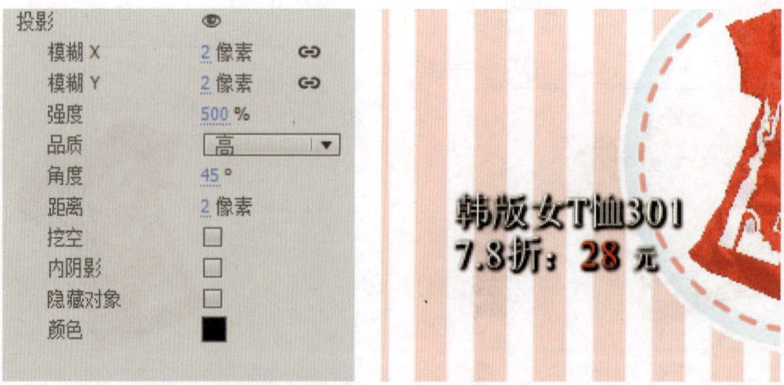

图9-87　文字投影效果

15 选中元件，设置元件的“Alpha”值为 0；在第 53、54 帧插入关键帧，分别修改元件的“Alpha”值为 20、40，并向上移动元件，如图 9-88 所示。

图9-88　调整元件

16 继续在第 57 帧插入关键帧，设置元件“样式”为“无”，向上移动元件，如图 9-89 所示。

17 在第 59、60 帧插入关键帧，依次稍微向下移动元件，如图 9-90 所示。

图9-89　向上移动元件

图9-90　向下移动元件

18 在每个关键帧之间创建传统补间动画，如图 9-91 所示。

19 新建图层，在第 37 帧插入关键帧，复制之前制作好的正圆图形，移动到适当位置，如图 9-92 所示。

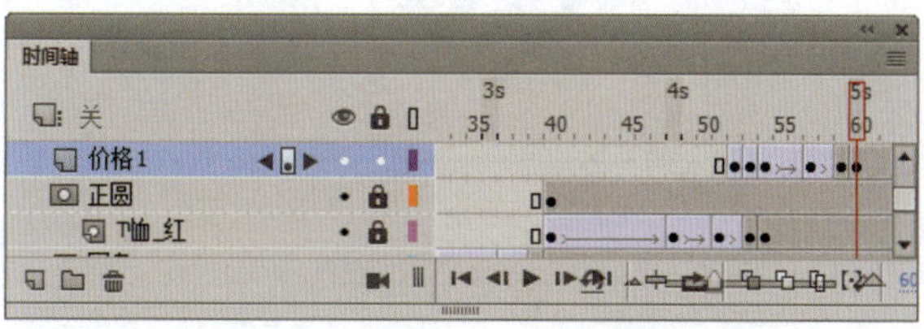

图9-91　创建传统补间动画

图9-92　复制元件

20 使用相同的方法，制作元件入场动画，如图 9-93 所示。

21 新建图层，在第 53 帧插入关键帧，导入“绿 T 恤 .png”素材，旋转图片，如图 9-94 所示。

22 在第 61 帧插入关键帧，向上移动元件，如图 9-95 所示。

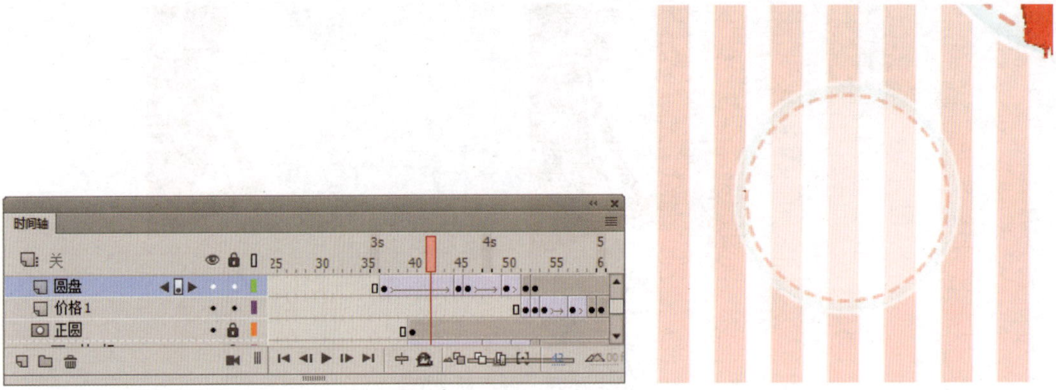

图9-93　制作元件入场动画

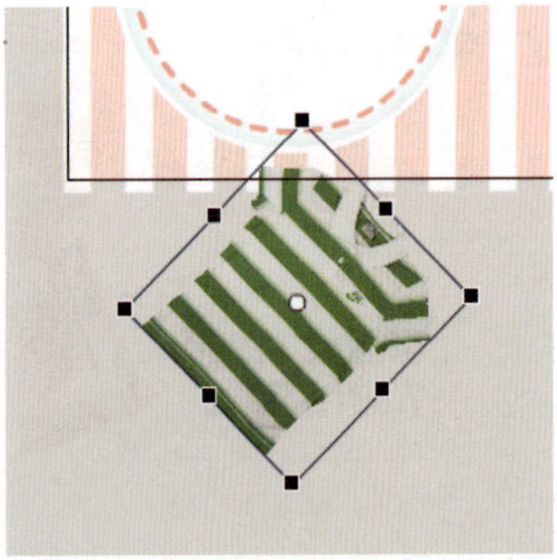

图9-94　导入“绿T恤.png”素材

图9-95　向上移动元件

23 在第 64 帧插入关键帧，向下移动元件，如图 9-96 所示。

24 继续在 66、67 帧插入关键帧，依次稍微向上移动元件，移动到正圆中心位置，如图 9-97 所示。

图9-96　向下移动元件

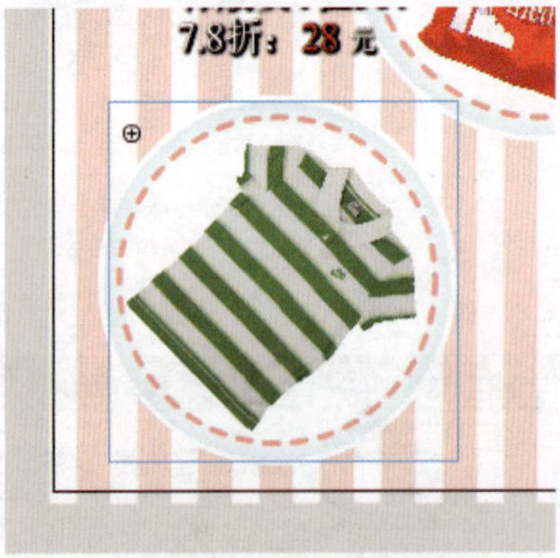

图9-97　稍微向上移动元件

25 在每个关键帧之间创建传统补间动画，如图 9-98 所示。

26 创建遮罩层，在绿 T 恤位置绘制一个正圆，制作一个正圆遮罩，如图 9-99 所示。

27 锁定遮罩层与被遮罩层，动画效果如图 9-100 所示。

28 新建图层，在第 65 帧插入关键帧，输入文字并添加“投影”滤镜，如图 9-101 所示。

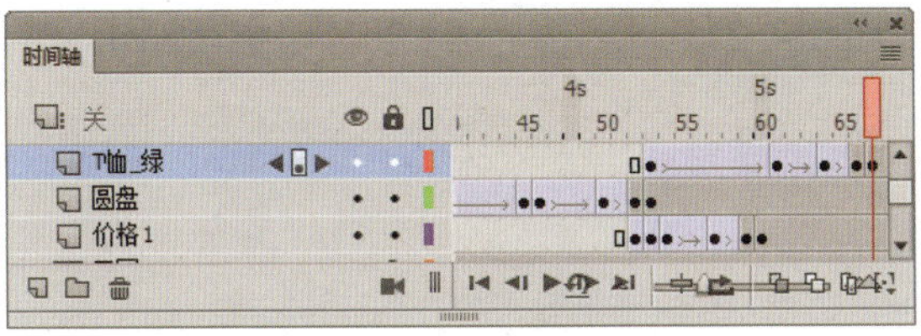

图9-98　创建传统补间动画

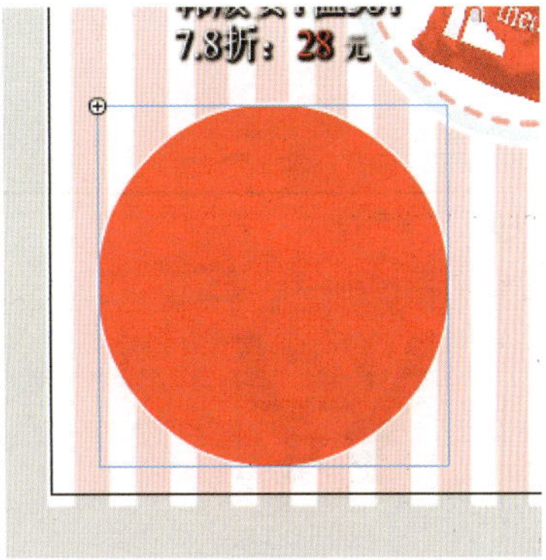

图9-99　制作正圆遮罩

图9-100　遮罩动画效果

图9-101　制作投影文字

29 制作文字入场动画，如图 9-102 所示。

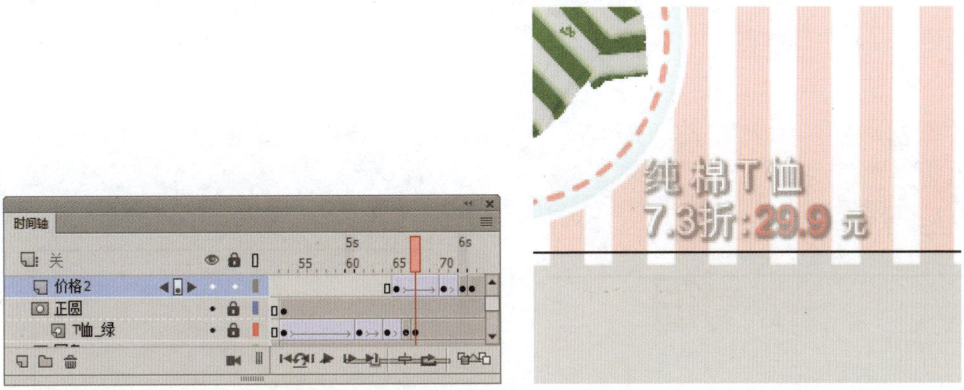

图9-102　制作文字入场动画

30 新建图层，导入“正品图标 .png”素材，移动到舞台左上角，如图 9-103 所示。

31 再次新建图层，命名为“淘”，使用“文本工具”在舞台中输入文本“淘”字，并添加“发光”滤镜，如图 9-104 所示。

32 将文字转换为元件，双击元件，进入元件编辑模式，选中第 17 帧，插入关键帧，向下移动元件，如图 9-105 所示。

33 在第 19 帧插入关键帧，稍微向上移动元件；在第 20 帧插入关键帧，稍微向下移动元件。

34 在每个关键帧之间创建传统补间动画，如图 9-106 所示。

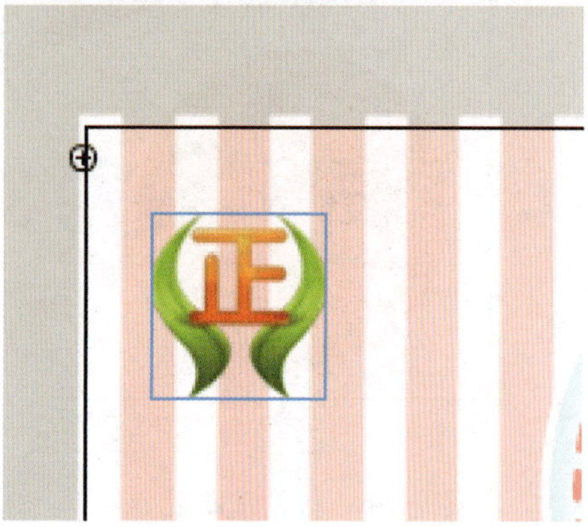

图9-103 导入“正品图标.png”素材

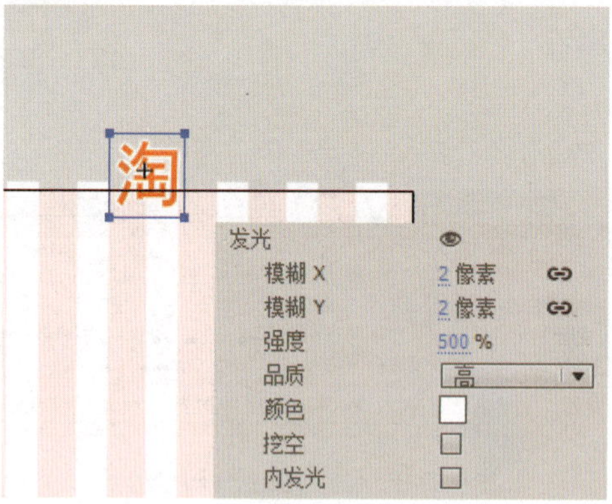

图9-104 输入文本

图9-105 向下移动元件

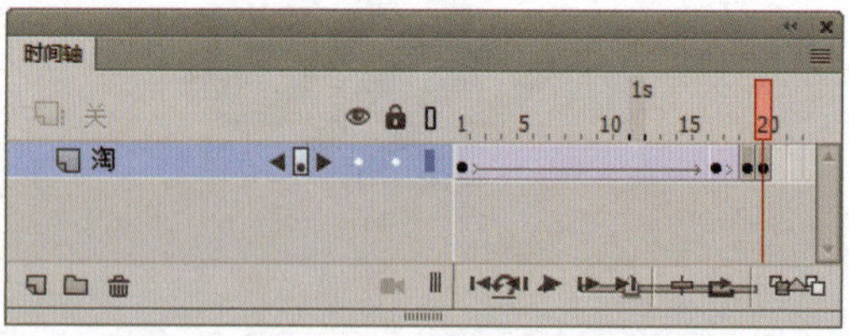

图9-106 创建传统补间动画

35 新建图层，命名为“衣”，移动到“淘”图层的下方，在第 9 帧插入关键帧，输入“衣”字并添加“发光”滤镜，如图 9-107 所示。

36 在第 24 帧插入关键帧，移动元件至“淘”字右侧，如图 9-108 所示。

图9-107 输入文字

图9-108 移动元件

37 在两个关键帧之间创建传统补间动画，如图 9-109 所示。

38 新建图层，命名为“屋”，移动到其他图层下方，在第 13 帧插入关键帧，制作发光文字，如图 9-110 所示。

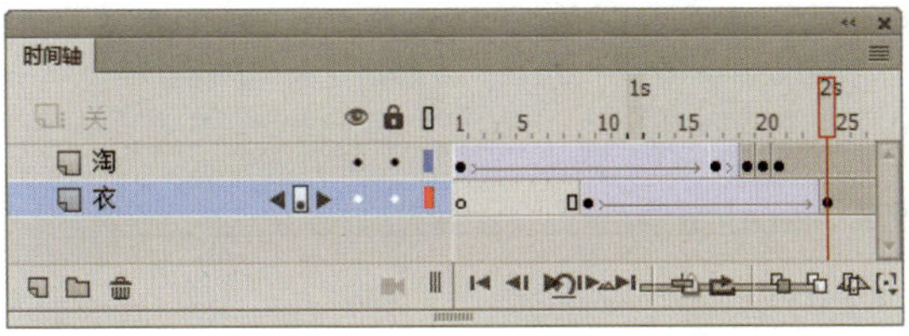

图9-109 创建传统补间动画

图9-110 制作发光文字

39 将文字转换为元件，设置元件的“Alpha”值为 0，如图 9-111 所示。

40 在第 29 帧插入关键帧，修改元件“样式”为“无”，向左上角移动元件，如图 9-112 所示。

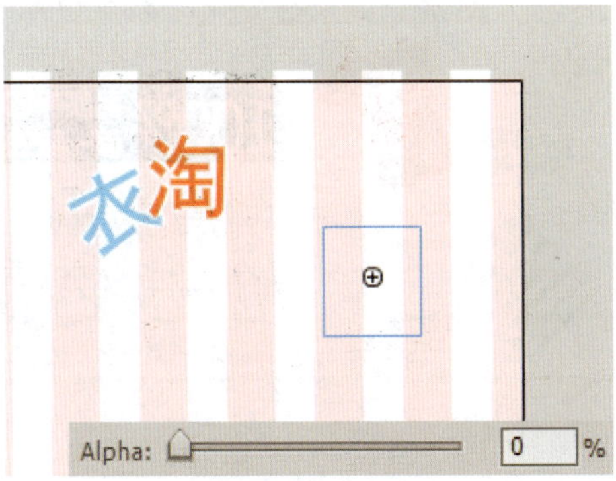

图9-111 设置元件“Alpha”值为0

图9-112 移动元件

41 在两个关键帧之间创建传统补间动画，如图 9-113 所示。

42 选中所有图层的第 50 帧，按 <F5> 键，插入普通帧。

43 单击窗口左上角的“场景 1”按钮，返回“场景 1”，新建图层，使用“矩形工具”，绘制一个与舞台大小相同的矩形，如图 9-114 所示。

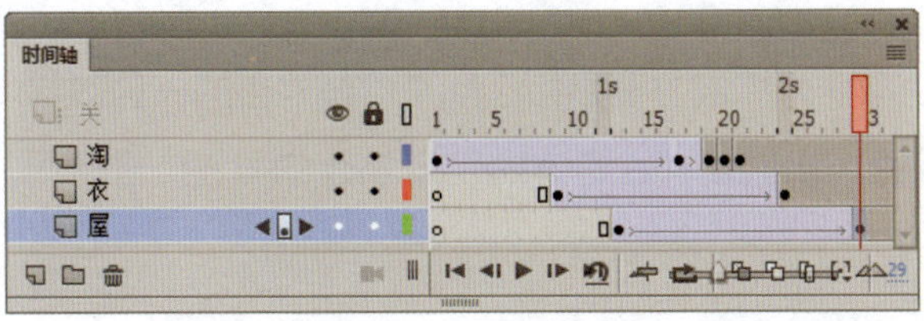

图9-113 创建传统补间动画

图9-114 绘制矩形

44 将矩形转换为“按钮”元件，插入“按钮”关键帧，如图 9-115 所示。

45 新建图层，制作窗口边框，如图 9-116 所示。

> **提示** 可以直接导入“第 9 章 \9.3\ 素材 \ 窗口边框 .png”素材图片。

图9-115 插入“按钮”关键帧

图9-116 绘制窗口边框

46 选中所有图层的第 175 帧，按 <F5> 键，插入普通帧。

47 完成该广告的制作，按 <Ctrl+Enter> 组合键测试动画效果，如图 9-117 所示。

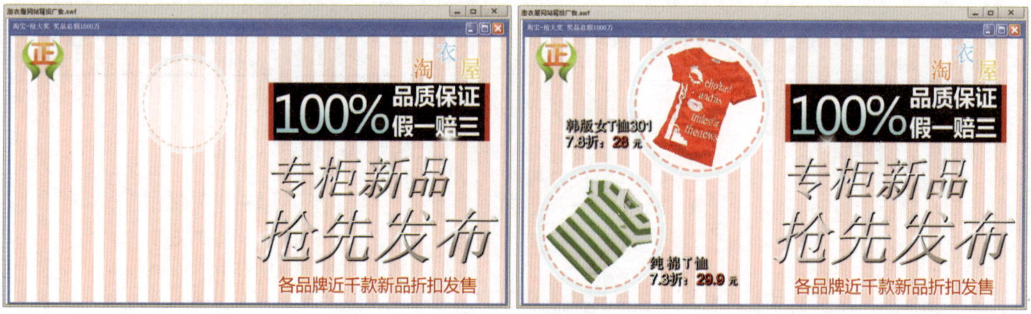

图9-117 测试动画效果

9.4 专业指引——什么是富媒体广告

富媒体广告是基于富媒体技术之上的一种互联网广告形式。它的特点是利用富媒体技术，把大 K 数的广告文件（视频广告片和 Flash 广告等）通过在大流量的门户网站上流畅的播放，因具有网络强互动的优势，从而达到一种强曝光、高点击的效果。

在国内，富媒体广告是指能达到 2D 及 3D 的 Video、Audio 和 Java 等具有复杂视觉效果和交互功能效果的网络广告形式。在国外，富媒体广告主要是指区别于传统广告的一种数字广告形式，其特点是互动性强、包含大量信息、引人入胜，并且遵守由 IAB 制定的网络广告条例，要求宽带支持的新媒体广告。

富媒体广告的特征如下：

- 容量大于 50K 的网络广告。
- 多媒体运用，表现力丰富。
- 独特的智能后台下载技术，具有智能用户连接监测功能，可以充分利用空闲带宽。
- 较一般的网络广告更具互动性。
- 可以自动追踪消费者行为，易于统计广告效果的一系列指标，进而监测富媒体广告效果。

第10章

弹出式广告

这是网页中很常见的一种，通过代码实现在消费者打开网页的时候以弹出的形式呈现在浏览的页面前，具有很强的广告效应和影响客户端浏览的特点。弹出式广告有好几种：如全屏广告、主页弹窗广告和子链接弹窗广告等。

10.1 弹出式广告制作要求

在制作弹出式（也叫弹窗式）广告之前，先了解弹出式广告的特点和制作思路，让读者在实际操作之前，先对其有所了解。

10.1.1 弹出式广告的特点

1. 内容种类繁多，信息面广

弹出式广告的内容大到飞机、小到口香糖均可制作为弹出式广告。庞大的互联网网络广告能够容纳难以计量的内容和信息，弹出式广告内容众多，它的广告信息面之广、量之大是报纸、电视无法比拟的。

2. 具有互动性

弹出式广告的互动性是指工商企业或个人将广告信息内容准备好，放置于站点上，所有网络用户都可以通过上网及时查看，获取广告信息，即人一机一人模式。

3. 有较强的广告效果

弹出式广告能够起到更好的广告效果，因为其具有自动播放的功能，所以不管是否需要、是否单击，弹出式广告都会出现，也会有更多的用户浏览到广告效果。

4. 具有强制性

打开网站后，会自动出现弹出式广告，无论是否单击都会出现在用户的面前。弹出式广告都具有强制性，并且可能包含挂马病毒和木马病毒。

5. 病毒式的传播方式

弹出式网络使用多样化的传播方式来达到其病毒式传播的目的。例如漂浮于文本框之上的弹出式广告，用户在填写文本框时一不小心就会单击广告，而突然弹出相关链接的广告窗口。这种形式容易给消费者带来情绪上的波动，而且是消极负面的情绪。

10.1.2 弹出式广告的制作思路

在制作弹出式广告之前首先要确定广告主题，广告须体现一定的创意，广告内容包含背景、商品主题、广告文字。弹出式广告大小不一，一般广告尺寸为 1000×600 像素，如图 10-1 所示。

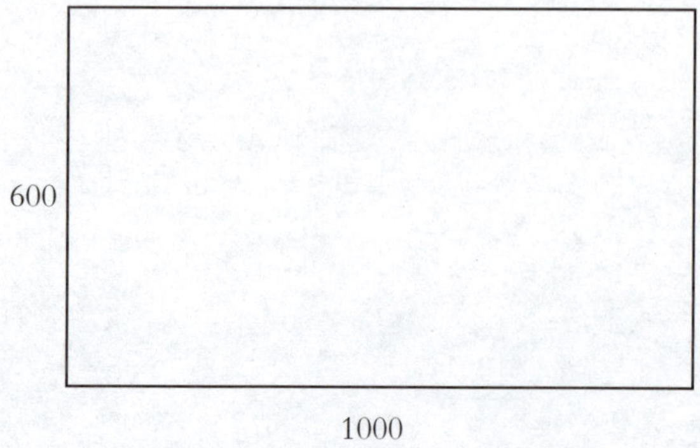

图10-1　一般广告尺寸

10.1.3 精彩弹出式广告欣赏

弹出式广告精彩案例欣赏如图 10-2 所示。

图10-2　弹出式广告案例欣赏

10.2 案例 1——购物网站新年广告

本节以购物网站新年广告为例为读者讲解详细的制作步骤，广告整体主色调为红色，画面呈现出喜庆的新年气息，固定的背景和动态文字相结合，构成广告动画，将主题显示出来。

10.2.1 效果赏析与技术要点

首先通过对本案例的效果赏析和技术要点的讲解，让读者先了解一下本案例的基本信息。

1. 效果赏析

动态效果如图 10-3 所示。

图10-3　购物网站新年广告

2. 技术要点

本案例制作中主要运用的功能与技术要点如下：

- 传统补间：使用传统运动补间制作位移动画。
- 元件滤镜：为元件添加滤镜，制作投影、模糊效果。
- 色彩效果：为元件添加色彩效果实现不同的色调和透明度。

10.2.2 制作背景

制作购物网站新年广告的背景动画。

01 启动Animate CC，新建空白文档，并设置舞台大小为910×500像素，帧频为25fps，如图10-4所示。

02 使用“矩形工具”，绘制一个与舞台大小相同的红色渐变（从＃C0151D到＃8B1416的线性渐变）矩形，如图10-5所示。

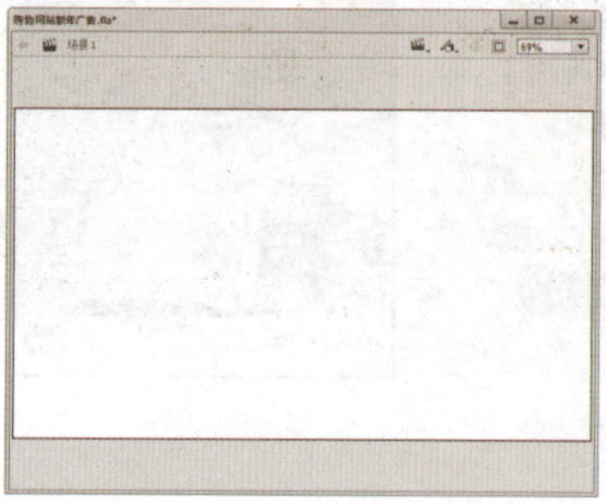

图10-4　新建文档

图10-5　绘制矩形

03 执行“文件”→“导入”→“导入到舞台”命令，导入“新年礼物.png”素材，如图10-6所示。

04 新建“图层2”，使用“椭圆工具”，在舞台左侧绘制黄色渐变圆点，在“颜色”面板设置填充颜色，如图10-7所示。

图10-6　导入“新年礼物.png”素材

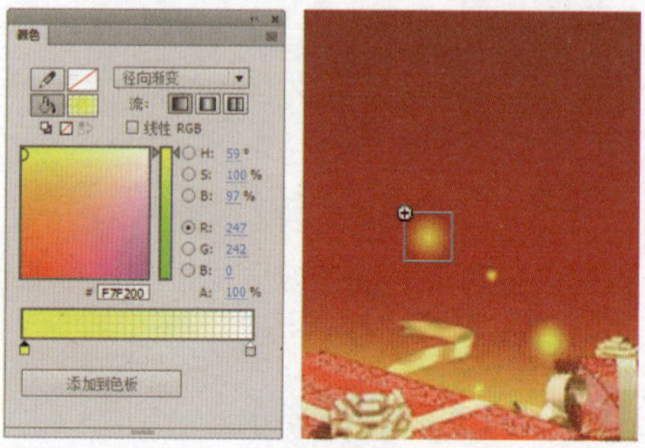

图10-7　绘制渐变圆点

05 选中舞台的圆点元件，在“属性”面板设置“Alpha”值为 40，如图 10-8 所示。

06 使用相同的方法，绘制其他的圆点，适当调整元件的“Alpha”值，如图 10-9 所示。

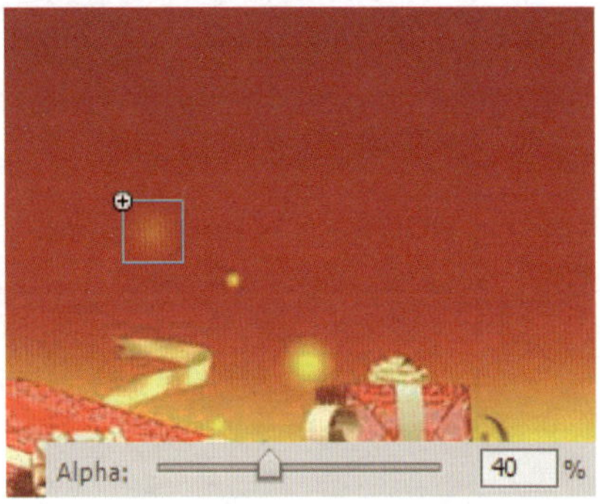

图10-8　设置元件“Alpha”值为40

图10-9　绘制多个圆点

07 选中所有图层的第 97 帧，按 <F5> 键，插入普通帧，如图 10-10 所示。

08 新建“图层 14”，导入“鞭炮 .png”素材，移动到舞台左上角，如图 10-11 所示。

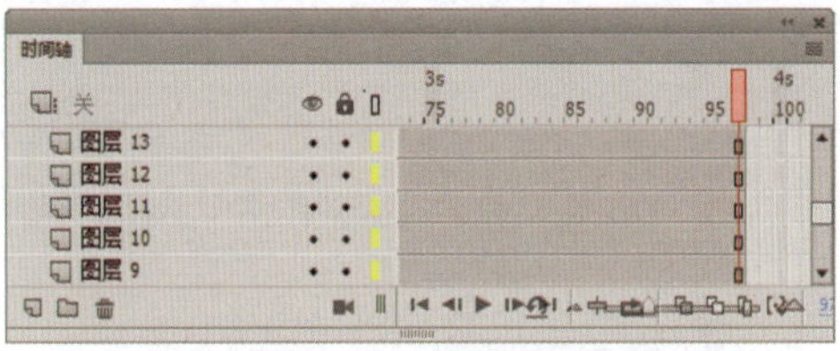

图10-10　插入普通帧

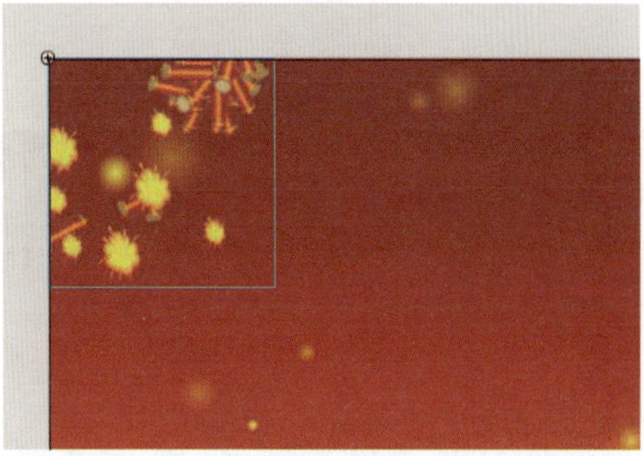

图10-11　导入“鞭炮.png”素材

09 新建“图层 15”，使用“矩形工具”，在舞台中绘制两个矩形，如图 10-12 所示。

10 将图形转换为元件，双击元件，进入元件编辑模式，再次将元件选中，进入元件编辑模式。

11 在“属性”面板设置元件“高级”选项参数，调整元件的色调，如图 10-13 所示。

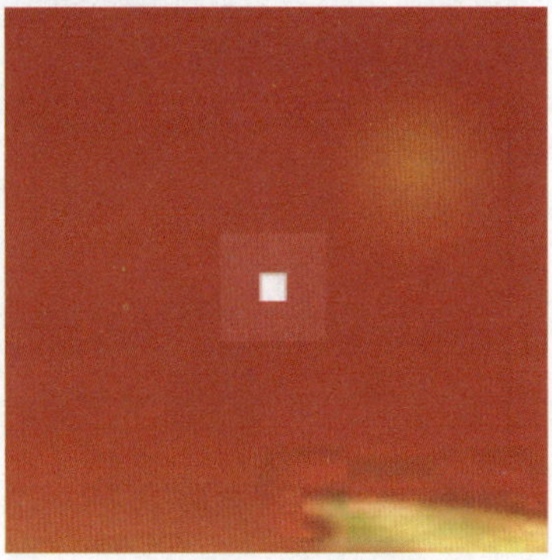

图10-12　绘制矩形

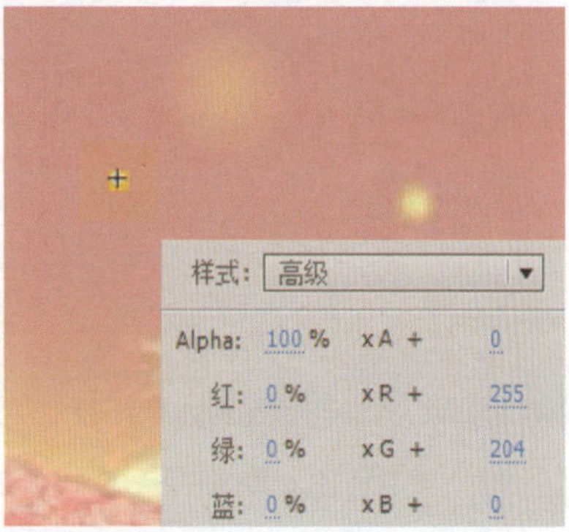

图10-13　设置“高级”选项参数

12 选中第 5 帧插入关键帧，向左移动元件，如图 10-14 所示；选中第 9 帧插入关键帧，继续向左移动元件，如图 10-15 所示。

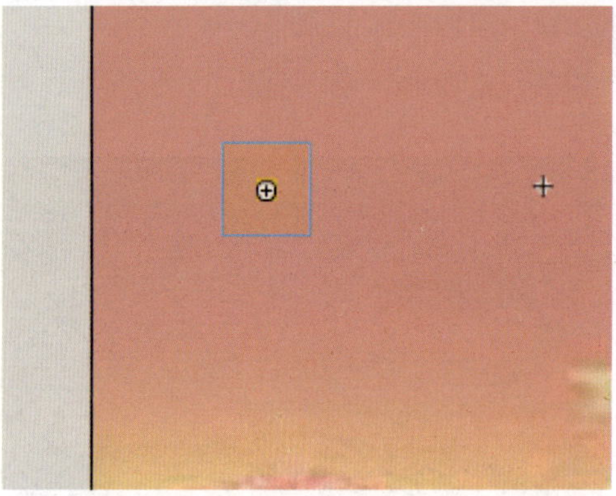

图10-14 移动元件

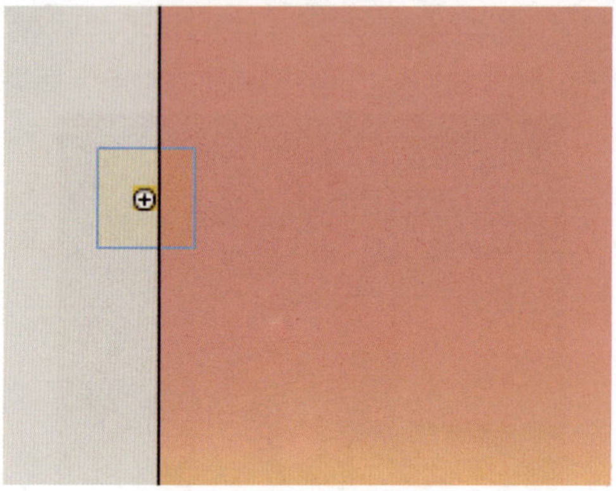

图10-15 移动元件

13 选中第 25 帧插入关键帧，向左移动元件，如图 10-16 所示。继续插入关键帧，向左移动元件。

14 在每个关键帧之间创建传统补间动画，如图 10-17 所示。

图10-16 移动元件

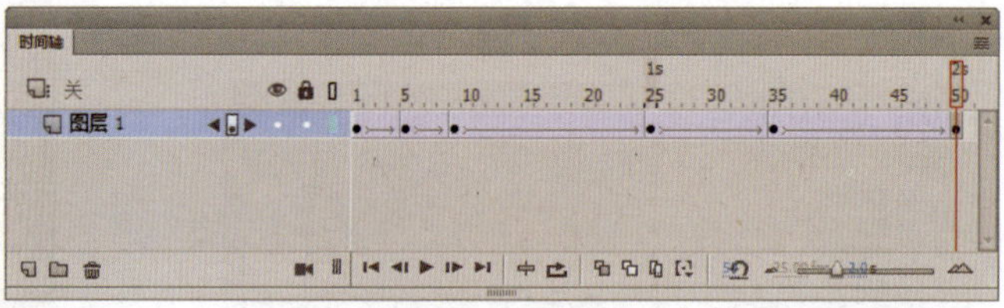

图10-17 创建传统补间动画

15 新建“图层 2”，再次绘制一个矩形，如图 10-18 所示。

16 将矩形转换为元件，选中第 5 帧插入关键帧，向左移动元件，并缩小元件，如图 10-19 所示。

图10-18 绘制矩形

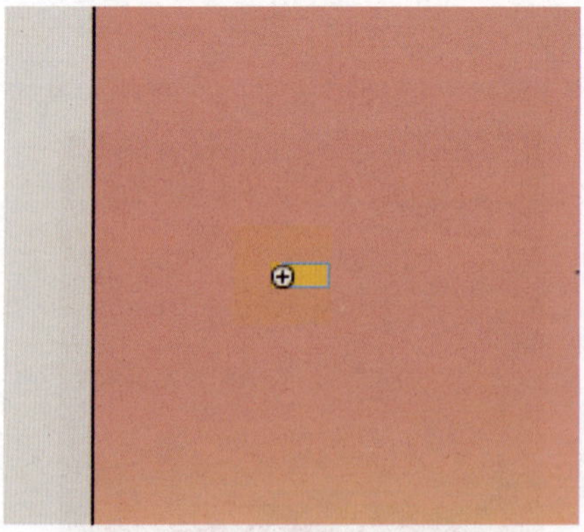

图10-19 移动并缩小元件

17 在第 7 帧插入关键帧，继续缩小并移动元件，如图 10-20 所示。

18 继续插入关键帧，并调整元件；在每个关键帧之间创建传统补间动画，如图 10-21 所示。

19 单击窗口左上角的“场景 1”按钮，返回“场景 1”，选中第 84 帧，按 <F5> 键，插入普通帧，延长动画时长。

20 新建图层，将矩形元件复制到不同的图层中，移动元件位置，如图 10-22 所示。

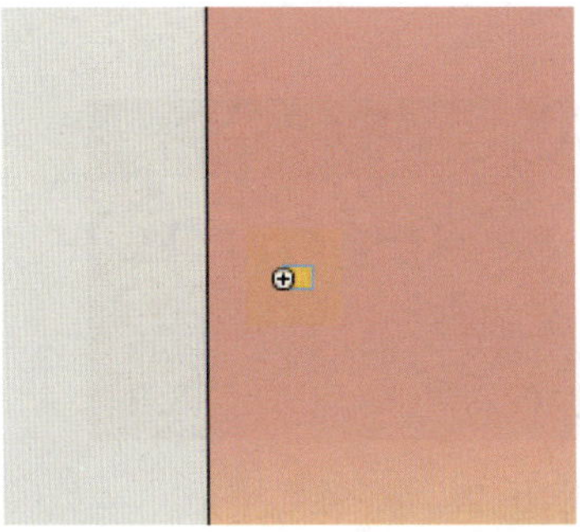

图10-20　移动并缩小元件

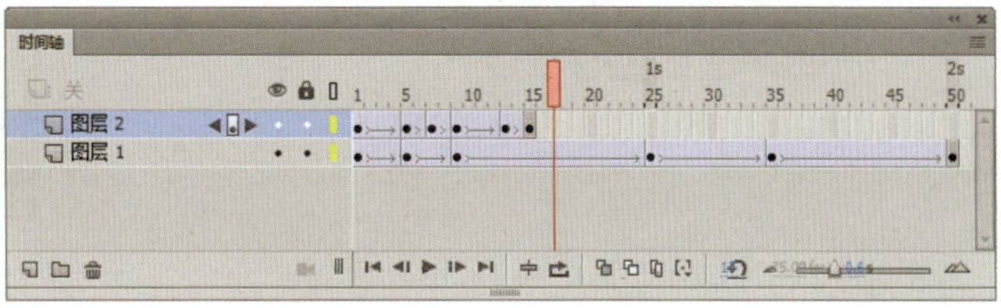

图10-21　创建传统补间动画

图10-22　复制元件

10.2.3 制作主动画

制作购物网站新年广告的动态文字主动画。

01 新建“图层 18”，导入“贺新年 .png”文字素材，如图 10-23 所示。

02 进入元件编辑模式，新建“图层 2”，将文字素材复制到新图层，稍微向右下角移动素材位置，如图 10-24 所示。

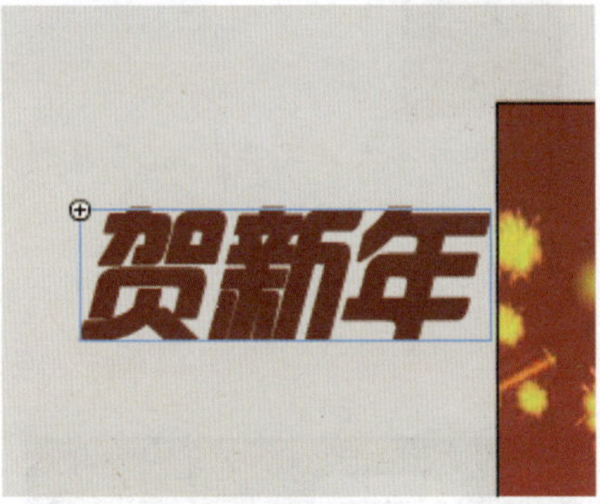

图10-23　导入“贺新年.png”素材

图10-24　复制元件

03 新建“图层 3”，继续导入“贺新年 2.png”素材，文字效果如图 10-25 所示。

04 单击窗口左上角的“场景 1”按钮，返回“场景 1”，选中第 7 帧插入关键帧，向右移动元件，如图 10-26 所示。

05 在第 8、9 帧插入关键帧，依次向左稍微移动元件，如图 10-27 所示。

图10-25　导入“贺新年2.png”素材

图10-26　移动元件

图10-27　移动元件

06 在每个关键帧创建传统补间动画，如图 10-28 所示。

07 选中第 97 帧，按 <F5> 键，插入普通帧。

08 新建“图层 19”，选中第 5 帧插入关键帧，导入“买多少 .png”素材，如图 10-29 所示。

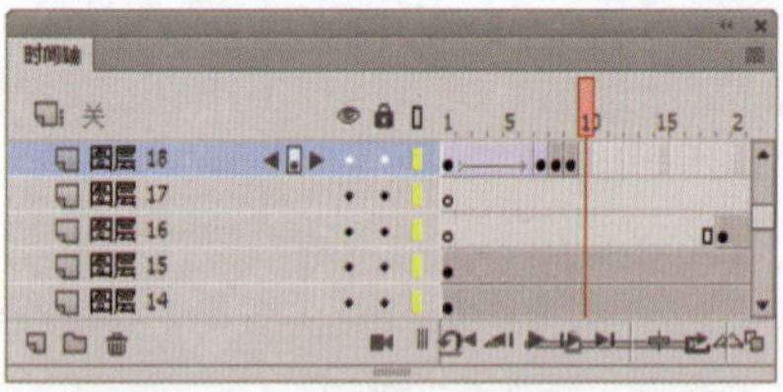

图10-28　创建传统补间动画

图10-29　导入“买多少.png”素材

09 在第 12 帧插入关键帧，向左移动元件，如图 10-30 所示。

10 在第 13、14 帧插入关键帧，稍微向右移动元件，如图 10-31 所示。

图10-30　向左移动元件

图10-31　向右移动元件

11 在关键帧之间创建传统补间动画，如图 10-32 所示。

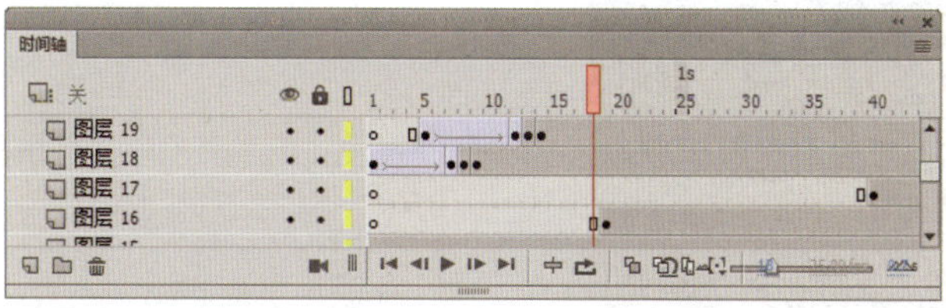

图10-32　创建传统补间动画

12 使用相同的方法，制作“图层 20”中的内容，如图 10-33 所示。

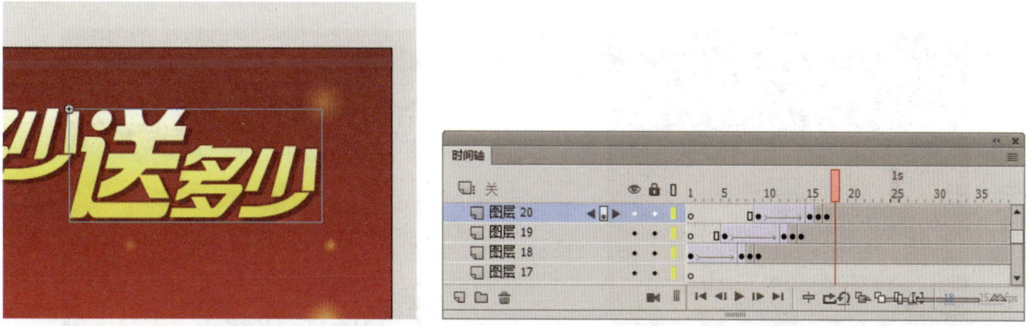

图10-33　制作传统补间动画

> **提示**　可以直接导入“第 10 章\10.2\素材\送多少.png”素材图片。

13 新建“图层 21”，选中第 18 帧插入关键帧，使用“文字工具”，在舞台输入文字，文字颜色为（#630400），复制文字图层，如图 10-34 所示。

14 再复制一次文字图层，修改文字颜色为白色，制作文字投影效果，如图 10-35 所示。

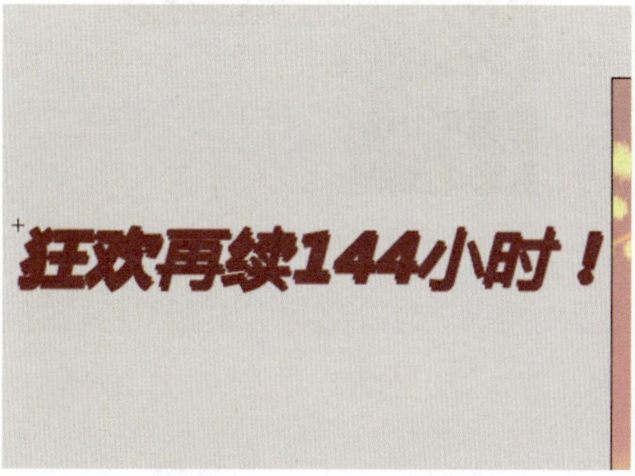

图10-34　复制文字

图10-35　文字投影效果

15 将文字转换为元件，在第 23 帧插入关键帧，向右移动元件，如图 10-36 所示。

16 在第 24 帧插入关键帧，稍微向右移动元件；在第 25 帧插入关键帧，稍微向左移动元件。

17 在第 18~23 帧中创建传统补间动画，如图 10-37 所示。

18 新建“图层 22”，导入“彩带.png”素材，如图 10-38 所示。

19 使用“文本工具”，在素材中输入文字，如图 10-39 所示。

图10-36　向右移动元件

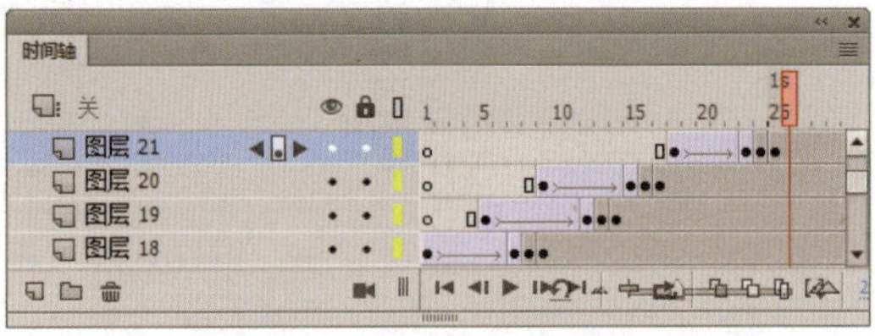

图10-37　创建传统补间动画

图10-38　导入“彩带.png”素材

图10-39　输入文字

20 在文字下方再次输入白色文字，如图 10-40 所示。

21 将文字转换为元件，并设置元件“高级”选项参数，调整元件的色调，如图 10-41 所示。

图10-40　输入文字

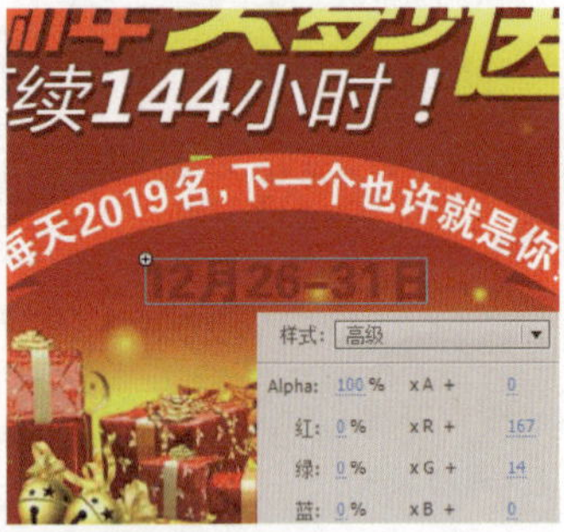

图10-41　调整元件色调

22 再次在相同的位置输入白色文字，稍微移动位置，为文字添加阴影效果，如图 10-42 所示。

23 最后在舞台右上角导入“logo.png”素材，并转换为元件，添加“模糊”滤镜，如图 10-43 所示。

图10-42　文字阴影效果

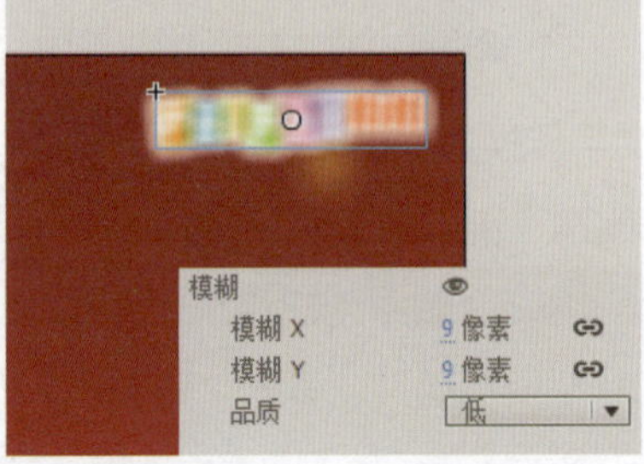

图10-43　将logo模糊

24 完成该广告的制作，按 <Ctrl+Enter> 组合键测试动画效果，如图 10-44 所示。

图10-44　测试动画效果

10.3 案例 2——汽车上市全屏广告

本节以汽车上市全屏广告为例为读者讲解详细的制作步骤，整体色调为红色，汽车为主体商品，通过汽车展示动画，文字逐渐展现出来，汽车展示的同时出现一些点光闪烁，为广告的展示增添了不少动画效果。

10.3.1 效果赏析与技术要点

首先呈现广告的最终效果图以及制作过程中应注意的技术要点，为下面的设计操作做好前提准备。

1. 效果赏析

动态效果如图 10-45 所示。

图10-45　汽车上市全屏广告

2. 技术要点

本案例制作中主要运用的功能与技术要点如下：

- 传统补间：使用传统运动补间制作位移和大小变换动画。
- 形状补间：使用形状补间制作高光动画。
- 色彩效果：为元件添加色彩效果实现不同的色调和透明度。
- 遮罩动画：使用遮罩动画实现显示区域。
- 元件滤镜：为元件添加滤镜，制作模糊效果。

10.3.2 制作背景

制作汽车上市全屏广告背景动画。

01 启动 Animate CC，新建空白文档，并设置舞台大小为 750×500 像素，帧频设置为 12fps，如图 10-46 所示。

02 选中第 2 帧，按 <F6> 键，插入关键帧。

03 执行“文件”→“导入”→“导入到舞台”命令，导入“背景.png”背景素材到舞台，如图 10-47 所示。

图10-46　新建文档

图10-47　导入“背景.png”素材

04 使用“椭圆工具”，在舞台中绘制一个正圆，填充渐变颜色，将正圆转化为元件，如图 10-48 所示。

05 双击元件，进入元件编辑模式，在第 4 帧插入关键帧，使用“任意变形工具”，扩大元件，如图 10-49 所示。

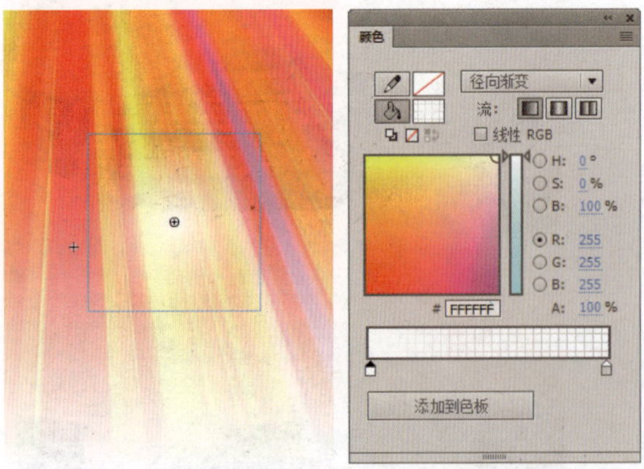

图10-48　绘制正圆

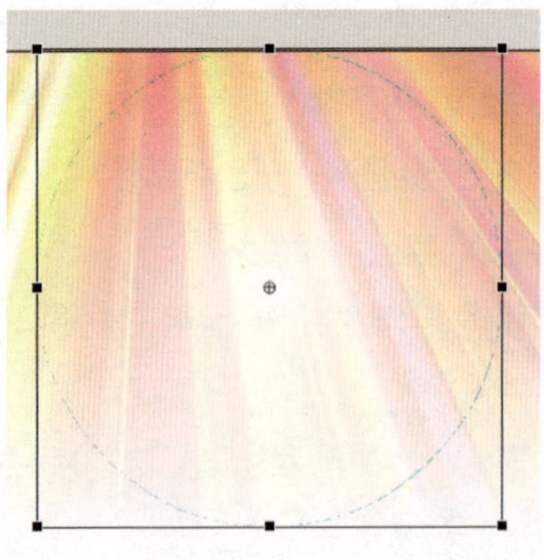

图10-49　扩大元件

06 将背景和正圆一起选中，按 <F8> 键，转换为元件。在“属性”面板设置“高级”选项参数，将背景调整为白色，如图 10-50 所示。

07 在第 3 帧插入关键帧，修改元件的“高级”选项参数，如图 10-51 所示。

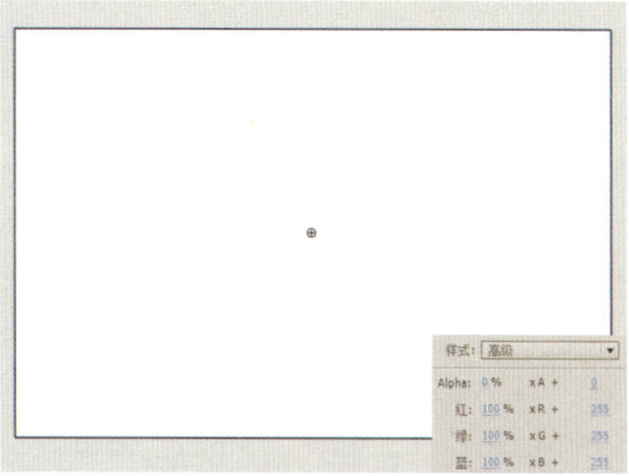

图10-50　调整“高级”选项参数

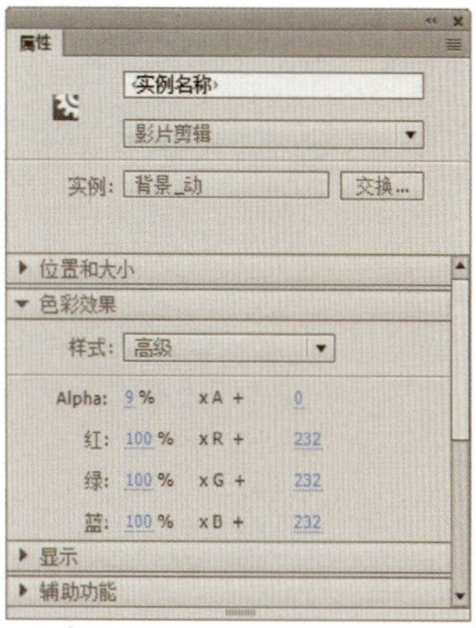

图10-51　修改“高级”选项参数

08 在第 5、7 帧插入关键帧，依次修改元件“高级”选项参数，如图 10-52 所示。

图10-52　修改“高级”选项参数

09 插入多个关键帧，继续修改元件“高级”参数，依次增加参数值，逐渐显示背景，如图 10-53 所示。

10 在每个关键帧之间创建传统补间动画，如图 10-54 所示。

11 选中第 121 帧，按 <F5> 键，插入普通帧，延长动画时长。

图10-53　调整“高级”选项参数

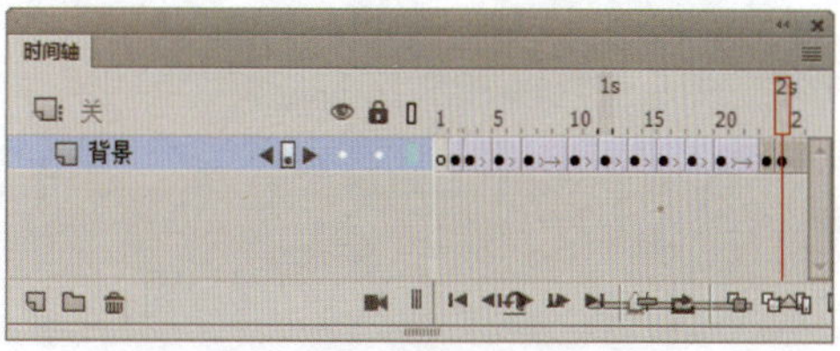

图10-54　创建传统补间动画

12 新建“图层 2”，改名为“云雾 1”，在第 13 帧插入关键帧，导入“云雾 .png”素材，如图 10-55 所示。

13 将素材转换为元件，设置元件的“Alpha”值为 21，如图 10-56 所示。

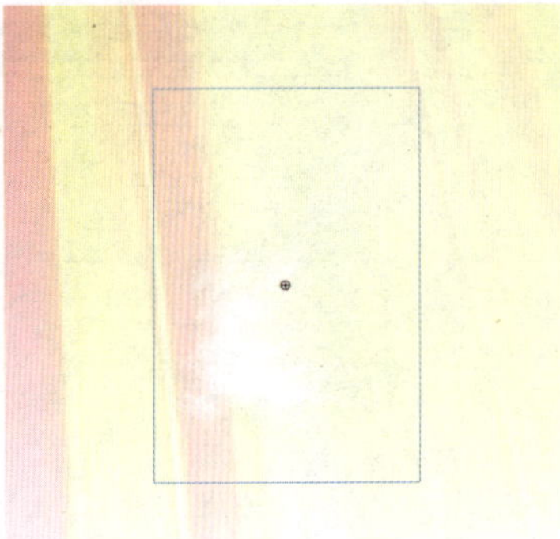

图10-55　导入“云雾.png”素材

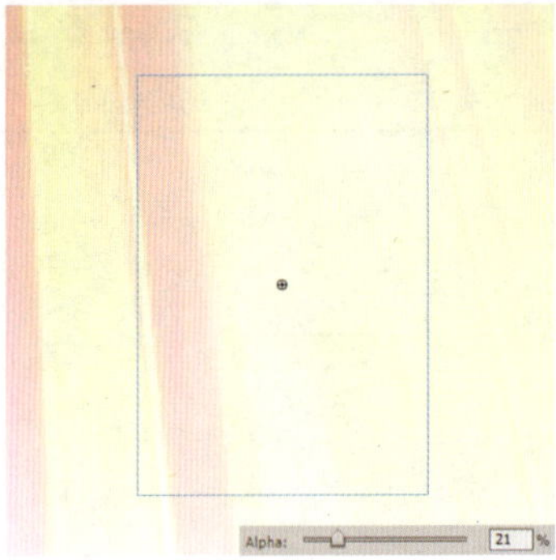

图10-56　设置元件“Alpha”值为21

14 在第 15 帧插入关键帧，修改元件的“Alpha”值为 28，并扩大元件；在第 18 帧插入关键帧，扩大元件，修改元件的“Alpha”值为 7，在关键帧之间创建传统补间动画，如图 10-57 所示。

15 在第 19 帧插入关键帧，继续扩大元件，并修改元件的“Alpha”值为 0，如图 10-58 所示。

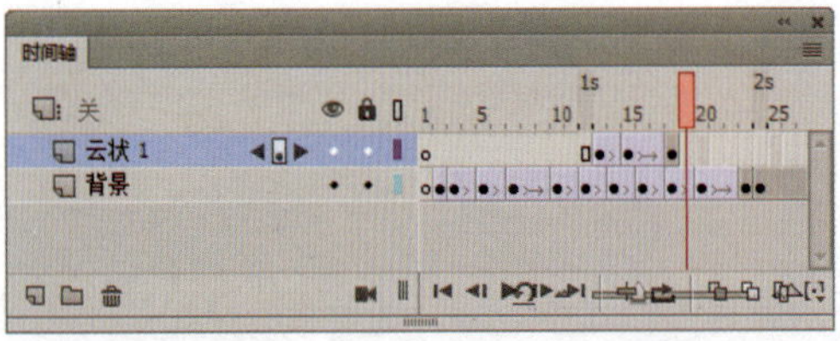

图10-57　创建传统补间动画

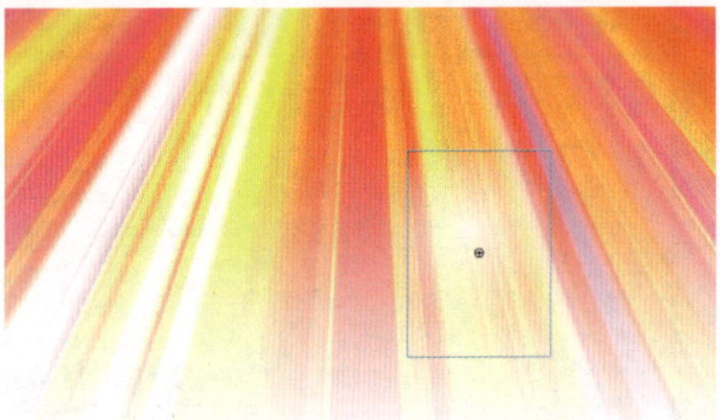

图10-58　扩大元件

16 选中第 121 帧，按 <F5> 键，插入普通帧，延长动画时长。

17 新建图层，改名为“云雾 2”，使用相同的方法，制作该图层的内容，如图 10-59 所示。

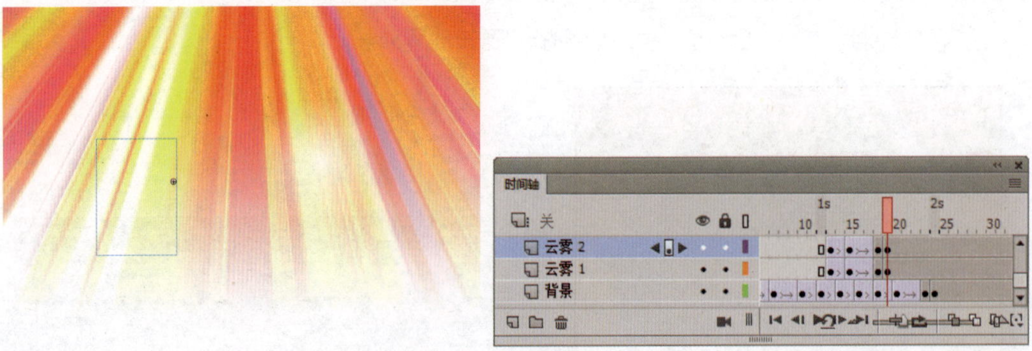

图10-59　制作云雾动画

10.3.3 制作主体物动画

制作广告汽车宣传动画。

01 新建图层，改名为“汽车”，在第 4 帧插入关键帧，导入“汽车 .png”素材，将素材转换为元件，如图 10-60 所示。

02 选中汽车元件，在“属性”面板设置元件的“高级”选项参数，如图 10-61 所示。

图10-60　导入“汽车.png”素材

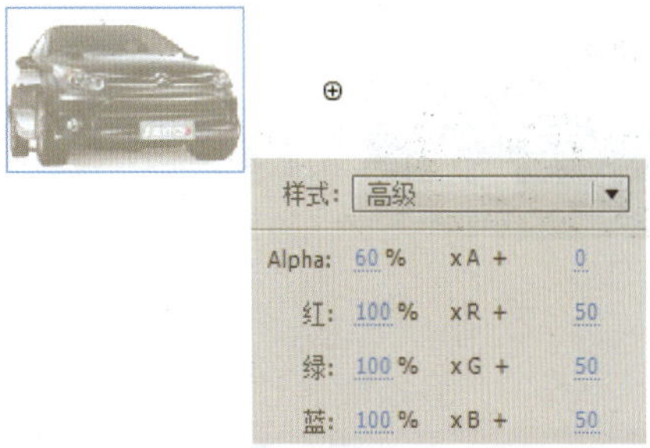

图10-61　设置元件的“高级”选项参数

03 在第 5、6、7 帧插入关键帧，依次修改“高级”选项参数，并扩大元件，如图 10-62 所示。

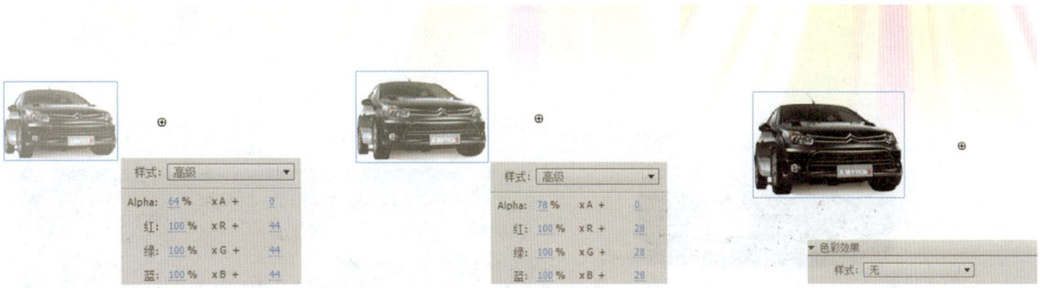

图10-62　调整元件

04 在第 8 帧插入关键帧，双击元件，进入元件编辑模式。

05 在汽车前车牌位置绘制一个矩形，如图 10-63 所示。

06 新建“图层 2”，在第 11 帧插入关键帧，使用“椭圆工具”绘制一个正圆，填充颜色设置为“径向渐变”（从透明度为 49% 的白色到透明度为 0% 的白色），如图 10-64 所示。

图10-63　绘制矩形

图10-64　绘制正圆

07 在第 17 帧插入关键帧，向右移动图形，移动到汽车右侧，将“径向渐变”透明度 49% 修改为 100%，如图 10-65 所示。

08 在第 18、22 帧插入关键帧，选中第 22 帧中的图形，移动到汽车左上角，如图 10-66 所示。

图10-65　移动图形

图10-66　移动图形

09 在第 11~17 帧和 18~22 帧之间创建形状补间动画，如图 10-67 所示。

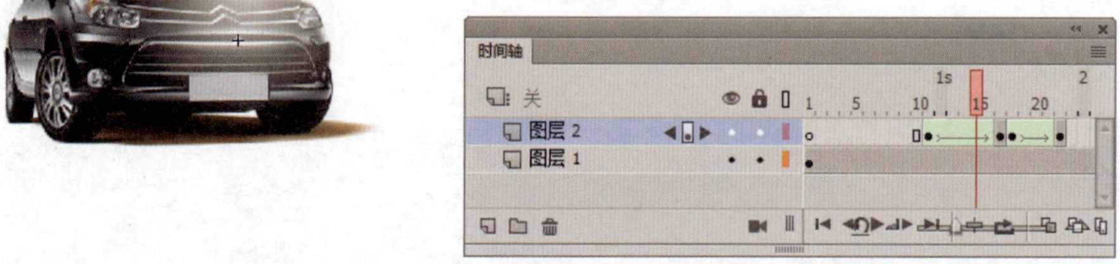

图10-67　创建形状补间动画

10 选中第 23 帧，按 <F6> 键，插入关键帧；选中第 62 帧，按 <F5> 键，插入普通帧。

11 创建一个遮罩层，使用“刷子工具”，在汽车上涂抹，如图 10-68 所示。

图10-68　制作遮罩动画

12 新建“图层 4”，在第 18 帧插入关键帧，在汽车左侧再绘制一个正圆，如图 10-69 所示。

13 在第 24 帧插入关键帧，将正圆图形移动到汽车右侧，如图 10-70 所示。

图10-69　绘制图形

图10-70　移动图形

14 在关键帧之间创建形状补间动画，如图 10-71 所示。

15 创建“图层 4”的遮罩层，使用“刷子工具”在车窗上涂抹，如图 10-72 所示。

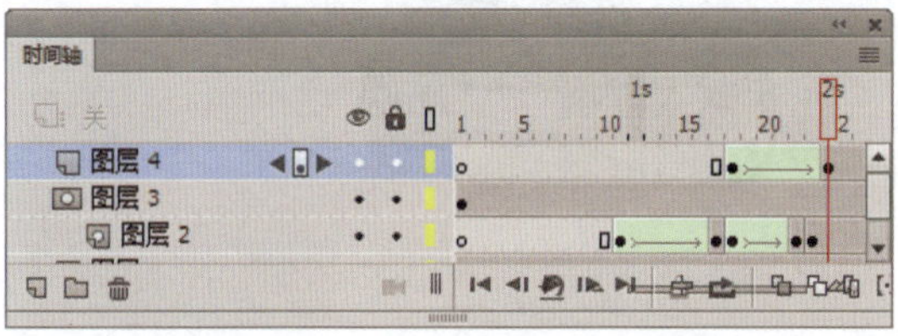

图10-71　创建形状补间动画

图10-72　涂抹车窗

16 锁定所有遮罩层与被遮罩层，效果如图 10-73 所示。

图10-73　锁定遮罩层与被遮罩层

17 新建“图层 6”，在第 13 帧插入关键帧，在汽车前照灯位置绘制两个白色渐变正圆，如图 10-74 所示。

18 进入元件编辑模式，插入关键帧，放大正圆，制作前照灯一闪一闪的效果，如图 10-75 所示。

图10-74　绘制渐变正圆

图10-75　灯光闪烁效果

19 单击窗口左上角的“场景 1”按钮，返回“场景 1”，设置第 8 帧中的元件设置元件的“高级”选项参数，如图 10-76 所示。

20 在第 9 帧插入关键帧，放大元件，修改元件“高级”选项参数，如图 10-77 所示。

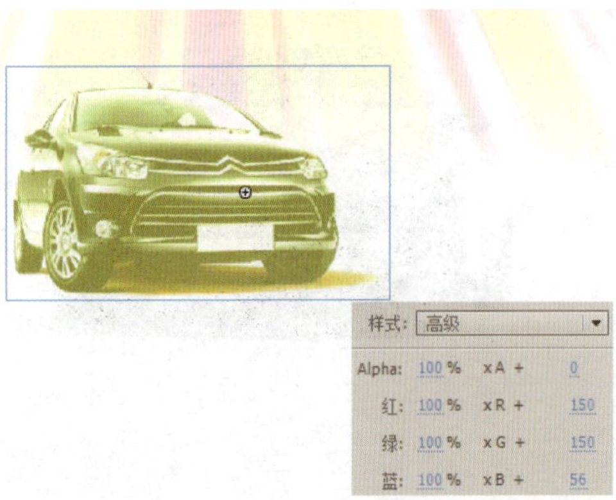

图10-76　设置元件“高级”选项参数

图10-77　修改元件“高级”选项参数

21 继续插入多个关键帧，继续修改“高级”选项参数，放大元件，如图 10-78 所示。

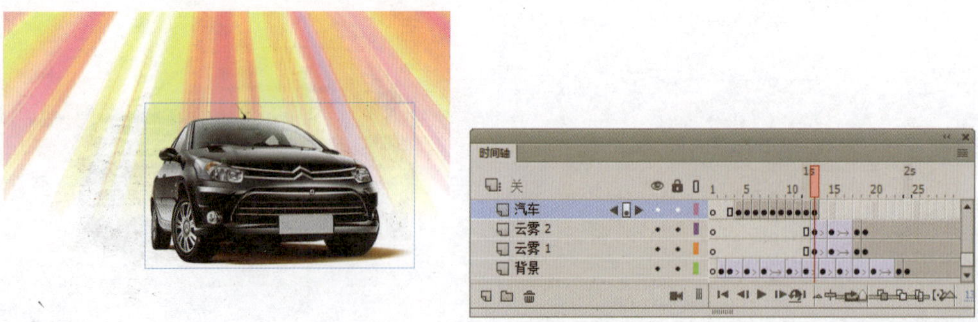

图10-78　插入多个关键帧

22 在第 28、29 帧插入关键帧，选中第 29 帧中的元件，设置“高级”选项参数，如图 10-79 所示。

23 在第 30 帧插入关键帧，复制第 28 帧中的内容到该帧；在第 31 帧插入关键帧，复制第 29 帧中的内容到该帧。

24 在第 33、34 帧插入关键帧，将第 30 帧的内容复制到第 34 帧中，在第 31~33 帧中创建传统补间动画，如图 10-80 所示。

图10-79　设置元件“高级”选项参数

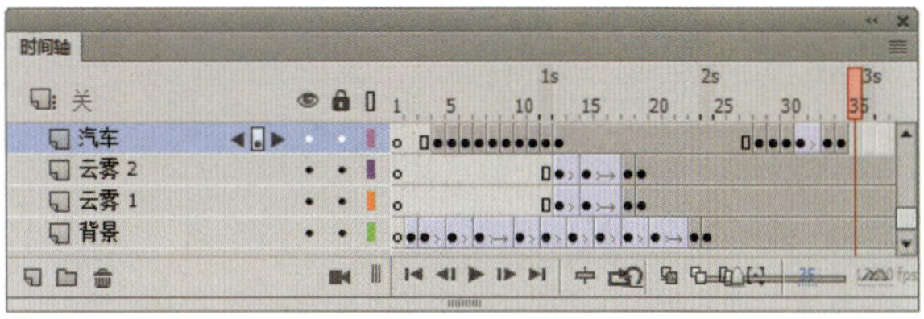

图10-80　创建传统补间动画

25 在第 62 帧插入关键帧，导入“汽车模糊 .png”素材，如图 10-81 所示。

26 在第 63 帧插入关键帧，导入“后背汽车 .png”素材，如图 10-82 所示。

图10-81　导入“汽车模糊.png”素材

图10-82　导入“后背汽车.png”素材

27 将素材转换为元件，双击元件，进入元件编辑模式，在第 18、21 帧插入关键帧，选中第 21 帧中的元件，设置元件的“高级”选项参数，如图 10-83 所示。

28 在第 23 帧插入关键帧，设置舞台中元件的“高级”选项参数，如图 10-84 所示。

图10-83　设置元件“高级”选项参数

图10-84　设置元件“高级”选项参数

29 在第 24 帧插入关键帧，设置元件“色彩效果”的“样式”为“无”；选中第 32 帧，按<F5>键，插入普通帧。

30 在关键帧之间创建传统补间动画，如图 10-85 所示。

31 新建“图层 2”，使用“椭圆工具”在舞台汽车右侧绘制正圆，如图 10-86 所示。

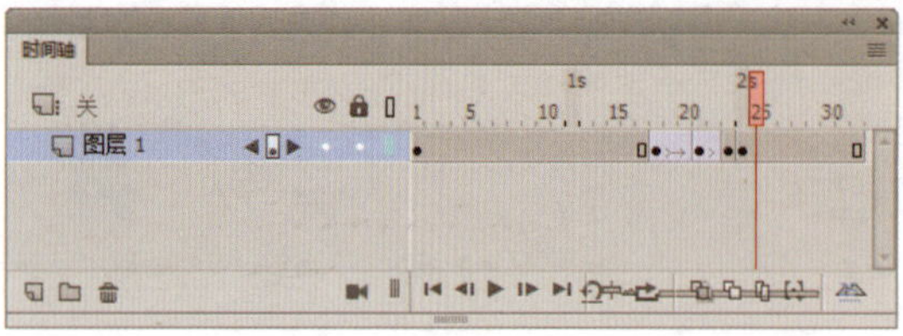

图10-85　创建传统补间动画

图10-86　绘制正圆

32 在第 16 帧插入关键帧，将正圆移动到汽车左侧，如图 10-87 所示。

33 在关键帧之间创建形状补间动画，如图 10-88 所示。

图10-87　移动图形

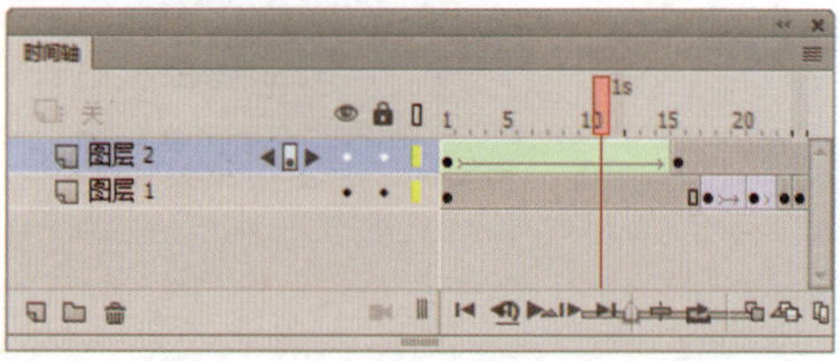

图10-88　创建形状补间动画

34 创建遮罩层，使用“钢笔工具”在汽车后面绘制图形，如图 10-89 所示。

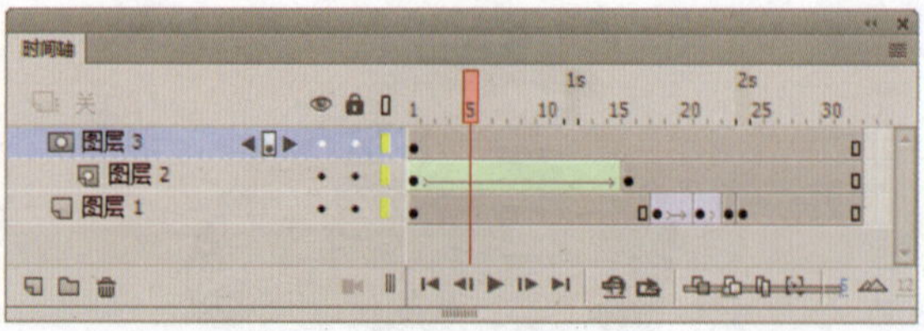

图10-89　创建遮罩层

35 单击窗口左上角的“场景 1”按钮，返回“场景 1”，在第 68、69 帧插入关键帧，选中第 69 帧中的元件，设置元件“高级”选项参数，如图 10-90 所示。

36 在第 70 帧插入关键帧，复制第 68 帧中的元件到该帧；在第 71 帧插入关键帧，复制第 69 帧中的元件到该帧；在第 73 帧插入关键帧，同样复制第 68 帧中的元件到该帧。

37 在第71~73帧之间创建传统补间动画，如图10-91所示。选中第121帧，按<F5>键，插入普通帧。

图10-90 设置元件“高级”选项参数

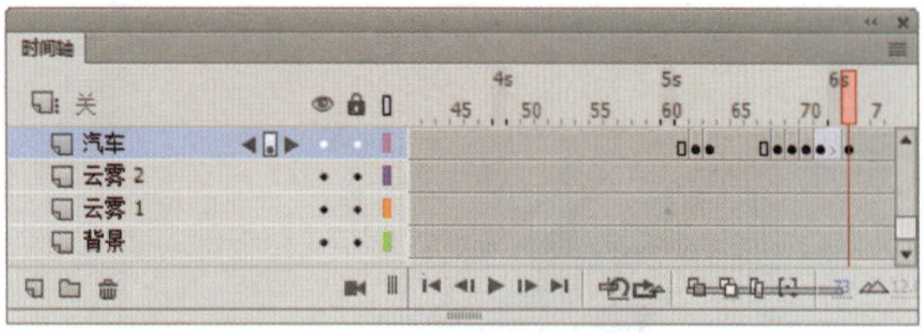

图10-91 创建传统补间动画

38 新建图层，改名为“点光源 1”，在第 68 帧插入关键帧，在汽车左侧绘制一个点光源图形，制作点光源元件，如图 10-92 所示。

39 进入元件编辑模式，在第 2 帧插入空白关键帧，如图 10-93 所示。

图10-92 制作点光源元件

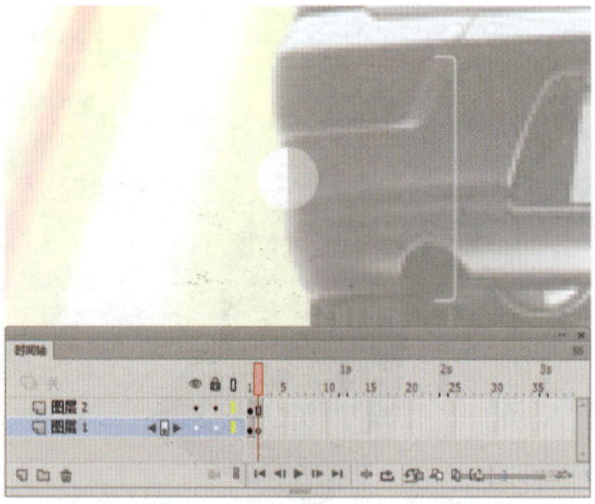

图10-93 插入空白关键帧

> **提示** 可以直接导入“素材\第 10 章\10.3\素材\点光源.png”素材图片。

40 继续插入关键帧，制作光源闪烁效果，“时间轴”如图 10-94 所示。

41 在第 70 帧插入关键帧，移动图形，如图 10-95 所示。

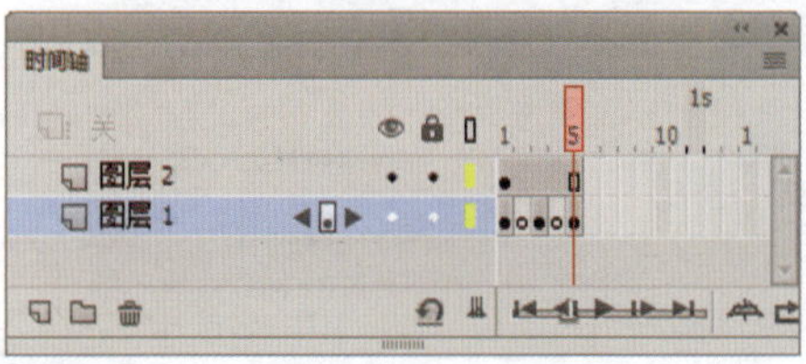

图10-94 制作光源闪烁效果

图10-95 移动图形

42 单击窗口左上角的“场景 1”按钮，返回“场景 1”，在第 72 帧插入关键帧，继续移动图形，如图 10-96 所示。

43 新建图层，改名为“点光源2”，在第8帧插入关键帧，新建一个空白元件，进入元件编辑模式。

44 在第 3 帧插入关键帧，执行“文件”→“导入”→“导入到舞台”命令，导入“素材\第 10 章\10.3\素材\车轮序列图\00001.png”文件中的序列图片，如图 10-97 所示。

图10-96　移动图形

图10-97　导入车轮序列图

45 创建遮罩层，在车轮位置涂抹，如图 10-98 所示。

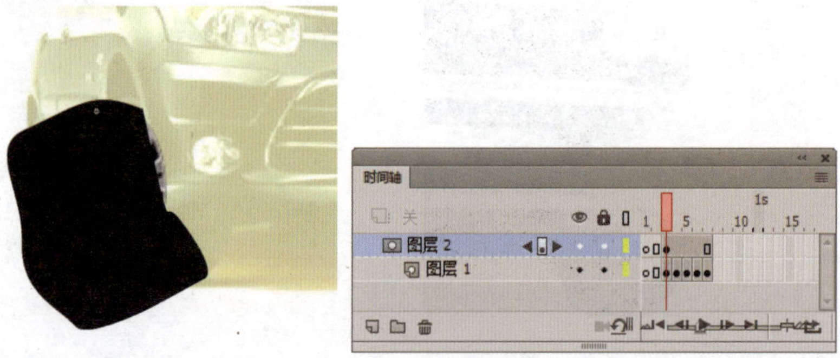

图10-98　创建遮罩层

46 新建“图层 3”，在第 7 帧插入关键帧，打开“动作”面板，输入“stop ();”停止代码。

47 单击窗口左上角的“场景 1”按钮，返回“场景 1”，插入多个关键帧，依次移动元件位置，使其与汽车车轮位置同步，如图 10-99 所示。

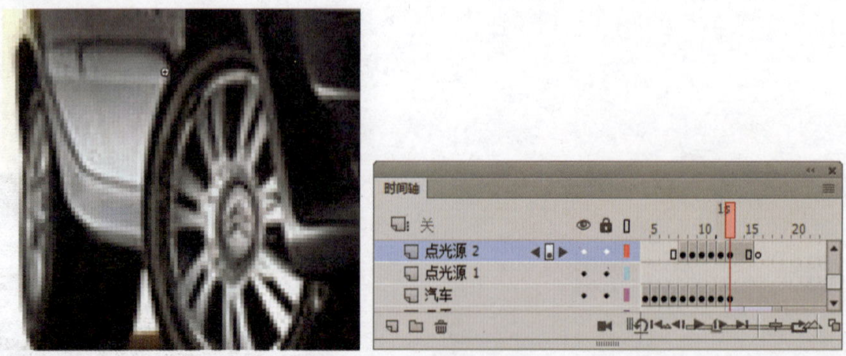

图10-99　插入关键帧

48 在第 16 帧插入空白关键帧，在第 32 帧插入关键帧，将点光源元件拖动到舞台中；选中第

121 帧，按 <F5> 键，插入普通帧。

49 新建多个图层，将点光源元件拖动到不同的图层中，如图 10-100 所示。

图10-100　新建多个图层

50 新建图层，在第 36 帧插入关键帧，导入“照片 1.png”素材，如图 10-101 所示。

51 在第 39 帧插入关键帧，向右移动元件，如图 10-102 所示。

图10-101　导入“照片1.png”素材

图10-102　向右移动元件

52 在第 40 帧插入关键帧，设置元件的“高级”选项参数，调整元件的色调，如图 10-103 所示。

53 在关键帧之间创建传统补间动画，如图 10-104 所示。

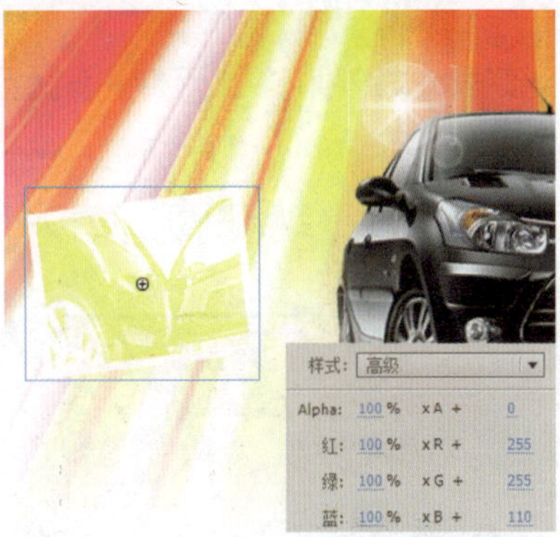

图10-103　调整元件色调

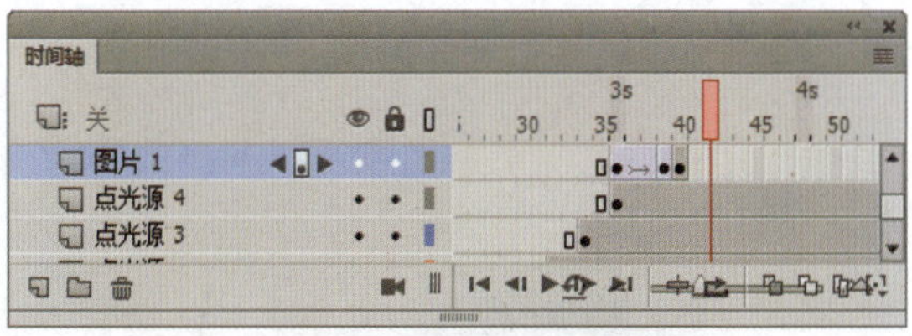

图10-104　创建传统补间动画

54 在第 41 帧插入关键帧，设置元件的“色彩效果”的“样式”为“无”；选中第 121 帧，按 <F5> 键，插入普通帧。

55 使用相同的方法，制作其他图层的内容，如图 10-105 所示。

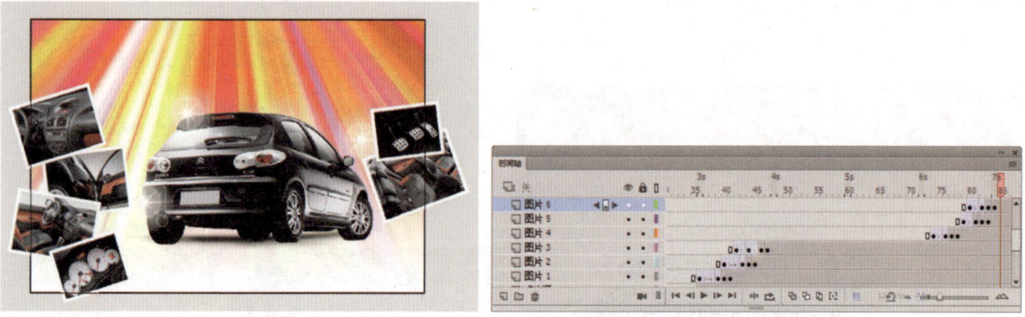

图10-105　制作其他图层内容

提示　图层中导入“素材\第 10 章\10.3\素材\照片 2~照片 6.png”素材。

10.3.4 制作文字动画

制作广告的动态文字动画。

01 新建图层，在第 40 帧插入关键帧，导入“活力 .png”素材，移动到舞台顶部，将素材转换为元件，设置元件的“Alpha”值为 84，如图 10-106 所示。

02 在第 41 帧插入关键帧，使用“任意变形工具”将元件放大，如图 10-107 所示。

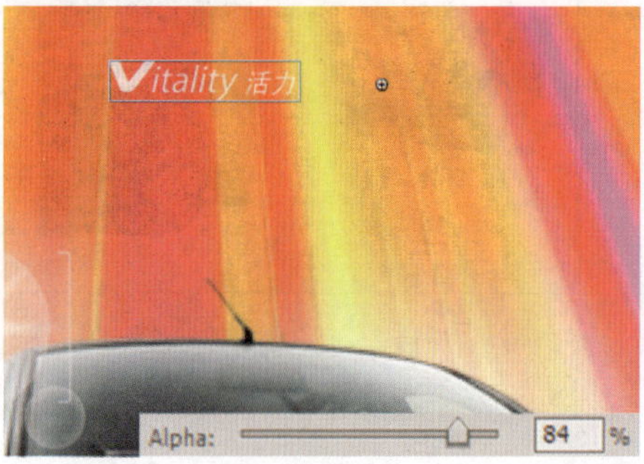

图10-106　设置元件“Alpha”值为84

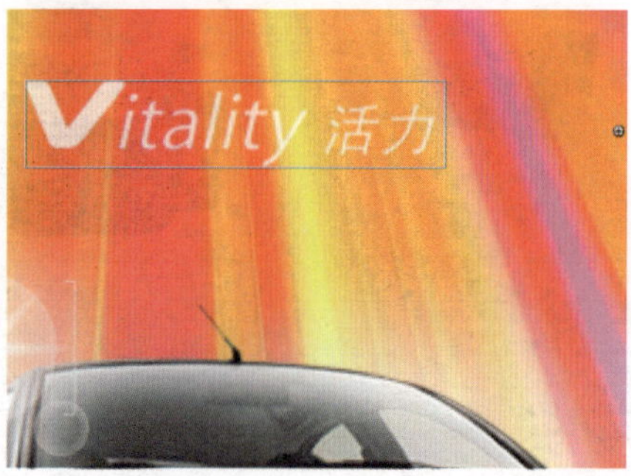

图10-107　放大元件

03 在第 42、45 帧插入关键帧，继续放大元件。在第 46 帧插入关键帧，放大元件，设置元件“高级”选项参数，如图 10-108 所示。

04 在第 47 帧插入关键帧，继续放大元件，修改元件“高级”选项参数，如图 10-109 所示。

图10-108　调整元件

图10-109　调整元件

05 在关键帧之间创建传统补间动画，如图 10-110 所示。

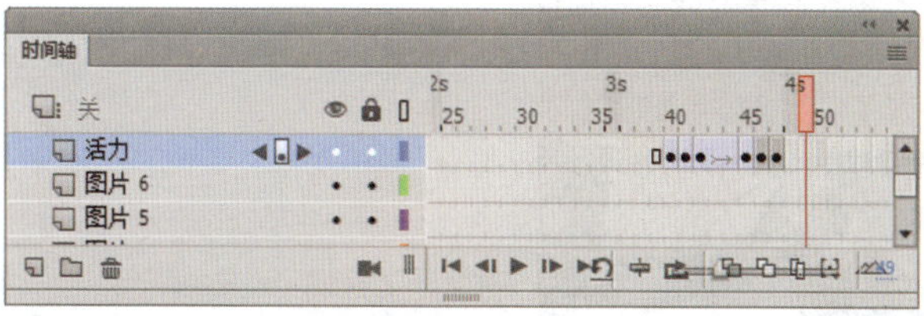

图10-110　创建传统补间动画

06 使用相同的方法，导入“时尚 .png”和“运动 .png”素材，完成“时尚”“运动”图层的制作，如图 10-111 所示。

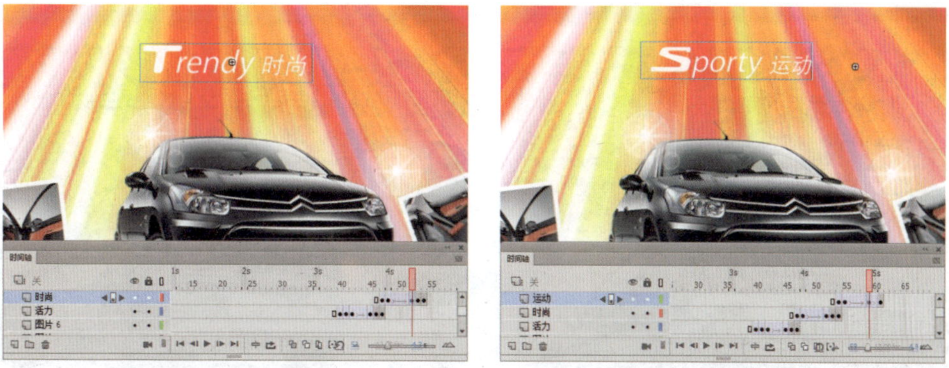

图10-111　制作传统补间动画

07 新建图层，改名为“组合”，在第 62 帧插入关键帧，将文字素材组合在一起，并转换为元件，如图 10-112 所示。

08 在第 65 帧插入关键帧，放大元件，如图 10-113 所示。

图10-112　组合文字素材

图10-113　放大元件

09 继续插入关键帧，依次放大元件，并在每个关键帧之间创建传统补间动画，如图 10-114 所示。

10 在第 90 帧插入关键帧，使用“任意变形工具”缩小元件，并设置元件的“Alpha”值为 0，如图 10-115 所示。

11 新建图层，改名为“美瑞”，在第 90 帧插入关键帧，导入“美瑞标志 .png”素材，如图 10-116 所示。

图10-114　创建传统补间动画

图10-115　缩小元件

图10-116　导入“美瑞标志.png”素材

12 将素材转换为元件，添加“模糊”滤镜，如图 10-117 所示。

13 在第 92 帧插入关键帧，选中第 90 帧中的元件，缩小元件，如图 10-118 所示。

图10-117　添加“模糊”滤镜

图10-118　缩小元件

14 在第 95、96 帧插入关键帧，选中第 95 帧的元件，设置元件的“Alpha”值为 84。

15 在关键帧之间创建传统补间动画，如图 10-119 所示。

16 新建图层，改名为“劲飚上市”，在第 97 帧插入关键帧，在舞台中绘制一个渐变椭圆，如图 10-120 所示。

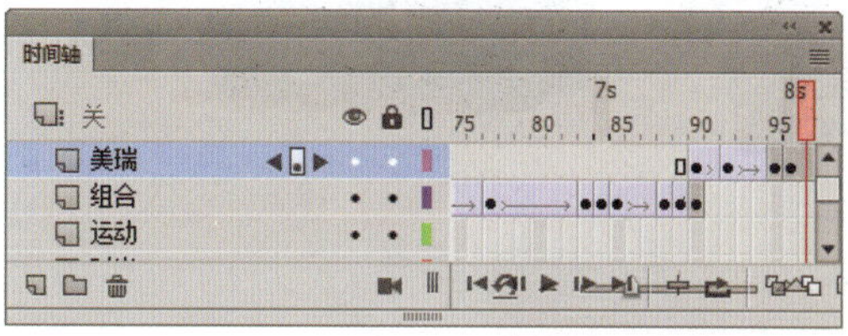

图10-119　创建传统补间动画

图10-120　绘制椭圆

17 在第 98 帧插入关键帧，使用“任意变形工具”，压缩图形，如图 10-121 所示。

18 在第 99、100 帧插入关键帧，删除第 100 帧中的内容，输入文字，如图 10-122 所示。

图10-121　压缩图形

图10-122　输入文字

19 继续在第 101 帧插入关键帧，选中第 100 帧中的元件，使用“任意变形工具”压缩文字，如图 10-123 所示。

20 选中第 121 帧，按 <F5> 键，插入普通帧，如图 10-124 所示。

图10-123　压缩文字

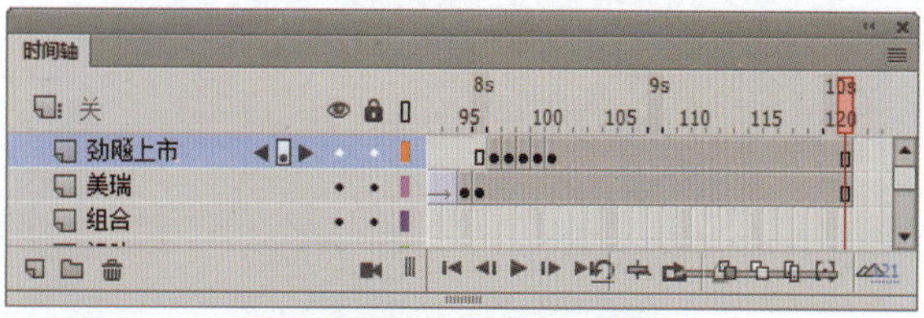

图10-124　插入普通帧

21 完成该广告的制作，按 <Ctrl+Enter> 组合键测试动画效果，如图 10-125 所示。

图10-125　测试动画效果

10.4 专业指引——全屏广告与网络广告的区别

全屏广告对于广告主来说，是一种广告效果巨大的广告形式，在广告发布页面里，它基本上可以达到独占。因此，在广告进行收缩的这段过程里，基本上对消费者浏览广告没有任何干扰。而普通的网络广告是利用网站上的广告横幅、文本链接、多媒体的方法，在互联网刊登或发布广告，通过互联网传递到用户的一种广告运作方式，通常广告篇幅比全屏广告小。与传统的四大传播媒体（报纸、杂志、电视、广播）广告及户外广告相比，网络广告具有得天独厚的优势，是实施现代营销媒体战略的重要一部分。

第11章

浮动式广告

浮动式广告是目前网站很常见的一种广告形式，浮动式广告能实时跟随消费者的浏览，有效地表达出产品要传达的意思，达到很好的传播效果。

11.1 浮动式广告的基本理论

浮动式广告指的是会随鼠标或光标移动的网络广告。最常见的是浮水印广告，会随着网页上下移动，在页面左边或是右边跟随上下移动，吸引消费者的注意。有些网站会直接在光标后有一段文字或图像跟着鼠标移动，这也属于浮动式广告。

11.1.1 浮动式广告的尺寸

浮动式广告一般飘浮在网页页面上，会随着页面移动，如图 11-1 所示，广告大小各有不同，常见的几种广告尺寸有：960×90 像素、300×250 像素、336×280 像素和 200×200 像素等。

图11-1　浮动式广告

11.1.2 浮动式广告的制作要求

浮动式广告尺寸不宜制作太大，如果比一般的浮动广告大，使用的图片最好为透明背景的 GIF 图，以使图片的背景颜色不至于遮住后面的的内容。在广告内容中，选择使用特效的同时，千万要考虑到消费者的感受，不能滥用。

11.2 案例 1——啤酒节促销浮动式广告

本节以啤酒节促销浮动式广告为例为读者讲解详细的制作步骤，整体是以橙色为主色调，黄色的啤酒和红色的龙虾，与橘色的背景搭配，协调不单调。广告开头使用传统补间，制作两杯啤酒快速进入的画面，图标和卡通小龙虾动画，加上舞台灯光和飘洒亮片效果，达到了吸引消费者目光的广告目的。

11.2.1 效果赏析与技术要点

首先通过对本案例的效果赏析和技术要点的讲解，让读者先了解一下本案例的基本信息。

1. 效果赏析

动态效果如图 11-2 所示。

图11-2 啤酒节促销浮动式广告

2. 技术要点

本案例制作中主要运用的功能与技术要点如下：

- 传统补间：使用传统运动补间制作位移、入场与出场动画。
- 淡入淡出动画：以控制不同关键帧的 Alpha 值实现淡入淡出。
- 引导层：使用引导层，实现亮片飘落的效果。
- 脚本代码：添加脚本代码，实现亮片完整动画。

11.2.2 设置文档尺寸

设置广告文档尺寸并制作广告背景。

01 启动 Animate CC，新建空白文档，并设置舞台大小为 1000×500 像素，如图 11-3 所示。

02 执行“文件”→“导入”→“导入到舞台”命令，导入“啤酒背景 .png”，如图 11-4 所示。

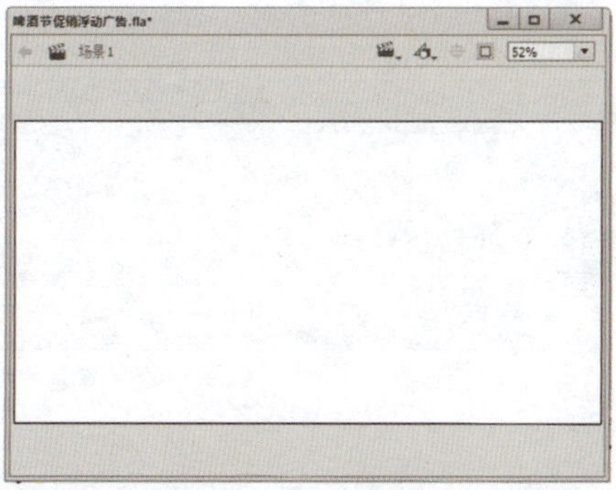

图11-3 新建文档

图11-4 导入“啤酒背景.png”背景

03 选中第 165 帧，按 <F5> 键，插入普通帧，延长动画时长。

11.2.3 制作物体动画

制作广告中的啤酒、小龙虾动画。

01 新建“图层 2”，导入“啤酒 1.png”素材，移动至舞台右侧，将素材转换为元件，如图 11-5 所示。

02 选中元件，在“属性”面板设置元件“Alpha”值为 0，如图 11-6 所示。

图11-5 导入“啤酒1.png”素材

图11-6 设置元件“Alpha”值

03 选中第 6 帧，按 <F6> 键，插入关键帧，向左移动元件，修改元件的“Alpha”值为 83，如图 11-7 所示。

04 在两个关键帧之间创建传统补间动画，如图 11-8 所示。

图11-7 调整元件

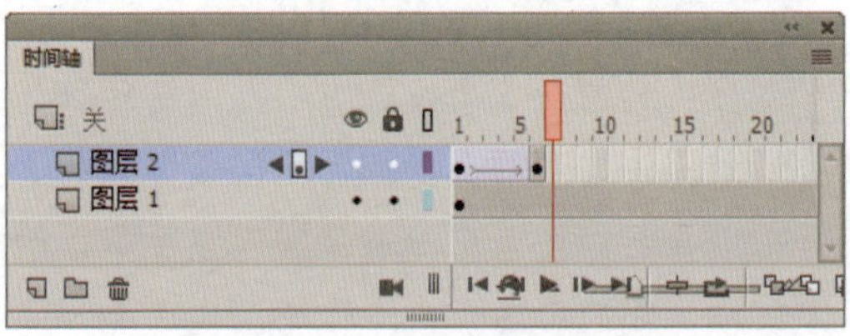

图11-8 创建传统补间动画

05 新建“图层 3”，导入“啤酒 2.png”素材，使用相同的方法制作元件入场的传统补间动画，如图 11-9 所示。

图11-9 元件入场动画

06 新建“图层 4”，在第 7 帧插入关键帧，复制“图层 2”中最后一帧的元件，设置元件“色彩效果”的“样式”为“无”，稍微向左移动元件。

07 在第 25 帧插入关键帧，继续向左移动元件，如图 11-10 所示。

08 在第 30 帧插入关键帧，向右移动元件，并设置元件的“Alpha”值为 0，如图 11-11 所示。

图11-10 向左移动元件

图11-11 调整元件

09 在每个关键帧之间创建传统补间动画，如图 11-12 所示。

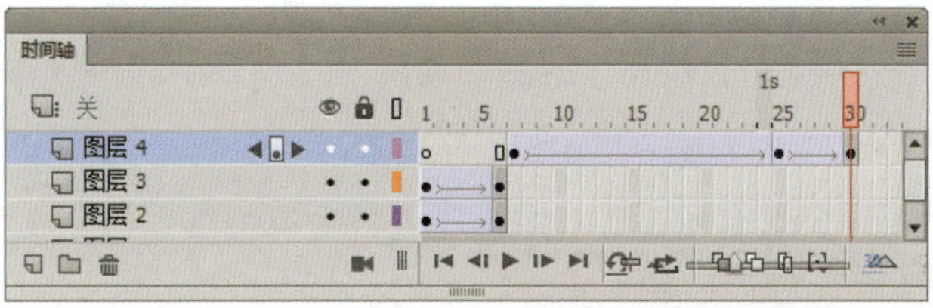

图11-12 创建传统补间动画

10 使用相同的方法，制作“图层 5”的内容，如图 11-13 所示。

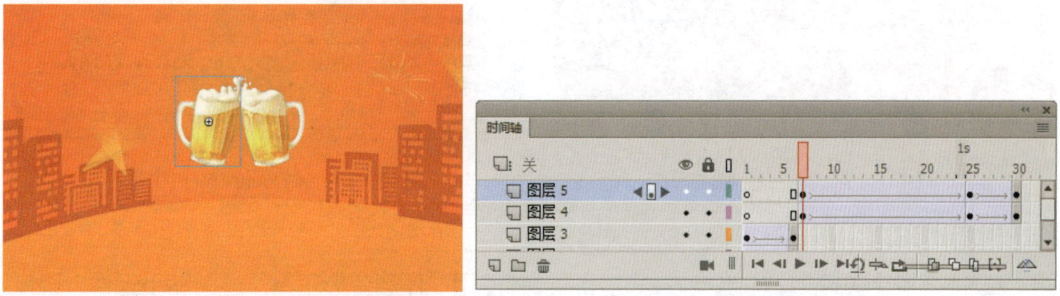

图11-13 创建传统补间动画

11 选择“图层 2”，在第 7 帧插入空白关键帧，在第 30 帧插入关键帧，导入“小龙虾 .png”素材，移动至舞台右边，如图 11-14 所示。

12 双击元件，进入元件编辑模式，插入多个关键帧，使用“任意变形工具”，稍微调整元件的角度，如图 11-15 所示。

图11-14 导入“小龙虾.png”素材

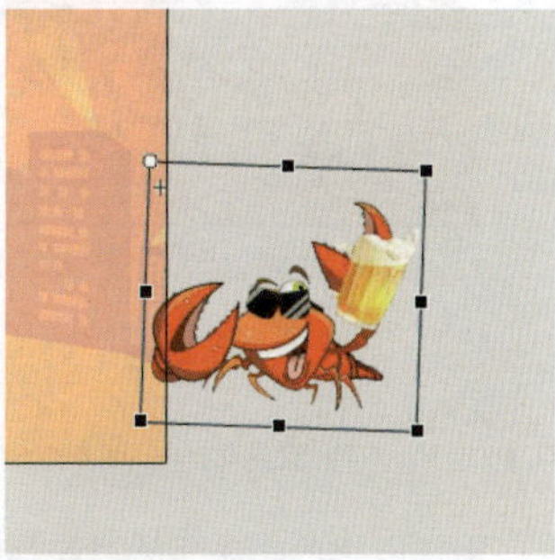

图11-15 调整元件角度

13 在每个关键帧之间创建传统补间动画，如图 11-16 所示。

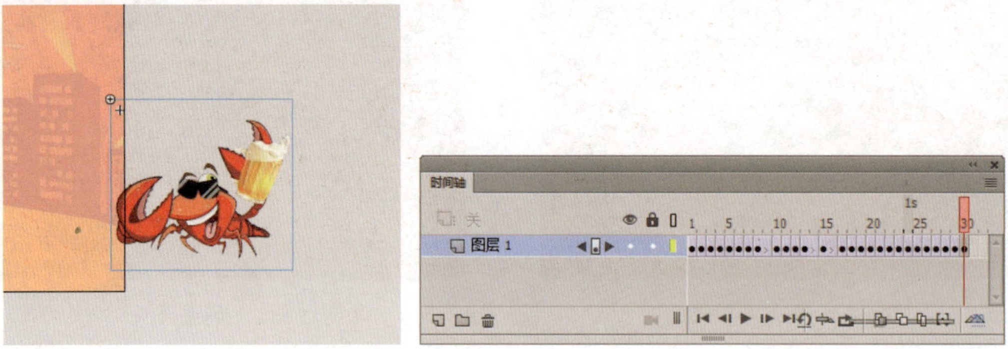

图11-16　创建传统补间动画

14 单击窗口左上角的“场景 1”按钮，返回“场景 1”，在第 31~43 帧中插入关键帧，依次向左移动元件，第 43 帧中元件位置，如图 11-17 所示。

15 在每个关键帧之间创建传统补间动画，如图 11-18 所示。

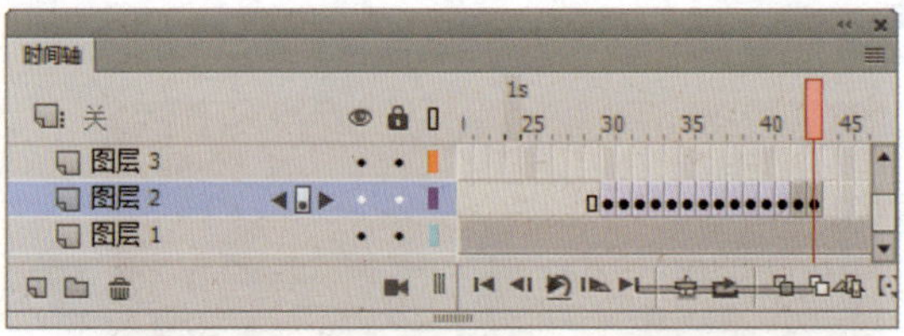

图11-17　向左移动元件　　　　图11-18　创建传统补间动画

16 选中第 158 帧，按 <F6> 键，插入关键帧。

17 继续插入多个关键帧，依次向右移动元件，并使用“任意变形工具”逐渐缩小元件，降低元件的透明度，如图 11-19 所示。

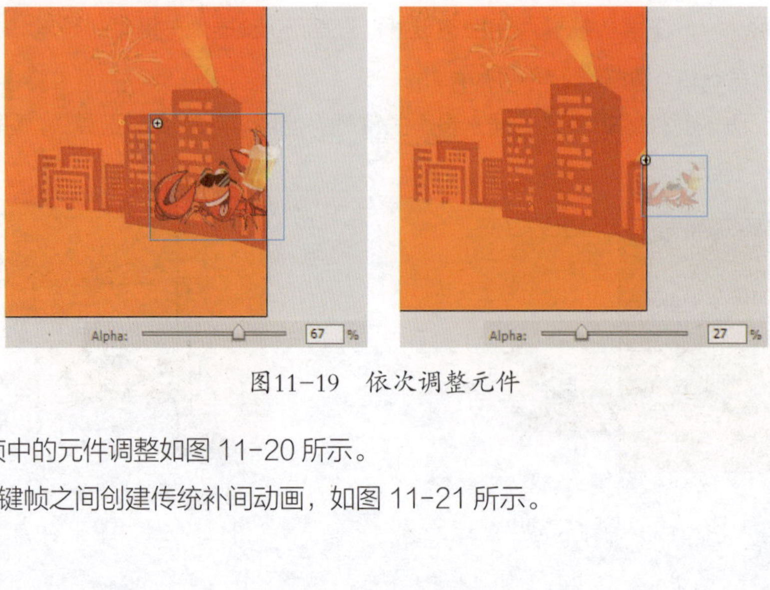

图11-19　依次调整元件

18 第 165 帧中的元件调整如图 11-20 所示。

19 在每个关键帧之间创建传统补间动画，如图 11-21 所示。

图11-20 调整元件

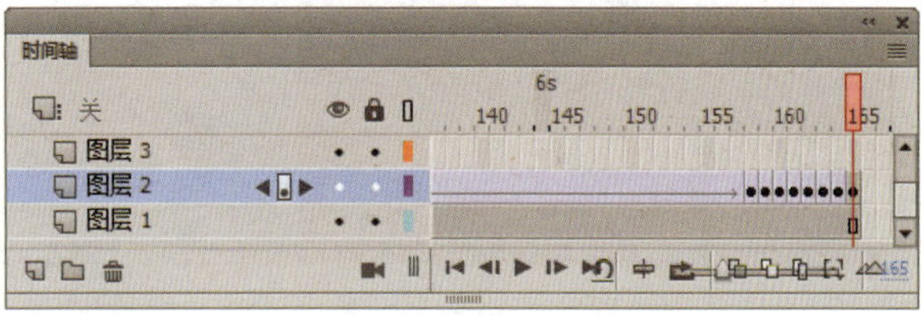

图11-21 创建传统补间动画

11.2.4 制作图标动画

制作广告中的图标动画。

01 选择“图层 5”，在第 31 帧插入空白关键帧，在 34 帧插入关键帧。

02 导入“彩带 .png”素材，移动至舞台中间，将素材转换为元件，如图 11-22 所示。

03 在第 35 帧插入关键帧，选中第 34 帧中的元件，使用“任意变形工具”旋转元件，如图 11-23 所示。

图11-22 导入“彩带.png”素材

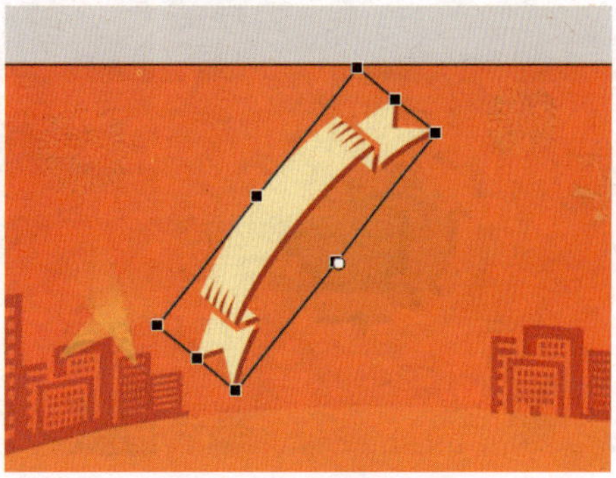

图11-23 旋转元件

04 在第 40 帧插入关键帧，稍微放大元件，如图 11-24 所示。

05 在关键帧之间创建传统补间动画，如图 11-25 所示。

图11-24 放大元件

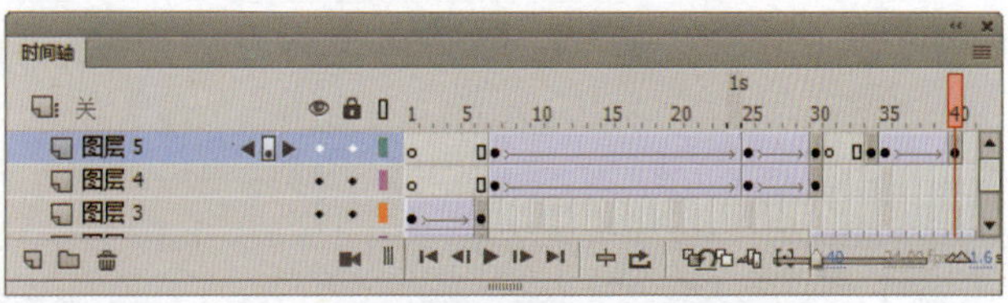

图11-25 创建传统补间动画

06 新建“图层 6”，导入“小龙虾啤酒文化节 .png”素材。

07 使用相同的方法，制作“图层 6”中的内容，如图 11-26所示。

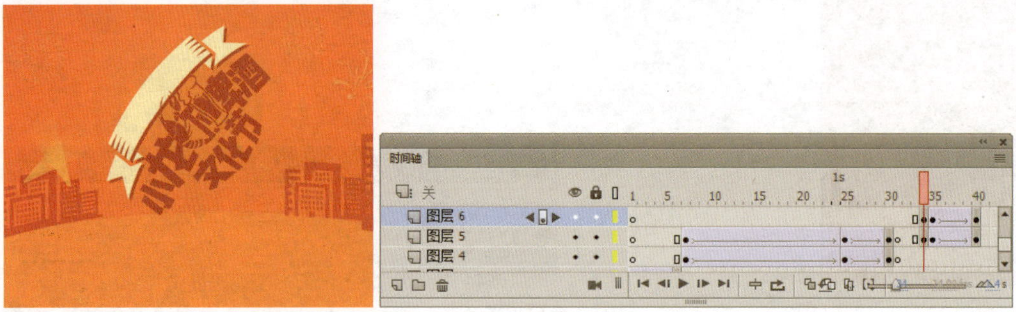

图11-26　制作“图层6”的内容

08 继续制作“图层 7”和“图层 8”中的内容，完成“小龙虾啤酒文化节”的图标旋转动画，如图 11-27 所示。

图11-27　图标旋转动画

09 在关键帧之间创建传统补间动画，如图 11-28 所示。

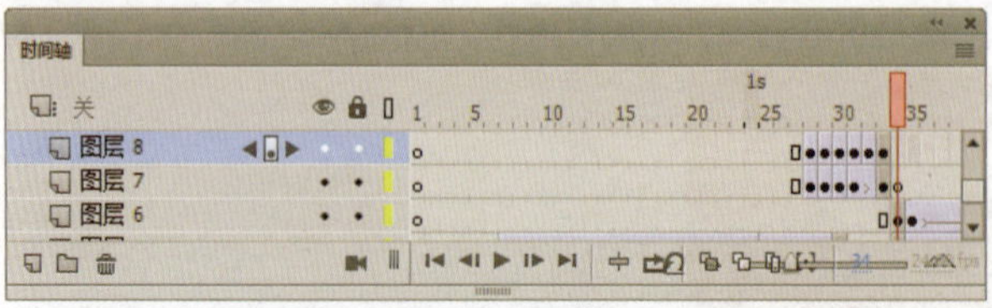

图11-28　创建传统补间动画

11.2.5 制作文字动画

制作广告动态文字动画。

01 选择“图层4”，在第50帧插入关键帧，使用“文本工具”，在舞台下方输入文本，如图 11-29所示。

02 在第 53 帧插入关键帧，稍微向上移动元件，如图 11-30 所示。

图11-29 输入文本

图11-30 向上移动元件

03 继续插入关键帧，并向上移动元件，制作文字入场的传统补间动画，如图 11-31 所示。

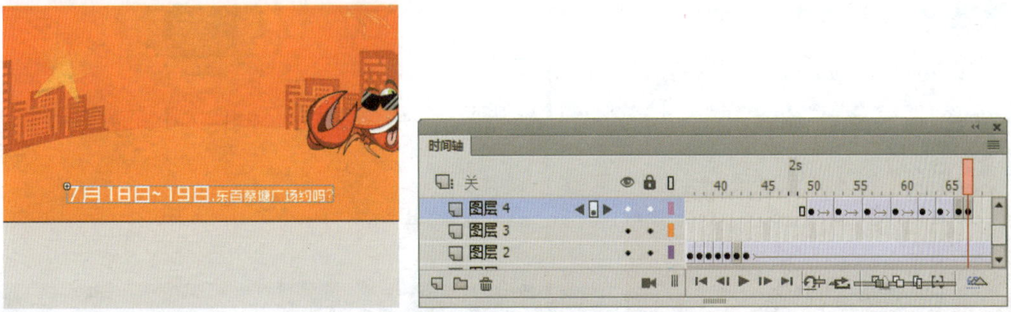

图11-31 制作文字入场动画

04 在第 158 帧插入关键帧，继续插入关键帧，依次向下移动元件，并降低文件的“Alpha”值，如图 11-32 所示。

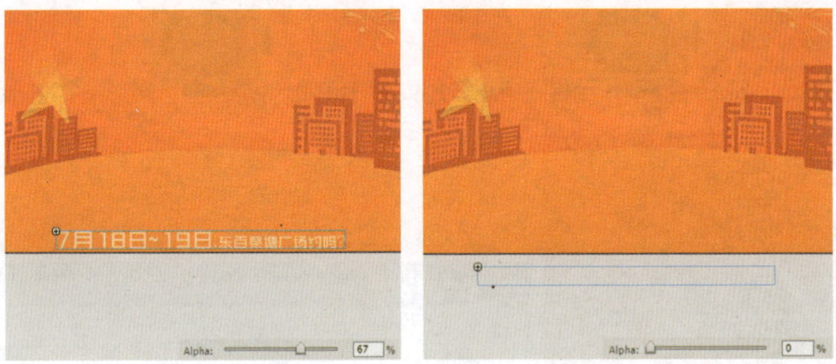

图11-32 依次调整元件

05 在每个关键帧之间创建传统补间动画，制作文字出场动画，如图 11-33 所示。

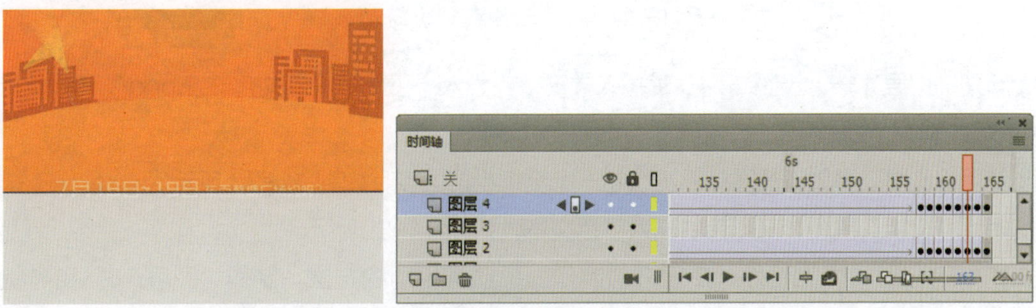

图11-33 制作文字出场动画

06 使用相同的方法，制作“图层 7”中的内容，如图 11-34 所示。

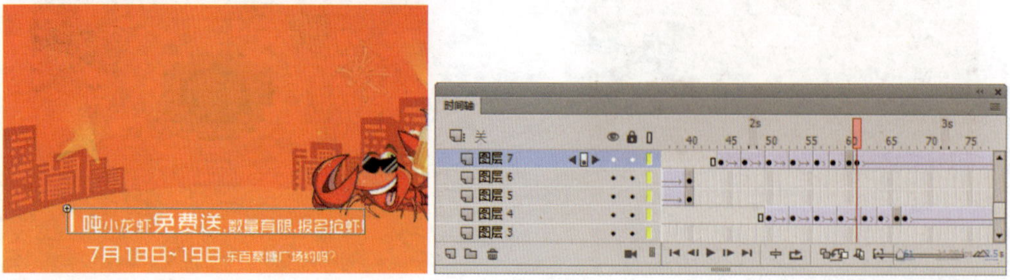

图11-34 制作文字动画

11.2.6 完善图标动画

继续制作图标动画，呈现最终图标动画效果。

01 新建“图层 9”“图层 10”，接着制作图标动画，调整元件大小，制作大小变换的元件动画，如图 11-35 所示。

图11-35 制作元件大小变换动画

02 继续插入关键帧，旋转并缩小元件，制作元件旋转的出场动画，如图 11-36 所示。

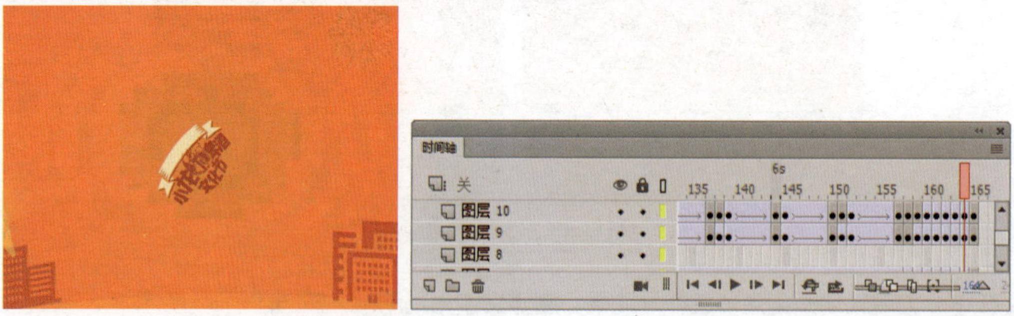

图11-36 制作元件旋转出场动画

03 新建“图层 11”，选中第 40 帧插入关键帧，导入“小龙虾啤酒文化节 2.png”素材，文字投影效果如图 11-37 所示。

04 使用“椭圆工具”，在图标周围绘制一个个细小的圆点，如图 11-38 所示。

05 使用“文字工具”，在彩带中输入红色文本，如图 11-39 所示。

06 将所有图形转换为元件，使用之前制作图标动画相同的方法，制作“图层 11”和“图层 12”中的内容，如图 11-40 所示。

图11-37 导入“小龙虾啤酒文化节2.png”素材

图11-38 绘制小圆点

图11-39 输入文本

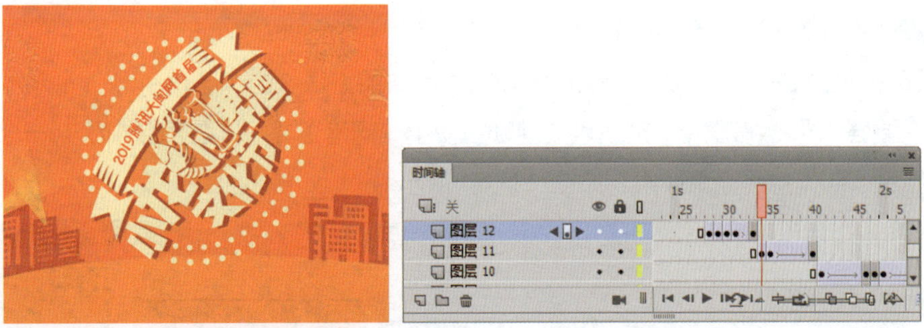

图11-40 制作图标动画

07 新建“图层 13”，插入关键帧，同样制作元件大小变换的动画，如图 11-41 所示。

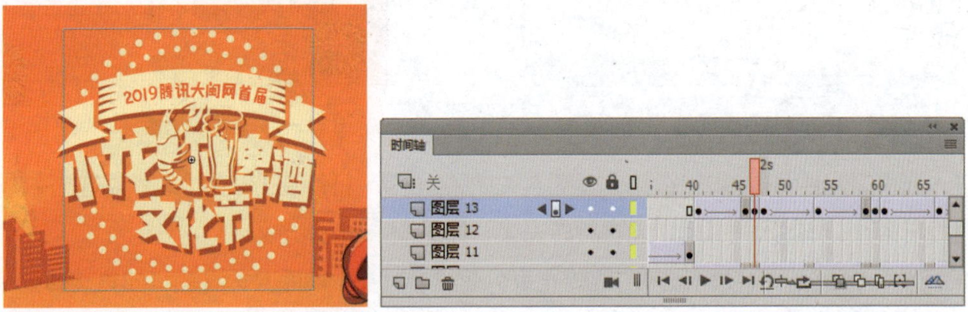

图11-41 制作元件大小变换动画

08 继续插入多个关键帧，依次旋转并缩小元件，如图 11-42 所示。

09 在每个关键帧之间创建传统补间动画，如图 11-43 所示。

图11-42　旋转并缩小元件

11.2.7 制作舞台效果

制作舞台中的光束、亮片动画，呈现闪亮的舞台效果。

01 新建“图层 14”，在第 31 帧插入关键帧，使用“钢笔工具”，在舞台中绘制一个三角形，填充渐变颜色，制作舞台光束效果，如图 11-44 所示。

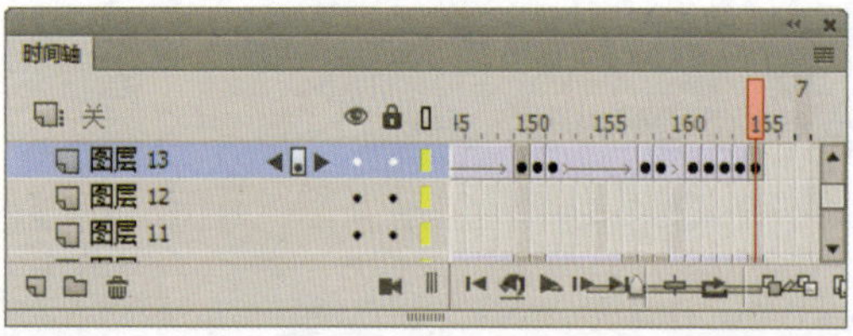

图11-43　创建传统补间动画

图11-44　舞台光束效果

02 进入光束的元件编辑模式，在第 2 帧插入关键帧，使用“任意变形工具”，稍微向右旋转光束。

03 继续在第 14 帧插入关键帧，向右旋转光束，如图 11-45 所示。

04 在第 15、16 帧，继续稍微向右旋转光束；在第 30、31 帧插入关键帧，向右旋转光束，如图 11-46 所示。

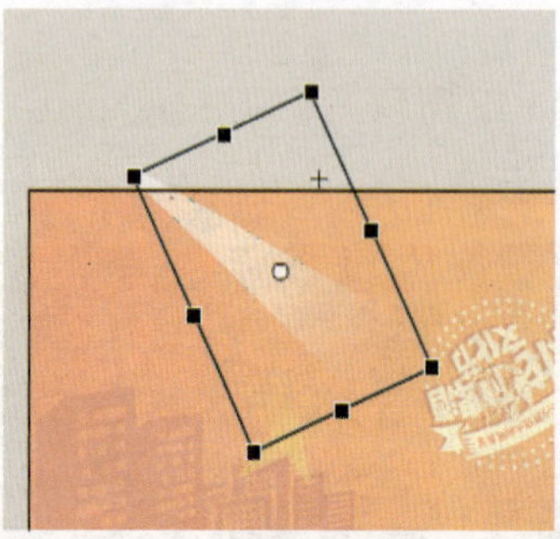

图11-45　向右旋转光束

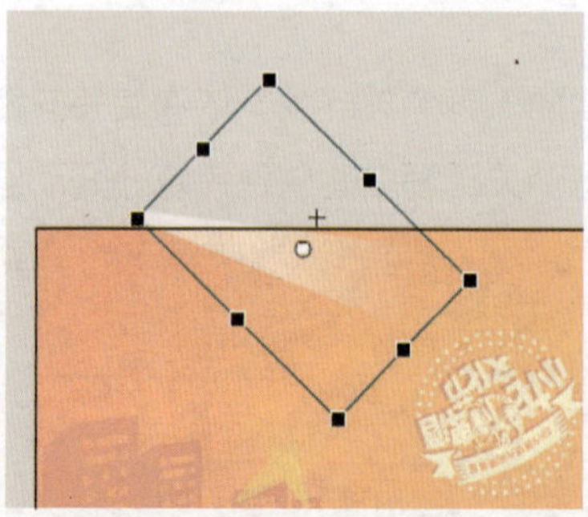

图11-46　向右旋转光束

05 在第 59、60 帧插入关键帧，向左旋转元件，旋转到原来的位置，如图 11-47 所示。

06 在关键帧之间创建传统补间动画，如图 11-48 所示。

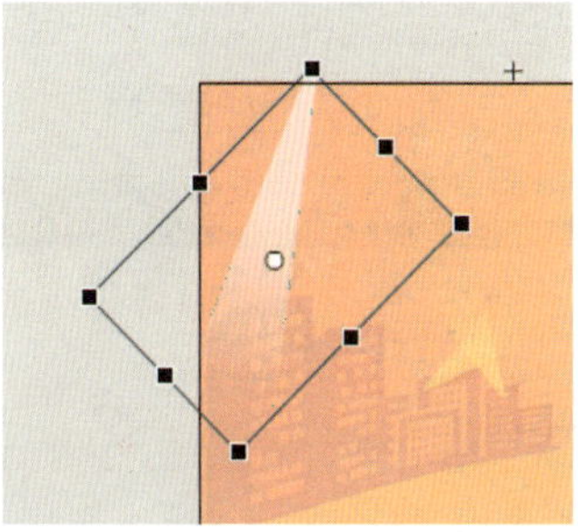

图11-47　向左旋转元件

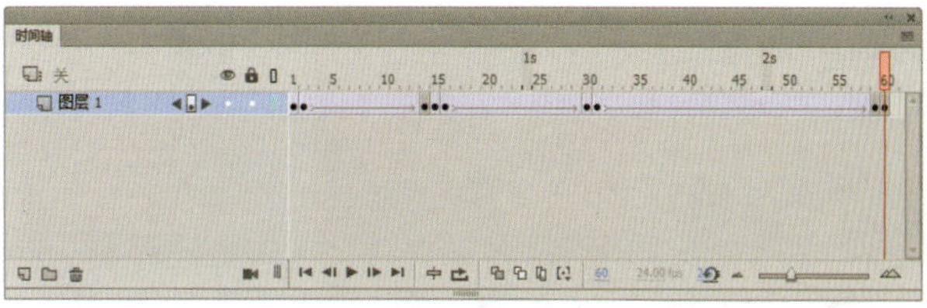

图11-48　创建传统补间动画

07 新建图层，单击鼠标右键，选择“添加传统运动引导层”选项，创建一个引导层。

08 使用“铅笔工具”，在舞台中绘制光束路径，完成光束路径动画，如图 11-49 所示。

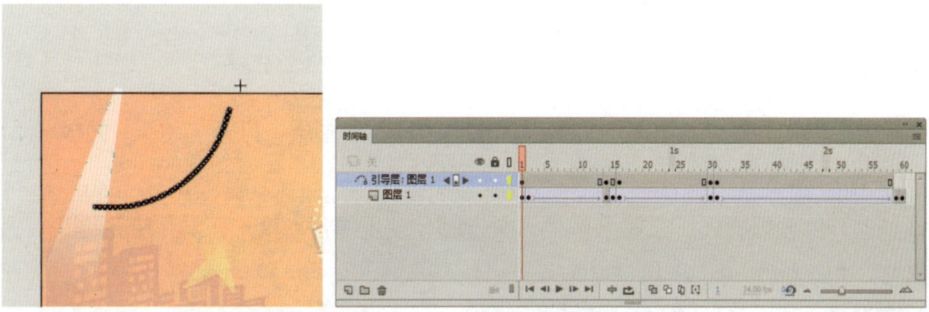

图11-49　绘制引导路径

09 使用相同的方法制作“图层 2”中的内容，完成右侧光束的动画，如图 11-50 所示。

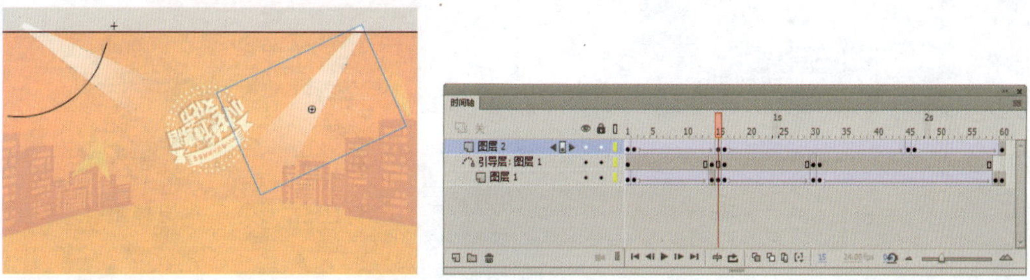

图11-50　制作右侧光束动画

10 单击窗口左上角的“场景 1”按钮，返回“场景 1”，在第 158、165 帧插入关键帧，设置第 165 帧中的元件“Alpha”值为 0，如图 11-51 所示。

11 在关键帧之间创建传统补间动画，如图 11-52 所示。

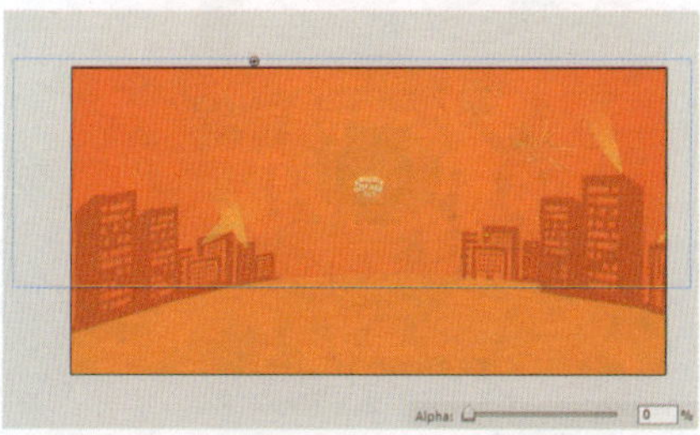

图11-51　设置元件“Alpha”值为0

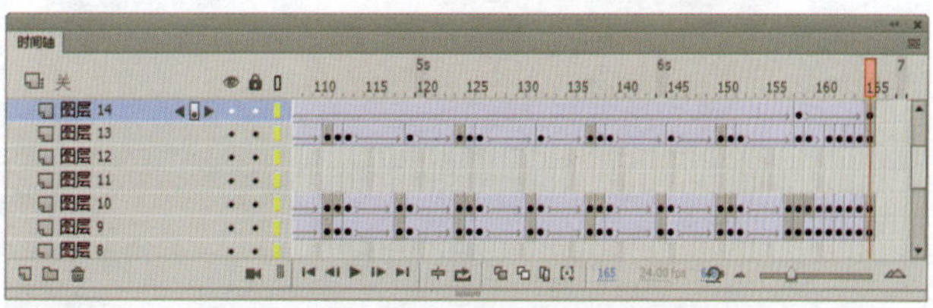

图11-52　创建传统补间动画

12 新建图层，制作亮片元件动画，使用“钢笔工具”，制作一个亮片图形元件，如图 11-53 所示。

13 双击元件，进入元件编辑模式，新建图层，打开“动作”面板，添加代码，如图 11-54 所示。

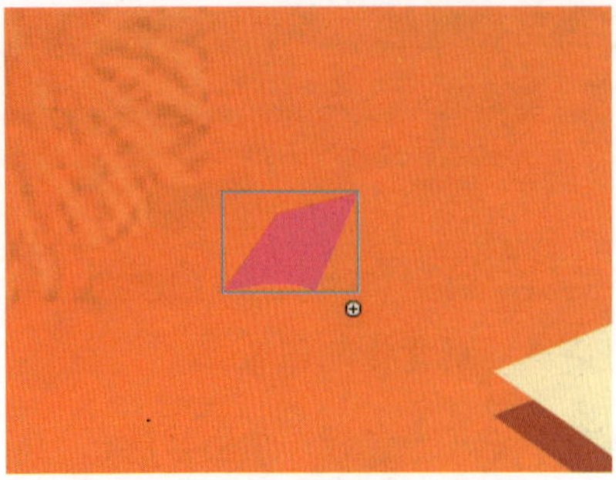

图11-53　制作亮片元件

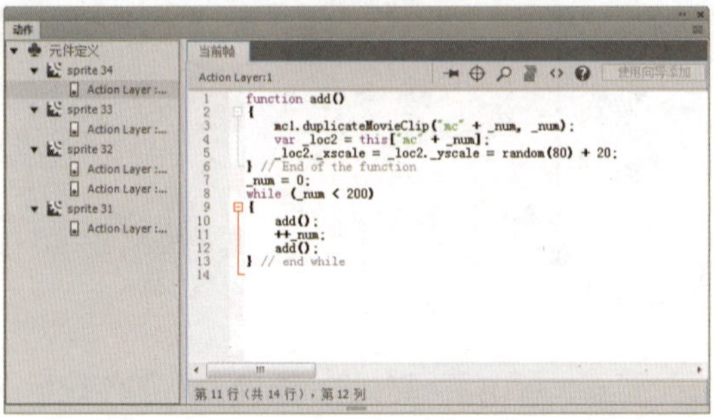

图11-54　添加代码

提示　可以直接输入“素材 \ 第 11 章 \11.2\ 亮片代码 1.txt”中的代码。

14 再次双击舞台中的元件，进入元件编辑模式，同样新建图层，打开“动作”面板，添加代码，如图 11-55 所示。

15 继续进入元件编辑模式，在第 3 帧插入关键帧，使用“任意变形工具”变形图形，并设置元件的“高级”选项参数，如图 11-56 所示。

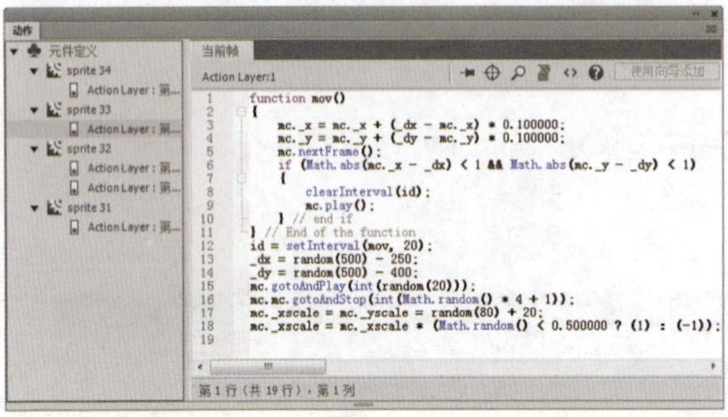

图11-55　添加代码

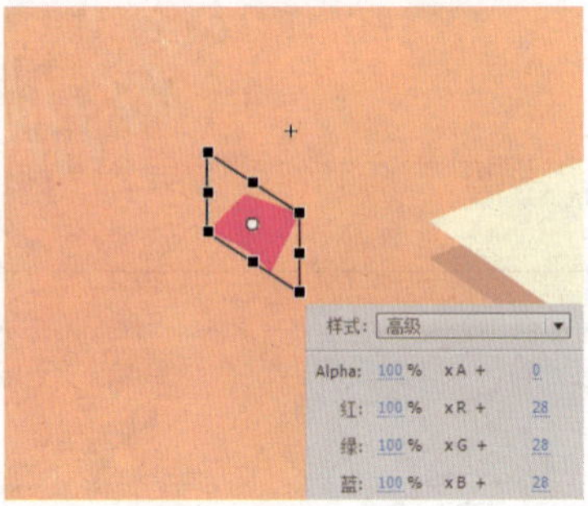

图11-56　变形并调整元件

提示　可以直接输入“素材 \ 第 11 章 \11.2\ 亮片代码 2.txt”中的代码。

16 在第 5、12 帧插入关键帧，变形第 5 帧中的元件，并修改“高级”选项参数，如图 11-57 所示。

17 调整第 12 帧中的形状，向下移动元件，同样修改“高级”选项参数，改变元件色调，如图 11-58 所示。

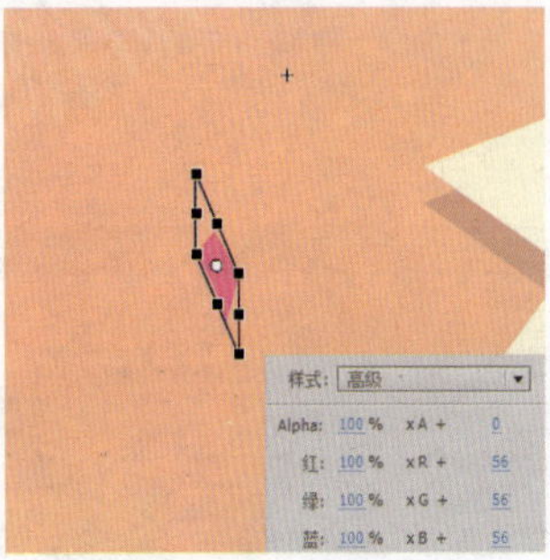

图11-57　调整元件

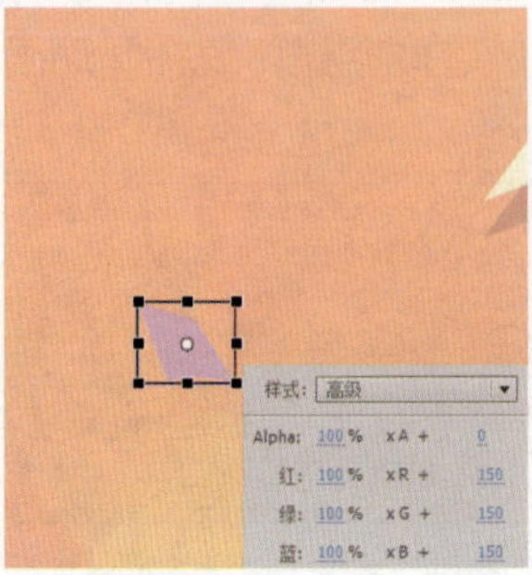

图11-58　调整元件

18 继续插入关键帧，不断调整元件的形状、色调，并向下移动元件，在每个关键帧之间创建传统补间动画，制作亮片飘落动画，如图 11-59 所示。

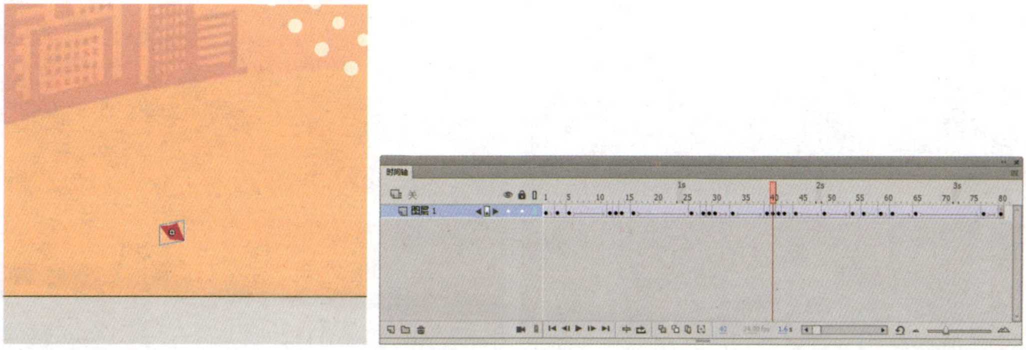

图11-59　亮片飘落动画

19 创建引导层，使用“铅笔工具”在舞台中绘制一条亮片飘落的路径，完成亮片飘落路径动画，如图 11-60 所示。

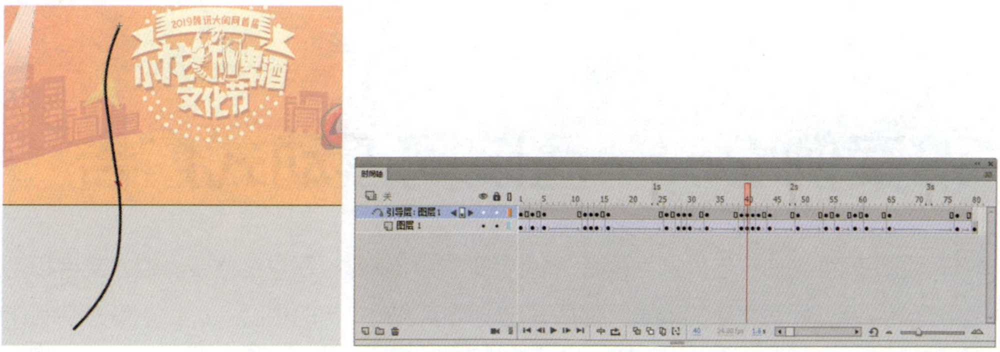

图11-60　绘制路径

20 新建图层，在第 1、81 帧插入关键帧，添加“stop ();”停止代码。

21 单击窗口左上角的“场景 1”按钮，返回“场景 1”，将“图层 15”的内容复制到“图层 16”，移动亮片元件位置，如图 11-61 所示。

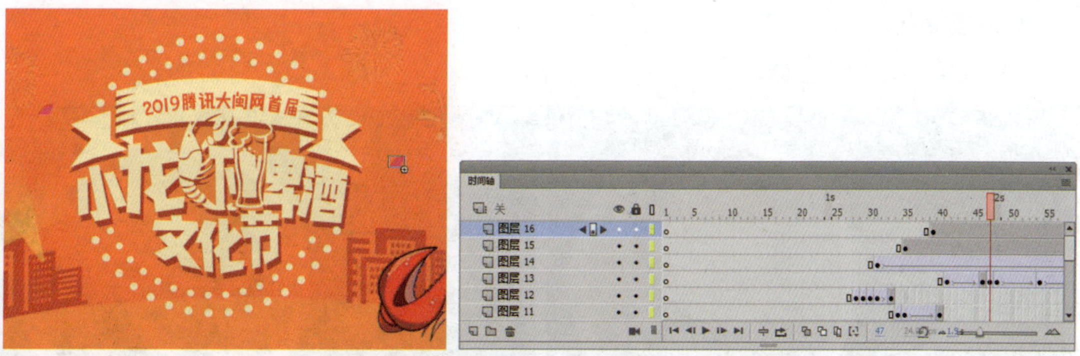

图11-61　复制元件

22 完成该广告的制作，按 <Ctrl+Enter> 组合键测试动画效果，如图 11-62 所示。

图11-62　测试动画效果

11.3 案例 2——医院网浮动式广告

本节以医院网浮动式广告为例为读者讲解详细的制作步骤，在绿色背景上植入文字和轮播图片，使用遮罩层制作手写文字的效果，最后写出的文字直指广告的中心。广告宣传文字制作的是慢慢飘浮向上的入场动画，动态效果十分新颖。

11.3.1 效果赏析与技术要点

首先呈现广告的最终效果图以及制作过程中应注意的技术要点，为下面的设计操作做好前提准备。

1. 效果赏析

动态效果如图 11-63 所示。

图11-63　医院网浮动式广告

2. 技术要点

本案例制作中主要运用的功能与技术要点如下：

- 元件滤镜：为元件添加滤镜，制作投影效果。
- 传统补间：使用传统运动补间制作位移和大小变换动画。
- 按钮元件：使用按钮元件制作文字按钮。
- 遮罩动画：使用遮罩动画实现显示区域。
- 色彩效果：为元件添加色彩效果实现不同的色调和透明度。

11.3.2 制作广告背景

导入图片素材，制作广告背景。

01 启动 Animate CC，新建空白文档，并设置舞台大小为 1002 × 590 像素，如图 11-64 所示。

02 执行“文件”→“导入”→“导入到舞台”命令，导入“渐变背景 .png”背景素材到舞台，如图 11-65 所示。

图11-64　新建文档

图11-65　导入“渐变背景.png”素材

03 为了延长广告动画的时长，选中第 250 帧，按 <F5> 键，插入普通帧，如图 11-66 所示。

11.3.3 制作遮罩动画

使用遮罩层的技巧，制作文字遮罩动画。

01 新建“图层 2”，选中第 48 帧，按 <F6> 键，插入关键帧，使用“文本工具”，在舞台左侧输入“齿”字，如图 11-67 所示。

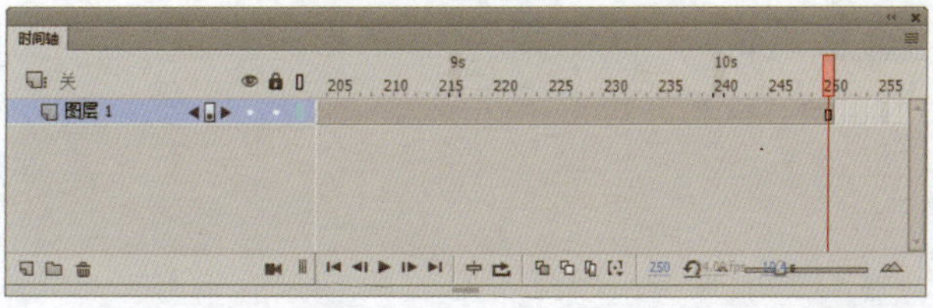

图11-66　插入普通帧

图11-67　输入文本

02 选中文字，按 <F8> 键，转换为“影片剪辑”元件，双击元件进入元件编辑模式。

03 创建遮罩层，插入关键帧，使用“刷子工具”，依次在“齿”字上涂抹，制作文字遮罩动画，如图 11-68 所示。

图11-68　制作文字遮罩动画

04 锁定遮罩层与被遮罩层，舞台效果如图 11-69 所示。

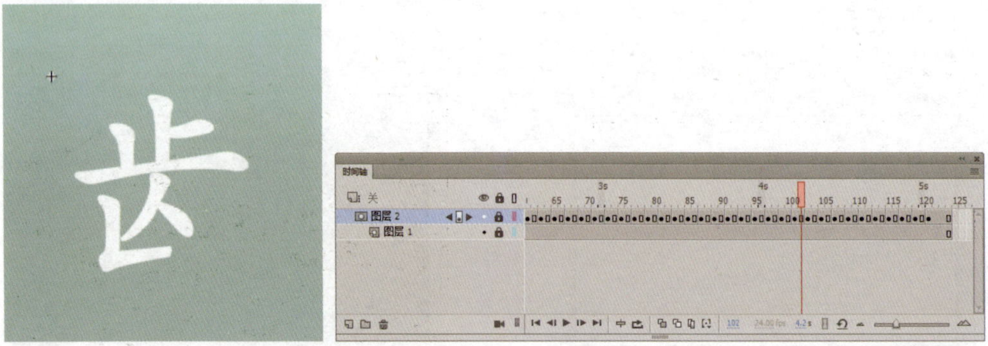

图11-69　锁定遮罩层与被遮罩层

05 新建图层，在第 124 帧插入关键帧，打开“动作”面板，添加“stop ();”停止代码。

06 单击窗口左上角的“场景 1”按钮，返回“场景 1”，选中舞台中的元件，在“属性”面板添加“投影”滤镜，如图 11-70 所示。

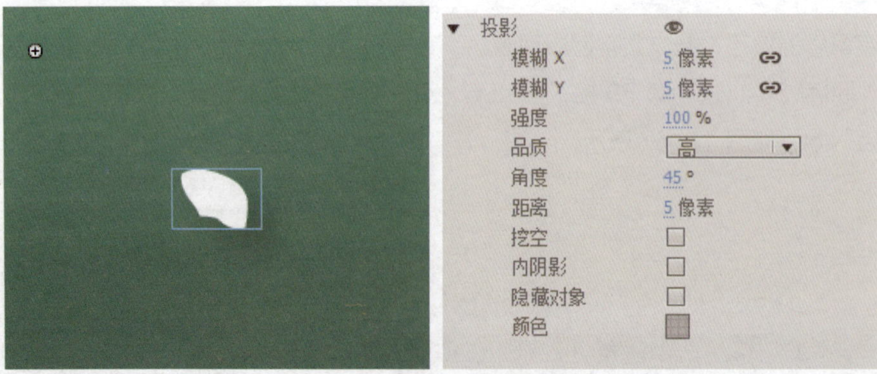

图11-70　添加“投影”滤镜

11.3.4 制作图片轮播动画

使用传统补间技术，制作图片轮播动画。

01 新建“图层 3”，在第 18 帧插入关键帧，导入“照片.png”图片，移动至舞台右侧，如图 11-71 所示。

02 选中素材，按 <F8> 键，转换为“影片剪辑”元件，双击元件，进入元件编辑模式。

03 再次选中素材，转换为元件，进入元件编辑模式；选中元件，在“属性”面板设置“高级”选项参数，如图 11-72 所示。

图11-71　导入“照片.png”图片

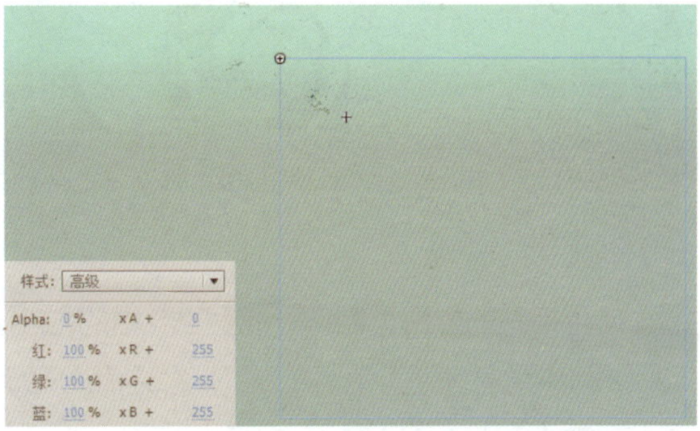

图11-72　设置“高级”选项参数

04 在第 3、5 帧插入关键帧，修改元件的“高级”选项参数，并缩小元件，如图 11-73 和图 11-74 所示。

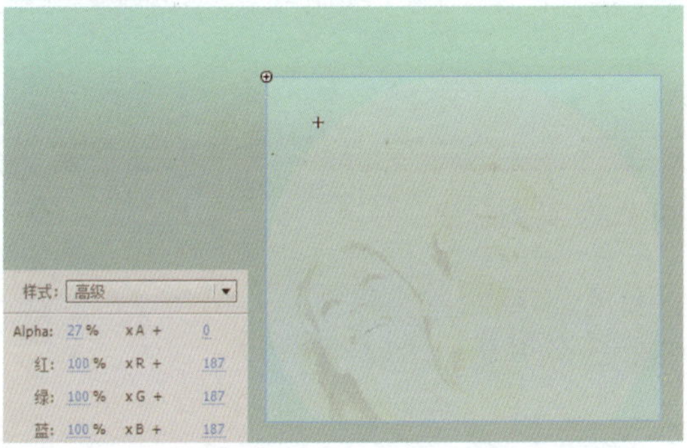

图11-73　调整元件

图11-74　调整元件

05 在第 7、9 帧插入关键帧，继续调整元件，如图 11-75 和图 11-76 所示。

图11-75　调整元件

图11-76　调整元件

06 继续插入关键帧，修改元件色调和元件大小，在关键帧之间创建传统补间动画，制作图片入场动画，如图 11-77 所示。

图11-77　制作图片入场动画

07 使用相同的方法，制作“图层 2”中的内容，如图 11-78 所示。

图11-78　制作“图层2”的内容

提示　导入“素材 \ 第 11 章 \11.3\ 素材 \ 照片 2.png”素材图片。

08 同样制作“图层 3”中的内容，如图 11-79 所示。

图11-79　制作“图层3”的内容

提示　导入“素材 \ 第 11 章 \11.3\ 素材 \ 照片 3.png”素材图片。

09 返回上一个元件的编辑窗口，创建遮罩层，在照片位置绘制一个正圆，制作图片的遮罩，如图 11-80 所示。

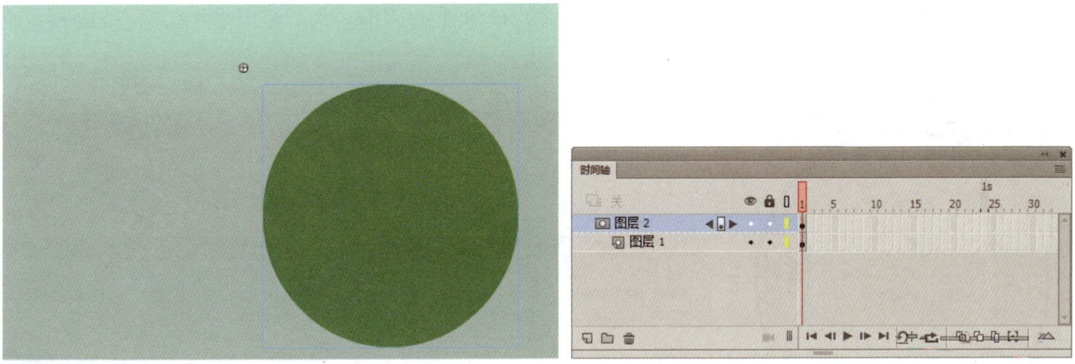

图11-80 制作图片遮罩

10 新建“图层3”，在正圆位置导入“圆环.png”素材，将素材转换为元件，调整中心点的位置，如图 11-81 所示。

11 双击圆环元件，进入元件编辑模式，在第 75 帧插入关键帧，使用“任意变形工具”，将圆环顺时针旋转 90 度，并移动到相同的位置，如图 11-82 所示。

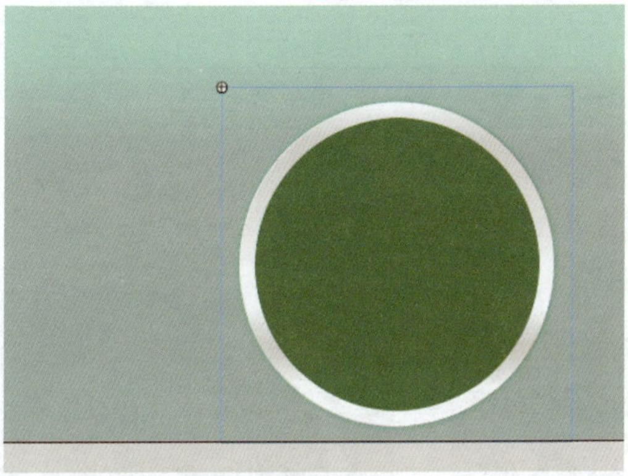

图11-81 调整元件

图11-82 旋转元件

12 继续插入关键帧，将圆环旋转回原来的位置，如图 11-83 所示。

13 在关键帧之间创建传统补间动画，如图 11-84 所示。

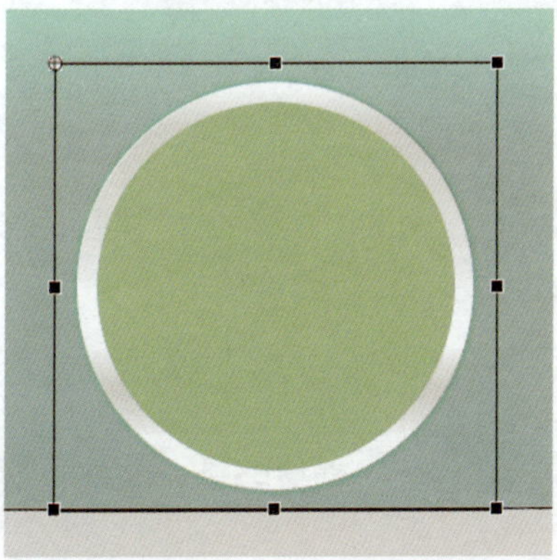

图11-83 旋转元件

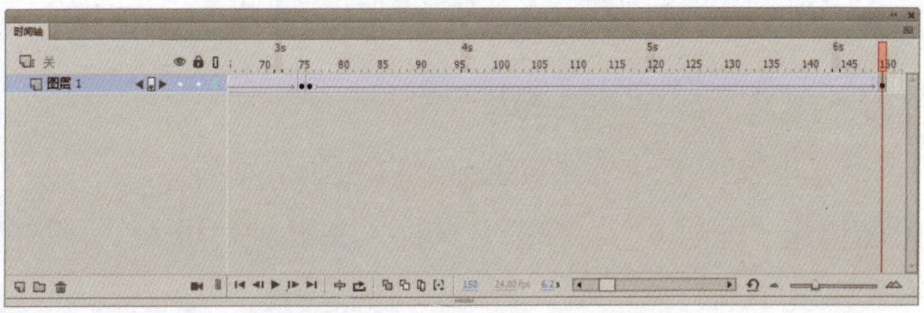

图11-84 创建传统补间动画

14 添加传统运动引导层，使用“椭圆工具”绘制一个正圆边框，制作圆形路径，完成路径动画的制作如图 11-85 所示。

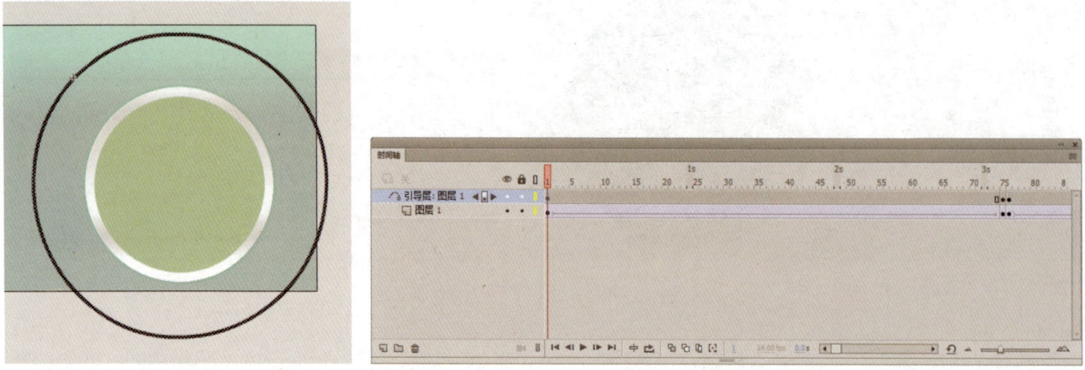

图11-85　圆环路径动画

15 返回上一个元件的编辑窗口，新建“图层 4”，导入“阴影 .png”素材，为圆环添加阴影效果，如图 11-86 所示。

16 单击窗口左上角的“场景 1”按钮，返回“场景 1”，选中圆环元件，在“属性”面板设置“Alpha”值为 0，如所示；在第 20 帧中插入关键帧，修改元件的“Alpha”值为 30，并稍微放大元件，如图 11-87 所示。

17 继续插入关键帧，逐渐增加元件的透明度，并放大元件，如图 11-88 所示。

图11-86　导入“阴影.png”素材

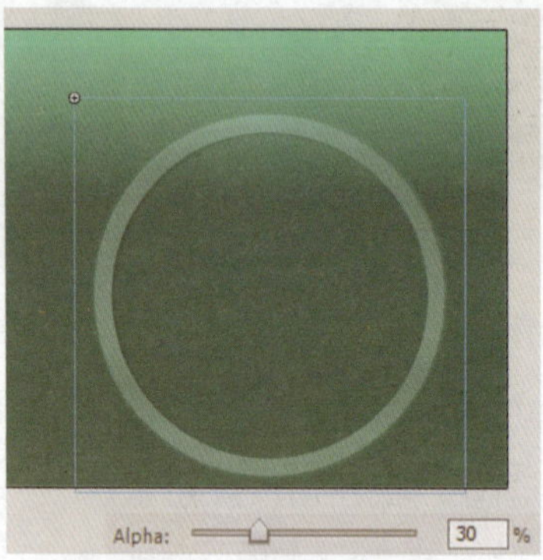

图11-87　调整元件

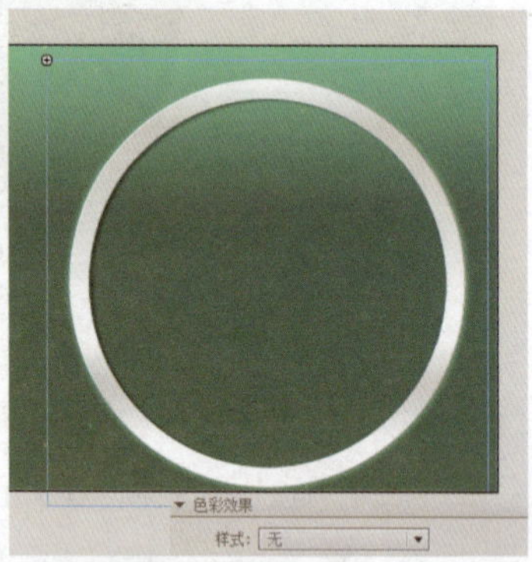

图11-88　调整元件

18 在关键帧帧之间创建传统补间动画，如图 11-89 所示。

11.3.5 制作导航条区域

制作网站广告中的导航条部分的动画。

01 新建“图层 4”，在第 2 帧插入关键帧，导入“导航条背景 .png”素材到舞台底部，如图 11-90 所示。

02 使用“任意变形工具”，水平压缩元件，如图 11-91 所示。

03 在第 3 帧插入关键帧，水平拉伸元件，如图 11-92 所示。

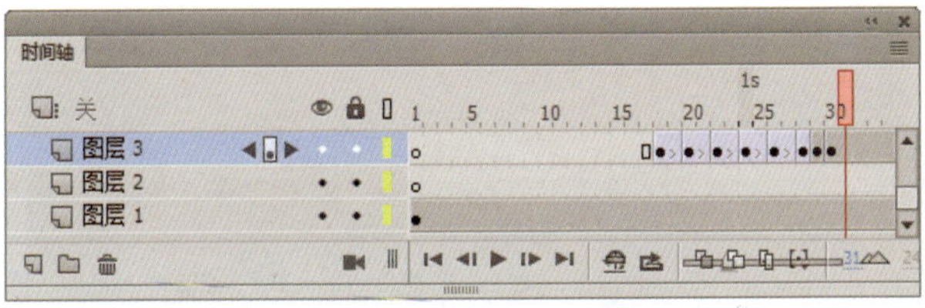

图11-89 创建传统补间动画

图11-90 导入“导航条背景.png”素材

图11-91 水平压缩元件

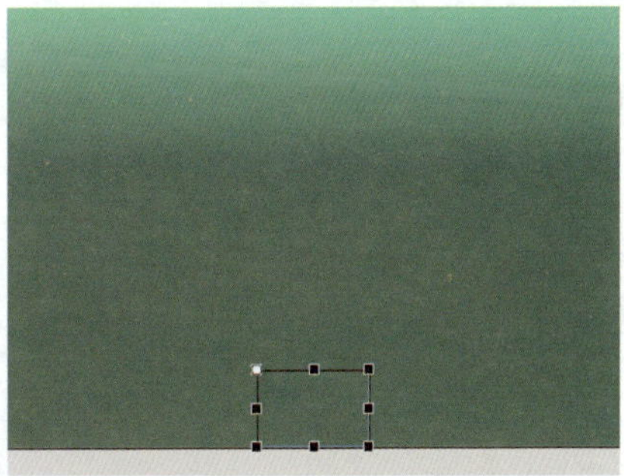

图11-92 水平拉伸元件

04 插入多个关键帧，继续水平拉伸元件，调整到原始的形状，如图 11-93 所示。

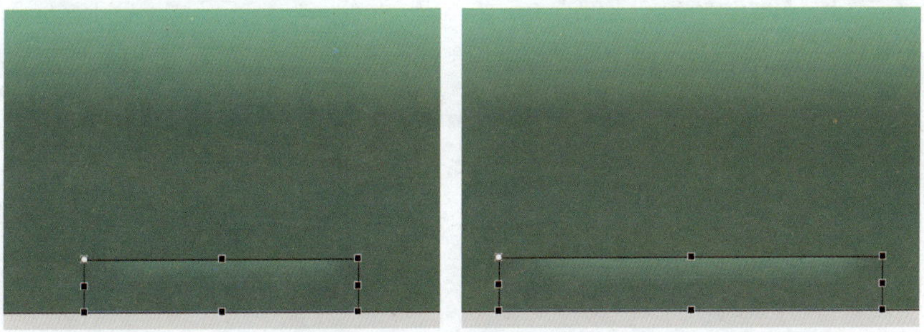

图11-93 水平拉伸元件

05 在关键帧之间创建传统补间动画，如图 11-94 所示。

06 新建“图层 5”，在第 18 帧插入关键帧，在导航条左侧位置输入“首页”文字，如图 11-95 所示。

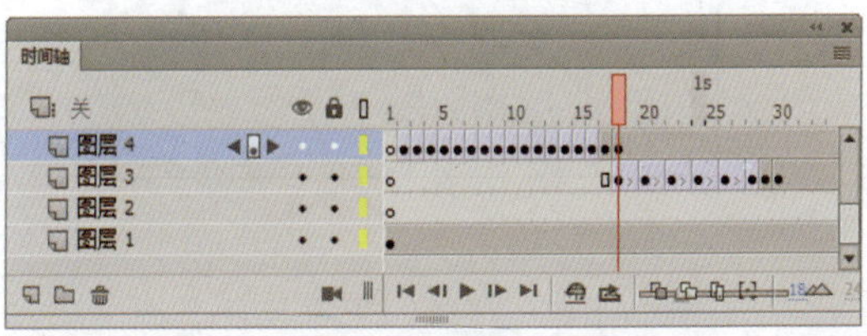

图11-94 创建传统补间动画

图11-95 输入“首页”文字

07 选中文本，按 <F8> 键，将文本转换为“影片剪辑”元件，双击元件，进入元件编辑模式。

08 再次选中文本，按 <F8> 键，将文本转换为“按钮”元件，制作文字“按钮”，如图 11-96 所示。

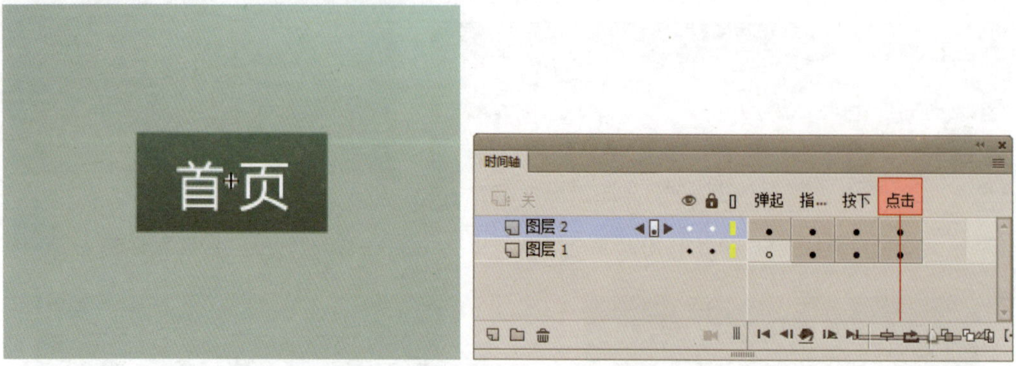

图11-96　制作文字“按钮”

09 返回上一个“影片剪辑”元件，设置元件“Alpha”值为 0，如图 11-97 所示。

10 在第 3 帧插入关键帧，向上移动元件，如图 11-98 所示。

11 在第 5 帧插入关键帧，向上移动元件，如图 11-99 所示；在第 6 帧插入关键帧，稍微向上移动元件。

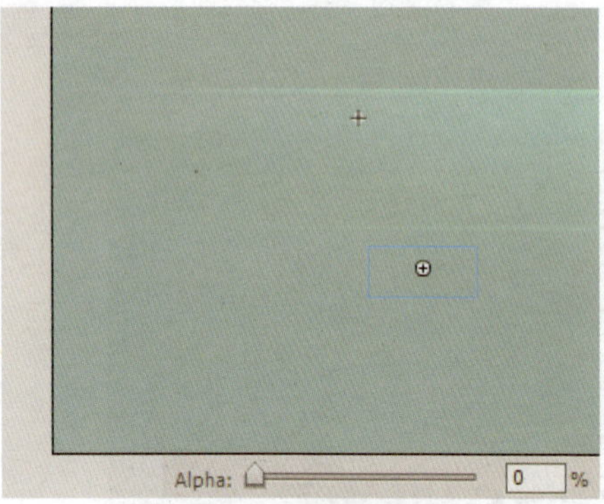

图11-97　设置元件“Alpha”值为0

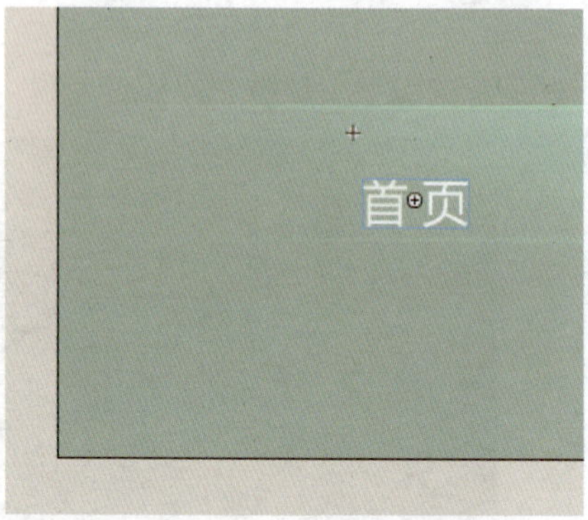

图11-98　向上移动元件

12 在第 9、10 帧插入关键帧，稍微向下移动元件，如图 11-100 所示。

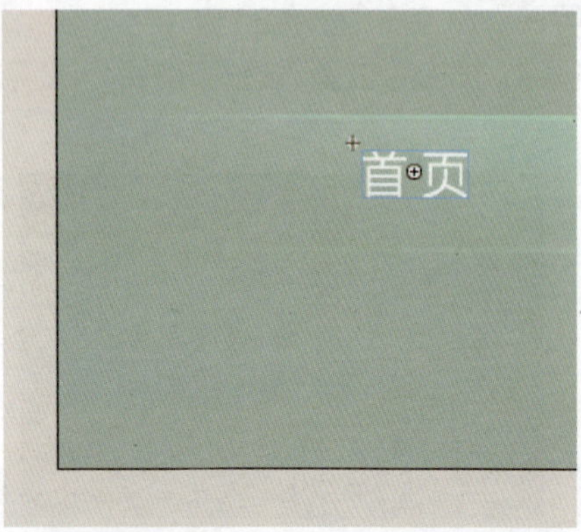

图11-99　向上移动元件

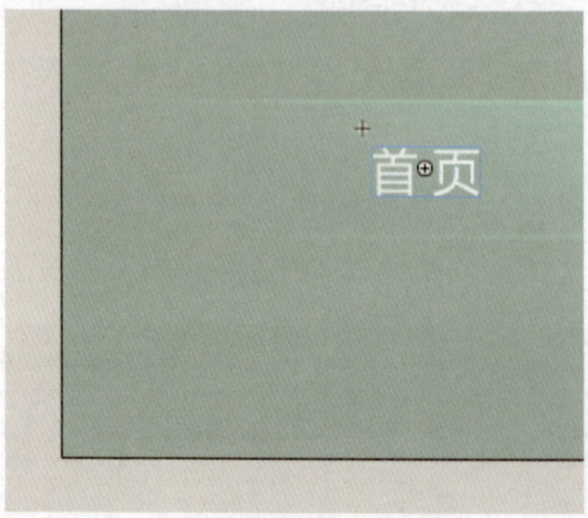

图11-100　稍微向下移动元件

13 在关键帧之间创建传统补间动画，选中第 100 帧，按 <F5> 键，插入普通帧，如图 11-101 所示。

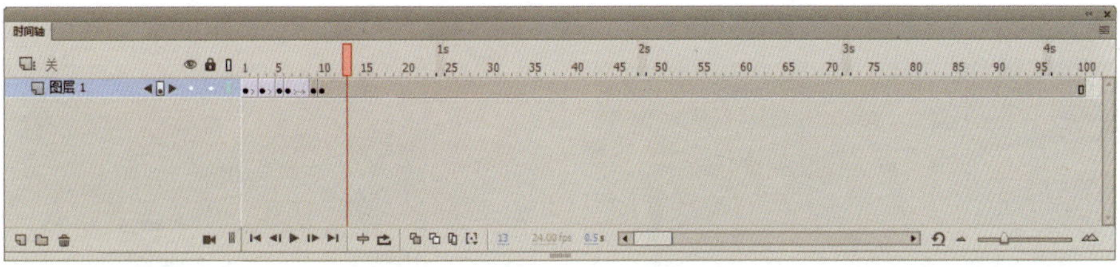

图 11-101　创建传统补间动画

14 使用相同的方法，制作“图层 2”～“图层 10”中的内容，如图 11-102 所示。

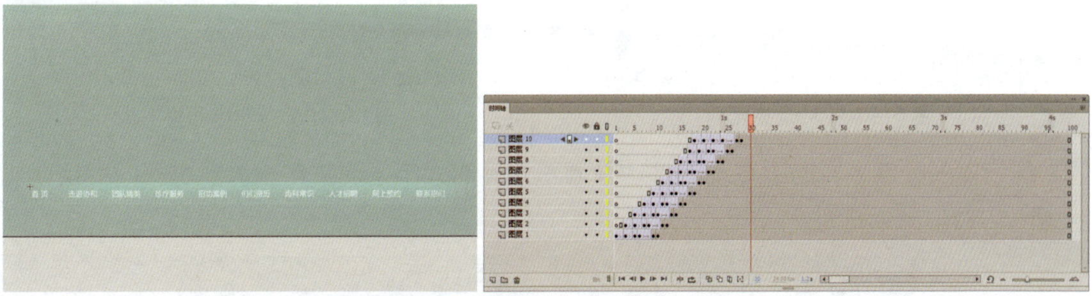

图 11-102　制作“图层2”～“图层10”的内容

15 新建图层，在第 30 帧插入关键帧，打开“动作”面板，输入“stop ();”停止代码。

11.3.6 制作宣传语动画

制作文字入场动画，为广告添加宣传语。

01 单击窗口左上角的“场景 1”按钮，返回“场景 1”，新建“图层 6”，在第 48 帧插入关键帧，在舞台中输入一个“前”字，将文字转换为“影片剪辑”元件，如图 11-103 所示。

02 使用“任意变形工具”变形文字，向下移动元件，并设置元件的“Alpha”值为 46，如图 11-104 所示。

图 11-103　制作文字元件

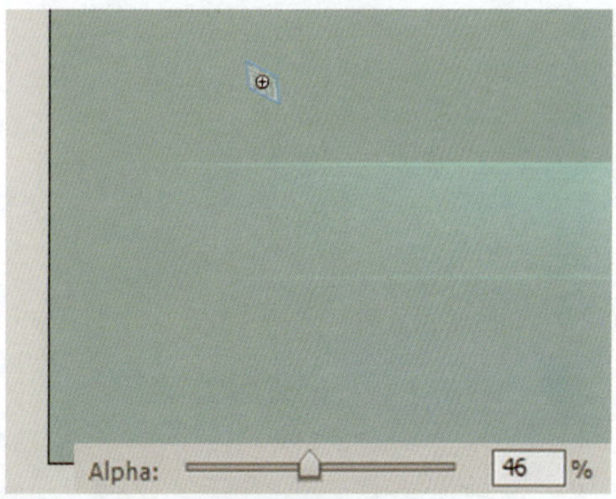

图 11-104　调整文字元件

03 在第 4 帧插入关键帧，继续变形文字，向上移动元件，修改元件的“Alpha”值为 50，如图 11-105 所示。

04 在第 32 帧插入关键帧，恢复文字的形状，向上移动元件，修改元件的“Alpha”值为 96，如图 11-106 所示。

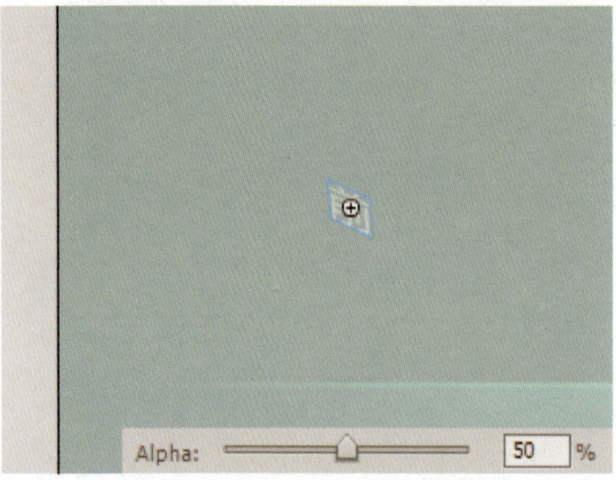

图11-105　调整元件

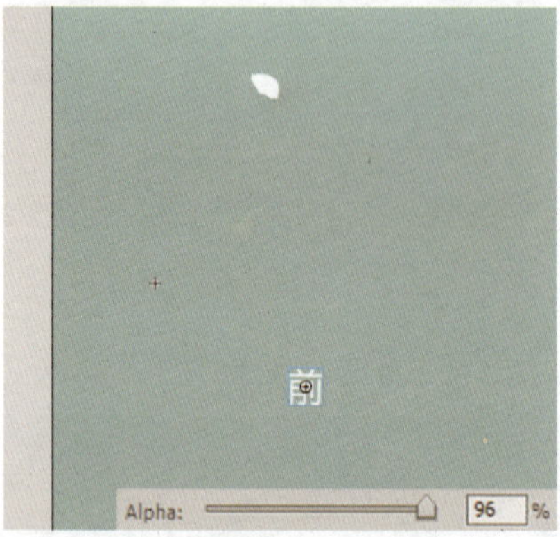

图11-106　调整元件

05 继续插入关键帧，向上移动元件，并调整元件的大小，使文字一大一小不同变换，如图 11-107 所示。

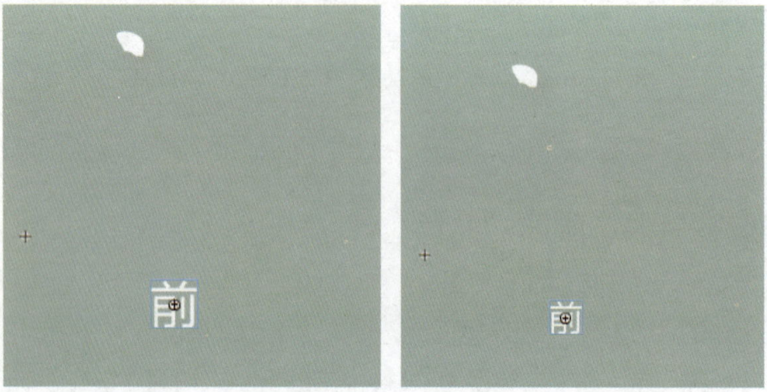

图11-107　调整元件大小

06 在关键帧之间创建传统补间动画，制作文字入场动画，如图 11-108 所示。

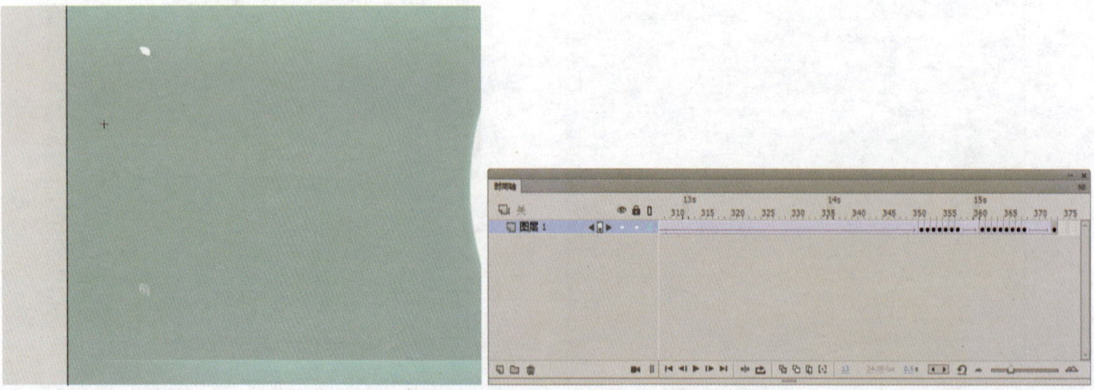
图11-108　文字入场动画

07 继续制作其他文字的入场动画，如图 11-109 所示。

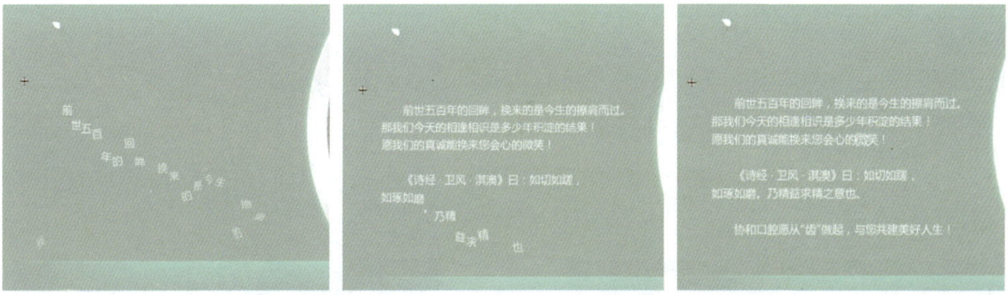

图11-109 文字入场动画

08 “时间轴”显示如图 11-110 所示。

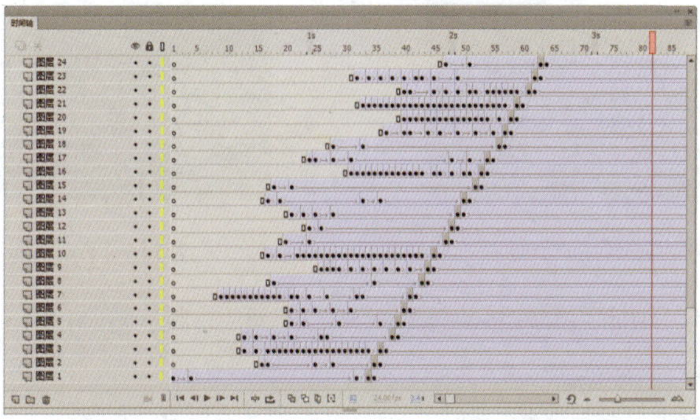

图11-110 “时间轴”显示

09 继续插入关键帧调整不同的文字大小，制作文字动态效果动画，如图 11-111 所示。

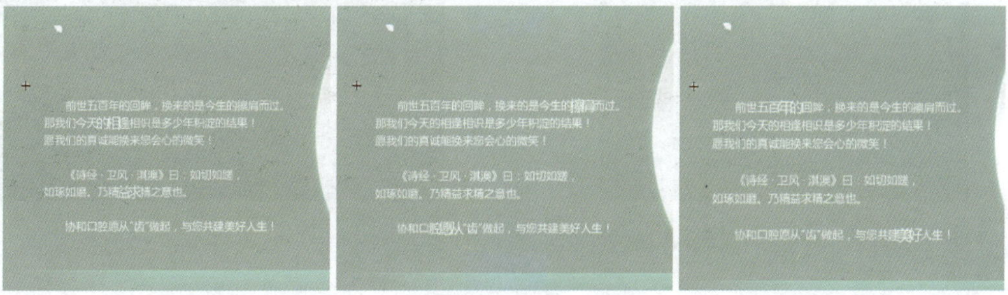

图11-111 文字动态动画

10 “时间轴”显示如图 11-112 所示。

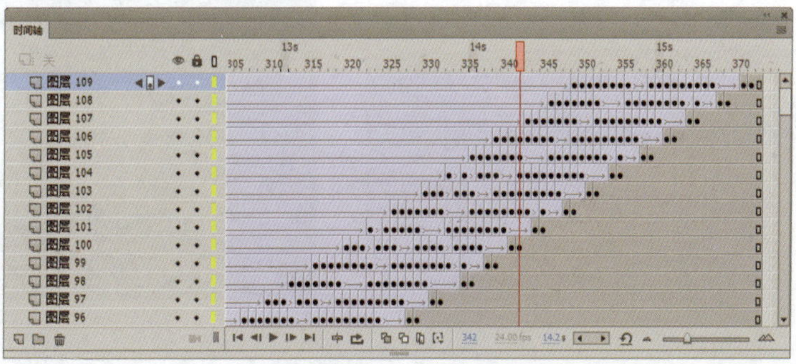

图11-112 “时间轴”显示

11.3.7 完成广告制作

01 单击窗口左上角的“场景 1”按钮，返回“场景 1”，新建“图层 7”，在第 2 帧插入关键帧，使用“矩形工具”在舞台左上角绘制一个细小的渐变矩形，如图 11-113 所示。

02 在第 3 帧插入关键帧，使用“任意变形工具”垂直拉伸矩形，并向右移动矩形，如图 11-114 所示。

图11-113　绘制渐变矩形

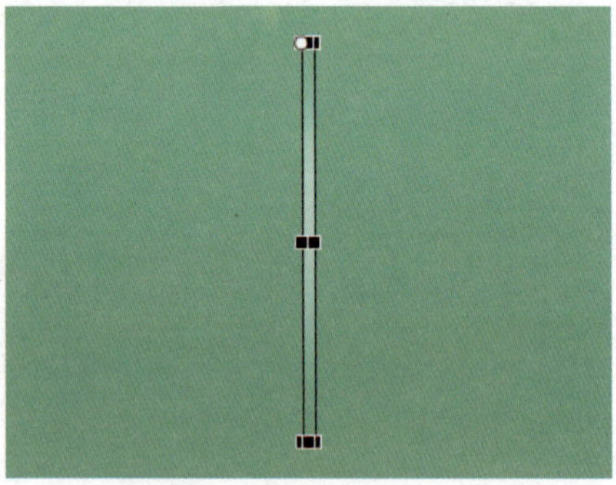

图11-114　垂直拉伸矩形

03 继续插入关键帧，使用相同的方法，调整矩形大小和位置，如图 11-115 所示；此时矩形在舞台中的位置，如图 11-116 所示。

图11-115　调整矩形大小和位置

图11-116　矩形在舞台中的位置

04 在每个关键帧之间创建传统补间动画，如图 11-117 所示。

05 新建“图层 8”，在第 7 帧插入关键帧，在矩形位置输入“ENGLISH”文本，如图 11-118 所示。

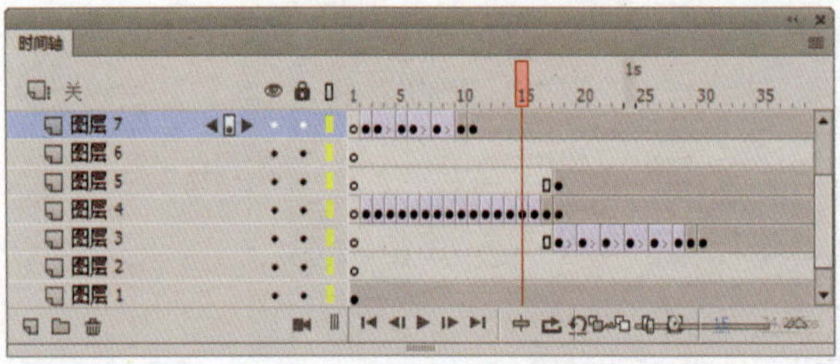

图11-117　创建传统补间动画

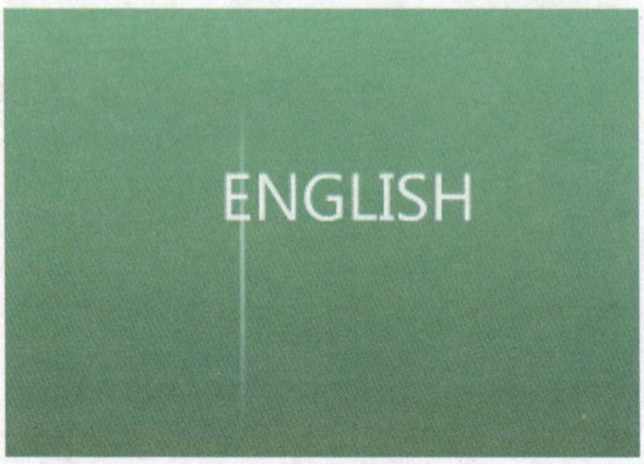

图11-118　输入“ENGLISH”文本

06 选中文本，按 <F8> 键，将文本转换为“按钮”元件，制作文字“按钮”，如图 11-119 所示。

图11-119 制作文字“按钮”

07 插入关键帧，调整元件的“Alpha”值和位置，如图 11-120 所示。

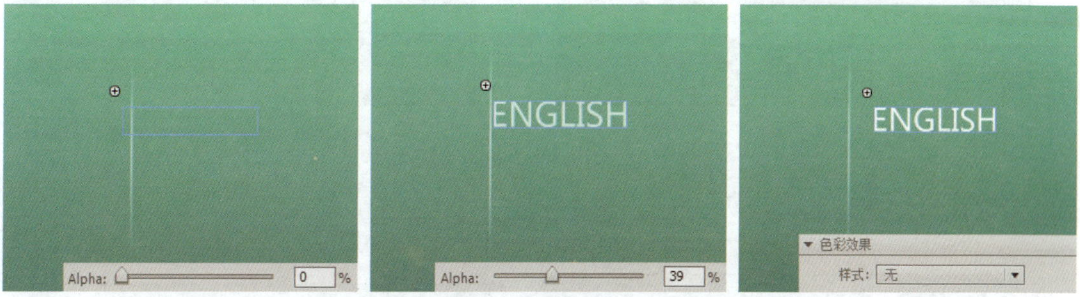

图11-120 调整元件“Alpha”值和位置

08 在每个关键帧之间创建传统补间动画，如图 11-121 所示。

09 新建“图层 9”，在第 9 帧插入关键帧，输入“中文版”文本，如图 11-122 所示。

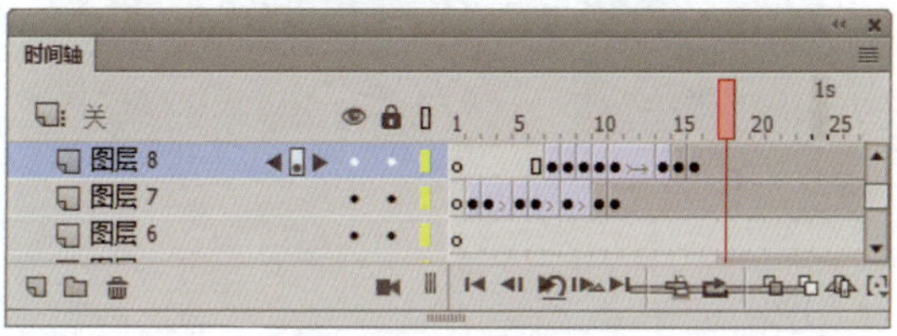

图11-121 创建传统补间动画

图11-122 输入“中文版”文本

10 使用相同的方法，制作元件动画，如图 11-123 所示。

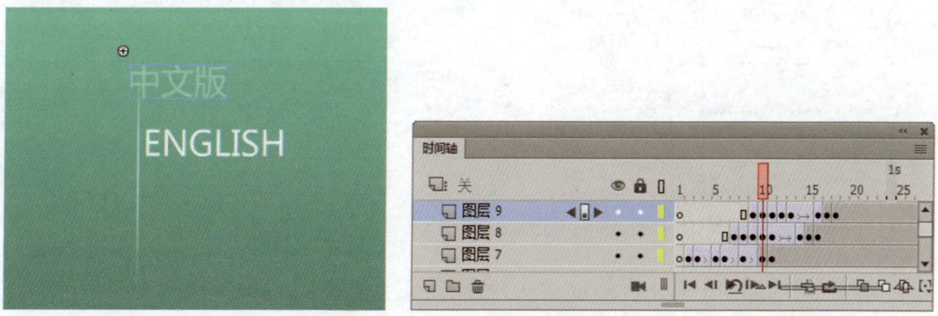

图11-123 制作元件动画

11 新建“图层 10”，在第 7 帧插入关键帧，导入“医院图标 .png”素材，如图 11-124 所示。

12 将图标素材转换为“影片剪辑”元件，设置元件“Alpha”值为 0。

13 在第 8 帧插入关键帧，稍微向左移动元件，修改元件“Alpha”值为 21，如图 11-125 所示。

图11-124 导入“医院图标.png”素材

图11-125 调整元件

14 继续插入关键帧，向左移动元件并调整元件的“Alpha”值，如图 11-126所示。

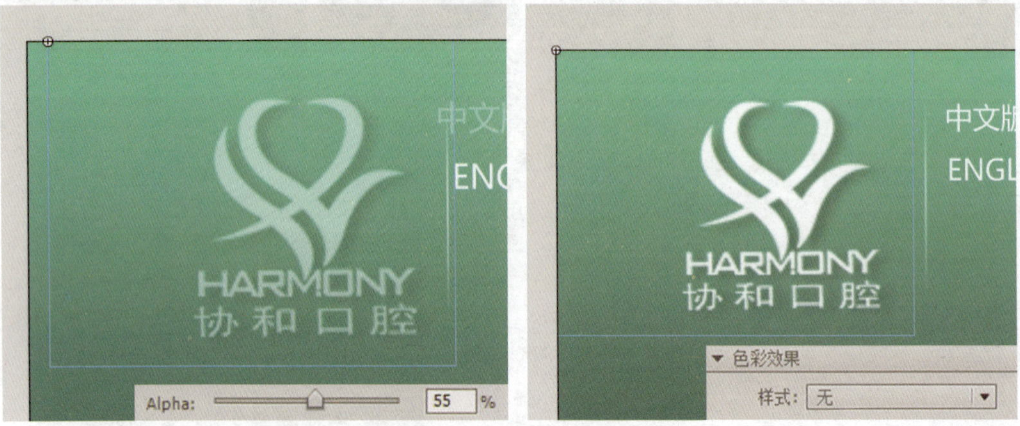

图11-126 调整元件

15 在关键帧之间创建传统补间动画，如图 11-127 所示。

16 选中所有图层的第 250 帧，按 <F5> 键，插入普通帧，如图 11-128 所示。

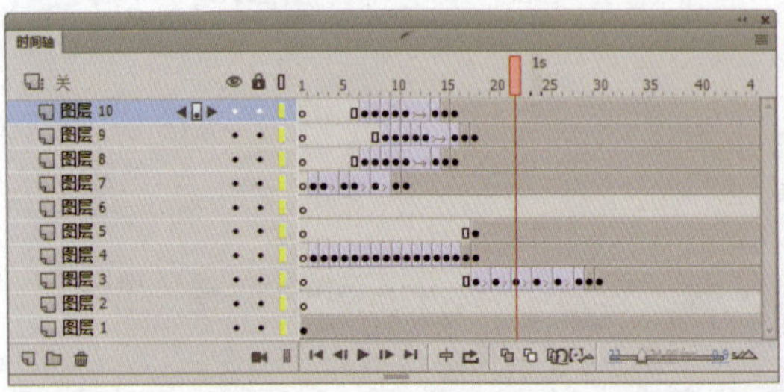

图11-127 创建传统补间动画

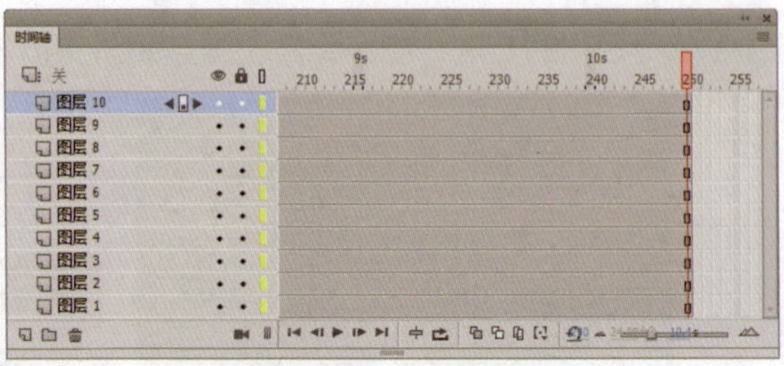

图11-128 插入普通帧

17 完成该广告的制作，按 <Ctrl+Enter> 组合键测试动画效果，如图 11-129 所示。

图11-129 测试动画效果

11.4专业指引——浮动式广告的原理

浮动式广告是怎么实现的呢？其实实现浮动式广告并不难，只要会 JavaScript，因为浮动式广告就是由其实现的。下面就展示如何实现浮动式广告的相关代码。

以下这段代码可放在 <body></body> 之间，其间加入了一些注释（即“//”后的文字及“<!—” “ - >”之间的文字）。

```
< SCRIPT FOR=window EVENT=onload LANGUAGE=“JScript” >
initAd(); // 载入页面后，调用函数 initAd()
< /SCRIPT >
< script language= “JScript” >
<! -
function initAd() {
document.all.AdLayer.style.posTop = -200; // 设置 onLoad 事件激发以后，广告层相
                                              对于固定后的 y 方向位置
document.all.AdLayer.style.visibility = visible // 设置层为可见
MoveLayer(AdLayer); // 调用函数 MoveLayer()
```

```
}
function MoveLayer ( layerName ) {
var x = 600; // 浮动广告层固定于浏览器的 x 方向位置
var y = 300; // 浮动广告层固定于浏览器的 y 方向位置
var diff = ( document.body.scrollTop + y - document.all.AdLayer.style.posTop ) *.40;
var y = document.body.scrollTop + y - diff;
eval ( "document.all." + layerName + ".style.posTop = y" ) ;
eval ( "document.all." + layerName + ".style.posLeft = x" ) ; // 移动广告层
setTimeout ( "MoveLayer(AdLayer); " , 20 ) ; // 设置 20 毫秒后再调用函数 MoveLayer()
}
// ->
</script>
<! - 下面为一个 ID 为 AdLayer 的层 ( 如 ID 名不为 AdLayer，上面 MoveLayer() 内的
AdLayer 也要作相应修改 ) ，包括一张带链接的图片 ->
<div id=AdLayer style=position:absolute; width:61px; height:59px; z-index:20;
visibility:hidden;; left: 600px; top: 300px>
<a href= "暂无图片 http://www.idn100.com" ><img src=../qqkk2000.gif border= "0
" height= "60" width= "60" > </a>
</div>
```

在这里，可以设置 x、y 的值来设定所固定层的位置，改变 setTimeout (“MoveLayer (AdLayer);”,20) 中 20 的值为希望调用 MoveLayer() 的时间间隔。